日落九世纪

The Fall of Tang Dynasty

赵益 著

江苏人民出版社

图书在版编目(CIP)数据

日落九世纪 / 赵益著. ——南京：江苏人民出版社，2021.6(2021.10 重印)

ISBN 978 - 7 - 214 - 25570 - 9

Ⅰ.①日… Ⅱ.①赵… Ⅲ.①中国历史—唐代—通俗读物 Ⅳ.①K242.09

中国版本图书馆 CIP 数据核字(2020)第 190848 号

书　　　名	日落九世纪
著　　　者	赵　益
责 任 编 辑	张　凉
出 版 发 行	江苏人民出版社
出版社地址	南京市湖南路1号A楼，邮编：210009
出版社网址	http://www.jspph.com
照　　　排	南京紫藤制版印务中心
印　　　刷	苏州市越洋印刷有限公司
开　　　本	880 mm×1230 mm　1/32
印　　　张	14.75　插页 4
字　　　数	330 千字
版　　　次	2021年6月第1版
印　　　次	2021年10月第2次印刷
标 准 书 号	ISBN 978 - 7 - 214 - 25570 - 9
定　　　价	68.00 元(精装)

(江苏人民出版社图书凡印装错误可向承印厂调换)

目录

序幕　走向九世纪 ·· 001
　　"安史之乱"中走出的新帝 ························ 003
　　财相刘晏：唐朝的格林斯潘 ························ 014
　　两年之内两位宰相被杀 ···························· 021
　　东方！藩镇又起风云！ ···························· 034
　　四镇联合叛乱，危机爆发 ·························· 042
　　泾师之变：梦想很坚挺，现实很骨感 ················ 049
　　罪己书：无奈的选择 ······························ 055
　　矛盾的德宗：从雄心勃勃到得过且过 ················ 066

第一章　王叔文：乾坤一局棋 ···························· 079
　　以棋待诏，攀上太子 ······························ 080
　　成败系乎一线 ···································· 089
　　一股新的力量走上政治的前台 ······················ 098
　　实行新政 ·· 105

致命的弱点：缺乏资历 …………………………………… 114
　　运筹帷幄，容不得丝毫疏忽 ……………………………… 122
　　没有了"势"，胜负早已注定 ……………………………… 129
　　王叔文，你的末日到了 …………………………………… 138

第二章　元和：短暂的中兴 …………………………………… 147
　　帝国遇上了千载难逢的机会 ……………………………… 148
　　国之将兴，群才迭出 ……………………………………… 154
　　天时、地利、人和不如政治清明 ………………………… 166
　　实干型宰相：李绛和李吉甫 ……………………………… 172
　　现在轮到藩镇犯错误了 …………………………………… 182
　　中兴和隐患 ………………………………………………… 190

第三章　反奴为主：神策军与枢密使 ………………………… 199
　　中兴之主竟死在家奴手中 ………………………………… 200
　　幽州告急，又起风云 ……………………………………… 208
　　宦官与禁卫军 ……………………………………………… 211
　　变化中的格局 ……………………………………………… 217
　　有了派系，就有了斗争 …………………………………… 226
　　政事权旁落 ………………………………………………… 235
　　宦官反奴为主 ……………………………………………… 247

目录

第四章 甘露之变：失败的反击 ... 253
- 文宗：不愿做傀儡的新天子 ... 254
- 皇帝找错了人 ... 262
- 第一次反击：还没开始就已失败 ... 270
- 慌不择路，选择郑注和李仲言 ... 277
- 第二次反击：计划临时起变 ... 286
- 甘露之变：不成功则成仁 ... 293
- 进入宦官时代 ... 304

第五章 李宗闵 牛僧孺 李德裕 ... 311
- 历史上规模最大的派系之争 ... 312
- 党争的前因后缘 ... 321
- 道不同不相为谋 ... 329
- 孰为君子，孰为小人？ ... 338
- 会昌之政：李德裕一个人的时代 ... 347
- 恩怨两泯：谁都不是最后的胜利者 ... 356

第六章 宣宗皇帝：最后的辉煌 ... 367
- 十六宅中的三朝皇叔笑到了最后 ... 368
- 政治就是不断地否定与再否定 ... 376
- 给宣宗当宰相的秘诀 ... 387
- 御下有术 ... 396
- 被"长生药"结束的时代 ... 406

第七章　崩溃 ·· 417
　　新帝的秘密 ··· 418
　　经济彻底被摧毁 ····································· 428
　　黄巢起事 ··· 435
　　乱世出贼子 ··· 443
　　成就霸业的四个步骤 ································· 451
　　日落长安 ··· 459

初版后记 ·· 465

序幕

走向九世纪

弱冠遭世难,二纪犹未平。
羁离官远郡,虎豹满西京。
上怀犬马恋,下有骨肉情。
归去在何处?流泪忽沾缨。

——韦应物

这是一个从光明走向黑暗的时代。

唐大历十四年(公元779年)五月的一天,日暮时分。初夏的夕阳在飞沙蒙蒙的深处摇摇欲坠,把最后一抹光彩撒向重重檐甍的长安城。从皇城中向东北遥望,远方高处红墙碧瓦的大明宫,仿佛就像是一位悄然独坐的巨人,披着满身的流光溢彩,在最后的辉煌中,无语沉思。

帝国的重要官员们都在皇城中忧心忡忡地等待着。三天前皇上就已经因病重不视朝政了,几天来没有好转的迹象,刚才不久甚至传来了皇上下诏令太子监国的消息,一切似乎都表明:天子大行的时刻即将到来。

夜幕渐渐降下。红烛轻烟中,无数心绪,袅袅升起。此时此刻,当今天子御临天下,业已十有七年。三十多年前的玄宗天宝年间,中原大地上发生了一件惊心动魄的事件,历史上称其为"安史之乱",这一场中央与叛乱势力的大决战持续了七年之久,实际上,它的余波和由此带来的纷争局面远不止七年。玄宗以后是肃宗,肃宗以后是代宗,肃、代之际国家的现实就是为这一场斗争所带来的恶果而疲于奔命。这是一段从噩梦中醒来却又无法摆脱恐惧梦魇的日子，也是一个令人忧伤与无可奈何的时代。回忆往事，历历如在昨日，又如何不让所有人感慨万端！

就在此时，大明宫紫宸内殿突然灯火大亮，一片哀号之声划破了夜空的寂静：代宗睿文孝武皇帝李豫停止了呼吸，时年五十八岁。慌乱之中，似乎只有太子不为所动，依旧静静地跪在父皇的榻前，表情异常肃穆而凝重，只见他深深地直视着前方，坚毅的目光仿佛穿透了一切障碍。

八天后，太子李适即位，成为唐帝国第十二位皇帝，后来的庙号称德宗。这一天是公元779年的6月18日，离八世纪结束九世纪开始尚有二十一年。

在古代中国，任何一种政治斗争，都是从一个皇帝开始，又从另一个皇帝结束的。只要有一个高高在上的天子存在，这一周而复始的循环就无始无终。

"安史之乱"中走出的新帝

新一代天子似乎并不是一位庸懦之主，但是他的有为之志是否能够实现，却还是一个绝大的未知数。

天子驾崩是国丧，古代传下来的礼法要求臣下服"斩衰"三年，这是古代五种丧服制中最长的一种，子服父丧，就必须遵照这一礼制，三年之内不应考、不做官、不婚娶。不过，这对于国家显然是不适合的,假如朝廷在那么久的时间里无所事事,天下还不知要乱成什么样子。礼法无非是治天下务须以孝为本的意思,因此为达到目的,从权变通就是无可非议的了。这种做法似乎是从仁孝的汉文帝开始的,他把三年的时间缩为短短的三十六日,大唐自高宗以来,都是遵照此制行事。先帝的遗诏更是效法列祖的宽仁厚爱,要求"天下吏人,三日释服",也就是说,只需服丧三日。本来这并无可置否,但是在治丧期间却为此闹出了一场风波,起因来自一位性格刚急、为政苛细的大臣常衮。

常衮数年前就出任宰相,此刻正独当枢务。或许是出于对先帝的爱戴,或许是出于其他一些原因,坚持大臣也要同嗣君一样服丧二十七天。为了证明言出由衷,他在守灵时动不动就放声大哭,弄得其他人十分尴尬。

这一天,常衮照例又悲从中来,不能自已,哭得趴在了地上,随从只好走上前去把他扶起。中书舍人崔祐甫对这种矫情实在是不能容忍,指着常衮对众人道:"臣哭君前,要人扶起,天下有如此的礼法吗?"

崔祐甫字贻孙,进士出身,初任寿安县尉,后历任起居舍人、司勋吏部员外郎、御史中丞等,一直做到中书舍人。其时中书省长官中书侍郎空缺,祐甫代理省事。祐甫性情刚直,对宰相常衮的很多做法无所容受,引起常衮的不满。常衮遂数度以宰相职权相干预。常衮为此特别奏令祐甫分管吏部选官事宜,而对祐甫每次报上的人选,又将其中大多数驳下,并借此斥责祐甫。有一次幽州节度使朱滔上表说:在他手下将领赵贵的家里,猫鼠同乳而不相为害，可见是一件大大的祥瑞。代宗诏示宦官颁示于朝，常衮率文武百官向天子庆贺，独有祐甫不以为然。宫侍问其缘故，他答道："这是失常之事，可哀而不可贺。"并为此向代宗上表陈述理由。祐甫在上表中还引申说：若照五行灾异理论来看，猫不食鼠恐怕是一个不祥之兆，皇上必须"申命宪司，察听贪吏，诫诸边境，无失儆巡"。结果得到了代宗很高的评价，自然就使常衮极度恼恨。

但此刻，常衮却没有料到中书舍人会发出如此严厉的指责，一时语塞，遂更加怀恨在心。

这天礼毕，朝中群臣讨论丧服期限。常衮的机会来了，他引经据典，振振有词：

"汉文帝从权，也要三十六日；本朝玄宗、肃宗之丧期，始服二十七日。当时诸帝遗诏虽然也说三日释服，但在朝群臣实是二十七天除服。所以臣子应同皇帝一样守丧二十七日。"

祐甫不依不让："先帝遗诏'天下吏人，三日释服'，并无朝臣庶人之分，更无内外有别之意。三天就是三天，除天子外皆应释服。"

常衮抓住遗诏中的"吏人"字眼："吏乃官员所自行任命者，与公卿百僚岂可等同！"

祐甫力辩道："《左传》中'委之三吏'就是指三公，难道历史上常称的'循吏''良吏'，也是胥徒之辈不成？"

常衮似乎一片忠诚。"礼制无非人情。当今公卿大臣，无不备受皇恩，若与百姓同制，于礼何安？"

祐甫也拿出撒手锏:"如此则置先帝遗诏于何地?遗诏可改,孰不可改?"

两人相互力争,辞色凌厉,吵得不可开交。常衮尤其不能忍受中书舍人这种强硬的态度,会议结束后立即上表皇上,认为崔祐甫率情变礼,轻改国典,有悖于臣子之道,请求给予贬职潮州刺史的处分。

礼仪是不可偏废的,否则就失去了立国的基础。能否极尽礼事,也是衡量嗣君可否担当国家重任,成为新一代天子的重要标准。连德宗这时都不得不表示出极大的悲哀,一举一动不敢越轨,甚至因为哀痛而食不下咽,只好以一种叫作马齿草做成的汤下饭。德宗接到常衮无疑是过分渲染的奏章时很生气:崔祐甫生为人臣,岂可如此轻论礼制!不过,皇上虽然认为常衮忠诚可嘉,但也觉得为国家大计着想,援用先朝从权的旧例还是必需的,因而贬祐甫为潮州刺史的处分有点过重了,于是传旨将祐甫贬为河南少尹。

九天后,诏书正式下达。祐甫为人正直,向有口碑,许多朝臣对常衮的做法也多少有些反感,因而新帝即位伊始的第一件事情就在朝廷上下引起了不少物议。礼法在理论上既是一种不可轻改的制度,便往往成为政治斗争中的一个微妙的工具,谁能善于利用,谁就能取得想当然的胜利。

这件小事到此并没有完。早先代宗弥留之际,曾命功高勋著的郭子仪兼理冢宰。郭子仪是平定安史之乱的功臣,宝应元年(762年)晋封为汾阳郡王,官爵显赫。但朝廷不愿子仪久掌兵权,所以授职后或不令到任，或事定即召还朝，使之常处于闲散地位，这也是古今对付功臣的常法。代宗大历年间，吐蕃仍年年入侵，子仪以副元帅久驻河中、邠州，承担防备任务。此际既受命为顾命大臣，新帝便召子仪还朝，充当山陵使，负责先帝的安葬事宜，并赐号"尚父"，进位太傅、中书令，这也都是很高的优宠。类似表面上享受丰厚待遇而实际上被分权架空的军事重臣在当时还有朱泚和崔宁等人。同时，子仪和另一重要的大将朱泚亦以军功挂宰相衔，但皆不预朝政，唯常衮在政事堂处事，需要奏事时代二人署名。本朝建国至今，一直是三省（中书、门下、尚书）长官共同署理政事向皇帝负责，政事堂会议是最高的行政机构。罢贬崔祐甫的奏章署的是三人的名，结果崔祐甫遭贬后，郭、朱二人上表声言祐甫不应获罪，新帝德宗非常惊讶。

于是皇上不顾正在居丧的当口，立即召见二人："卿等早先说其有罪，现在又言其无罪，这是何故？"

二人都回答："当初常衮奏报，臣等并不知道。"言下之意很明显，常衮在这件事上不仅独断专行，且有欺君之嫌。果然，德宗一听，龙颜大怒。新君践祚，恐怕最忌讳的就是臣下的欺罔，常衮竟敢如此欺骗皇上，实在是不可容忍。皇上在万分惊骇中立即下令，贬常衮到千里之外的潮州。当时百官都按序排列在月华门守灵，常衮在众目睽睽中狼狈而出。

这种贬职有一个含蓄的称呼叫"左迁"，天子的诏书往往称之"谪佐遐藩"，在本朝，这是一种最严重的处分。左贬常衮的同时调回了崔祐甫，那时祐甫刚刚离京不久，才走到昭应县，闻诏而返,受命出任门下侍郎、同平章事。大唐制度,非三省长官加"同中书门下平章事"之衔即为宰相。这是倏忽之间发生的事,宰相是国之重臣,挥之即去,招之即来,其突变程度,又使朝野震悚不已。

对被贬出京的变故,祐甫倒是有着思想准备,只是皇上此番以相位托付,却让祐甫在一路上想了很多。昭应就是现在的临潼,离京城不过一天的路,盛夏时节的驿道两侧,山野葱茏,和风吹过道旁的青槐,常常弥漫起一股浓郁的清香。祐甫带马徐徐而行,他并没有考虑原则性的问题,因为像他这样一个并不随事俯仰以取媚君上的人,即使蒙受圣恩,入朝为相,也不会因为皇帝而轻易放弃为人处世的初衷。祐甫应当还是感到了责任的重大,如果处事不当,个人的进退自然是不足为意,但国家的前途就或许会受到严重影响。

祐甫心里很明白,未来的岁月,将无疑是一个多事之秋。

德宗尚未除服,因为丧制最后还是按照常衮的建议实行。尽管常衮排挤祐甫的所作所为多少有点影响新帝的情绪,但这个小插曲很快就过去了,皇上正急切地盼望着祐甫的到来,他需要尽快地进入天子的角色,大大地施展一番。

祐甫一到京,德宗立即在谅荫中召见,询以当前急务。

祐甫对前朝的政治弊端深有体察,对常衮严厉苛细的作风也很不满,所以他认为新帝君临天下,首先必须革除旧弊,开创新风,使喁喁之情望治。

德宗盼望的正是这句话。新君盛年即位,精力充沛,天子的优荣与无上权力正使他满怀着大干一场的雄心壮志,现在宰相的期望正和他的决心一致,德宗精神大振,示意祐甫说下去。

祐甫道:"要想励精图治,更新气象,首先要选拔天下俊才,亦只有如此,国家才能兴旺。所以臣以为当今大计,就是要广开才路。"显然,在祐甫看来,常衮为相时力图矫正前朝以货贿官的弊病,而采取一味杜绝的做法,非登科第者不得进用,使得贤愚同滞,实乃因小失大、得不偿失之举。

德宗颔首,表示同意,紧接着又问道:

"朕近来罢梨园使及出宫廷乐工三百余人,免除四方贡献,又下诏不得妄奏祥瑞、请度僧尼诸举,天下反应如何?"

"民心大悦,"祐甫肯定地说,"朝野内外,皆有耳目一新之感。尤其免除四方贡献一事,臣在入京途中,听过往行人说,甚至河北强藩的士兵都感叹明主出世,纷纷投戈于地,不敢再生反意。"

德宗龙颜大喜,一腔豪情油然而生。

玄宗皇帝以来灾难连绵的现实是有目共睹的,罪魁祸首当然是越来越坐大的藩镇。肃、代两朝以来,各地节度使都拥兵自重,不受朝廷节制,尤其在东方形成了几个强劲的藩镇,互相连横盘结以自固,给中央集权以极大的威胁。唐代藩镇也称"道",道的长官为观察使,雄藩重镇又兼节度使,一般的则兼都团练使或防御使以掌军事。道在名义上是监察区,但实际上已成为凌驾于州县之上的行政实体。

河北道的三镇首当其冲。其一是魏博镇,节度使为安禄山的降将田承嗣,代宗末年由其子田悦继任;二是成德镇,最初是奚人李宝臣,此人原名张忠志,曾被安禄山收为义子,投降朝廷较早,朝廷任命为成德节度使,并赐名李宝臣;三是幽州镇,首脑李怀仙原是被契丹役使的胡人,后来加入安禄山叛军,史朝义死后,朝廷任李怀仙为幽州节度使。代宗时的公元768年,其部将朱希彩及朱滔、朱泚兄弟杀李怀仙,后朱氏兄弟又杀朱希彩,先后任节度使。比较起来,最北的幽州镇似乎对朝廷尚还忠诚,至少还未见什么谋反的迹象。

除此三镇之外,在齐鲁地区还有一个淄青镇,自先朝至今更是一个潜在的对抗朝廷的重要力量。节度使侯希逸原为军士拥立,后被表弟李正己所逐。李正己原名怀玉,是高丽人,正是他前几日派使者入朝觐见德宗,奏言说是出于对圣上的景仰,愿意献钱三十万缗。可见从藩镇士兵到节度大将,都开始为德政所感化了。想到这里,皇上更是由衷地高兴,不过,对李正己过分的殷勤,德宗却是有点怀疑。

绝不可接受这三十万——祐甫的态度斩钉截铁。

德宗大感意外,要他说明理由。

"李正己虎狼之心路人皆知,此举无非是投石问路,试试皇上的态度。"

在德宗看来,祐甫的话当然不无道理。皇上之所以犹豫,也是怕日后被其利用。不过——德宗显然是有些担心,他不可能不有所顾忌的是——"若予拒绝,岂不是会滋生事端?"

"不妨以其人之道,还治其人之身,"祐甫显示出其对形势的独到体察,"派遣使节去淄青慰劳,用李正己所献的三十万缗颁赐将士,一方面普泽圣恩,另一方面也让天下知道朝廷并不看重钱财。"

德宗听到这里,禁不住拍案称绝,下令照计办理。

这无疑是一次出色的策略,获得了极大的成功,但也引起了严重的后果。不过,德宗和祐甫都无暇顾及了,祐甫正忙着进行大规模的荐延推举,每日都要任命数十人。而皇上更是在考虑一个重大的决策,这是由几天前发生的一件未遂政变引起的。

肇事者是兵部侍郎黎幹。黎幹与一位宦官刘忠翼很亲近,在某种程度上结成了死党,两人在行为上都有点狡险谀佞、恃宠贪纵的味道,引起了众人的愤恨。德宗即位不久,长安城中纷纷传言二人要起事,原因是他们皆参与了劝先帝代宗改立独孤贵妃为皇后,而立其子韩王李迥为太子的密谋,由此可见这二人对当时的太子、现在的新帝早就心怀不满。

在德宗入继大统的态势面前,黎幹也知道逃不过去,要想有所作为,但他有一个重大的缺陷,就是他所担任的兵部副长官——兵部侍郎虽然掌握兵部的实权,但兵部本身却并没有军权。不过,刘忠翼可是皇上身边的人,无疑在这种事情上有着极大的方便。一天晚上,有人看见黎幹悄悄地乘车溜进了忠翼的府第,夜深方回。

德宗接到报告后立即采取行动,一查罪名果然成立,于是两人皆被流贬。皇上这下子想到禁军的重要性了,安史之乱后,禁军甚至已成为唐室中央军队的主力,先后成立十军,即左右羽林、龙武、神武、神策、神威,号"北衙十军"。所谓"北衙军"就是皇帝的近军,而其中尤以神策军最强,在朝廷政治中是举足轻重的力量。回忆起肃宗、代宗时期的大宦官如李辅国、程元振、鱼朝恩等先后典掌,均生骄横的故事,德宗真是不寒而栗。目前神策军也由宦官王驾鹤掌领,权倾中外,一旦图谋不轨,后果真是不堪设想。

德宗在大明宫中苦苦思索了一天。中央必须直接掌握一支强大的军事力量以对付日益骄横的地方藩镇和突发事变,这是毫无疑问的。然而,一支强大的武装处在天子脚下,若任用不得其人,结果就可能更糟。

时间已经到了傍晚时分,德宗望着小太监默默地点燃蜡烛的身影,忽然心光一亮,他想到了数日前曾召见密语的司农卿白秀珪。

这天深夜,白秀珪秘密地进入宫中,与皇上长谈了一夜。最后,德宗赐白秀珪御名"志贞",作为对他誓愿效忠、受命不让的恩赏。毫无疑问,他的身上寄托着天子的厚望。

事情似乎已经定下,但新帝还是疑虑重重,他清楚地知道这件事非同寻常,每个细节都必须小心谨慎。于是,德宗第二天又在延英殿单独召见了宰相崔祐甫,定下了最后的行动计划。

六月二十六日,神策都知兵马使、右领军大将军王驾鹤接到通知:宰相崔祐甫召见。祐甫当时是首席宰相,有权处理政府百官的日常事务,驾鹤不敢怠慢,立即赶到了设在大明宫月华门外中书省中的政事堂。

双方一见面,少不了一番寒暄客套。驾鹤一心以为有什么急事,落座后,便等着祐甫发话,但祐甫却不紧不慢地谈起一些琐事,有时还请驾鹤发表看法。崔祐甫一向不苟言笑,驾鹤对他也一直颇为敬畏,此刻更是小心应付。不知不觉中时间过去好久,可宰相还没有结束的意思,驾鹤不知祐甫葫芦中卖的什么药,心中狐疑,但又不便开口询问。

就在这时,被御赐新名的白志贞已在数名中官的陪同下,急赴神策军军营走马上任,取代了驾鹤的职位。等到驾鹤回来时被告知,他此刻的职衔已经不是在任十数年的神策首领,而变成了皇家园林的总管——东都园苑使——一个名副其实的闲职了。就常理来说,在和平的局势下,这一带有诡秘色彩的做法多少有失天子的风范,皇帝的疑心病从开始就显得有些过分,不过,这一果断的举动大大地鼓舞了朝臣们的信心,更使得朝廷上下耳目一新,大家似乎都有这样一种感觉:新时代即将开始了。

这段时间中,朝臣们也常常情不自禁地回想起前一年的十、十一月之间朝廷对安史余孽最后会战的情景来,当时封雍王的德宗为天下兵马大元帅,会同各军攻打史朝义的最后据点东都洛阳,一举平定两河,成绩是何等显著!眼下新君即位,更是大刀阔斧,雷厉风行,虽然这些还不能算作是新一代天子的不凡之处,不过至少可以说明当今皇上倒也并非是庸懦之辈。国中士庶大受鼓舞是可以理解的,但却是高兴得太早了。

其中自有原因。

财相刘晏：唐朝的格林斯潘

国用窘迫。新帝为了自己的目标，必然属意财政。理财专家刘晏，为帝国困乏的财政鞠躬尽瘁，死而后已。

长安五月的早晨还是颇有寒意。五鼓时分，吏部尚书刘晏正骑马奔向城东北的大明宫。

这一天照例是举行常朝的日子。本朝朝参制度规定，单日御朝，双日休朝，称为正御朝参，又称常朝，皇帝要在宣政殿或含元殿朝见群臣。

刘晏是个不拘小节的人，尽管他在七岁时就有"神童"的美誉，小小年纪即被授为秘书省正字，算得上是少年得志了，但更多时候他还是习惯于把敏锐的才智表现在行动而不是口才上。刘晏的突出成就是在理财方面，十几年来，仕途虽然两起两落，但他仍然不改初衷，兢兢业业地为国家的经济奔走效劳。上到天子，下至士庶，对此都有目共睹。

吏部尚书也是个有名的慢性子，在旁人看来，有时还甚至迂腐得难以理解。仆从们对此是太有体会了，早上起来，时间已经不早了，可尚书还在不紧不慢地裹头。手下人看不下去，教给他正确方法，可尚书不为所动，继续慢腾腾地操作。这不，眼见五鼓已过，早朝将近，现在只好加紧赶路了。但刘晏忽然勒住了马头：

"且慢!"

随从们随着他的眼色望去,这里正好是东市的边缘地带,路旁有人在卖蒸胡饼。炊烟袅袅,热气腾腾。

"去买几只来!"吏部尚书饶有兴趣。

"眼下是去上朝——"

"无妨,"刘晏摆摆宽大的衣袖,"喏,袖中自有天地。"

等刘晏用袖子包着好多蒸胡饼赶到建福门时,朝中的文武大臣们已经在那里鱼贯排列,等候皇上临朝了。此际正是德宗一举剪除黎幹、刘忠翼逆党,又以士人白志贞代王驾鹤主掌神策军等举措施行不久,举国震撼,而朝臣更是议论纷纷,但刘晏对此则似罔若无闻,从袖中掏出蒸胡饼,自顾大啖起来。同列侧目一看,不禁好笑:"尚书真是雅兴,含元殿下,入阁之前,大啖胡饼!但不知其味如何?"

刘晏不知话里调侃之意,忙不迭地道:"美不可言!美不可言!"

就在这时,皇上驾到,众臣立即按班就列。刘晏也赶紧停止了口福之享,站到了队列中。他无论如何想不到,就在这时,他的命运发生了重大的变化。德宗这一天宣布:鉴于掌领天下财赋之一的重臣韩滉过于掊克,调任太常卿,而出刘晏一人独领度支、盐铁、转运、青苗诸使,全面主持财政。

尽管乐观情绪遍布朝中,但人人心里也都很清楚,如今的岁月实际上是一个危机四伏的年代。当新帝德宗踌躇满志地踏上皇帝的宝座时,国家所面临的却无疑是一个近于灾难性的局面:

帝国的河北、山东已形成了藩镇割据的势态,剑南、山南、河南、淮南、岭南数道甚至京畿地内,拥兵大将时时兵变;边疆在吐蕃、回纥的进逼下丧失了河西走廊以及整个西、北部地区,只有少量孤镇在苦苦支撑;庞大的军费开支使国用日竭,南方数道半壁江山的收入维持着朝廷的财政;朝中派系的斗争,也渐有抬头的趋势。可谓是内外交困,形势严峻。

在所有的危机中,帝国的财政是最糟糕的。

当年的先帝代宗就无可奈何。大历四年、九年先后两次下诏,大意都是说:连年的战争兵革之后,天下凋瘵,军国空耗,因而要减轻供费,率行节俭,务劝农桑。但效果却不甚理想,原因亦不外乎战事方殷,国家的消耗实在太大。

幸好肃、代之际,帝国出现了一位天才,在某种程度上可以说是他所做的努力和创下的优良范例拯救了大唐的生命。这个人就是刘晏。

时间必须追溯到十几年前。

肃宗时因为平定安史之乱的战事剧烈,兵革之际,中外艰食,财政极度困难,因而先后起用第五琦、元载、刘晏、韩滉等人掌理调整财政。四人在理财上的方法各有不同,而成绩亦参差不等,比较起来,刘晏最著,元载最差。

第五琦是最早着眼于南方的人,早在玄宗时就曾建议大力调用江南财赋以应军需,并且身体力行,创办甚多。他又创立榷盐法,即由政府专卖盐业,居相时还严格实行除租调外不得对百姓横征赋税的政策,有很隆的声誉,在许多方面对刘晏有所启发。

但第五氏于乾元二年（公元759年）实行的币制改革却导致了失败，身遭贬斥。后虽被起用，但创意不多。

继之而起的是元载，此人是决定刘晏命运的人物。就理财而言，元载实在是不足称道，他所采取的做法近似于不负责任。在任职江淮转运使这一重要职务期间，负责征括违负拖欠及逋逃民户的应纳租调，所作所为几乎就是明抢。不过，这倒并非是因为他低能，而是因为他的着眼点本不在此。元载出身寒微，因为熟悉道家之学而被擢升，他后来的经历证明他的特长原在于政治上的长袖善舞。在有野心的元载看来，兼任与钱谷打交道的官职杂务繁重，既不利于他的清誉，又影响他在仕途上的进一步钻营，显然得不偿失。于是乎不久便推荐平时相处颇好的刘晏代己出任财政职务，刘晏从此正式走进了帝国政治的前台。这时是代宗即位之初的宝应元年（公元762年）六月。大历六年，韩滉出任户部侍郎并判度支使，与刘晏分掌天下财赋，刘晏掌江南、山南、江淮、岭南，韩滉掌关内、河东、剑南。韩滉虽然清勤检辖，不容奸佞，但苛刻颇甚，人多咨怨。实际上，大历五年以后，恰逢外戎罕侵，又加上连年丰稔，所以国家府库稍实，也并非是韩滉个人的功劳。

宝应二年（公元763年），刘晏以吏部尚书领度支、盐铁、转运、租庸使，此后职衔虽有所变化，但判领财政的实职并无改变。其中，转运使的任务是负责粮食、财赋的转运，刘晏于此着力尤多。

刘晏一上任，就立即开始实地考察漕运。

马上的奔波足以令人心神劳倦，然而刘晏却似乎总是精神奕奕。这一天终于接近了汴水岸边的一所漕站,一行数人望着远处的汴水,都带住了马辔。那些扈从们更是吁出一口长气,心想这下可以轻松一下了。但回头一看,只见转运使却拿着马鞭掐指着什么,手下人知道,这是他的老习惯了,以前在京时,每次入朝,这位大人总是一边算账,一边策马赶路。不过现在正在野外,并无财务大事等待处理。

在侍从们看来,眼前但见一派河水而已,难道还有什么可以估算的?

仁者乐山,智者乐水。见识短浅者根本不会知道,一位仰观俯察而不懈于感悟的有道者,常常能在天地垂象中得到发人深省的启示。刘晏的理财之能,并非与生俱来,而正是不断学习思考的结果。眼前,滔滔奔涌,宛如白练一般的流水,在刘晏的眼里,既是泉货如流的写照,又何尝不是一种通天下百货之利的鞭策?

汴水一线担负着漕船由江南入河的中继作用,地位特殊。目前的情况是军旅未宁,国用空竭,江南谷麦维系着朝廷的安危。漕船每船载一千石,取淮泗入汴,再由汴至河,沿黄河入渭水,转相受给,达于京师,这条绵长的漕线一路风波险恶,而由此以北的汴水至黄河一段,水急浪高,则是最危险的路程。典运将吏,只要走上几趟,无不须发皆白。

刘晏在这里得出了一个重要结论:"工欲善其事,必先利其器。一定要造新船!"

在刘晏的坚持下,扬子县附近的十个船场在一两年内就建成了。刘晏制定的造价预算更是惊人:每条一百万钱!

大多数官员非常惊诧。一百万钱就是一千缗，按照实际情况，每条漕船有五十万就足够了，况且目前国用正乏，诸般费用都宜精打细算，如何能这样大手大脚？有人直接到刘晏面前表示反对：

"大人每艘给钱千缗，而所用实不及半，如此岂不虚耗太多！"

"不然。"刘晏对来人道，"凡所创制，必须作长久之虑。现在造船是国家的急务，起步阶段参与者甚多，首先要使他们个人收益丰厚，才能使官家的船只质量得到保证。我现在拨一千缗，今后必有偷工减料中饱私囊者，即使减去一半，犹还能保证进行。这就是'论大计者，固不可计小费'的道理。"

这下轮到来人大为叹服了。

在负责理财的头五年里，他几乎走遍了整个南北漕运线。公元777年，刘晏在回京途中又在陕东进行了考察。这里是南方粮赋运往关中的最后阶段，有着举足轻重的地位。然而现实情况却十分令人忧虑，刘晏给宰相元载写了一封信，着重汇报了当地漕运败坏的状况，再次强调了重视从南方漕运粮赋的迫切性。

在理财上，刘晏做任何事情都经过全盘考虑。通过五年的实践，他对漕运的种种运作以及各项利弊已经非常清楚。事实证明，刘晏理财的突出成绩正是改善了南北漕运，创制了一系列行之有效的规程和具体的运作方法。同时，完善了盐业专卖，使盐利收入在代宗末期达到了国家总收入的一半。

经济与政治一样，优秀的理论并不能成为优良成效的保证，刘晏的实干经验来自他的实践，他在具体操作中的种种办法无一不显示出专业化的特征。还有两个例子值得一提：

一是巧妙地利用了知识分子看重声名而专业人士着重眼前利益的普遍特征。刘晏认为，士人的声名和清誉是其前程的基础，一旦陷入赃贿贪污的罪名，则身家性命一起抛失。所以士人大都认为不如弃利重名，以期达到最终显贵的目标。普通的吏人则不同，本朝制度，吏者不可应举，因而即使再廉洁奉公，也不得大用，所以此辈往往铤而走险。基于这种认识，刘晏便任命士子出纳钱谷而以吏员专事文书符牒，使前者得示廉勤而使后者无所用计。

二是对权贵或亲友的嘱托，无论是官位还是俸薪的要求都一概答应，但只是令其徒领干薪，不允许这些人到位视事。

刘晏的方法实际上是一种经济方法，明显不符合政治和道德上的要求。在中国，言利始终是与道德信念的要求相悖的，刘晏的某些做法注定了不会长久。就造船一事言，几十年后的咸通年间，有司果然计价给资，无复羡余，结果造出的船只脆弱易坏，在某种程度上导致了漕运的衰废。

德宗即位了，他正要干一番大事，所以深知财政的重要，否则也就不会如此重用刘晏。刘晏当然也很清楚，国家的急务就是保证财力以应付越来越严峻的现实。他也知道绝不可以停止在原来的成绩上，必须还要更进一步。在独当大局后，刘晏便把目光投向了税制改革。

当时的税制由于现实状况的变化显得弊端百出，理财官员们都注意到了这一点。刘晏早就开始了税制改革的种种实践，如对户、地税的改订,准备着为彻底改革税制打下基础。然而,难以预料的命运改变了他的一切。

专家往往都是理想主义者,他们有专业上的技术和为此献身的精神,却缺少政治上的眼光。刘晏的政治经验很不足,技术上的精明也不能弥补此道的匮乏,他的第一个错误是贸然参与了对元载的审判,要知道元载与他的私交并不坏,且又是他的提荐者,以刘晏的这种身份作大义灭亲之举在习惯于拉帮结派的人看来却无异于落井下石。他犯的第二个严重错误是对元载死党特别是杨炎没有一举消灭,过于心慈手软的结果是反遭其害。刘晏还不善于正确地洞察政治形势,更可悲的是,甚至到了大祸临头之际也未能省悟。

两年之内两位宰相被杀

> 两年之间,德宗杀了两位宰相。新帝初政的相对平静,终于烟消云散。

元载的覆败是代宗末年的事。

说来有趣,元载、刘晏和另一位有名的人物李泌都好道术,但由此而形成的人生旨趣却大相径庭。刘晏取其俭朴寡欲,李泌得其无为而为,而元载却把道家的及时行乐、得意狂放奉为座右铭。

元载有大功可恃,是他帮助代宗皇帝诛灭了骄横的宦官鱼朝恩。不过，他也过分地居功自傲了，在代宗后期，元载的狂妄僭越达到了极点。

大历十二年（公元777年）三月二十八日，任左金吾大将军的国舅吴凑受命包围了宰相办公地政事堂，拘留了元载和另一元党首领王缙。代宗并命刘晏负责审讯。面对这一棘手的事情，刘晏受命时也是很犹豫的，但他对国家的忠诚使得他无法推托。为了显示公正，刘晏还特别建议皇帝委任其他官员共同参与此案的审理。

元载被带到设在中书后堂的合审处，一见到刘晏就说：

"你也来审我？"

道不同不相为谋，刘晏一句话也没说。

其实刘晏并没有荣幸为元载定罪，原因是审理元案并没有因元氏不得人心而显得更加公正，一切都按政治上的需要进行。消灭元党既是上下一致的要求，那么过程就不是主要的了，关键是结果是否符合预期的目标。审讯推问都是由皇帝的近侍们完成的，也只有他们知道皇上需要些什么，不需要些什么。在这种情况下，元载、王缙自然是供认不讳，俯首称罪，最后元载与另一首恶宦官董秀被处以极刑。照理王缙也难逃厄运，这时候刘晏显示出他严谨的法制观念，认为罪有首从之分，元载既诛，不宜二人同罪。参审大员们都十分尊重这一意见，结果王缙得到了从宽的处理。另一位元党的中坚分子杨炎由于其一贯的声誉得到了保全，只是贬为道州司马。

道州在今湖南的西南，就处分而言，被贬谪到这样一个荒僻的地方，从朝中掌皇帝制诰的中书舍人一下子变成州府佐吏，其怨恨、悲凉的心情是可以想见的。在道州的两年，杨炎就是这样一直在恩仇必报的信念支撑下度过的，而刘晏低估了他的决心。

偶然的机会总是蕴含着必然性。如果不是崔祐甫取代常衮出任宰相，杨炎的翻身就不一定如此迅速；但杨炎毕竟又不是一个没有根基的人，潇洒的外表、雍容的气度以及富于辞章的文学才能，使得他在朝中颇有声名。代宗时期，负责起草皇帝诏书的主要就是杨炎与常衮，两人各有所长，被认为是自开元以来少有的大家。不过，机会来得确实有些偶然，起因是崔祐甫既取常衮而代之，一切政事免不了矫枉过正，他入相后一改旧则，凡是荐延推举者一概接纳，不及一年，经他委任除授的官吏已达八百余人，杨炎也是其中之一。

诏旨一下，长安城中反响很大。人们想起风姿绰约、博学多才的美髯公杨炎，都觉得是宰相的佳选。

两载沉沦，一朝翻身，事情来得突然，连杨炎自己都觉得不可思议。一阴一阳之谓道，否泰两端往往是互为因果的，是祸是福，本难预料。大历十四年（公元779年）八月初七下诏征还，大约一个多月后杨炎即由道州抵达京师长安。这时距代宗驾崩德宗即位不到三个月。

恰巧此际有一件大事发生。

南方的南诏国国王合罗风病故，其孙异牟寻即位，竟与吐蕃合兵十万，分三路进犯，其中锋芒最劲的一路目标直指京畿的后方四川。当时蜀地的封疆大吏崔宁正应诏在京，留守的将帅不能有效地御敌,被连陷数州,形势变得非常紧迫。皇上忧虑万分,仓促之间不知所措,便口宣崔宁觐见,命他返回本镇组织防御。

国家发生外来侵略,正是拥兵大将重获军权、称霸一方的最佳机会,崔宁当然乐得奉命。

这一天,崔宁已赴阙辞别即将就道,这时宰相杨炎表现出了他新官上任的热情和超人的智谋,急急上奏皇上以为不可。

蜀地一般包括巴、蜀,其名来源于公元前316年秦置巴、蜀两郡。自秦时蜀郡守李冰开凿都江堰后,成都平原沃野千里,号称"天府之国"。唐以后北宋分置益、梓、利、夔四州,遂有"四川"之称。优越的自然条件和独特的地理形势使得其一向自成系统。对中央来说,蜀地既是一个最后的根据地和稳固的堡垒,又是一个不易掌握的地方。在生死存亡之际,它对于中央政府总是无私地敞开怀抱,毫不犹豫地成为全国的大后方;但在平时,这个四面环山的盆地之区又多多少少呈现着割据的状态。就本朝而言,远的不论,从玄宗后期开始到现在,蜀地不听中央号令也将近二十几年了,虽然在安史之乱时作为反击的据点起了很大的作用,可近来王令不行、贡赋不入都是客观的事实。

杨炎表奏的论点是,中央失蜀已非一日,崔宁虽已来朝,但留守者皆其部属,实与无蜀相同;此次派遣崔氏回镇,目的无非是冀其御寇立功,若其有功,则从道义上就更不可能夺其藩镇之权。所以蜀地败固失之,胜亦不得。

德宗对前几朝种下的藩镇祸根,是大有体会的。杨炎的奏议,正说到自己的心里。但外敌邻近,又岂能因为中央与地方的暧昧关系而不计胜败,丧失帝国的利益?皇上也有点犹豫。

杨炎胸有成竹:不妨仍留崔宁在京,命范阳节度使朱泚领范阳兵数千合同中央禁军出击,何忧不克!奏捷后留驻蜀中,蜀兵必不敢动,然后再将该地军政大权授以可信之帅,可使得千里沃土重归国有。这条计策融汇了政治家的策略、战略家的眼光、阴谋家的手腕,德宗也不得不拍案叫绝。

事情就这样定了。后来的情形正像杨炎策划的那样获得了圆满的结果,崔宁被迫留在了京城,由李晟指挥的中央禁军四千人会同邠宁、陇右二镇军队五千人,大破吐蕃、南诏联军,一直打到大渡河边。无疑,杨炎在德宗这里获得了比西南战场的胜利更重要的东西,那就是皇上的信任。十二月份的另一件事证明了这一点。杨炎建议恢复旧制,把国库的管理权从宦官那里收回到户部的左藏司,德宗立即予以采纳。杨炎以片言移人主之意,博得了朝野的一致赞誉。杨炎大为得意,他毫不怀疑,时机已经成熟了。

德宗皇帝同样也是满怀信心。半年以来的种种经历增加了他御临天下的经验,新君所带来的崭新形象和初步的改革都获得了认可。大唐天子的声威不仅威慑河北诸镇,更是波及夷狄。先帝的山陵已经告竣,求贤诏也已颁布,所有这一切都使得天子斗志昂扬。尽管这种斗志隐含着不少轻躁急功的成分,但眼下的局面还丝毫没有让人产生这种担心。新一代天子的不同之处,现在似乎已经稍露端倪:他确实正准备要干一番大事,并且希望着一夜之间取得成功。

在踌躇满志中,一元又始。

按照惯例,新君即位,翌年元旦都要更改年号,德宗在新年改元"建中",群臣也照例给新帝上尊号,这一次拟定的是"圣神文武皇帝"。时为公元纪年的780年。

新年的第一件大事也是由杨炎完成的,就是新税制"两税法"的颁布,这同时也给四五年来帝国政治中最重要的财政改革划了一个暂时的句号。然而,"两税法"并非是杨炎的创造,而是财政改革的必然,刘晏等人就为此做过不少的尝试。但杨炎毕竟完成了这一突破,"两税法"也由此成为后来一千多年税制的不二法则。在当时的情况下,作为宰相的杨炎必须在财政问题上有所建树,否则是不可能在朝政中独当一面的。其时崔祐甫已经病重不能视事,朝廷大员中也只有杨炎能善察颜色,移人主意,所以"两税法"的实行便无可争辩地印上了杨炎的名字。"两税法"得到了普遍的称赞,政治上的意义是告诉人们杨炎其人在财政上并不乏才识,这对报复当时的财政主将刘晏是有莫大好处的。

去年八月份杨炎一到职,在政事堂中一见到刘晏就分外眼红。杨炎阴沉着一张脸,连个招呼都没打。"刘晏这个小人,落井下石,恩将仇报,我一定要给他好看!"杨炎常常恨恨地对左右的人说。

在杨炎心里,为元载复仇是头等大事,这一念头时刻纠缠着他,食不甘味,寝不安枕。

刘晏知道这里渊源有自,他何尝不清楚杨炎与元载的亲密程度无人能比,杨氏既是元载所提拔,也为元载所亲重,甚至被元载视为可靠的接班人选,杨炎对同乡兼恩师元载怀有无限感戴本不足怪。这对刘晏来说,无疑是一个潜伏的危机,应该引起足够的重视,但刘晏忽略了,犯了一个无法弥补的大错。

刘晏都领天下利权,集度支、盐铁、租庸、青苗、转运等使职于一身,权力确实过重,自然也就引起一些人的不满。新年伊始的一段时间里,长安城里议论纷纷。

杨炎听后暗暗高兴。

于是他首先借此奏上一本,建议德宗罢停刘晏所领诸使。杨炎的理由是这些使职权责过重,应该复归于中央政府的财政职能部门如户部等。这在表面上看不无道理,但实际上却是针对刘晏个人,因为当时的财政危机关系到帝国的生死存亡,不采取专门集权的做法是不利于对战时经济的领导的。罢停有关专使仅仅两个月,由于政府中的相关部门停废已久,无法复领财赋之事,杨炎又重新任命韩洄及杜佑为度支、江淮水陆转运使,全如刘晏之旧。先削其权,是进一步打击的基础,接下来,杨炎的复仇之举进行得雷厉风行,时间之迅速,措施之果断,真让人叹为观止。

杨炎深知打倒一个人的关键是什么。当然,借助于天子的力量是必须的,因为天子是绝对的统治者,在他那里生与死的选择是一个非逻辑的过程。但仅仅了解到这一点还不够,要想在政治以及肉体上彻底摧毁一个人,有两种办法是非常有效的,其一是在舆论上败坏某人的道德,尽量让公众认为他是个品行恶劣的人;其二是声言某人"心怀异志",并"图谋不轨"。刘晏在道德上无懈可击,迫使杨炎只好从后者着手,事实证明,第二种方法虽然难度较大,但效果却往往是出乎意料的好。

二月份,当杨炎对德宗说,刘晏曾参与代宗议废皇后而立韩王李迥的生母独孤妃之事,并且还曾与黎幹、刘忠翼合谋时,殿前的另外三位重臣崔祐甫、朱泚、崔宁都觉得过分了:翻出陈年旧账借以生事,简直太无道理。

崔祐甫道:"陛下,此事乃前朝旧事,系出传说,究无实据;至于与黎、刘勾结云云,也很含糊,况且陛下业已大赦,不当复究虚语。伏望陛下慎重处理。"

崔宁、朱泚本来就对杨炎不满,立即随声附和。

杨炎一看不对路,立即涕泗俱下,声音都哽咽了:"此事千真万确,朝野众议沸腾。臣身为宰相,不能正持,罪当万死!"

杨炎的这一做法其实蹩脚得可笑,明白人是不难看出它的虚诳以及其中的真正目的。德宗不能算笨,多少也还是有点数,否则刘晏立时就会被杀。但德宗是天子,是臣父,无论怎么聪明,在这样一个大是大非面前却是宁信其有不信其无。

当今皇上虽并非是个喜怒无常的庸碌莽汉,但至少是一个神经脆弱者,他无法承受一些极小的不快,也不能正确对待生活中遭受的打击。这或许源自他内心深处的自卑感,至高无上的地位与无所不能的权力在他那里得不到关系上的调节。作为一个贤明的天子,必须要懂得有时候身居万人之上并非一定要无事不能。德宗没有也不可能做到这一点,他的过分的疑心虽不是与生俱来,却也是由其脆弱的后天性格所决定的。这种自卑往往伴随着可笑的自作聪明,于是他的猜疑多忌就表现为这样一种盲目的自信和突如其来的感觉被骗的愤怒。

"岂有此理！刘晏竟做过这等事，连朕都被他蒙骗了！"德宗动了怒，立时传旨中书舍人草诏，贬刘晏为忠州刺史。

这当然不是杨炎的最终目的。刘晏仓皇出京未几日，杨炎又奏明德宗，请求委任庾准为荆南节度使，德宗诏可了。

庾准何许人也？此人本以门荫入仕，后来依附于元载死党王缙得以骤升为中书舍人。元载、王缙败亡后，庾准也同样被贬，出为汝州刺史，德宗即位后复出为司农卿。他与杨炎的关系非同寻常，一则出于元党旧人，二则因为他对刘晏更是仇恨。庾准此人既非儒流，又无文才，为人颇为谄媚，很为时论所讥。此次调任，朝中很多人都十分不解。

然而庾准却明白得很，忠州属于荆南节度使的辖区，此番宰相杨炎给他这样一个任命，一切都在不言之中了。尽管如此，庾准还来不及准备行装，就先去宰相府谒见。

果不出所料，杨炎把他延入内室，屏退左右，密谈久之。

杨炎的目的很明显，就是要寻找一切可能的借口除掉刘晏。杨炎本不需要什么借口，只是迫切需要一位代言人，以此证明刘晏的谋反不是三人成虎的子虚乌有。庾准没有辜负他的期望，只用了不到五个月的时间，就奏上了一本，说刘晏心怀怨望，正以忠州为基地准备起事。杨炎在朝中响应，竭力诬陷刘晏。于是，德宗秘密派中使诛杀了刘晏。刘晏时年六十六岁。

木秀于林，风必摧之。刘晏以富国而不劳民之术，俭家而利于众之德，竟至见忌而冤死，正验证了这一古老格言的残酷与无奈。

然而杨炎的复仇也太过猖狂了。果然,罪诛刘晏的诏书一下,群情哗然,天下冤之。

首先是桀骜不驯且又势力强劲的淄青节度使李正己率先发难,接连上书朝廷责问刘晏何罪,竟至先诛后诏。刘晏功绩昭著,一旦被谗,不加验实就暴诛重臣,自然使得很多人为之骇然。两河诸镇中的李正己、田悦等都是安史降将,在某种程度上本就对朝廷怀着既怕又恨的心态,刘晏的被杀多少给了他们一些心理上的借口:刘晏无罪受诛,我辈罪恶,岂能与刘晏相比?看来也只有早寻退路了。朝中清议或天下民情未必能使杨炎产生什么负担,但如许议论来自强大的藩镇,就不能不使杨炎感到压力巨大,就连德宗本人和整个朝廷也因此难堪不已。中央政权内部的政治斗争只要不引进军事力量的参与,一切都是无足轻重的,最多不过是得胜者趾高气扬、受害者忍气吞声而已,但是一旦有军队的干预,情况就不一样了。朝廷犹豫和缄默的原因也正在于此。

在关键时刻,杨炎自私自利的本性暴露得一览无余,面对强大的压力害怕得要命,以往排挤别人时所有的果断与坚毅消失殆尽。在此当口,他自作聪明地认为,只要把责任推卸掉就万事大吉了,但杨炎没有仔细地想一想,他要推卸的对象却不是一两个死党,而是至尊的天子。

杨炎秘密地派出心腹数人,命其以宣慰之名分赴诸道,密令他们私下里晓谕不满的各个节度使:刘晏昔日朋附奸佞之徒,曾请代宗改立独孤妃为后,完全是当今皇上痛恨此事而决定杀他。言下之意,与我杨炎无关。

李正己送走杨炎派来的宣慰使,返身对幕僚说:

"今上性格猜忌,用法严峻,我辈难求生路了!"

其他数道的田悦、李宝臣、刘文喜都有同感。

情急之下,轮到杨炎自己开始犯错误,他的这个错误与刘晏所犯的错误一样都是无法弥补的。天下没有不透风的墙,德宗还是知道了这件事。本来皇上也许就不无寻找替罪羊推卸责任之意,结果自己倒成了替罪羊。不用说皇上是如何的愤怒了,杨炎从这时开始为自己的败亡自掘了坟墓。

德宗没有立即动手,他知道这不足以致杨炎于死地,弄得不好,说不定还会损害天子的声名,眼下只能隐而不发,等待机会。尽管如此,疏远这种只可共享乐不能同患难、罔上行私、苟利其身之徒,却是皇上马上可以做的事。几个月后的建中二年(公元781年)二月十六日,德宗擢升了御史大夫卢杞任门下侍郎并同平章事入居宰相,开始不专任杨炎。卢杞的入相似乎是德宗皇帝短暂清明政治的彻底结束,如果说新一代天子即位两年不到的一段时间里还能算作是有过振作气象的话,从现在开始,失败便接踵而至,一发不可收拾。

卢杞与杨炎在许多方面都可算是标准的反例。杨炎面貌修美,仪容端庄,而卢杞长相极丑,形同鬼魅;杨炎善文章,而卢杞却善口辩。卢杞倒也出身于官宦之家,祖父卢怀慎曾位居宰相。卢杞以门荫入仕,开始时做过玄宗、肃宗时的大将仆固怀恩的掌书记,后来做过刺史,在朝中历任郎中、御史中丞。卢杞入相发迹前,没有人能够真正地了解他,还是以谨慎小心著称的一代名臣郭子仪很早就看透了卢杞的为人。

当时子仪可是朝中德高望重、天下推服的顾命大臣,不过因年老多病,常卧病在床。朝中百官于是常常趋府问候,子仪在榻上接见,从不屏退左右的姬侍。一日,忽报卢杞来访,子仪立即命左右侍妾悉数退去。卢杞走后,家人问他原因,子仪道:

"卢杞形陋心险,你等见了他必然会笑其长相,此人亦必怀恨在心。一旦他日得权,则灭门之祸为时不远矣!"

郭子仪毕竟阅历丰富,能够一语道破,智慧更是超人一等。崔祐甫已于去年的六月去世,杨炎也已不受重视,其他几位重臣都是虚领"同平章事"荣衔,于是只有卢杞独揽大权。很难推测德宗为何起用卢杞这样一个至少是很委琐的人,可能是因为数次用人的失望开始矫枉过正,才重用既无功又无大才的卢杞,而且像赌气一般地一意孤行。所以当卢杞一旦拥有这样一种地位,人们再看出他的真相就已经晚了。

连失意的杨炎都不愿与这样的人为伍,甚至拒绝与卢杞在政事堂"会食"。宰相共进工作午餐是本朝政事堂制度的优良传统,宰相们在工作中发生抵牾是难免的,在会食中进行磋商和讨论,也可增进彼此的了解,融洽气氛。卢杞开始没有在意,但有些人自不会放弃这种离间的机会,对卢杞说:

"杨公鄙公,不欲同食。"

卢杞这才恍然大悟。在政事堂阁中,他望着杨炎盼咐糊上的桃花窗纸，嘴上没有说话，但心中十分愤怒。

卢杞立即开始了行动。同时，他也知道自己的力量尚且不足，必须要有一个属于自己的集团，于是太常博士裴延龄成为他树党的首批人选之一。裴氏在德宗后期发挥了很不好的影响，这也得归在卢杞的名下。由于德宗对杨炎进行惩罚是早晚的事，卢杞除掉杨炎并没有花费太多的时间和精力，用的方法也和杨炎对付刘晏的办法如出一辙，先是寻机奏罢杨炎相职，接着利用严郢等与杨炎有仇之辈，给他奏上一个"有异志"的罪名，遂使德宗将杨炎贬为崖州司马。崖州在今天的海南岛，是最严厉的贬谪之地。杨炎这次不再像早先那次被贬乐观了，途中他走过一个叫"鬼门关"的地方，充满感慨地写了一首诗：

一去一万里，千知千不还。
崖州何处在？生度鬼门关。

虽然走过了"鬼门关"，他还是预感到凶险将不可避免。果然，在离崖州只有百余里的地方被缢杀。两年之间，德宗杀了两位宰相。

德宗皇帝在历史上留下了鲜明记录，他的名字之所以总是与政治、军事以及个人处事上的众多失败联系在一起，当然不仅仅是因为这一两年里发生的这些事。"失败"是一个颇让人费神的问题，如果说没有达到预期的目标或者是因此而带来严重的恶果就可以称之为失败的话，德宗的"失败"是显而易见的，因为他从一开始就没能实现哪怕是一点点预期的计划。德宗初政的相对平静只维持了一年多,就随着刘晏、杨炎的被杀而烟消云散了。

东方!藩镇又起风云!

东方的割据藩镇中,正酝酿着一场更深层次的动乱。

从京师长安向东,出潼关进入都畿道,不远就是与西京长安遥遥相对的东都洛阳,再顺黄河而下就是广袤的河北、河南道,一直到齐鲁平原,这一大块地区当时习惯上称为"山东"。

"山东"可是个敏感的字眼。从战国时开始,"山东"便是秦国所在关中地区的对立面,所以秦以外的六国也称山东。自古以来,这一地区就似乎是关陇中央的对立面。想当初,本朝立国伊始,就开始对山东贵族实行一种既拉拢又排挤的政策,但实际上,山东贵族却一直还是社会生活中最强大的势力之一。不过,到了玄宗时期,情况起了很大的变化。

原因是北方胡人的不断内迁,大批汉化的胡人在河北道一带定居下来,成为新的社会力量,这是和本朝宽容的民族方略与求同存异的雄伟气度分不开的,所谓"修文德以徕远人"。但其中也有一个实际考虑,由于隋末的纷乱使中原特别是河北、河南的人口损耗极大,为补充人口,因此一直允许内附诸族大量迁徙到边境地带居住。然而在波澜壮阔的社会变化中,这种大融合过程必然以一种新的形式表现出来，这就是割据、分裂和战争。东方于是成为主要的舞台。

建中元年（公元780年）的七月，河南道的临淄，淄青镇节度府。

数日以来，李正己忧心忡忡，没睡过一次好觉。实际上，自从去年年底皇上借献钱三十万缗一事弄得自己很狼狈以来，李正己就一直在暗暗担忧。今年四月份，北庭泾原镇的刘文喜不受朝廷命令，据泾州首先发难，正己很是兴奋。刘文喜也不过是对宰相杨炎打击泾原军的处事不满，在很大程度上代表了李正己等一大批边将的看法，正己也和不少人一样上表请德宗宽恕刘氏，息兵罢征。然而皇上却不为这一大堆奏章所动。德宗在朝会上对众臣道：

"微孽不除，何以令天下！"

消息传到淄青，正己很不安。不得已，又派人入朝，借奏事之名打探天子的态度。刘文喜很不幸，由于兵力不济，加上吐蕃不肯发兵援助，在朱泚的攻打下，一月不到就被击破。正己的使节觐见德宗时，正巧捷报奏到，德宗把文喜的首级往这位使节面前一丢：

"朕给你看看这个，就算是给李正己的宣敕吧！"

来使伏阙不语。一回淄川见到李正己，即称大事不妙。

正己听后浑身冷汗，一言不发。和心腹幕僚们商量的结果是，事不宜迟，必须加紧操练士兵。还未过一个月，刘晏被杀的消息传遍了天下，数道节度一片哗然，正己惊恐之余，上表责问朝廷,矛头直指杨炎和德宗,无疑是下定了决心。

今日,又传来不好的消息:朝廷下令扩建汴州城池。汴州就是今天的开封,是东都洛阳的门户,为中原地区的要冲之地。皇上欲大建汴州,显然是针对东方而来。李正己问探报者:"此事确否?"

"千真万确,东边的人都传遍了,都说天子有东征之志。"

"魏博动静如何?"正己与田悦尽管有矛盾,但在对抗朝廷这点上却是共同的。

"田太尉亦正完聚为备,动作很快。"

正己大恐,当下传令:"速发兵屯曹州,增兵徐州,号令士卒,不得松懈!"

淄青兵马西指东都,南控徐淮,迫使朝廷漕运为之改道。

河南骚然。

德宗这时又遭到一次打击。前年即位之初,天子即有意疏斥宦官,亲任朝士,除任命士人白志贞典掌神策禁军外,还特别重用了两位在太子时就十分信任的文臣张涉和薛邕,但不幸的是,这两位辜负了皇上的恩宠,贪赃受贿,以权聚敛,还被揭发了出来。这下德宗很被动,宦官们在他左右议论纷纷:都说我辈浊乱天下,这些清流聚钱动辄上百万,真不知到底是谁欺骗世人!德宗听后,大为困惑,不知究竟应该倚仗何人,疑心病更加严重起来。卢杞从此开始操纵帝国的政局。

不过,天子对东方藩镇的态度没有改变,他的那种彻底解决问题的冲动并未因客观条件而有所消减,反而与时俱增。时间到了建中二年(公元781年),矛盾终于爆发。

各大藩镇的想法无非是永远保持割据的现状,传诸子孙世代拥有,而这却是中央政府不能答应的。可是,当中央的力量不能达到足以解决这一症结的程度时,为了防止事态扩大,便不得不作暂时的妥协,这也是玄宗以来肃、代两帝的一贯做法。河北诸镇中的田承嗣、李正己、李宝臣以及山南东道的梁崇义互相勾结,一直就想以土地传诸子孙,所以大历十四年(公元779年)二月田承嗣一死,李宝臣请求将节度授给田承嗣子田悦,代宗答应了。建中二年(公元781年)正月,成德镇的李宝臣死,其子李惟岳自为留后并请求批准,也算是有不久之前田悦的成例可以援引,但德宗的想法自不同于当时的代宗,坚决不许。

有人上奏:"李惟岳继承父业已是既成事实,若不因其所求而承认,必生叛乱。"

德宗却不以为然,他有一套顺理成章的理论:叛贼本无资本以生乱,皆凭借我土地位号以聚众,前几朝因其所欲而任命,结果动乱日滋,所以爵号不足以弭乱反足以长乱。

这一分析本无疑义,但关键是,取消藩镇的自行任免权,势必会引起朝廷与藩镇的直接对抗,中央是否有能力承受这一对抗呢?田悦为李承嗣代请,亦不许,于是五月份田悦先反,发兵攻荆州,战事爆发。六月,山南节度使梁崇义拒绝发兵讨伐田悦,德宗命淮西节度使李希烈讨伐;八月,李正己死,其子李纳请袭节度又不许,战争全面铺开。

这一场战争从建中二年(公元781年)的五月到建中四年(公元783年)的十月是第一阶段。对德宗来说与其是愤怒忧慌,倒毋宁说是又惊又喜,惊的是三镇蒙受皇恩不浅却公然反叛,喜的是可以趁此一举摧毁,消除这十数年的积患。德宗的想法绝对不能算是幼稚,但却很不周到。他没有想到这也许是一场大决战,而不仅仅是一次单纯的平叛,因为战争本身如果是由于诸多内在原因而引起的,便同时又会引发出无数潜在的矛盾,这些矛盾一旦出现,就会牵涉更多的方方面面,就会无休止地扩大,最终激发更深一层的动乱。德宗和他的政府都没有做过通盘的考虑,除了有人在事先提出过要及早防备李正己外,似乎也没有人能够做出周密的计划。讨伐梁崇义的敕书还出自杨炎的手笔,而此以后的一段时间里,就基本上是卢杞一人把持朝政。

现在战略形势是,中央禁军与河东、昭义军由西向东,淮西军由南向北,幽州军自北往南,形成夹击之势,围攻田悦、李惟岳、李纳和梁崇义。假如情况不生变化,这一格局应该是有利于中央政府的。

果然,在战争的头一两年里,朝廷取得了胜利:第一年,先是河东节度使马燧、昭义节度使李抱真与前一年击破吐蕃、南诏联军的中央将领李晟大破田悦军,另外一名将领唐朝臣又击破魏博、淄青军于徐州,打通了江淮运输线;淮西节度使李希烈攻克襄州,梁崇义自缢;第二年,马燧、李抱真、李晟又大破田悦军,当时任卢龙节度使的朱滔攻破成德李惟岳军,结果田悦退回魏州守城自保,李纳在濮州被围,李惟岳部将王武俊杀李惟岳后投降了朝廷。

有些不可抗拒的内在因素决定了胜利必然是暂时的。首先是国力的窘迫,战事开始的第二年亦即建中三年(公元782年)的正月,宰臣们迫于形势,就曾决定削减朝廷百官一个月的俸禄以支援军事费用,连皇室也都被迫缩减了开支。当时负责财政的杜佑在一份咨文中给皇帝与朝廷指出了这一问题的严重性。

这份具有权威性的报告说:目前诸道用兵,每月军费达一百余万贯,而京城库藏却不够数月的支出;只有在另外获得五百万贯的情况下,才能保证国用。

这不啻一个天文数字。卢杞启用了赵赞任户部侍郎,但要筹集这么大一笔钱,赵赞根本是无法办到的。在理财方面,也似乎没有人能再有刘晏、杨炎那样的能力。卢杞很无奈,只能招来他的党人们商量如何解决这一棘手的难题,可商量的结果却是一个很糟的办法。

他们想当然地认为,如果向有钱的富商开刀,以朝廷强行借取的办法搜括,可能会得到五百万贯的数目。这一计划得到了德宗的同意。事实证明,这一做法不仅没能达到目的,反而引起了极为严重的后果。后来的建中四年(公元783年)六月,赵赞又提出增加房屋与贸易税,并立即付诸实施,结果由于官僚贪污隐盗等原因,也是公家所人百不得半,而怨诉之声,嚣然满于天下。

可以说,造成后来德宗一生中最大的灾难——泾师之变的直接原因之一,就是这两件事。其实,在某种程度上德宗与卢杞也是无可奈何的,应付这种战时困难,急功近利的德宗与缺乏技术才识的卢杞拿不出更好的办法。帝国本是一个大家庭,面对日用的窘迫,也只有由家长向成员们征取摊派,在这种情况下,一切抱怨都是无济于事的。但其中也有一个度的问题,就是说不能超过维持一个家庭所要求的义务范围,否则家不像一个家,所有的成员也都没有必要再维持家的和谐了。国用的不足预示着朝廷与地方反叛集团力量对比的不平衡,而处事的不当埋下了更大失败的种子,所以便带来了痛苦与不甘心的退却。不过,这还不是最麻烦的。

朝中的情形很不正常,原因是卢杞正对德宗发挥着不好的影响。卢杞的毛病不仅仅在于忌能妒贤,而更在于汲汲于权势,因而一切阻挡其达到目的的障碍,他必然要去之而后快。利用国家的危机来除去自己的政敌是政治家的必备手段,卢杞就很善于此道,他在不久之后排除崔宁以及非常有名的颜真卿都是例子。在利己主义上他与杨炎有些相似,但更有质的不同,杨炎只是出于对恩仇的过分偏激,而卢杞看起来十分信奉顺我者昌逆我者亡的哲学;在技巧上,卢杞的手段更是高出一筹,最主要的是他真正巧妙、完善地利用了天子。

德宗有时非常困惑,为什么总是有很多人在自己面前诉说卢杞是个奸臣。在他看来,卢杞的谦虚与效忠要比杨炎之流的欺上瞒下与自以为是好得多,天子是不喜欢有人在自己面前耍小聪明的,尽管他有时根本发现不了究竟是谁在被一种小聪明所玩弄。许多情况下,卢杞的建议最终被采纳都是因为他常常突出天子的决策能力,从来都是在皇上所能考虑到的范围内提出自己的主张。于是乎这样一种情形就出现了:在卢杞面前,我们的天子觉得自己异常的高大和完美。

从代宗朝的元载开始,结党的迹象就已经初露端倪。卢杞也深知这一点的重要,暗自提拔了不少趣味相投的人充担政府的要职,而对与己不合者,总是毫不留情地予以铲除。当时在朝中与他共任宰相的张镒本是他本人推荐的,但由于此公颇为忠正,一度很受德宗的宠信而威胁到自己,卢杞便寻机奏使德宗罢免了张镒的相位。最能说明问题的是严郢的被贬。

严郢与杨炎都是元载所推举,在肃、代之时就颇有名声,但他与杨炎在政见上有分歧。杨炎本是一个不大能容忍的人,对严郢也极尽打击之能事。不过严郢与杨炎毕竟还是政见的不同,并不能算作死敌,只是卢杞成功地利用了严郢的私心。

当卢、杨斗争表面化时,有一次德宗询问:群臣中谁可担当大任?

杨炎推荐崔昭、赵惠伯,而卢杞则提名张镒、严郢二人,不外乎与杨炎针锋相对的意思。在与杨炎的斗争过程中,严郢为卢杞立了大功,不仅参与了计划的制定,还具体执行逮捕拷打赵惠伯的任务并使得杨炎最终被逐杀。但杨炎既死,共同的利益关系消失,卢杞又觉得严郢的精明才干难以忍受,遂利用了一件小事贬谪了严郢。在这件事上也很能体现卢杞的作风:他知道不失正直之心的人都有一个致命的弱点,他们常常会突然良心发现,并为之痛苦内疚。于是卢杞故意让严郢在出京的途中路遇赵惠伯的灵柩，严郢果然惭愧万分，一年不到就病死了。

卢杞的专权近乎三年，在腥风血雨的政治斗争中，他的个人手腕竟使他得以善终，在这一点上似乎只有另外一位三朝元老李泌能与之媲美。卢杞或许还要稍为高明一些，因为卢杞在当时几乎是激起了天下人的共愤，有些做法甚至直接导致了叛乱的加剧，可他始终是稳如泰山。然而卢杞达到了他的目的，帝国却大大地损失了，朝廷既然不能完全制服藩镇，藩镇便有理由讨价还价，这种讨价还价是没有结果的，最终只能诉诸武力。而天子如果没有足以服人的德政，天下也就没有必要为无谓的战争做出一而再再而三的牺牲。

四镇联合叛乱，危机爆发

藩镇再叛，并又一次结成联合同盟。

到了建中三年（公元782年）的闰正月，成德镇的王武俊杀李惟岳投降后，河北道只有田悦的魏州未破，河南道的李纳也在濮州被围，朝廷遂以为天下之平指日可待了。殊不知当时的形势并非只是两河的叛乱，而是从中央到地方都呈现出一种混乱的局面，其中的关键是天子的威信正一步步地丧失，拿不出有效的办法慑服天下。

德宗任命成德降将张孝忠为易、定、沧三州节度使，王武俊为恒、冀二州都团练使,康日知为深、赵二州都团练使,又将旧成德镇的另外二州德、棣分给另一功臣朱滔。这一措施旨在分散旧成德镇的力量,也是朝廷在政治上对付藩镇的惯用伎俩。不过,都团练使这一官职虽然也是一州或数州方镇的军事行政长官,但地位较节度使低。

王武俊拍案大骂:"我手刃李惟岳立有大功,官位居然在张孝忠之下,真是岂有此理!"

幕僚们也愤愤不平,王武俊心中火气更大,把朝廷的敕书撕成几块。

另一位有野心的节度使朱滔没有得到较为富庶的深州,也十分的不满,便在该地屯兵据守,拒绝交给康日知。这时在魏州被围的田悦洞若观火,立即抓住了这根救命稻草,派了两位得力干将星夜赶到了深州去游说朱滔倒戈。

朱滔为人阴险多计,早年对朝廷外示忠顺,利用智谋骗取了代、德两帝的信任,得以成为卢龙(幽州)节度留后,内里却暗怀心计。朱滔的特点在于对任何人都怀有觊觎之心,包括对他的兄长朱泚。

果然,朱滔与田悦一拍即合,还亲自去说服王武俊与张孝忠,在利害相同之下,王武俊也终于举起叛旗,只有张孝忠不为所动。在事发之前,德宗由于康日知的奏报得知了这一情况。魏州尚未攻克,朝廷主力皆被田悦、李纳牵制,现在朱滔、王武俊再叛,根本是无兵可调了。德宗在这当口倒是深思了一番,立即采取了一条缓兵之计,赐封朱滔为通义郡王,希望能起到一些安抚的作用。

但朱滔反意甚坚,岂是一个空泛的爵号所能解决的。建中三年(公元782年)二月,朱、王联合行动,第一步便是去救困在魏州的田悦。朝廷命朔方节度使李怀光讨伐,结果在魏州的惬山被田、朱、王的部队打得大败。朱滔又遣兵去救李纳,于是四镇结合,声势大振。

从三月份开始,双方进入相持阶段。在朝廷一方,主要力量就是应诏讨逆的其他藩镇,中央神策军只是作为补充力量参战。勤王诸镇中,以淮西李希烈与朔方李怀光实力最为强劲。淮西镇位于南北冲要之地,客观上对河北的割据势力有着一定的牵制防范作用;朔方则属于帝国最早的藩镇之一,原为保卫西北边疆及关中京畿而设,但德宗以中央军队取代了朔方军原本御外的任务,于是它也成为中央对付地方割据的重要军事力量。割据藩镇的存在,是中央与地方某种妥协的结果,同时藩镇之间也是互相牵连、互相制约的,割据与防范可以相互转化。

二李本是讨伐叛乱的中坚力量,但随着形势的变化,前后相继反叛,特别是淮西镇,由于其地理位置的重要和实力的强大,与朝廷分利的砝码越来越重,与河北三镇一样最终成为帝国的心腹大患。当然,在这场战事中有一些力量自始至终都忠于朝廷,共进退,同荣辱,维系着天子与帝国的尊严。在相持阶段值得一提的是河东节度使马燧、昭义节度使李抱真的部队以及神策将李晟统领的中央禁军。这三支部队不仅在前期大破叛军,在这一年的战斗中更是互相团结,遏止住了四镇的势头。从这里可以看出,用人是否得当确实是危急存亡关头的一件大事,从杨炎到后来的陆贽也一直向德宗反复强调这一问题,现在以及后来的情况证明,"用人"既是原则性的,同样也是个技术上必须妥善处理的关键所在。

相持不久之后,战事急转直下。朱滔等人为了更加名正言顺,同时也是因为朝廷逐渐失势的缘故,相约称王,在安史之乱后河北诸镇第一次正式结成了联合军事阵线,并向强大的李希烈劝进。建中三年(公元782年)十二月,李希烈自称天下都元帅、建兴王,勾结李纳、朱滔等反叛。此消彼长,如此一来,朝廷的失势就明显了。

李希烈出身行伍,为人暴酷,是个典型的强阀。早在奉命讨伐李正己时,希烈已蓄异志,暗地里就与李纳、朱滔有往来,此刻机会成熟,公然举起反旗自是顺理成章之事。在东方藩镇最早起事的势力中,山南东道的梁崇义地最偏、兵最少,而法令有理,对朝廷礼貌最恭,然而李希烈却和他有矛盾,极力主张兴师讨伐。德宗其时抑藩心切,未尝没有打过自己的小算盘,他想借助于藩镇之间的相互争斗坐收渔利,便欲以希烈统诸军讨之。当时的杨炎曾极力反对,认为希烈此人反心在骨,不可轻信,若异日平贼后恃功邀上,"陛下何以驭之?"可德宗对杨炎的反感已经很深,没有听从他的意见。事实证明皇上聪明反被聪明误,还未等到河北之祸稍有平息,希烈即叛,战事又从河北扩大到河南。李希烈在建中三年秋天移军许州时有三万人,兵强马壮。许州在今天的河南许昌,直接威胁到东都洛阳。建中四年(公元783年)正月,希烈出兵四掠,陷汝州,围郑州,游骑至于洛阳郊外,搞得东都士民大为震骇，纷纷出城逃往附近山林躲藏。军情如火燃眉，德宗急忙召见卢杞问计。

真不知卢杞在这种存亡关头怎么还有心思公报私仇。他宽慰皇上说希烈不过是恃功傲慢而已，若能以一位儒雅重臣前去奉宣圣泽，晓以利害，可不战而获，建议派颜真卿到许州去宣慰。德宗也幻想着天子的圣威能够继续化凶为吉，更何况，牺牲一点原则换来精神的胜利本就是人君的常法。诏书一下，举朝失色。

人们都知道年逾古稀的颜真卿是一位刚直不阿的儒教大师，平生容不得半点邪恶，也正因为如此才得罪了卢杞，以他这种性格去赴虎狼之窟，无异于送死。国家失一元老，这是所有人的耻辱。在途中，东都留守郑叔则、宣武军节度使李勉都劝留真卿，李勉还特地为此上表德宗。但这些既没能让皇上收回成命，也没有打消真卿为国赴难的决心。他留下遗书抵达许州，被扣留近八个月，直到最后被李希烈杀害，在威胁利诱面前自始至终没有丧失一点人臣与帝国的尊严。但他的牺牲并未为皇上带来所期望的东西，李希烈照样攻陷了汝州，对关中构成了重大威胁。

情况很明显，战事由稍远的河北一下子移到了中原枢要地区，反叛军队隔绝了南北交通，直接影响到帝国的生存命脉。李晟及李抱真、马燧所部被朱滔、田悦等牵制，驻扎汴州的宣武军自然就成为中原诸镇中对付李希烈的主要力量，但实力尚不足抗衡。四月，德宗被迫调关中地区的中央部队出战，龙武大将军哥舒曜率领的这支部队协同宣武节度使李勉一度使李希烈退到蔡州，但不久即告失利。八月，李希烈进围襄州，九月，在沪涧一战中德宗另外抽调增援的禁军又被李希烈重创,东都洛阳岌岌可危。洛阳是西京长安的门户,一旦失去,叛军势必长驱直入,这使德宗万分恐慌,于是下诏坚令死守。皇上的心态和眼下的形势都预示着:帝国被迫转入防守无法避免。

这倒不是德宗的虎头蛇尾,而是时势所然。事实上,德宗目前采取的战略正是因为深察了形势的结果,这是由于有一位极负才略的大臣给皇上施加了重大的影响。这位正直的大臣尽管是一位文士,但却对帝国的危机有着深刻的体会,他的态度严肃但文采斐然,从不危言耸听但总是指陈剀切,他凭着对国家和道统的忠诚坚信:到目前为止,皇上是彻底失败了。

德宗未即位前,即已知道陆贽,但直到此时才召用他为翰林学士,起初也只是出于要大手笔起草文告的需要。从先王开始,中国的文教一向昌盛,历朝历代恪守的传统要求首先必须以理服人,以教化治邦怀远,不战而屈人是最上策,其次才是使用武力。本朝尚武,但还是把文化和教化放在首位,天子更是必须如此,所谓内圣才能外王。王令能够遍行天下,不仅是因为它代表着一种无上的权威,还因为它同时是一种道德和伦理的象征。因此为皇帝起草诏敕文告一向选用博学多才、明理善辩的文臣担任,陆贽就专门负责这一工作达数年之久,他的手笔创造了大唐有史以来最优良的范例。

当帝国的低潮到来时,陆贽不能允许自己再保持沉默了,他在李希烈反叛后连续上奏德宗,发表自己的政治见解。

陆贽提出的问题,德宗未尝没有体会,特别是朱滔、李希烈的反叛，给自己心中带来的冲击是不言而喻的，但天子总是天子，难道这一至尊无上的权威竟可以被当作是徒具威严的面具？这叫皇上实在无法理解。更有疑问的是，人君任用臣子，都应该是其人的荣幸，也是为国为君都义不容辞的责任，假如一旦违抗圣命，倒戈助逆，又岂能是天子的过错？德宗无法不为自己的幻想所欺骗和愚弄，所以陆贽注定是要白费一些苦心的。但是陆贽对当前局势的分析却至少让皇上感慨万端，这一点在几个月后的那篇著名的《罪己诏》中就可以明显地看出，尽管德宗同意发布这篇诏书多少是出于迫不得已。

陆贽认为，国家的安危在于"势"，势苟安，则异族异类都可成同心；势苟危，则同舟之人皆为仇敌。现在的关键正是国家"势"危，必须承认灾难的现实，停止追求难以达到目标的举动。在这里，陆贽描绘建中以来的德宗用了"孜孜汲汲，极思劳神，徇无已之求，望难必之效"的词语，前二句明褒实贬，后二句则直言无遗，无疑是说皇上这两年对付东方藩镇的一切努力不仅都是白费功夫，而且从开始就是一场失败。陆贽还举出玄宗的例子预言，关中京畿地区中央军备的空虚必然会导致内乱，为此必须停止征发中央禁军，息兵罢战，并免除京城及畿县的杂税以安民固邦。德宗没有接受后一条忠告，继续调用了泾原守军开赴前线，结果导致了兵变。但这并不是说德宗对陆贽这一"失败"理论无动于衷，因为如果不是皇上对现实状况的某种默认，无论陆贽在什么情况下提出这样的指责都是不可想象的。

泾师之变：梦想很坚挺，现实很骨感

> 内忧外患并发所酿成的"泾师之变"，宣告了德宗皇帝所有努力的失败。

建中四年（公元783年）八月，当李希烈围攻襄州，德宗就已命令关内的泾原镇出兵赴援。十月初三，泾原节度使姚令言率兵五千经过京师长安。

这时正值严寒，风雪奇大，从泾原来的兵士大多携带子弟同行，希望到长安时能够得到厚赏。负责犒赏的是京兆尹王翃。

王氏以为这只是一次普通的例行公事，其时战况紧急，也无暇顾及许多，便随便配制出粗糙的菜饭，并还严促部队立即上路。

泾原兵士这一怒不小，骚动之下竟然哗变，领头的人声称大内府库中金帛无数，鼓动大家去拿来平分，于是群情更为激愤。当时部队已经出发到城外的泸水，变兵重新杀向长安城东的通化门。

姚令言正在宫廷中向德宗辞行，听到消息后立即快马赶回，在路上与变兵不期而遇，令言冒着箭雨呼吁士兵克制：

"汝等少安毋躁，听我一言。"令言声嘶力竭地大喊，"此去东征杀敌立功，何愁不富贵！如何无端生变，招致灭族之祸？"

令言此语更激起众人的悲慨之情，一不做二不休，变兵一哄而上把姚令言拥向城中。德宗这一惊不小，立刻命赐泾原兵每人帛二匹，但已无济于事。军士以为皇帝这种前倨后恭之态是对他们的大不尊重，更加愤怒，杀掉了前来宣慰的宦官。奔至通化门时，已是喊声震天，又有一位太监骑马疾驰而出，刚刚叫出"皇上口谕——"，就已是中箭落马。德宗又命赐金帛二十车，但此时乱兵之势已成，和平解决已是不可能的了。午、未之时，变兵已进入城中，一路对狼狈逃窜的百姓大呼：

"百姓勿惧！此后再不夺汝等商货作典质了！再不用交间架陌税了！"

普王李谊、翰林学士姜公辅奉诏宣慰，一出丹凤门就目瞪口呆：泾原变兵已在宫外列阵排开，周围黑压压围观的百姓有数万人。

在这种情况下，德宗只能急召禁军，但德宗即位之初就任命的神策军士人首领白志贞却捅出了一个大纰漏。

原来，近一两年来由于战事正殷，禁兵兵源不足，天子遂命志贞兼京城招募使，负责招募之事。但兵荒马乱之际，招募又谈何容易！志贞无奈，只得请求德宗下令，凡武官豪富之家出子弟、甲马充实禁军，德宗也批示同意执行。如此一来使得人心颇为慌乱，这倒也罢了，关键是军中死伤甚多，白志贞皆不奏报，以京师市廛沽贩之徒填阙。这些人大都是市井商人，在禁军中只是挂名领饷，平时都在做生意，现在事出突然，皇上急召，自然是无一人报到，这个重大事故加剧了德宗的危机。

当德宗听到慌张入报的宦官说根本无禁军可调时，顿时惊得说不出话来。幸好宦官窦文场、霍仙鸣还算能见机行事，赶紧劝说皇上出走，于是德宗只能带着两个贵妃及诸王子从皇苑北门狼狈出逃，身边唯有窦、霍约一百随从护驾。

巧的是，郭子仪之子司农卿郭曙与数十个家兵正在北郊打猎，将门之子到底处变不惊，听普王李谊说明情况后，立即将卫队变为皇驾的前军，往北疾驱。另一位禁军将领右农武军使令狐建也正在郊外教军人射箭，见此情景遂率近四百人为殿后，追随德宗而行。这时已近黄昏时分。

其他的朝官包括神策军首领白志贞、京城长官京兆尹王翃、宰相卢杞、财长户部侍郎赵赞以及皇帝的重要顾问翰林学士陆贽都茫然无措，不知道皇上到哪里去了，直到傍晚才陆续追到咸阳。滞留京城来不及逃出的大小官吏则不计其数。这一天的变故是德宗皇帝即位以来的彻底失败，也是本朝建国以来发生的天子第二次被迫离开帝国首都的事件，第一次是玄宗皇帝，他在安禄山大兵压境之下逃往了四川。

如果就事论事追查此事的直接原委，除了德宗本人应负主要责任外，一些朝廷大员们恐怕也难逃其责。当时任朔方、邠宁等重镇节度使的李怀光就持这种看法，他这时奉诏急急从魏州前线赶赴勤王，屯军在咸阳。他痛恨卢杞及其党徒本就由来已久，此刻更坚持宰相卢杞谋议乖方，财长赵赞赋敛过重，京兆尹王翃刻薄军粮是导致王驾播迁的主要原因，怀光甚至凭借他的威望扬言要进奏皇上杀掉这三个人。无论这种想法是否出于私心，都反映了相当一部分朝野舆论的倾向。

也有一些人认为白志贞是罪魁祸首,理由是志贞或许在招募禁军的过程中接受了贿赂。这种猜测当然也是很自然的,不过证据不太充分。陆贽的一些奏疏中透露,在东征战斗中禁军的伤亡确实非常严重,而且以沽贩之人充斥军籍,自开元兵兴以来就已不免。由此看来,白志贞也只是处事不当,未能革除旧弊而已。

无疑这是整个中央政府的失败,一切都如天才的陆贽所预言的那样,连年的用兵不仅没有效果,反而触发了萧墙之祸。一天之后,德宗从咸阳抵达了奉天县城,政府的指挥中枢虽然立即开始了运转,可帝国无疑已处在极其紧急的状态之中。

这时在长安城中的兵变已扩大为一场严重的反叛事件,曾经任过泾原节度使的朱泚被乱兵拥立为首。朱泚是朱滔之兄,从某种角度上说,他阴险不及乃弟,冲动莽撞却有过之。他先任幽州节度使,后来在朱滔的怂恿下于大历九年(公元774年)入朝并请留京师,以自己充当实际上的人质来换取朝廷的信赖,做了朱滔的工具。朱泚在大历十二年(公元777年)任陇右节度使,大历十四年(公元779年)代宗死后被召还任山陵使,德宗建中元年(公元780年)曾兼领过数月的泾原节度使一职,其地位一直是优宠的闲职,是朝廷优待忠诚归附的地方重臣的象征。到目前为止,尽管内心怏怏,可手中无权无兵,只能无所作为,因而他的生活也一直很平静。只是在朱滔叛乱后发生了一件插曲,起因是朱滔还没忘记他的兄长,用信鸽传笺约他在京城谋反,不料被马燧截获,告到德宗那里,吓得朱泚赶紧伏阙请罪。幸好德宗认为长安与河北路途遥远,二人不可能事先串联,因而没有追究。事情虽然过去,但朱泚很清楚,他是不可能永远置身事外的。朱泚当然没有料到泾原兵变的发生,不过一旦当他发现这是一条顺水之船时,便毫不犹豫地踏了上去。

事变的当夜,姚令言就直趋朱泚府第。未过一会儿,朱泚就在变兵一路火把的照耀下走进了天子的含元殿,对外宣称的说法是"权知六军"。

当时局面混乱,消息自然不灵通,但这件事还是被模模糊糊地传到了奉天。有人提醒皇上朱泚可能反叛,必须立即组织防范,却遭到了卢杞的痛责,他向德宗保证这是绝对不可能的。在这件事上,卢杞又差一点使帝国遭受灭顶之灾。朱泚果然将计就计,派泾原将领韩旻率精兵三千以迎驾之名偷袭奉天。幸好有一位留陷在京城的大臣以他的勇敢、机智和献身精神改变了历史的进程,这人就是大唐历史上著名的忠臣段秀实,他用计谋诈回了韩旻的部队,并为此而舍身成仁。七天后,朱泚正式僭号称帝,国号秦,自称大秦皇帝,杀唐宗室七十余人,并发兵攻打奉天,创造了安史以来叛乱的极致。这时德宗在奉天城中恨恨地拍着佩剑,后悔当初逃离长安时没有听取大臣姜公辅的意见除掉这个祸患。

一场突来的灾难往往能暂时弥补掉内部的裂痕,造成一股同仇敌忾的气氛。德宗在奉天诏命全国各地兵马立即来援。十一月,各道兵先后至长安,李怀光也到达了奉天。杰出的将领浑瑊率守备军在奉天保卫战中奋死力战,保住了天子与流亡政府,争取了宝贵的时间。十一月二十日,李怀光军在醴泉击退了朱泚,解除了奉天之围。然而现实就是那么无情,外在危机一旦得到缓和,内在的矛盾便立即还魂。

满怀怨气的首先是朔方镇的李怀光。李怀光本是粗疏之人,作为地方强藩,在某些利益上与那些因不满而造反的藩镇是有共同语言的,此时既立大功,自矜其功之余,说话更是肆无忌惮,他当然还不能把藩镇的怨气直接发到德宗身上,便把矛头指向卢杞。卢杞立即反击,借助于德宗的力量狠狠地打击了怀光,命令他不必觐见并克期收复长安。

但卢杞的反击到这时已是强弩之末了,因为政治上要求此时必须有一个替罪羊,反对卢杞与白志贞等人的强大舆论正是这种机制的产物,卢杞已经回天无力了。德宗即使再怎么不愿意,也不得不于十二月十九日贬卢杞为新州司马、白志贞为恩州司马、赵赞为播州司马。

又是一个新年到来了,这是德宗登基的第五个年头,公元784年。这又是一个怎样的新年!原先的种种努力没有任何成效,对付东方河北藩镇的勃勃雄心和强硬路线换来的却是更深重的灾难,一切新的气象都灰飞烟灭。军事上,长安还没有收复,朱滔又勾结回纥为朱泚声援,李希烈攻陷了汴州;物质上,国家的财力已极度匮乏,关中与中原地区遭受了严重的损伤。政治上虽然取得了表面的一致,但政策仍然不明,上下不通,人心混乱。在现实面前,或者更多的是在巨大的压力面前,德宗终于在某种程度上和陆贽走到了一起。

陆贽仍为翰林学士,但居中参裁,策划事宜,制定诏令,已是皇上不可或缺的辅弼了,奉天吏民,早已称之为"内相",卢杞等人也无可奈何。

这一年的正月改元"兴元",颁布了由陆贽起草的《罪己诏》。

帝国的沉沉黑暗中似乎透出了一丝曙光。

罪己书:无奈的选择

"万方多难,罪在朕躬",自古以来,天子的"罪己"有时不过是一种退让策略,或者只是一种姿态。真正的引咎自责以求重建道德,并不多见。

时间是兴元元年(公元784年)正月。策划者是陆贽。

皇上当然知道这不是一篇普通的制书。一段时间以来,天子的心里也很不好受,他常常愤愤地挥剑乱斫,向天仰望,喃喃自语。每次与陆贽交谈后,皇上一方面为自己的轻躁而后悔自责,但同时又愤愤不平,不明白一腔壮志换来的为何是满目的灾难。在奉天的朝会上,他望着垂手肃立的文武百官,经常是心潮起伏,感慨万端。

陆贽坚信,只有一条路可走。

"陛下,"陆贽深思熟虑已非一日,"方今盗贼遍布天下,舆驾播迁,陛下宜痛自引过以感人心。昔成汤以罪己勃兴,楚昭以善言复国,陛下诚能不吝改过,以言谢天下,使书诏无所避讳,臣虽愚陋——"说到此处,陆贽已是奋发激昂,"亦可以仰副圣情,使反侧之徒革心向化!"

德宗心中充满了一种悲剧感,他也只有做这样一个无奈的选择。他对翰林学士说:

"国家厄运,罪在朕躬!"此话一出,皇上竟已是泪光晶莹,"朕……愿照卿之意,大谢天下,凡所反侧者,一概赦免,诸将赴难奉天者尽加忠臣名号,——苍天不负予!"

"吾皇万岁!"

罪己是自古以来的传统。天子替天行道,假如横遭危难或者民心怨腾,自然是因为违背了天道的意旨,才使上天降厄示警。在这种情况下,为免遭天谴,收拾民心,只能是痛自引咎。著名的经典《左氏春秋传》记载了最早的先例,也就是陆贽所说的"成汤罪己"。然而在后来的天子看来,天子的权威岂可如此等闲视之!所以就一般的情形而言,如狂风暴雨地震干旱等表现出来的"天威难犯",帝王为天下计,倒是会下诏罪己以求上天的宽恕,这已经是司空见惯的了。但在人事方面,似乎还没有哪一位天子像古代先王一样深切自责、痛心疾首过。德宗的罪己是一个典范。

这年大年初一发布的诏书表面上是大赦,中心内容却紧紧围绕着自我谴责展开,是一篇真正的《罪己诏》。陆贽写得恳切深痛、诚挚感人,可谓是发自肺腑。这当然是陆贽在某种程度上坚持的缘故,否则皇上不会下决心走这条无奈的道路。

当然,罪己绝非是盲目地丢弃原则。李、田、王等不过是自封王号,而朱泚却有性质上的不同,涂炭宗庙还罢了,僭越称帝,这是大逆不道的极致,是无论如何不能原谅的,这是天下的共识。

如果皇上对他姑息,那就是整个帝国的耻辱和道德伦常的失序,没有人会同意。所以诏书严正但同时不失礼节地宣告:对朱泚,"朕不敢赦"。

天子在痛苦的抉择下作出了圣明的决定,这是国运攸关的大事。诏书在最后规定:

"赦书日行五百里,布告遐迩,咸使闻知。"

一匹匹快马,一级级驿站,把奉天的诏令传向四方。在战时状态下,帝国的交通虽然有所损害,但讯息的渠道并未完全隔绝。发布的方向当然也是有重点的:一是"山东"的田悦、王武俊和李纳、朱滔,二是河南的李希烈,三是占据京城长安的朱泚之众。德宗特别命令兵部员外郎李充具体负责河北地区的宣慰任务。

天下大悦。有消息表明,诏书传到山东地区,士卒们听后,皆感极而泣,其他方面的情况也大致相同。陆贽和德宗的努力没有白费,但这只是事情的一方面。

在另一方面,诏书提到的那些叛乱首领,却是各有各的想法,各有各的打算。已自称大秦皇帝的朱泚不用说了,他只有一条路走到底,于是又更国号为"汉",自号"汉元皇帝",改元"天皇"。

王武俊起事多少出于一时的冲动,充其量也不过是因为奖赏不公而已。泾原兵变后,朱滔、田悦想乘机进兵攻击河北的官军主力之一李抱真部,气焰颇盛。如果再与王武俊合力进军,河北官军不要说回师勤王,就是单单对付正面之敌都非常困难。李抱真感到压力很大,思前想后,只能用计。于是,派了一位谋士贾林前去王武俊处诈降,希望能用他的机智缓冲一下局势。

贾林此人果然有勇有谋，一见面就实话实说，言明此来非降，是来传话的。王武俊是契丹人，很有点胡人的豪爽之气，在贾林对利害的分析下一听动容，拒绝了朱滔的联兵之议，暗地里与抱真和马燧达成了停战协议，这使得河北官军大大地松了一口气。在这种情况下，德宗《罪己诏》一下，王武俊便立即集合三军，宣布撤去伪号。

淄青的李纳、魏博的田悦无非是谋求名位世袭，现在朝廷既然有所表示，天子又如此通情达理，一时无话可说，便也上表请罪，表示归顺。

至于为人暴虐的李希烈，因为独霸淮西，又自恃强大，并不把朝廷放在眼里，此刻竟效法朱泚，也干脆自称皇帝，国号"大楚"，以汴州为基地，四出攻掠。

只有朱滔最工于心计。此时他已是朱泚的皇太弟，年初还以重金邀请回纥合兵五万西攻贝州，与朱泚首尾呼应。他也许没有想到德宗的赦书居然对他也网开一面，但这时他信心正足，自不会就此罢休。不过，他也给自己留了一点后路以备不时之需，并没有公开抵抗，只是不满于田悦对自己的阳奉阴违，发兵攻打，田悦闭城不出。

东方的局势稍有好转。但祸起萧墙：勒兵京畿的李怀光正怨气冲天。

怀光勤王功不可没，要不是他击退了增援的叛军并及时赶到，奉天之围绝非轻易能解。怀光性格粗野，语无遮拦，一路上都在大骂卢杞误国，为这事连续上表，直到德宗不得已而贬卢杞、赵赞、白志贞以示安慰。怀光还不罢休，又上奏弹劾宦官翟文秀，力请诛杀。翟氏可是皇上信任的人，此刻为安抚大将，德宗也顾不得许多了，只好舍卒保车。

德宗作出这些牺牲，只是希望怀光能立即去收复长安，使得自己尽早重坐龙庭。但怀光的不满并未就此消歇，他也知道皇上的用意，故意屯兵咸阳，逡巡不进。路遥知马力，日久见人心，值此生死存亡关头，幸好帝国还有一位忠臣，这就是检校工部尚书、神策军行营节度使李晟。兵兴以来，李晟所部一直是绝对忠诚朝廷的直属力量之一，他也是急急从河北赶赴关辅的，此刻正驻扎东渭桥，逼视长安。

李晟治军有方，号令严肃。进驻东渭桥后，当机立断，马上合并了不受节制的刘德信部，秣马厉兵，准备进兵。怀光眼见李晟独当一面，十分担心。

怀光自忖，目下自己手中砝码颇重，可以有恃无恐。遂上奏皇帝说：克复长安事关重大，务须诸军协调行动，请求准予与李晟部合军。其用意无非是欲借此控制李晟。

德宗只要怀光能进兵，无有不可，下诏同意。

二军在咸阳西面的陈涛斜会师，筑垒未毕，朱泚就派兵杀到。接到探报，李晟急忙去见怀光。

"明公，"李晟为人向不倨傲，"朱泚若固守宫苑，倒是不易攻取，此番贼众敢轻离巢穴，可谓天赐明公以良机，不可失之！"

怀光此刻已是身在曹营心在汉，只是苦于没有借口，哪里还想去和朱泚交战。

"我军甫至,人马未饭,岂可应敌!"一口回绝。

李晟长叹而出。

怀光对手下略有不满的将佐说道:"诸位有所不知,此间各道军马,赐粮皆薄,独神策军最厚。薄此厚彼,于理何安?我已表奏圣上,圣上不日将派翰林学士陆贽前来宣慰,且观旨意如何。"

德宗真是无可奈何。他对陆贽说:

"眼下财用窘迫,哪里有这许多粮草!然若逆李怀光之意,势必使其军失望,横生事端,这真叫朕难办!卿可见机行事。"

陆贽一到,怀光当着李晟的面,拍着几案:

"将士们同是为国战斗,然而待遇迥异,如何叫他们心安?"

陆贽无话可说,暗中给李晟打着眼色,希望他能先退一步。李晟会意,大度地说:

"明公是元帅,晟不过是领军受命而已。至于说到增减衣食,只要明公下令,晟无有不遵。"

怀光这下倒不好再说什么了。他也怕就此引起李晟手下士兵的不满,本来是想让李晟自己走这一步,现倒反让李晟将了一军。心中恼怒,但又不好发作,只好将怨气撒向陆贽,言下大是骄狂。

其实李晟知道情形已是箭在弦上,很担心被怀光吃掉,在此之前已秘密奏上一本,请求移军返回东渭桥。这时陆贽也已回到奉天,向德宗汇报了此行的情况,结论是,李怀光不仅奔寇不迫,师老不用,而且阻沮手下将士进取之志。皇上若一味姑息,不采取有效手段，变故将不可避免。德宗忧心忡忡："然则李晟奏请移军之事，如何处之？"

"臣在彼处，怀光已提到此事。臣当时担心他生疑虑，遂故意夸赞其军力强盛，怀光很得意，反而有轻视李晟之心，曾答应若圣旨同意，不反对李部移军。陛下不妨以此为由下诏怀光，就说既然卿已同意，遂敕李晟军允其所请了。如此辞直理顺，不怕他有借口。"

德宗半信半疑，还不相信怀光会就此造反。到了二月，一个个消息证明这已是一触即发的事时，皇上还心存侥幸，以为是小人的离间，又派中使去晓慰怀光。但李晟已等不及了，率部从咸阳结阵徐徐而退，从而免遭虎口。不几日，李怀光果然反叛，另外两支兵马鄜坊节度使李建徽部、神策行营节度使杨惠元部由于德宗不同意移营，被怀光吞并。

二月二十六日，因为怀光将赵升鸾的密报，皇上终于得知怀光将在第二天偷袭奉天挟持天子，方才龙颜大惊。浑瑊当机立断，坚请舆驾即离奉天。于是，德宗再一次仓皇逃奔，从奉天又逃至陕西南部的梁州。

这才是二月份，看来新年并没有立即使形势好转，相反却越来越糟。不过，矛盾既然全面激化，那么，一切不是在冲突中灭亡，就是在崩溃后再生。帝国尚未走上绝路，朝廷的力量和号召力依然存在，正义也仍在天子一边，人情已经厌恶战争，叛乱诸镇的联防亦开始分崩离析，这一切表明，帝国政权在纷争的夹缝中依然存在着生机。

李晟开始发挥决定性的作用。他和陆贽、浑瑊一样,以自己的忠诚和勇敢在这个事态迫切之际尽到了人臣的责任。此时此刻,他的状况是最危险的:一是处在朱泚和李怀光两支强敌之间,二是由于朝廷转移,部队供给也发生困难。可谓是内无资给,外无救援,处境十分艰难。

这是一支举足轻重的力量,德宗在出奔的路上不住地问浑瑊:

"渭桥位于贼兵腹部,李晟与敌军兵势悬殊,是否能行?"

"陛下,"浑瑊对李晟信心十足,"李晟秉义执志,势无能夺,以臣看来,必能破贼!"

德宗轻吁长气。

然而李晟却焦虑万分。从战略上讲,克复长安成为扭转整个战局的关键,既可以恢复天下臣民平叛的信心,又能重新掌握关中之地,从而与各道兵马对反叛力量形成夹击之势;相反,假如一旦迟缓,朱泚、朱滔、李怀光、李希烈以及其他一些犹豫观望的地方势力必然会再行勾结,对朝廷形成新的威胁,这无疑将是致命的。长安务须收复,李晟铁了心。

在这种危急时刻还想要有所作为,精神支柱绝对不可或缺。李晟一向能以忠义激励将士,以自我的献身精神来调动全军的士气,此刻更是不敢松懈。但李晟在策略上做得更为成功。

他先是借手下大将张少弘之口,假传圣旨,宣布自己已被任命为尚书仆射、同平章事,以安众心;又写了一封措辞谦卑的信给李怀光,字里行间却谕以祸福利害。李怀光见了,一时倒也踌躇起来。接着,李晟凭着将在外君命有所不受的便利,抢先在部队所在的京畿一带地区,以皇帝的名义征粮,这一下军不乏食,声威大振,连李怀光都暗暗叫苦。

此后事态的发展证明了李怀光的轻躁之举纯粹是错误地估计了形势。原因是李怀光的朔方军是一代功臣郭子仪的旧部,部下的将士对朝廷有着一种不能割舍的情感联系,许多人本就不愿跟着李怀光背叛朝廷。加上粮饷将竭,在李晟的影响下,军众渐多离散。先是邠州的朔方留守将领韩游瓌杀死留后张昕,上表请受李晟节制;接着原神策将孟涉、段威勇率兵哗变,投归李晟。此后,类似情况更是一发不可收。怀光无奈,只得烧营东走,退向河中。李晟兵不血刃,解除了后顾之忧。

三月,浑瑊派来的步将上官望怀着诏书从小路抵达渭桥,传旨加李晟官衔,李晟流涕承诏。许多兵马开始向李晟靠拢,包括李怀光军中反正的几支军队。同时,浑瑊与借来的吐蕃兵大败朱泚于武亭川。在河北战场上,已去王号的田悦被堂弟田绪杀死,田绪由此继任魏博节度使,并和王武俊与河北官军主将李抱真大败朱滔于贝州,迫使朱滔逃归幽州。攻克长安的时机已经成熟。五月三日,李晟引军抵达通化门。

形势又朝有利的方向发展,不过,德宗故态复萌,一下子又急功起来,差一点坏了大事。

皇上先是迫不及待地向吐蕃借兵,不料吐蕃随浑瑊击败朱泚后大掠而去,又使他很着急。

陆贽道:"吐蕃贪狡,有害无益,得其引去,实可庆贺。陛下何忧之有?"

德宗一心只想着帝京能不日光复,又不便明说,便道:

"李晟、浑瑊兵少,怕实力不够吧?"

"吐蕃反复多端,一旦深入郊畿后暗结贼兵,则后果不堪设想。"陆贽何尝不知皇上的心情,于是把话说得很重:

"臣以为,戎兵不去,寇不能灭!"

陆贽这话一出,德宗也不好再说,但又担心众将逼近长安,不要又像李怀光那样逡巡不前,又道:

"李晟、浑瑊军破敌攻城,当有规划,朕欲贤卿条疏计议,部署下去。"

陆贽一听之下,惊出一身冷汗,皇上的疑惧之心又来了,赶紧上言:

"贤君选将,委任责成,故能有功。何况长安、梁州距离千里,兵势无常,遥为规划,未必合宜。决策九重之中,定计千里之外,岂得成功!"说到此处,陆贽干脆把话点透,"陛下,君上之权本迥异于臣下之权,所谓:惟不自用,乃能用人呵!"

此语触到德宗的痛处,皇上缄口无语。

五月二十一日,李晟正式发动攻击,只用了八天就一举克复。同时,西路的浑瑊、戴休颜、韩游瓌也收复了咸阳,并分兵追击逃窜的朱泚。朱泚逃至彭原县时,被部将射杀。

当李晟的破敌文告传到梁州时,天子下泪了。

"天生一李晟,是为社稷万人,不为朕也!"

随驾群臣无不动容。

七月,流亡数月的天子还驾帝京,随行的各路骑步兵有几十万人,一路连亘数十里,长安士庶,夹道欢呼。李晟跪迎于路左,上贺"元凶殄灭,宗庙再清",又使天子挥泪不已。

长安收复的消息迅速传遍。河中的李怀光处在官军的正面,显得有些孤立,权衡再三,只能上表请罪。帝国喘息甫定,自也无力再追穷寇,皇上下诏表示原宥也是顺理成章的事。不料前去宣抚的使节孔巢父处事欠妥,引起怀光和手下一些胡人的不满,又鼓噪起来,杀死巢父,再次抗命。

但不管怎么说,平叛的战事还是一步步走向成功。在河南方面,负责军事的王子曹、王李皋击退了李希烈,收复了安州。在河北,马燧协同李抱真、王武俊再攻朱滔,迫使朱滔上表待罪。

转眼又到了深秋九月。德宗信步皇苑,眼见亭台依旧,池柳依然,不由得心潮翻滚,思绪万千。正是去岁的此时,一次突来的严寒也卷来一场严重的灾难,使得舆驾西迁,饱受颠沛流离、失国丧庙之痛。每念及此,皇上就十分恼恨那误事的白志贞,同时,也想起自危难之始就不离左右的宦官窦文场来。"近卫之任,还是内侍可信!"这次变故使德宗彻底推翻自己早先的想法。

在一路逃难中,皇上既离不开陆贽,也离不了窦文场,似乎两人都是患难之交。其实,宦官和陆贽辈的忠诚是不能类比的,此中道理很简单:在武人得势的纷争之秋,文臣尚可以入幕为僚,而无兵无权的家奴除了跟随主子,是无处可投的。不过,家奴一旦拥有权势尤其是兵权，情况就不同了。

所以还在奉天时，有位大臣萧复就上言曰："宦官自艰难以来，多为监军，恃恩纵横。此辈只应掌宫掖之事，不宜委以兵权国政。"皇上听了就不高兴。此番有了借口，德宗主意已定。

本月的三十日，德宗正式任命窦文场监领神策军左厢兵马使，王希迁监领右厢兵马使，开始以宦官分典贴身禁军，他当然不可能预料到后果是如何的严重。又是一年过去。由于战事和蝗灾，财政再一次成为迫切的问题。新的一年，就是在江淮转运使韩滉发来的一船船粟帛中开始的。

矛盾的德宗：从雄心勃勃到得过且过

不见长安行乐处，空令岁月易蹉跎。

帝京的光复并不能说明天子的罪己已感动上苍，因为两河的李希烈、李怀光和幽州的朱滔仍在负隅顽抗，帝国还须征战讨伐；而去岁以来，旱蝗肆虐，草木无遗，以至京畿大馁，道馑相望，又使得稍有转机的形势变得严峻起来。所以，天子还必须继续反省自己，以匡扶天下的德政拯救帝国的宗祧和黎民百姓。于是在公元785年的元日，德宗又发布大赦令，并改元"贞元"。

这场战事已持续了将近四载，任何一方都已经无力再作持久的打算。朝廷既然在几次决战中取得了胜利，也就证明了维持一种大家庭的力量依然存在。未过两年，大规模的抗争终于以妥协结束：贞元元年（公元785年）六月，朱滔死，诸将奉刘怦知幽州军事，上表求归；八月，李怀光穷迫自缢，部下断其首出降，河中平。贞元二年（公元786年）四月，李希烈被部将陈仙奇毒杀，淮西一镇至少也在名义上归顺了朝廷。甚至到了贞元四年（公元788年），德宗在压力下还终于答应了与回纥和亲，从而又使得吐蕃势弱，不能复为大害，边疆亦暂告绥靖。到这时，尽管天下并不安宁，但天子心中的"外患"毕竟是大大减轻了。也许"贞元"果真是一个吉兆，从此以后，德宗皇帝再也没有更改过年号。就这样，"贞元"记录了二十年的漫漫岁月。

皇上已步入了中年，他的朝气与壮志正在时光的流逝中渐渐地消磨着。

对一个集权帝国而言，内忧与外患永远是相辅相成的。有时大敌当前，反而能弥合内部的裂痕，而外患一旦消减，内忧即不时滋生。

贞元元年（公元785年）的大赦没有立刻使二李革心投诚，却使另外一个人高兴得手舞足蹈，这就是建中四年（公元783年）被贬为新州司马的卢杞。

卢杞当然也在大赦之列，由新州司马移任吉州长史。他太了解皇上了，知道皇上此刻正陷入了一种无所寄托的忧郁中，一定会想起他的。"吾必定会再次入朝！"卢杞对人说。

真给他猜中了，皇上果然任命卢杞为饶州刺史，命中书舍人袁高草拟诏诰发布这一决定。正直的袁高对德宗的做法十分不满。

这时宰臣是卢翰、刘从一、李勉。袁高对三位宰相说：

"卢杞为相数年，鸾驾播迁，海内疮痍，如何又调任大郡刺史？望三位相公力谏圣上。"

卢、刘摆手拒绝，李勉低头不语，袁高见状，气得掉头就走。

卢翰拿着"词头"直接从政事堂后门走进中书舍人院，吩咐其他舍人撰写。第二天，诏书颁布，袁高拗起性子在殿上不肯宣读，与另外两位大臣陈京、赵需出列力争。

德宗说出他的理由："卢杞亦在大赦之列。"

袁高谏道："大赦只是宽宥其罪而已，岂可再以刺史授之！"陈京等亦争之不已，皇上忍无可忍，多日的怒火突然发作，大吼道：

"朕就是以为卢杞可用，尔等不须再奏！"皇上的衣袖呼呼生风，左右的侍从吓得连退几步。

赵需等几个人被皇上的威怒所震慑，想从殿前退下，陈京对他叫道：

"赵需莫退！此乃国之大事，吾等当以死力争！"

此话一出，举朝肃然，一下子静了下来。

德宗听了陈京这话，心里倒也有点感动，觉得自己刚才的举动很失态，便挥挥手道："好了，尔等退下吧。朕自有分寸。"

四天后，德宗的"分寸"只是任命卢杞为澧州别驾。不过，皇上怎么也想不通，为什么朝中总有互相排挤、打击的敌对现象存在，似乎他们谁也容不了谁。一段时间以来，天子有理由认为，朝廷中的相互争讦是国家衰败的症因。德宗有时从刘晏、杨炎、卢杞一直想到眼下的当朝宰相甚至封疆大吏李晟、浑瑊等人，觉得他们一个也不可信。究竟应该任用何人呢？天子困惑日甚。

不久，宰相刘从一有病不能理事，德宗征召远在剑南的张延赏入相。

德宗对张延赏印象不错。天宝以来，由于用兵南蛮以及皇驾屡幸等原因，剑南西川三蜀之地负荷奇重，加之内乱频作，兵革屡扰，把好端端的天府之国弄得衰敝不堪。延赏在建中初年任成都尹、剑南西川节度观察使，薄赋约事，动遵法度，使得情况大有好转。天子逃难梁州时，多亏了延赏大量的贡奉才得以维持住局面。对延赏在危急时刻的竭忠尽力，德宗没有忘记。

然而此时驻防凤翔的李晟却大为着急，凭着靖难功臣及"西平郡王"的身份，急急上奏皇上，认为张氏过错甚重，不宜进用。德宗览表不悦，但李晟乃国家重臣，意见难违，于是迁延赏为左仆射。

照理李晟没有必要为这件看起来与己不相干的事情大动肝火，为此，朝野上下议论纷纷。有人猜测可能是当年李晟赴剑南抗击吐蕃、南诏联军时，曾强将成都的一位官妓带回家中而被延赏派人追回，由此两人交恶。这话很不好听，不过倒也确非空穴来风之论。德宗得知其中就里后，真是无可奈何。

具体问题总是让人不知不觉地实际起来。到这一年的年底，尽管朱泚、李怀光相继败亡，但去年的灾荒造成的后果是相当严重的,国家的财政又一次步入危机。贞元二年正月,德宗任命崔造、刘滋、齐映为相。三人之中,刘滋端默雅重,齐映谦和言美,均无所是非,政事多决于崔造。

崔造是当年刘晏的亲密战友,刘晏遭杨炎、庾准诬奏伏诛后,崔造也被贬为信州刺史。崔造的入相无疑是治理窘迫财政的需要,他资历虽然不深,但因久居江南,对帝国的漕赋转运有很深的了解。

朱泚之乱平定后,天下户口,三耗其二,京畿与中原之地尤剧,帝国对江淮的依赖逐日为甚,相对来说战乱不多而又较为富庶的江南数道担负着帝国一大半的用度。这一任务主要是由水陆运使、度支使、各地巡院以及江淮转运使完成的,其中最最重要的是江淮转运使,当时担任此一职务的是著名的韩滉。

韩滉在大历、建中年间本与刘晏共同负责天下财务,但因为过于严苛,在建中元年(公元780年)被刚即位的新帝德宗罢免。不过,韩滉从此却有了更多的机会苦心经营自己的独立王国,移镇镇海军后,安抚百姓,均其租税,未及一年,境内大治。泾原兵乱后,河汴骚然,李希烈又肆虐淮西,大有窥江之志,韩滉遂闭关锁江,筑城池、修坞壁、扩建水军,守境不出;同时又拆佛寺道观建立馆第数十处,对外宣称说国家多难,此亦不外乎申儆自守,以备銮驾之意。但这只能糊弄外人,却没有骗过崔造,他对韩滉的小算盘清楚得很。

岂止如此,崔造对其他各地钱谷诸使诸如此类的擅权自利、欺上罔下行为更是非常反感,所以一到任,便采取了行动。

崔造上奏德宗：天下钱物转运，改由各道、各州选官送达京都，诸道转运使、巡院并江淮转运使诸职皆宜罢停；中央政府的度支、盐铁诸使，亦应改由尚书各司负责。各种具体运作，由政府委派宰臣兼理。

崔造的改革之议颇近似于当初杨炎的做法，不过，杨炎主要是针对刘晏个人的，而崔造此举却是出于对财务弊端的真正厌恶。

德宗很为难。江淮转运使是韩滉，朝廷正仰给其源源而来的漕赋，如何能罢停其责？

韩滉听说此事后立即上奏：司务久行，不可遽改！

皇上只好折中处理。德宗批复中书门下说：仍以韩滉为江淮转运使，余如崔造所条奏。

户部侍郎元琇与崔造关系一向不错，在此事上也是崔造的坚定支持者，见了皇上的敕令自忖：韩滉性格刚烈，眼下职责隆盛，势力日增，长此以往，朝廷恐更难制约。于是上奏道："臣等条议此事以为，江南漕米自江至扬子县凡十八里仍请韩滉主持，扬子以北，由臣负责。如此可两相不误。"

德宗然之。

韩滉这下勃然大怒，上书直指元琇：崔造奏停诸使，独以元琇主持盐铁，盐铁之务过失严重，元氏岂是人选！

德宗明知韩滉是出于不满，但却毫无办法。三月份以来，京中情形已到了山穷水尽的地步，连禁军兵士都公然在大道上叫骂，皇上束手无策。面对元琇的奏议，德宗左右不是，忧虑重重。

天子当然不会忘记泾原兵变的伤痛,他也清楚地知道当前的局势会带来什么后果。皇上日日在宫中遥望东方的渭桥码头,心里暗暗地祷告。

也是大唐命不该绝。秋日的一天,驻守陕州的陕虢都防御使李泌在黄河中看到了从江淮而来的漕运船队,立即把这一情况快递上京。

德宗览毕已是欣喜若狂,慌不择路地跑进东宫,对太子大喊:"漕米已到陕州了!漕米已到陕州了!……我父子得生矣……"父子竟抱头痛哭。

韩滉的三万斛漕米拯救了天子和帝国,德宗这下更是无话可说。十一月,韩滉来到了京师,被任命为同平章事,兼度支、诸道盐铁转运等使,崔造的一切改革尽数停止。韩滉又一封封奏疏指责元琇,德宗无法,只得将元琇罢职,又贬为雷州刺史,并贬崔造为右庶子。崔造又气又怒,一病不起。

元绣无罪遭贬,举朝不平。韩滉恃功倨傲,目空一切,又使朝野人心摇动。刘滋、齐映怕事,敢怒不敢言。袁高再一次挺身而出,抗言上疏,但被韩滉指为朋党之论,未被皇上接受。

幸好第二年的二月,韩滉病故了,总算使大家松了一口气。但麻烦还是不免。

刚刚入相一月的张延赏终于得获其志。此公亦非常注重个人好恶,他对很多人不满,主要有两个人,一位自然是李晟,另一位却是齐映。

严格说来，张延赏可算是齐映的师辈。当年齐映在东都应进士举及博学宏词试时，延赏已是河南尹、东都留守，非常赏识齐映。延赏为李晟所败而迁为左仆射后，心下不甘，经常指使已是宰相的齐映为他办事，或对政事指手画脚，或为亲属谋官，不想齐映却不买账，多不答应。延赏这一怒非小。

此时延赏亦得入相，机会终于来了，贞元三年（公元787年）的正月，齐映便被他排挤出京。之后，延赏的矛头就直指李晟。

其实天子对张、李之嫌十分清楚，自然不愿意国家重臣之间有若许隔阂。任命延赏之初，正好李晟入朝，皇上便下诏令两人讲和，甚至还命韩滉做些工作。李晟倒是有心讲和，主动提出两家结亲，但延赏仍是拒而不许。

李晟很感慨，对人道："武人性快，杯酒之间可释旧恶。文士虽修睦于外，往往却是蓄怒于内，实在太难打交道了！"李晟预感到大祸将至，十分担心。

尽管延赏出于私愤经常在皇上面前说李晟不宜久典兵权，但实际上这也未尝不是德宗内心暗有的想法。拥兵大将生事邀功、尾大不掉的教训实在太深刻了，皇上不能不多一个心眼。实在的，德宗的日子并不好过，他经常处在惴惴不安的焦虑中，虽然已没有那种冲动的折磨，但时时的疑惧也使得内心很不平静。一半是因为担心，一半也是由于皇上的阅历丰富了，德宗终于下定决心卸去了李晟的兵权。幸好此举没有引起大的波动，这里面李晟的明白事理当然也是原因之一。三月，册拜李晟为太尉、中书令、奉朝请，以优渥的待遇结束了李晟的戎马生涯。

在这段时间内边境情况很不好,浑瑊、马燧以及李泌都在为对付两大劲敌吐蕃、回纥而奔波。本来李晟是吐蕃很畏惧的人物,却不幸被罢兵权,很使得亲者痛仇者快,武官们为此议论纷纷。外敌当前,是战是和,皇上实在拿不定主意。这时延赏也卧病不起,德宗终于说服了李泌出任宰相。

李泌可是三朝老臣了,因为信奉道教并身体力行的缘故,似乎对人世的祸福盛衰深有理解,一向不愿做官。先帝代宗出于对他的钦佩逼着他娶妻还俗,进京入仕,但他还是不肯担任宰相。李泌的心智甚高,对人心世事的揣度十分高明,一直都能独善其身。他的精明还在于对天子的心理能够准确地把握,见机行事,随时应变,在许与不许的夹缝中游刃有余,以求得可能的最佳结果。且不论此中是非如何,这一点确实很难得。

李泌为相两年,此后是董晋、窦参并相,五年间形势尚还比较缓和。其间的贞元二、三年左右,有一位叫王叔文的南方人来到了京城长安。当然,没有人注意到这件事。

从贞元八年(公元792年)开始,情况慢慢发生了变化。

四月,久遭他人排挤的陆贽得以入相,十几年的风风雨雨后才终于有了这样一个全力报效的机会,陆贽自然十分珍惜。不过,皇上却越来越消沉,其征兆是非常多疑,事事小心。陆贽在任期间为此屡屡上疏,但除了留下了厚厚一大摞奏稿之外,并未产生太大的效果。

此时,在天下人的心目之中,朝中出了一位大大的奸臣,这种想法是如此的强烈,以至于朝野上下人人疾之如仇。要说这位万夫所指的奸佞不是别人，正是当年卢杞一力提拔的裴延龄，其时他正任户部侍郎、判度支使，主持财政事务。

德宗就像当年对卢杞一样，其他人越是反对，他对延龄就越是信任。天子从以往失败中总结的教训是不可尽信于人，尤其是当权宰辅，因此他同时需要有一种互相平衡、互相牵制的势力来维持政局。皇上独揽大权、事必躬亲属于前者，而任用宦官主持禁军则无疑是后一种想法的结果。

目的既然不可能无限接近，那么平衡永远就是暂时的、流于表面的。这年的六月份，左神策监军窦文场借故奏罢了另一位神策统将柏良器的职务，开始专权军政，这是第一个重大的变化。

贞元九年(公元793年)，两位年轻人柳宗元、刘禹锡考取了这年的进士。前宰相窦参被诬有谋反意图，远贬赐死。

贞元十一年(公元795年)二月，陆贽终于被贬离京。谁都知道这是因为裴延龄等奸佞的诬谮诋毁，但朝中大臣出于畏惧，敢怒不敢言。然而有一位怪诞之人可不理这一套，此公姓阳名城，据说是一位无所不通的饱学之士，隐于中条山修行数年，很有隐逸之名。李泌与他十分谈得来，力荐天子征召入京，阳氏坚辞不果之下，被授为谏议大夫。此时阳城闻说陆相被罢，竟率领数名有胆略的谏官去伏阙上书，力言陆贽无罪。此事轰动了朝野。

对现实的叛逆总能引起人们心中的共鸣和隐隐的快意。八十多岁的金吾将军张万福听说后跑到阳城等人立候天子的地方延英门，兴奋地大叫："朝廷有直臣，天下必太平！"

德宗当然大怒，立即召开御前会议准备严办。太子李诵这时表现出了他因不在其位而具有的先进性,在德宗面前开脱,阳城这才获免,被改任国子司业,国子司业就是帝国最高学府"国学"的副长官。不料阳城在任上不久,又因保护一名以言论得罪的太学生薛约再一次触怒了皇上,被贬为道州刺史。这时候,二百七十名太学生连续几天集体诣阙请愿,希望德宗收回成命,但被官吏借故阻隔,奏疏未能上达帝听。

陆贽的离京可算是贞元中期第二个严重的变故,从此,帝国的朝廷少了一位始终坚持自己理论和信仰的人,皇上身边也少了一位饶舌者。陆贽在忠州别驾的职务上度过了余生,在这近十年当中,他只能杜门谢客,闭关静处,寂寞地编写医书,把自己对国家的一腔忠诚倾注在五十卷的《陆氏集验方》上。陆贽最后的十年也是德宗最后的十年,时光流逝中,皇上还有一种偏激也越来越严重:或许是受财资掣肘的痛苦感受太强烈了,德宗变得十分好财物。于是各地官吏竞贡"羡余",进奉之风大盛,以至于贿赂公行,量职求直,政风日趋败坏。

贞元十九年癸未,即公元803年,德宗六十二岁。这一年没有发生什么大事,只是京畿一带从正月到七月一连六个月没有下雨,收成很不好。在人事方面,三月,淮南节度使杜佑再度入朝,被任命为相。杜佑是刘晏之后一位出色的掌记治民专家,亦颇有富国安邦之术,可惜的是生不逢时,所能做的也只是修葺补正而已。司农卿李实出任都城长官京兆尹,为政暴戾,却独受皇上宠爱,士大夫为之侧目。窦文场致仕退休后,本年六月,内给事孙荣义、杨志廉分任神策左、右军中尉,骄纵招权,势力益盛。此外,地方上发生了几次小规模的叛乱。

一切虽然很平静,但朝野内外的沉重气氛还是让人惴惴不安。其间发生了一件不大不小的事,尤使朝廷百官们感到异常困惑。有一位叫张正一的大臣给德宗上了一本,不知何故,被皇上单独召见了一次。这本来很平常,大家根本都不以为意。不料,几天后张正一和与他相处不错的吏部员外郎王仲舒、主客员外郎刘伯刍等人突然被贬。人们莫名其妙,不知他们究竟犯了什么罪。京城中谣言四起,猜测纷纷,然而人人都不敢明说。

九世纪的帷幕已经拉开,帝国未来的岁月向何处去?

第一章 王叔文：乾坤一局棋

> 本期济仁义,今为众所嗤。
> 灭名竟不试,世人安可支。
> ——柳宗元

以棋待诏,攀上太子

一位精于棋术者获得了一个前所未有的机会,得以把自己对天下的关心和辅助王政的信念,付诸实施。人生如棋。

王叔文正举棋不定。

棋枰上燕起鹤落,黑白两块大棋交织在一起,呈盘根错节状,从边隅一直漫布至中腹广阔之地。列阵双方短兵相接,终成水火之势:在断点处扩展开来的黑白子形成了一个奇妙的大劫,生死之搏,在此一举。

叔文并非是对棋局感到茫然才迟迟不落子。其实他看得很清楚,这一劫他已是稳操胜算:纵观棋局,他的白子气长势强,而黑棋却明显愤而不顾,侵地无方,由于过分强硬不防谋断而终于被白棋抓住了机会,一举切断。棋由断处生,在彼厚此薄的情况下,黑棋的弊端已暴露无遗。

但此时此刻,叔文却是身在局内,心在棋外。在他看来,纹枰上的方目直道与星星点点简直就是一张覆罩一切的无形巨网,正在他的手中跃跃待出。然而,是张置疏远,多得道而为胜,还是务相遮绝,要以争便求利,叔文能让棋局唯心任运,却常常感到在如棋的人生搏斗中还是势单力薄。他可以打胜这个生死劫,但不能改变自己的劣势。叔文此时真可谓是酸甜苦辣,一起涌上心头,他拈起一粒白子,但这一子似有千钧之重,如何落得下去!

叔文是当之无愧的大国手。他大半生浸淫此道,凭着弈棋擅国而升堂登殿,以棋待诏,入为太子侍读。弈之一道教给他的东西太多了,围奁象天,方局法地,黑白分阴阳,直道神明德,成败臧否,行之在人;方寸之间的云诡波谲,天道王政似可尽譬于斯。"器用有常,施设无祈,因敌为资,应时屈伸,续之不复,变化日新",这是弈之旨,也是治国之道。叔文对此深信不疑。

叔文是南方越州人。早从肃宗时开始,南方就已是中央财政的半壁江山,时至今日,北方州县贡赋不入的现实决定了朝廷只能加重对南方的搜括。竭泽而渔虽是出于无奈,但带来的后果却相当严重,南方与北方中央的离心力越来越大,一大批出自南方的新兴人士怀着对民间疾苦的强烈关心和改善政治的理想来到长安,叔文也是其中之一。

后来成为叔文坚定同志者之一的南方人刘禹锡曾写了几句诗,颇能反映这一情形:

> 弱冠游咸京，上书金马外；
> 结交当时贤，驰声溢四塞。

献策天子，考取进士，这是本朝有志之士实现抱负的必由之路。本朝每年皆要举行选拔人才的考试，所谓"岁举之常选"，而进士一科尤为人所重，进士及第即为日后再通过吏部取士科试而授官铺平了道路。刘禹锡和另一位后来也成为王党中坚分子的柳宗元就是贞元九年（公元793年）的同榜进士。

不过，叔文却没有能力去博取功名，因为他似乎不算是个士子，无法进入进士试。如果不是凭着对黑白子的极高造诣，他至今恐怕还只是一介布衣。幸好，本朝特重天下奇才，凡天子所在之处，必有词学、经术、合炼、僧道、卜祝、艺术、书弈者流，设"翰林院"廪之，日晚而退，有待天子召见。进入翰林院可谓是他人生上的重大转机，但叔文与当时权任日重而被人视为"内相"的翰林学士不同，他其实算得上是名副其实的"待诏"。叔文"以棋待诏"，当然是无足轻重的。但是，能和天子接近，注定了才智独到、志向宏远的叔文不会永远默默无闻而终老于白瑶黑玉之间。终于，酷好道术的德宗看上了他的棋艺精湛、理道深妙，命他入值东宫。尽管叔文并未成为真正的太子侍读，也没有其他什么实际官职，甚至连东宫官属也算不上，然而，陪伴太子给了叔文机会，开始改变了自己的命运。

王叔文志存高远。

窥一斑可知全豹。一般的寒门人士有所希进，总要拟托高门。入值禁中,侍君之侧,尤不得不然。王姓者所假托,不外乎太原王氏或琅琊王氏之类,而王叔文却自称是北海王猛之后。王猛,苻秦时的英雄人物,少贫贱,然苻氏一见若平生,遂语及兴废,可比于刘玄德之遇诸葛孔明。王猛虽起于草莽,却终成苻秦尚书,宰政公平,流放尸素,拨幽滞,显贤才,外修兵革,内崇儒学,劝课农桑,教以廉耻,无罪而不刑,无才而不仕,于是兵强国富,垂及升平,终佐前秦成就霸业。王叔文托意于此,其志向所寄,昭然若揭。

在众多的侍读中,叔文鹤立鸡群,甚至成为太子不是导师的导师。其中原因,固然是由于他的诚挚理想和强烈斗志感染了太子,但更多的是他的智谋使太子深为叹服。

太子就是明天的皇帝,叔文把自己的希望全都寄托在太子身上,他经常向太子诉说民间疾苦,给太子教导王道的真谛,默默地倾注着全部感情。但世事并非都是注定的,本朝皇储地位不稳颇有先例可鉴,叔文知道明天尚未到来,必须小心谨慎。有一件事终于使太子与他彻底地走到了一起。

那是有一次太子与侍读们闲聊,谈起了"宫市"之事,话匣子打开,叔文与众人都对此愤愤不平。

由专门官吏主持、宫中购外间物以为用度,本是极普通的,称之"宫市"却是近年来的事。原来,贞元十三年(公元797年)左右,此事改由宦官为之,结果宦官凭着皇宫中人的身份,借宫市之名掠夺百姓财物,手法近似于强盗所为,成为长安城中的一大害民虐政。有识之士群起反对,但德宗却宁愿相信宦官们的话,以为京师不少市民仰宫市取给,所以凡言宫市不善者,皆不听从。对此,伴读们在太子面前议论纷纷。

太子听后颇为冲动:"尔等论之颇切,寡人正要为皇上极言此事之害!"

众人欢呼,称赞起太子之德。王叔文却突然沉默,闭口不言,显得十分突出。太子看在眼里,待众侍读退下后,独留叔文说话。

"方才独有先生不语,难道有深意以告寡人的吗?"

叔文满腔诚恳:

"叔文蒙太子殿下爱幸,有所识见敢不尽言!殿下请自忖,太子之位应以何为重?"

"哦?"太子不知他何出此问,"倒要请教。"

"太子职当视膳问安,以侍奉皇帝陛下为主,不宜言外事。陛下在位久,若疑太子收买人心,殿下何以自解?"

太子大惊,吓出一身冷汗。他望着这位忠心耿耿的师傅,又不禁涕泗俱下:

"若不是先生,寡人何以知此!"

太子从此明白,这位王叔文是真正和他站在一起的同志,正忠诚地为自己走进明天的辉煌殿堂而殚精竭虑。太子不能不大为感动。

其实,叔文也许比太子更为急切,但他也深深地知道,政治亦同于弈棋:知其用而得其处者胜,不知其用而置非其处者败。太子尚不是天子,绝不可置非其处,否则一招不慎,满盘皆输。太子在叔文眼里是一着无上的大棋,他要凭着这步棋改变自己微不足道的实力。但太子若不能成为天子,那就是前功尽弃,叔文绝不能让这招大棋永远锥处囊中。

斜阳入户,在纹枰上投上一抹光辉。叔文有种预感,这一天就快要到了,无论眼前的困难有如何的严重,他也不能半途而废。

叔文把那粒已经捏出汗水的棋子重重拍下。这一天是德宗贞元二十一年(公元805年)的正月二十日,德宗皇帝已病重了整整二十天。

坐在叔文对面的太子李诵已不能说话。

严重的中风使太子的身体彻底垮了。屈指算来,从前年九月至今,太子缠绵病榻将近一年有半。这场病生得凶猛,一下子就使他丧失了言语功能,同时,也使他的健康每况愈下,可以说是风中残烛,一点星亮正摇摇欲尽。

垂老的德宗万分忧虑。要知道,储位维系着天下的安危和帝国的未来,绝不能允许有半点的差池。太子的孱弱不是一个好兆头,倘若自己一旦不测,后果必将十分严重。

德宗有时真弄不清自己究竟是否喜欢这位长子,也很难说就没有生过改嗣的念头,至少在十数年前,因为郜国公主奸乱之事,皇上对太子就曾经很不满,颇有废立的意思。

郜国公主在辈分上是德宗的姑妈,婚姻很不幸,先是下嫁裴徽,裴徽早死;后又嫁萧升,不料萧升又短命亡故。可能是因为人生的波折而心灰意冷,公主变得十分放荡,贞元三年(公元787

年),蜀州别驾萧鼎、商州丰阳令韦恪、前彭州司马李万以及太子詹事李升等好几个低级官僚经常出入公主宅第,弄得秽声流闻,德宗大为气愤。

本朝立国关陇,受胡人风气影响颇大,礼法之防倒也不甚严峻。不过,对如此败坏风教、有伤皇室尊严之事,却也不能姑息。皇上生气是必然的,处理也很重:郜国公主被幽禁,李万杖杀,萧鼎、韦恪各杖四十,流放岭外,李升贬岭南。两年后,公主因不满于幽闭,竟用蛊术诅咒皇上,事发被废。巧的是,公主的女儿萧氏正是太子之妃,德宗多心,便连带怀疑起太子,当着老臣李泌的面,严厉责问太子是否与此事有关。太子吓得不知所对。

太子惶恐退下,皇上内心里突然浮现出一种想法——是不是舒王更为贤德一些?

舒王李谊是代宗第三子李邈的儿子,朝廷百官都知道,德宗对这位爱弟之子十分喜欢。

李泌是何等人物,察言观色,立即就看出了皇上的心意。皇储乃国运所系,每一个受过传统教育的人都明白这是万万不可轻事废立的,古往今来,天子改嗣之举虽然不乏其例,但无一不以动乱的恶果结束。史臣们的笔下经常暗示说:依照前事,天子有此一心,大都出自后宫或者藩王;皇帝对某个女人和某位皇子的宠幸常常导致太子的废立,忠直之士绝不能媚从。

作为一个元老,李泌更是义不容辞。这下他一反过去的那种雍容规劝的做法,把皇上的不良用意一语道破:

"陛下惟有一子而疑之,难道想立弟之子?"朝中都了解太子是皇上的嫡长子。

皇上没想到心事一下就被看出,勃然大怒:"卿如何敢离间朕父子,谁说舒王不是朕的儿子?"德宗因怜爱幼弟昭靖太子,曾过继舒王为己子,所以有此一说。

李泌心下倒有点好笑,心想皇上取昭靖之子为子,早已不是秘密,天子这话近乎强项了,但又不好明说,便道:

"陛下以前曾经对臣说过。"

"……"德宗哪里还记得,一时语塞。

"陛下对嫡子都这样怀疑,对弟之子就敢说信任吗?"

德宗这下更是恼火:"卿悟逆朕意,不怕灭族?"

"臣垂垂老矣,况位居宰相,以谏而诛,乃臣之本分,又何惧之有!今日臣不谏而使太子废,它日陛下一旦后悔,怪臣之不谏,说不定也要杀臣之子。"说到此,李泌不禁流涕呜咽起来,"昔日太宗曾说过,太子不道而藩王窥伺其位,可两废之。陛下疑东宫而称舒王,岂非窥伺!即使太子有罪,也应立皇孙,千秋万岁之后,天下仍为陛下子孙所有也。"

此话终于打动了德宗,改立之事就此过去了。不过太子却是受惊不小,为此还杀掉了萧妃,对外宣称是因病消灾,其实不外乎是怕皇上疑心。李泌对太子派来致谢的人说:

"眼下太子尽可放心。不过,泌一旦身亡,事情就很难说了!"

太子听后默然不语。

时光流逝,德宗皇帝沉溺于饮酒赋诗,倒也没有再把皇储之事放在心上。但太子身染重病,却给了皇上一个重大的打击。

二十天前的元旦，德宗罹病不康，在很大程度上就是由这一忧虑所致。当天早上，德宗在含元殿接受朝贺后退入偏殿，诸王及皇室宗亲皆入问候，独有太子以重病不能前来。皇上心情大恶，悲从中来，竟然不能控制，当着大家的面涕泣感叹不已。此后龙体即告不适，病情日甚一日。

二十天来，朝廷的一切运作近于瘫痪，朝野上下忧心忡忡。天子病重倒下也罢了，关键是太子竟也不知存亡，那么多天消息一直不通，人们皆不知两宫安否，长安城中人心浮动。

太子尽管不能说话，但脑子却还清楚。他看着师傅王叔文在榻前焦急的表情，听着他在自己耳边的一遍遍恳告，心中很明白，知道发生了什么事。他也清楚，现在迫切需要他站起来赶到父亲的床前去，让皇上和宰臣们知道他有能力继承大统，立即发布太子监国的诏书，使天下臣民打消疑虑。但是，宫中却没有任何消息，似乎早已忘记了太子的存在。他虽然没有力气拍案而起，但太子坚信，他还是有能力去做他应该做的事情的。"可是……"情急之下，他只有握着师傅的手，发出呢喃不清的唔唔声。

叔文刚从宅第中赶来，在家里他每天都与他的同盟者沟通信息，商量对策。关键时刻，叔文苦心孤诣建造的同盟军开始发挥重要作用。先是他的主要同志，亦曾以翰林待诏侍读太子的王伾奉召入宫，成功地联系了同情太子的宦官李正言称诏行事，同时广泛地在皇帝内侍中为叔文张扬，使得众多大权在握的近臣开始注意到朝中还有一位王叔文是辅弼之才。在这紧要回合，王伾入宫无疑是很大的成功，至少可以充分洞悉事态的发展。

不幸的是,坏消息终于来了,现在的情况是,德宗大渐,诸王亲戚皆得入侍汤药,独不传召太子,可见一种另谋立嗣的企图又明显抬头。从表面上看,似乎是由于太子病重而引起的,但这对于叔文来说,不啻晴空霹雳。叔文心里清楚,自己与太子以往预谋对付宦官的计划有可能透露了风声。他的机智告诉他,宫中正酝酿着阴谋,必须立即阻止,否则的话,几年的心血必然付诸东流。

叔文习惯之下,默默地在太子的榻前摆上棋枰,他要平静一下紧张的心情,更希望失声的太子能用手谈告诉他心中的想法,正如他们以往那样,在黑白之道中追求一种真正的交流。

"拙者无功,弱者先亡",叔文望着他重重拍下的那一粒白棋,自言自语地说道。他知道太子与自己这一方不占优势,但并非就不能成功,他真希望太子能够听懂这句话的深切含义。

成败系乎一线

病重的太子终于出现在太极殿上,这不是他一个人的胜利。

凄凉的夜色渐渐笼罩了大明宫,寝殿里烛光绰绰,帷帘深垂,凝重的气氛压得人喘不过气来。

就在此时,德宗皇帝已经不行了。

尚药局的四位侍御医都已束手无策,皇上是年老体弱,内忧攻心,加之外感风寒,于是诸疾并作。目下脉相细弱,面无血色,眼见不治。近臣以俱文珍为长,刘光琦、薛盈珍等人依次在榻前垂手而立,默默地看着弥留的皇上,室内一片肃穆。

德宗在最后的时刻,有所回光返照,突然挣扎着身体,呻吟起来,口中喃喃而语。近臣急急趋前,俯耳倾听,但德宗声音微弱,气息如丝,实在无法辨别。

宦官们面面相觑,最后,不免都一起看着俱文珍。

俱文珍算是目前的近侍之首,曾出监宣武军,自窦文场、霍仙鸣相继退休、亡故后,宫中事务皆由文珍主持。此际情况更是非同寻常,其他人自然只能依靠着他主持大局。可是俱文珍同样也拿不定主意,尽管他在内心里对目前态势的根本性质是一清二楚的。

德宗还有没能交代的事情,因此他显然不愿罢休,仍然在拼命地说出一些话来。终于,榻前内侍们听清了皇上的话,天子用最后的精神、最后的力量表达了一个最后的愿望:思见太子!

这原本是再正常不过的事情,但德宗的这个愿望已经不可能得到满足。太子有疾不克前来并非主要原因,真正的缘由是,太子的身体既然不能承受嗣膺大宝的重责,就有理由发生改立之事;而既然存在废立的可能,那么目前的太子就不具备以嗣君接受遗命的资格。换句话说,皇上尚未大行,宫中的改立意图就已经非常明显了。在这种情况下,德宗又如何能够见到太子!

无论如何,擅行改嗣都是对传统制度与伦理的严重挑战,更是欺君的大逆之罪,任何人都不能不有所顾忌。但是宦官与天子同体共生、荣辱与共的本性,决定了他们始终热衷于操纵废立。眼下的情况,绝好的例子。

德宗也许绝没有想到内侍竟可以不听圣意,可是他再也没有力气说话了,略略抬起的头颅重重垂落枕上,两行热泪潸然而下。室内又恢复了死一般的沉寂。

俱文珍沉思片刻,终于下定了决心:"为国家千秋万岁计,也只能如此了。"他看其他人不说话,又道:"太子殿下虽然仁孝宽大,但沉疴在身,早晚不保。国不可一日无君,吾等身为人臣,岂能坐视不顾?这改嗣之事,不议不行!"

决策已定。在座的宦官们虽然犹豫,但想到那位从来对太监不假颜色的东宫太子一旦入主皇宫可能发生的事,只有铤而走险了。

夜半时分,紫微突暗,天一失明,德宗皇帝龙驭上宾。他的最后遭遇令人同情,按照他的性格与行事作为来看,这位天子绝对是死不瞑目。

毫无疑问,太子的资格产生疑问,嗣皇帝就不算确立,宫中目前是绝对不会发丧的。

第二天上午,最年长的亲王、皇叔召王李偲秘密地进入宫中。俟其瞻仰遗容后退入偏室,薛盈珍过来见礼,直言宗庙可忧。

个中情形,召王也略知一二,他所不知道的只是宦官们眼下早已自有分寸。

既然皇叔已默认储位问题现实存在,盈珍就单刀直入,看着他低声说道:"殿下以为舒王如何?"

召王没想到竟要改嗣,大为踌躇,不敢表态。

"禁中也无非是为宗室社稷考虑。"薛盈珍见他犹豫,又补上一句。

"可是——"召王对舒王、太子两位并无亲疏之分,但想到事关宗庙大计,哪里还敢说话。

同时,舒王李谊被传入禁中议事,和诸宦官秘密地商议了许久。看得出来,接下来的事就是寻求诸王的支持了。于是德宗其他诸子通王李谌、虔王李谅,以及较年长一辈的丹王、恩王、简王、忻王等也在下午进入宫中。但事情重大,没有一个敢明确态度。

帝国在政治真空中度过了第一天。

第二天情形照旧。宫墙之外,除了几位王公,没有人知道天子已经驾崩,宫中正酝酿着重大的行动。消息被严格地封锁,甚至连当朝宰相们也不清楚究竟发生了什么事,朝野上下被一种不祥的阴云笼罩着。

不过,有一个人例外,这就是王伾。

王伾也是南方人。故乡水土给他的烙印更重,来到京城已经好几年了,却还操着吴语,让人一看就知道他身世微贱。加之他短小的身材、平庸的长相,朝中的大族名士对他很是不屑。王伾自己也很清楚,像他这样的人,是颇难在朝廷立足的。幸好,王伾结交了王叔文,给他的政治生命带来了光明的前景。

王伾自然不如叔文那样富于胆识和才学,但二人的寒微出身却十分相同。与叔文以棋待诏相似,他之所以入侍太子,是因为他写得一手好字。太子殿下多才多艺,对书法也有着一种强烈的爱好,因此对这位书法老师礼遇有加。在王伾的悉心教导下,太子的隶书技艺突飞猛进,德宗很赞赏,经常命太子书写自己的作品。王伾性格、为人也与叔文有较大的不同:和叔文的任气自许相比,王伾多少显得有些浅薄委琐。于是在这位老师面前,太子便不像在叔文面前那样拘谨。数年来,王伾从翰林侍书待诏累迁正议大夫、殿中丞并兼皇太子侍书。

但王叔文的才干决定了只有他才是太子最主要的谋臣,叔文既为太子所仰仗,更为王伾所需要。二王倦勤归来,常常聚在一起煮酒论事,叔文的话虽不多,但每每给王伾以强烈的感受,他不仅从太子那里,同时直接地在叔文本人面前得出了一个结论:与王叔文站在一起是唯一正确的选择。

德宗大渐,王伾由于兼带殿中丞一职的缘故,得以入宫参与医药之事,并且打通了支持太子的宦官李忠言的关节,使王叔文进入了大明宫中翰林学士院。这是一个重大的进展。正是因为这一契机,使得王伾知道了德宗大行和禁中秘不发丧的消息。

这天下午,王伾一骑快马,直驰叔文府第。

叔文听罢沉吟不语。尽管不出预料,但他内心还是受惊不小。叔文竭力控制着自己的情绪不让它形于面色,他反复告诫自己:千万要冷静!现在最重要的是要知道,宫中下一步会如何行事?

王伾认为:一二日之内,必会传召宰臣禁中议事。

这个分析非常准确。王伾显然已经知道站在己方的大宦官之一的李忠言明确表示了对改嗣的反对,因此在诸王亲戚均未表态、内部意见亦有不一的情况下,宫中主谋者寻求更广泛的支持,将是一个必然的趋势。

叔文猛省:成败系乎一线！于是叔文立即召集他的同盟者进行会商。

凌准在这个关键的时刻起到了一个关键的作用。

他是叔文的半个同乡和十几年的故交,数天前刚由浙东节度使判官入为翰林学士。凌准早年上书宰相,被荐于朝廷,授崇文馆校书郎,入仕后一直在宁节度府中任职,泾师之变时为韩游瓌出谋划策,破贼平乱立有大功。凌准富于史识与哲思,对国家现实很有自己的见解,叔文对这位老友极为赞赏。眼下,凌准入居翰林而进入朝廷的中枢阶层,在这个严峻时刻,他第一个在道义上给了叔文以绝大的鼓励与支持。

凌准义正词严地指出:"国有大丧而不宣,有储君而不立,一不可也;窥伺冢宰,摇动宗庙,二不可也;貌视国体,背违伦常,三不可也;隔离中外,扰疑人心,四不可也;危难猝生,坐而不顾,五不可也……"同时,明确地表示自己将在异日的朝会中对中人操纵国是的不良企图,予以坚决的反击。

柳宗元、刘禹锡的态度都与凌准不谋而合。在这些志同道合的朋友面前,王叔文没有理由不感到斗志倍增。最后,叔文进行了具体的安排:凌准速与诸翰林通报消息,力争入阙;王伾翌日入宫为之响应;柳、刘可居外采听,以备不测。

诸人再一次领略了叔文非凡的应变能力,以肃然的静默表示了对他果敢决断的赞同。

又是一天过去,宫中的密谋仍然没有结果。宦官们感到再也不能就这么拖下去了,通知朝官已不可避免。他们当然也抱着最后一线希望:能在朝官那里获得支持,哪怕是默许也行。

德宗驾崩后第三天的傍晚,几个小黄门分别引来了几位翰林学士,他们是郑、卫次公、凌准、李程、张聿、王涯。

在宫中设立翰林学士院是玄宗朝的事,当时的职务还主要是草拟表疏批答,检视王言,以备顾问。德宗时,翰林学士权任加重,得以参掌机密,特别是近几年,翰林学士甚至常被目为"内相",举凡大诰令、大废置,以及宰臣之密划、内外之密奏,皇上莫不与翰林学士专受专对,他人无得参与,以至宰相有时倒成为摆设。

宦官们力图从翰林学士那里寻求突破口,绝非偶然。

王伾在太极殿前与匆匆而来的学士们会合。卫次公走在前面,正莫名其妙时,王伾即已跨上一步,拉着次公的手,拽过一旁,悄声说了几句。

次公一脸惊异,转过头对紧接而来的郑等道:

"诸位大人,皇上仙升了!请随我入殿举哀!"

几位翰林都很震惊,一时手足无措,跟着次公和迎上来的两名太监跌跌撞撞地走进殿内,朝着德宗的神柩,齐齐跪下。

几许悲哀、疑惑之绪在各人的心头掠过。

礼毕退下。俱文珍、薛盈珍率几位宦官在偏殿迎接,郑按捺不住:

"遗诏何在?如何不见举哀发丧?"

一位宦官口快,大大咧咧地:"禁中商量所立,尚未决定。"

卫次公一听大惊,心想这叫什么话!太子二十几年前就已确立,天下谁人不知!即使病重,也还健在,如何还要商量所立!还未等其他人反应过来,次公脱口而言:

"皇太子虽然有疾,然位居冢嫡,内外系心,'商量所立'云云从何说起?"

俱文珍缓缓而道:"太子殿下疾甚,恐有不虞,以是内中议立未定——"

次公打断了他的话:"逼不得已,也有皇孙广陵王在,立嗣之事顺理成章,何虞之有!"次公亦何尝不清楚宦官们的如意算盘,又补充道:"若有异图,祸乱未已!"

这是有关国体的大事,明达圣理、饱受皇恩的卫次公此时丝毫没有考虑其他,只是无法容忍这种离经叛道之事发生。这无疑也是郑等人的想法,在这种大是大非面前,个人的好恶恩怨是无足轻重的。

凌准和王伾很欣慰。凌准借机趁热打铁,大声说道:"请中使会同诸学士立即拟发遗诏,并于明日发丧,请太子柩前即位,主持大事。"

郑等人立即随声附和。

几位宦官哑口无言。俱文珍叹了口气,无可奈何地说:"好吧,明日发丧,迎太子即皇帝位!"

说这话的时候,俱文珍嘴角闪过一丝不易为人察觉的冷笑:太子殿下还能走得动吗?

确实,即将成为皇帝的太子还有一段路要走。

这段路不长,严格算起来不过千步——从东宫寝殿到九仙门——但即使有步辇可乘,这段路在太子看来也无疑等于漫漫长征,因为太子实在是连站立都很困难了。

但时势逼着太子必须振作,否则后果仍无法预料。

一旦大行发丧,百官素服麻衣依次走入皇宫的时候,如果见不到扶柩的太子,人们当然会怀疑起嗣君是否健在,国统是否有继。这种疑惧绝不是空穴来风,因为谁都知道太子病重已非一日,二十多天的空白给人的压力太重了。

最要命的是禁军已经骚然。驻扎在大明宫两侧九仙门、太和门外的左右神策军担负着护卫天子的重责,他们迫切希望知道烟雾重重的禁宫真相,也有理由见一见他们的君王,不然,在这样一个外患不息的多事之秋,士兵们又何来报效国家的勇气呢!强大的神策两军首领孙荣义、杨志廉都是宦官,担任此职已有数年,权势甚大,禁军将士们聚集在九仙门外喧闹,他们在其中显然起了推波助澜的作用。

太子毕竟毅力非凡,他用意志战胜了病魔。当王伾赶回东宫告诉他皇上驾崩,目下内外忧疑,迫切需要他召见诸军使时,"呼",太子一下就站起来了。

王伾简直不相信自己的眼睛,喜极而泣。

太子匆匆换上紫衣麻鞋,连帽子都不及戴正,便在宫侍的搀扶下一步一步地走出殿外,坐上步辇,又走出了九仙门。当太子远远地出现时,一片欢呼之声似乎响彻了整个长安城。

第二天,太子身着丧服在宣政殿接见义武百官,宣布先帝遗诏。

贞元二十一年(公元 805 年)正月二十六日,太子在太极殿即位,终于成为合法的皇帝,后来的庙号为"顺宗"。殿上卫士还不相信重病的太子真的无事,都在引颈遥望,当太子久违的身形出现时,一切以往的疑虑都烟消云散了,"是真太子!"卫士们热泪纵横。

当政治铁幕一旦拉开,人们摆脱惴惴之情后的那种喜悦往往就像决闸之水,一发而不可收止。病中的新帝也为之欢欣鼓舞。

然而,新帝的身体显然是不适合激动的,兴奋加重了病情,他已是极度的虚弱。但无论如何,新一代天子诞生了,帝国的历史又将翻开沉重的一页。

一股新的力量走上政治的前台

一个太子党团走上了政治前台。

王叔文重重地吁出了一口长气。

来到太子身边十八年了。十八年的满腔热忱、十八年的处心积虑、十八年的兼收并蓄，今天终于看到了结果，兴奋之余，叔文更多的是感慨万端。

弈者以不露机为藏行。叔文内心亦常常把人生比作三尺棋局，他从未对人夸言过太子的信任。走到太子身边仅仅只是一个机会，但机会并不等于成功。成功需要的是"势"，而叔文清楚地知道"势"之积渐绝非一人之力就能达到，正如他清楚地知道棋枰上的每一子都不可能孤立地存在一样，同气则相生，断连则共亡。以自己的身世地位，空有抱负是无济于事的，在劣势面前绝不能用强，只有结托依恃，培植羽翼，一点一点做准备。尽管为了保住太子这步棋筋不得不暗发机杼，但在过去的漫漫岁月里，叔文所能做的一切都是为了造就这种实现他报国之志的"势力"。

新帝登基了，但这只是叔文初步成功的一部分，最重要的是叔文终于找到了自己的同志，从而凝结成了一种力量。"吾道不孤"是一种无法比拟的幸福，每念及此，叔文心中就会油然而生无比的欣慰。

到目前为止，朝廷百官们还不知道叔文的身边早已集聚了一大批人，他们甚至对叔文本人也不甚清楚，只知道他不过是太子身边许多侍臣之一而已。不过，有些敏感的朝臣已经隐隐约约地感到，御史台有两位年轻人很不寻常。

这一年监察御史刘禹锡三十四岁，监察御史里行柳宗元三十三岁。

御史台是帝国中央政府的监察机关，设御史大夫、御史中丞及侍御史、殿中侍御史、监察御史。侍御史以下又称"三院御史",分主下属机构台院、殿院和察院,监察御史为三院御史最下一级,主要职责是纠举官吏过失,巡按监视州县。虽然品位不高,职任却很重,属于可以分日朝参皇帝的"供奉官"。"里行"是见习的意思,常由资历不高或新进者担任。当时朝官们中流行这样一种称呼,称监察御史为"合口椒",监察御史里行为"开口椒",取其出言甚"毒"之意,俏皮之中大有点无可奈何的味道。

年轻人气盛,初露头角而显得意气昂扬、锋芒毕露是很自然的事,不过,刘、柳这两位年轻朝官确实大不一般。

禹锡字梦得,行二十八;宗元字子厚,行八,是贞元九年(公元793年)的同榜进士。两人才华横溢,都是横空出世的人物,他们不仅意气相投,在文学、哲学旨趣,甚至在性格上亦无不契合,后来的经历证明了二人确实是毕生忠贞不贰的朋友。

宗元早就知道了王叔文,那大约是在他入京赴试后的贞元十年(公元794年),宗元在邠州省亲时,认识了与其父同在邠宁节度使张献甫幕中任职的凌准。

二人一见如故,谈了很多事。让宗元感兴趣的是,凌准多次提到了一位叫王叔文的人。柳宗元当时所不解的是:这位王叔文不过是东宫一侍臣而已,何值凌准如此垂意?

直到贞元十二年(公元796年)间,宗元赴京参加吏部考试,出于叔文的老友,同时也是宗元的中表亲吕温的介绍,方才真正结交了叔文。虽然那时二人尚未及深谈,但叔文坚明直亮的性格和文武经略之才一下子就征服了宗元。两年后,宗元再试吏部试被录取,授为"集贤殿书院正字"一职,开始正式踏入仕途。此时,叔文的另一位老友李景俭也结交了这位才大志高的同辈,彼此惺惺相惜,走到了一起。贞元十七年(公元801年),宗元任满,调为京兆府蓝田县尉,刘禹锡也从淮南节度幕府调任京兆府渭南县主簿,得以重回长安,由柳、吕、李的介绍秘密地结识了尚在东宫的王叔文。

禹锡对叔文更是叹赏。此时贞元朝政的种种弊端已大大显露,几人经常悄悄相聚,放言时事,座中,禹锡对叔文精辟的治理和辩才惊奇不已。

柳、刘二人此际虽任职京畿郊县的簿尉,但有很多时间在长安度过,两人初入官场,难免不谙世故,加之学识超人,热情高昂,更显得踔厉风发。柳、刘声誉鹊起,引起了很多人的注意,尤得到朝中一位同样富有才名的年轻朝官、两朝老臣太常卿杜黄裳的女婿、前翰林学士、时任吏部郎中韦执谊的一力拔奖。贞元十九年(公元803年)闰十月,柳、刘二人同时擢升御史台。

从这时起,他们开始有意识地结成同盟。在这一名单上,尚有禹锡的中表兄韩泰、当年淮南重臣故相韩滉之侄韩晔、刘晏的老部下陈谏、同是监察御史的程异,另外还有一位就是柳、凌、李、韩都曾执弟子礼的春秋学者陆质。数年间,他们的一切活动显然带上了鲜明的政治色彩。由于叔文的谨慎,这一切仍未被人们所觉察。

在叔文来说,这些朋友是同志,更是自己的希望。

顺宗即位的当天,就单独召见了王叔文,非正式地命他入直翰林学士院,这也是计划中的事。同时王伾也秉承帝命入居柿林院,那是离皇帝寝殿十分靠近的地方,二人进入了实际上的中枢要地。下一步就是要开始安排人事了。

叔文对此早已成竹在胸。

首先是宰相人选。叔文本人当然是绝对不行的,他也从来没有想过以自己这种侍臣身份去充任宰辅。叔文一直很清楚,他只能永远处于幕后,这是他的不幸,但也未尝不是他的一个有利之处,因为在政治上要取得成功,就不能把一切都暴露出来,真正的决策者也是绝对不可以在大庭广众下露面的。叔文的意思本来是想用刘禹锡,为此还做了不少准备,前年在东宫与太子商议时就初步定下了。可后来事情有了变化,叔文转而把韦执谊推到了前台。

禹锡资历太浅是主要原因,但韦执谊主动投靠却也是一个很大的因素。

韦执谊倒是关陇人,不过其父做的官并不大,他的出身至多算是没落旧族。执谊自幼聪俊有才,年纪轻轻就中了进士,吏部考试也成绩优秀,官拜翰林时仅仅二十出头。德宗对这位才子很是宠爱,经常与他唱和诗歌,并时时召他和裴延龄等人入宫顾问。执谊少年得意,多少是他俯仰圣意的结果。无论怎么说,年轻人善于钻营都不是一件值得称道的事,从这一点上看,韦执谊绝对不是叔文一类的人。

执谊尽管年轻,也还算得上是朝中阅历颇深之臣,照理他不会去加入叔文那批资浅官轻的集团。但执谊却仍然和叔文、王伾等人挽起了手,这仅仅是因为太子的一句话。

有一次德宗生日,太子献了一幅佛像,皇上遂命执谊作了一篇佛像赞,文成之后,又命太子以缣帛酬之。按照礼制,执谊应去太子处言谢。于是他专程赴东宫谒见,不料礼毕之后,太子和执谊双方都觉得无话可说,场面一下子变得很尴尬。

也不知太子是有意还是无意,忽然对执谊说道:"学士知道王叔文否?此人是一个大大的伟才!"

执谊回到家中一连几天都在回味太子这句没头没脑的话的用意。思考的结果是,王叔文肯定是未来天子身边的要人!太子殿下的话显然是对自己有所期望的一种暗示。这是一个绝好的机会,机不可失,时不再来!执谊为自己的聪明再一次拍案称绝。

执谊从此就经常往叔文那里走动。不久,他因母丧去职了一段时间,更有了与王叔文往来谈论的机会,渐渐地也接触了其他的王党成员。叔文对这位年轻的重臣也日渐地有了好感,开始对他寄予厚望。

去年张正一被贬,人们因不知就里而有很多猜测,而叔文却知道这是执谊做的手脚,他虽然对这种过激行动很不以为然,但有时也觉得执谊确实和自己一方达成了很强烈的共识。叔文认为,韦执谊之所以这样疑神疑鬼,至少是因为他已经自觉地把他本人和己方这个秘密的革新集团联系在一起了。叔文知道其他同志中很难找到一下子可以出任宰相的人,只有执谊是最合适的人选。叔文在这上面犯了一个不大不小的错误,恶果不久就看出来了。

天子已入居禁宫,叔文的身份已经不再是东宫侍读,自然也就不能像早先一样自由地谒见顺宗。但王伾却仍然有着这样的便利,这多多少少让叔文感到欣慰。在内廷方面,宦官李忠言是拥立太子继位的坚定派,顺宗的宠妃牛昭容也可以利用,叔文是很放心的。只要宰臣是自己人,事情就不难办,叔文已经在考虑下一步的策略。

叔文当然不会像汲汲钻营的小人那样只关心新帝御极以后的封官赏爵,他还有着大事要办。此时此刻叔文其实最关心的是另外两方面,一是财政,二是军事。这是他立志兴国的着眼点所在,为了将来顺利其事,在这两方面的人事安排上就必须格外的周密谨慎。

财政方面起用杜佑,这是叔文与禹锡的共同想法,没有异议。再辅之以这方面的干才韩晔、陈谏,是最佳组合,叔文本人也极欲从此处入手,建立基础。唯一无法措手的是军队方面,因为这是最关键也是最麻烦的。目前,中央禁军的领导权全由宦官垄断,地方藩镇暂时也找不到恰当的支持者,在这个环节上只能见机行事。

在王叔文集团里的人看来,柳、刘二人虽然暂时不能入居高位,但两人所能起到的作用仍是相当可观的。叔文的意思是他们不仅要密切地注意朝臣的动向,为今后的改革做实际的工作,而且还须在理论上继续为即将全面铺开的新政鸣锣开道。

人事安排基本上是成功的,但有一点叔文和其他人还是没有想到:他们中的不少人特别是柳宗元和刘禹锡锋芒太劲了!正如财物上的暴发一样,新进得势必然会引起大多数人的怨望,在讲究资历与出身的时代,这一问题的后果无疑将是灾难性的。

登基典礼结束的第二天晚上,叔文照例又在宅第中叙晤了王伾、凌准、刘、柳和其他骨干,进行他们以往一年来经常举行的磋商。事情都已按部就班,剩下的就是行动了。

夜已渐深。长安城天子所居,本朝厉行宵禁,眼下早已是坊门紧闭,显然是回不去了。于是叔文干脆唤侍婢端上酒来,几人且饮且谈。酒过数巡,柳宗元兴犹未已,在席间大声地朗诵起他五年前的诗歌作品《韦道安诗》来,当读到"举刀自引刃,顾义谁顾形"一句时,凌准、刘禹锡等不禁连声道好。

王叔文尽管没有多说话,但眉宇间流动的神采,掩饰不住他内心的豪情。他只是可惜吕温正巧在前一段时间里奉使吐蕃,而李景俭也因母丧去京,都不得相逢于此盛会。否则,他是一定要和这两位最老的朋友再把未来的邦国大计仔仔细细推敲一番的。

实行新政

> 凡是一个新兴的政治集团,总是要力图有所作为。

新帝即位的第三天,贞元二十一年(公元805年)正月二十八日上午。

宰相郑珣瑜、高郢在政事堂一见面,表情都有点沉重。刚才宫中传来的消息说：皇上因父皇驾崩，哀毁过甚，百官的听政之请未被允许。

郑珣瑜，字元伯，早年被刘晏提拔入仕，崔祐甫为相时，入朝为左补阙。此后在地方、中央历任县令、州刺史、河南府尹、谏议大夫，去年十二月以吏部侍郎召为门下侍郎、同平章事，与高郢、杜佑共为宰辅。此公在河南时政绩很著，时论有"重厚坚正"之评，确是个颇为耿介的人。此刻，这位刚直的宰相却隐隐地有些担心，不为别的，还是那一段时间来朝廷上下都十分忧虑的问题：皇上的身体。

登基大典上谁也没有看到新帝的面容，远远而见的只是天子在垂帘之后隐约的身形。眼下百官们私下猜测纷起，假如皇上再居丧过哀，事情就更不好办。郑珣瑜想得更深了一些，他脑中时不时跳出当年高宗皇帝多病失朝而引起麻烦的故事，心中不寒而栗。

"国不可一日无君。我等应即请陛下遵照旧例，除服听政！"珣瑜对高郢道。

高郢自然极为赞同。其人前年以太常卿拜相，品性恭慎廉洁，但过于老实持重，不大有主见。

珣瑜目的当然不只是单单请皇帝陛下除服节哀而已，他要的是皇上能够处理政务，这事迟缓不得。便又道："如此即刻去请司徒杜公具名联奏，堂老以为如何？"本朝宰相之间互称"堂老"，他人又称之为"阁老"。称呼之间，倒也可看出对宰相的尊敬。

高郢一想，有宿旧元勋、检校司空杜佑出面最好，便立刻点头同意。

杜佑在府中会见了郑、高两人。杜佑亦认为此际情形确非一般,流言四起,人心不安,奏请圣上除服听政,尤为急务。但嗣君患病已非一日,朝野无人不知,眼下圣上龙体究竟如何,必须要有一个彻底的了解。想到这里,杜佑沉默了片刻,最后对郑、高两位同僚表示自己已有主意,一定想法给朝中诸公一个说法。

二月初一,高郢、郑珣瑜、杜佑具署奏章递上。郑珣瑜看着宫侍们接过奏疏,传进帘帷后的顺宗,不知怎么,心里越发不是滋味。不久,宫中传旨说皇上仍不同意。第二天,三位宰臣再次上表力请。但他们不知道的是,他们内心隐隐的担忧早已就是事实:顺宗皇帝实际上是不能处理国家事务了,他的风疾越来越甚,已经让他接近于崩溃。奏章传到禁中最终是传到宦官李忠言的手上。事情已无可回避,李忠言立即招来王叔文和王伾。叔文匆匆览毕,对二人道:"中外睽隔,终不是计。请李中侍宣旨,皇帝陛下明日在紫宸门朝见百僚!"

二月三日,有资格参加两日一朝"正御朝参"的文武官员在紫宸殿门下按部就班,齐齐向阶上的天子行礼。顺宗戴着的"通天冠"压得极低,足足遮盖了大半个脸。

礼毕,只见杜佑出列,跪行数步,叩首而言:"闻陛下居哀过礼,群臣莫不担忧。伏请陛下让臣等一睹圣颜!"说罢,再拜而起。

一闻此语,班列群臣无不佩服杜佑的老辣,同时也都暗暗抬起了头。

李忠言朝皇上左右的小太监们使了个眼色,便有两位把顺宗的冠冕略略举高了一些。皇上的面孔浑无血色,干涩憔悴,只有茫然的双眼微微透出一点光泽。众人远远望见,心里一酸,"陛下……"声音未毕,又都拜伏下去。杜佑奏道:"陛下至性殊常,哀毁之甚,令臣等不胜惶灼!伏望陛下为宗庙社稷着想,割哀强食,则臣等幸甚,天下万民幸甚!"

顺宗似乎听到了他的话,微微颔首。

"吾皇万岁!"

风波已经过去,新帝也应该颁布新政了。此时,叔文已从容地开始一步步的工作,并由王伾传意于李忠言,再由忠言传谕翰林学士们草定制诰,发布天下。这一过程没有其他人知道,当然也不能让他人知道。六天后的九日,叔文完成了第一步:有诏令韦执谊加"同中书门下平章事"入相。当执谊来到禁中履行形式上的谢恩时,叔文心里清楚,他的政治集团从此走入了前台。

十一日,开始发布新帝即位后的第一个政治措施:贬京兆尹李实为通州长史。

李实本是皇族出身,乃道王李元庆的玄孙,前年始任首都最高长官京兆尹。这个人早年就很刻薄,做山南节度使曹王李皋判官时,曾因克扣粮饷差点被军士杀掉,幸亏他逃得快才得以幸免。自任京兆尹后,为政猛暴,罔顾法令,恃宠强愎,陷害贤臣,长安城中人人侧目,无不切齿痛恨。其中尤其让人愤怒的是两件事。

一是去年春天,关中半岁不雨,严重歉收。李实正汲汲于聚敛进奉,以邀德宗恩顾,对百姓所诉全不为意。当德宗问及京兆一带情况时,李实竟答曰:"今年虽旱,但庄稼甚好,并无荒岁之象。"这番奏言使得租税一无所免,关中百姓叫苦连天。敢于上谏的监察御史韩愈由此被贬,优人成辅端只因编了几句歌谣,竟被李实诬以"诽谤国政"而杀头。

二是今年年初,曾有明令蠲免畿内欠租,李实竟违诏征缴,连官吏都被他笞罚,一月不到竟在京兆府中杀了十几个人。

李实实在是民愤极大,叔文早就想除掉这个祸民之根,所以第一件事就是罢贬他。这天诏书一发布,城中市里欢呼,百姓们都怀着石块在出京的路上等着他。李实知道后,再一次重演他的逃跑故技:先跑到西内苑,从月营门一路往西狼狈而出。

这件事一完,紧接着在第二天,有诏授王叔文为起居舍人并翰林学士,叔文开始独揽制诰大权。另外的几位前东宫师傅包括王伾、冯伉、归登亦皆升迁不等。

二月二十四日,皇上再次朝见群臣,并发布了大赦令,又一次引起轰动。原因是大赦之外,又停征诸般杂税;同时,尤其明文禁止"宫市",罢除乱政扰民的"雕、鹘、鹞、鹰、狗"五坊。这无疑是叔文和当年的太子如今的顺宗计划已久的事,现在终于有能力完成它了,叔文真是痛快至极。诏令一出,长安城中一片欢腾,人们一想到市坊中从此再也没有强夺豪取的宦官和借供奉鸟雀之名肆行暴横的"五坊小儿"时,也真是打心眼里高兴。

政令是一项接着一项。第二天,有诏罢停盐铁诸使的每月进献;三月初一,出后宫三百人。初三,又追诏前几年遭贬的陆贽、郑余庆、韩皋、尹杭、阳城赴京。十几年了,先帝德宗对忤旨遭逐者,从来都是不复赦免的。这下子轮到朝廷百官们也忍不住为之欢欣鼓舞了。可惜的是，其中最著名的两位——陆贽和阳城都未及闻诏就死在了贬所。

初四，长安百姓再一次在九仙门外山呼万岁：这一天又诏出后宫并教坊官妓六百人。他们的亲戚们在宫门迎接，许多人激动地大叫。

几乎是一昼夜之间，朝廷衮衮诸公忽然觉察到朝中多了一位翰林学士王叔文，这看起来多少有点蹊跷，于是都在悄悄打听他的来历。没过几日就清楚了：这个王叔文来自江南越州，本以善棋待诏，后来入值东宫，不知怎么竟十分得太子的宠爱。尽管有人说他是苻秦时名臣王猛之后，但大多数人不相信这话，他们一致认为，王叔文仍不过是小人侥幸得进而已。

至少朝中许多有名望、有资历的高官达臣们是这么看的，其中包括宰相郑珣瑜、高郢。但这两位宰相此时已差不多接近于徒有虚位，一是因为贞元以来，宰相之权早被翰林学士削弱；二是因为新相韦执谊往往能直接从翰林学士院受诏，单独执行，根本不和他们二位商量。

从三月开始，事态越来越明显，人们觉得朝廷每出一项政令，似乎都是由王叔文在翰林学士院决定可否，然后宣达中书，再由韦执谊承行的。朝中士庶也看到王伾、王叔文的宅第前经常是车马不断，而且也总是那几个人：韦执谊、凌准、刘禹锡、柳宗元、韩泰、陆贽……尤其是王伾，本月初亦被任命为翰林学士，他力主破格任用低级官吏，打破了不少论资排辈的成例，弄得不少大臣心中十分不快。

每一个新的情形出现,反对的总是已经或曾经拥有过的人,而赞成者永远是那些没有任何东西可以失去的人,这就是保守和激进的分水岭。此时此刻也不例外,京城逐渐热闹起来,无数品级较低、苦无门路的朝官,当然也包括不少怀才不遇的士子,都感到一种前所未有的喜悦:机会来了!

　　这几日,叔文一大早出勤或黄昏时从官署归邸,在坊中的路边便遇到了很多人拿着些诗文卷子投递上来。以诗文干仕是本朝的风气,对那些即将参加科举考试的士子来说更是必经之路,一旦得到哪位有名重臣或主试官的赏识,官运亨通与科名成就便不在话下。叔文出身寒微,对下层士子总是寄予了同情和希望,他的为政方针之一便是不拘程式地起用新人。不过,叔文对这种过分钻营的做法却也很反感,他接过这些卷子,嘴上不说什么,但心里很不以为然。

　　"大人有所不知,"在宅中手下人对他说,"这十几天来日日都有不少人候见大人,甚至宿在坊中不走,前曲中的饼肆、酒垆下几乎每夜都有人。听说一个人要一千文钱才能留在那里过夜!"

　　叔文心想:这等无行之人断不能用。

　　第二天,叔文遇到王伾,立即就说:"超取拔擢当择善而行,转托求进者岂能滥用?听说吏部秉承君意,日除数十人,有这事吗?"

　　王伾道:"皆是素日相与往来可用之士。"

　　叔文听罢无语。他知道要想继续有所作为,就必须培植力量,只要能用的人,可以不拘程式。想到此,便又强调说:"但异己者绝不能用,这个原则一定要坚持!"

叔文的这个想法不能算错,因为他们这些人大多数都是以才能而不是以身份地位才走到这一步的,这是他们的共同之处,也是其赖以结盟力行新政的基础,是绝不能破坏的。但是,此举无疑会得罪另外一大批人,朝野上下那些原本抱有极大希望的人显然彻底绝望,在他们看来,叔文和他周围的人已经完全是一个专权跋扈的私党了。这是个非常可怕的结果。

终于有一个人忍不住了。此人名窦群,其父在代宗朝官至左拾遗,兄、弟皆登进士,独有他仍为布衣。无奈之余,只有另觅他法。本朝特重山林奇人,在这种风气下,很多聪明人仕进中或有波折,便隐居修行以退为进,以才学处士之名博取赏识。因为大多数人经常选择长安附近的终南山,故时人戏称之为"终南捷径"。窦群隐居在毗陵近二十年,其间跟人学习《春秋》之学并著书、献书,德宗贞元时终于被荐为左拾遗,不久又升为侍御史。有一次德宗欲让他充任入蕃使张荐的判官出使吐蕃,但窦群之志其实不在这个实惠有限的外任之职,便对德宗发了一番怪论:"陛下即位二十年,方擢臣为拾遗,臣可谓难进者矣。今陛下用臣为和蕃判官,怎么就如此轻易呢?"奇怪的是德宗对他这几句显然是有点怨气的话竟没有怪罪,反而把他留在了朝中。

有二十年辛酸经历的窦群仍然不过是从七品上的殿中侍御史,眼见着许多品阶比他还要低得多的人被破格提升,心中哪能平衡。再加上早先同在御史台的柳宗元、刘禹锡都十分看不起他,更是越发有气。这天,他专门去谒见王叔文。

叔文听是窦群来见，命人撤去坐榻。窦群进来开口便道："事有不可知者！"

叔文颇为诧异："此话怎讲？"

窦群道："去年李实伐恩恃贵，倾动一时，那时王公您在哪里？不过是逡巡路旁的江南一小吏而已！今番您已处在与当时李实相同的形势上了，王公怎么能不想一想：今天的路旁是否会有像当年您一样的人？"

叔文听出他话中包含的那种既酸又怨的心态，十分不屑，没理睬他。

窦群肺都要气炸了。

很多朝廷重臣也开始怒形于色，当御史中丞武元衡听窦群说，不少与柳宗元、刘禹锡有旧的人凭两人的一句话就如何如何调升时，冷冷地说：

"二王、刘柳是什么人？小人得志遂就以为天下无人了？可笑！"元衡作为御史台的长官，早就对刘、柳二人的冒进不满。

然而到目前为止，叔文却坚信自己的这盘棋十分的顺当，感觉上每一步都恰到好处，整个阵形舒张有力，正以磅礴的气势向战场开进。他的优势感太重了。

过于用强必然会招致强敌，其实叔文只要再仔细观察一下就会发现，他们只是局限在小圈子内而没有团结更多的人，从而在两方面给自己树立了强大的敌对势力。他们无论从哪方面看都是弱者，绝对不能锋芒太过。这可是生死攸关的错误，短短的一个月后，王叔文就不得不吞下这个自己酿就的苦果。

致命的弱点：缺乏资历

在老成持重者看来，新锐阶层竟能一朝获取高位，一定是某种阴谋的结果；如果其辈仍不能韬光养晦而一味冒进，就一定是怀有更加不良的企图。缺乏资历，在任何情况下都是一种致命的弱点。

正月底顺宗即位，二月至三月上旬王叔文集团开始主持政务，颁布一系列新政；到了三月十七日这天，又有一道诏书公布，这道诏诰无疑是叔文全面出击的标志。

这天的诏书其实只有两个主要内容：一是委任杜佑出任"度支并盐铁使"，二是任命王叔文为副。杜佑是理财名臣，再度出任财政重职自无不可，关键是后一项副使的任命。

叔文对此预谋已久。德宗以来的政治问题归根结底只有两大块：财政和地方割据。先帝德宗虽然努力试图解决这两大症结，但终究没有成功。叔文冷眼旁观了十八年，他的超群智慧告诉他，财赋的好坏是解决其他问题的前提，是振兴帝国政治的关键所在。

王叔文敏锐地觉察到，目前如能得判度支使之任，则国赋大权在手，可以上固君位，下安人心，进而致君尧舜之治。故此举不可从缓。

与此有相同见解的是刘禹锡。禹锡的父亲是当年刘晏的部下,他本人早年就曾跟随杜佑在南方从事漕赋工作,对此更是深有体会,十分钦佩叔文的敏锐见解。不过,禹锡有些担心:度支、盐铁、青苗、水陆转运等权利一向都是委派专使负责,德宗以来亦只有刘晏、韩滉、杜佑三人可称其选,自己一方谁有资历出任这一重职?

这正是他们的悲哀之处。

叔文心里异常着急,一个月来一直在考虑这个艰难的问题。尽管他采取了很多措施加强政权建设,但如果不能把财政抓到手,一切都只是及表而不及里。三月初,叔文终于下了决心,再次与他的同志们商量。

叔文的计划是,赋权一事,只有让大司徒杜佑充正使,而他以副使出面。如此,庶几两全。

众人同意,都认为这是最佳方案。

意见一致,叔文极为欣悦。他对刘禹锡道:"君为杜公门下,今又任其崇陵使判官,杜公入度支使,必会引君判理文案。日后居中调停之事非轻,专望专望!"

禹锡自是责无旁贷。

与柳宗元、韦执谊和另外一位同盟者、已从监察御史升为虞部员外郎的程异秘密商量后,叔文拟就了诏诰。果然,杜佑受命后便任用了刘禹锡入府掌理文案,一切都在预料之中;此外,杜佑因兼摄冢宰并德宗山陵使,自不会真的负责度支实任,叔文又通过宰相韦执谊任用程异赴扬州出任"留后",自己以内职兼副使,与刘、程相呼应。

从新帝登基到王叔文出任度支盐铁副使,满打满算不过五十一天,叔文真是太性急了。那天诏书一发布,举朝哗然。

本来天子的朝会就已经形同虚设,因为没有人能亲自与皇上奏对,天子总是在厚厚的帷幔后面端坐不动,由宦官递进奏章,传达旨意。人们所能看到的只是王叔文每日往来于翰林学士院、中书门下、御史台等官署,与他的那些私党们在屏风后交头接耳的情景。朝野内外猜测纷起,有人甚至说出皇上已经病重而不能理事之类的话。在这种情况下,王叔文又出任度支副使,对不少人来说确实是十分严重。

郑珣瑜不像高郢那么胆小,也不像另一位年已七十五岁的老宰相贾耽那样只是屡乞骸骨以示不合作态度。他已经是忧形于色,说话也已很不顾忌。

御史中丞武元衡更是对刘禹锡、柳宗元公开表示不满。

杜佑倒是很看重刘禹锡,也多少有点同情王叔文之辈,但却不希望他们做出什么过激的举动,然而势难两全,只有沉默。

翰林学士郑、卫次公等再次表现出他们对伦理纲常的强烈信念,纷纷要求早早册立太子。叔文在翰林学士院一听到他们提起这事,就愤然拂袖离去。在他心里,此举是反对派的唯一法宝,并非是真正为国家社稷着想。叔文也同样有一个执着的信念,那就是柳宗元在《六逆论》中提出的"立贤不立嫡"的大胆之论。今天的顺宗就是一位贤君,只是因为疾病而不能获志,所以,叔文要做这位贤君所不能完成的大业,容不得他人破坏。

但是,叔文的意气与人心中根深蒂固的天道圣统观念相比,实在是微不足道的。三月以来,原本多旱的京城连日阴雨,长安城中传言说:这是群小用事之象。

宫中终于有人开始行动。这些人是先帝旧人俱文珍、薛盈珍、刘光琦。五十多天前的改嗣之议未能成功后,他们已经身处局外了一段时间。作为先朝的禁中老人,他们还是比较倾向于舒王李谊的,可目前的种种情形表明,朝廷的政局显然对他们很不利。这种不利至少表现在两处,一是李忠言与牛昭容得以侍从新帝后,竟与王叔文站到了一起。宫中内侍之间产生龃龉本就是俱文珍等不愿意看到的事,更毋庸说是严重对立了。其他内官们敢怒不敢言,俱文珍却每次都与李忠言吵得很凶,但李忠言要比他更有机会接近皇上,一时倒也无计可施。二是王叔文悄悄采取的不少措施让他们反感,俱氏是十几天前才听说宫中有些宦官们被减少薪俸的,开始他还未在意,当有人告诉说这是王叔文的主意时,俱文珍才一下子反应过来。

二十二日,俱文珍以先朝所带"翰林院使"的身份来到翰林学士院,与郑、卫次公等秘密地见了面。回宫后立即招来薛、刘及几位神策军首领再次商讨了半天。

二十三日上午,俱文珍、薛盈珍、刘光琦、薛尚衍、解玉五人来到皇上养病的寝殿——位于东内大明宫之西的金銮殿。牛昭容听报,赶到殿口挡驾:"诸位何事?"

俱文珍来不及行礼便道:"李内侍在哪里?请他出来说话。"

"李内侍今日不在殿内侍疾。诸位可去内侍省——"

俱文珍心想"正好",不等她说完,径直就往里闯。牛氏见状大惊:"俱文珍!皇上龙体不康,你难道想犯驾不成!"

俱文珍不睬她,继续朝殿内走。牛氏看情形不好,急对身边的女官说:"快,速去请李内侍!"

还未等牛昭容跟进去,俱文珍就已经出来了,似乎只是进去走了一走。他一到殿口就大声说道:"皇上有旨,速召翰林学士郑、卫次公、李程、王涯进宫议事!"

郑、卫等人早已候在紧靠金銮殿的东翰林院,见到俱氏派来的小黄门出现,遂立即直趋入宫。在殿口正碰到匆匆赶来的李忠言,忠言一看到俱文珍和郑、卫次公等人,心中就明白了七八分。

宫中的两派在殿口争执不下,但忠言这方此时只有他与牛昭容两人,实在是势单力薄,无力阻挡。

俱文珍说:"无须再论,即请皇上裁夺!"言罢,便带头入殿,紧接着薛盈珍和刘光琦对几位翰林学士一使眼色,一起往殿里走去。李忠言无奈,只得跟在后面进入殿中,随着众人跪在顺宗的榻前。皇上这时只是睁着茫然的眼睛望着他们。

郑从袖中掏出一张早已准备好的纸条,递到顺宗的面前。

纸条上只有四个字:"立嫡以长。"顺宗的记忆已在风疾的折磨下变得一片空白,哪里还知道这是什么东西。他盯着这张纸条,忽然,点了点头。

俱文珍等人盼望的就是这个,齐齐叩首,口呼:"万岁!"李忠言望着这一切,默默地闭上了眼睛。

叔文还不知道这件事,就连王伾也蒙在鼓里。事情发生得很突然,忠言根本来不及向他们通报消息。这一行动从计划到实施实在迅雷不及掩耳,第二天郑草制的册太子诏就予以宣达,叔文和王伾都十分茫然,搞不懂是怎么回事。

过了一天,王伾终于有了消息,但也十分模糊,因为侍疾皇上的已经不仅仅是李忠言和牛昭容,有时俱文珍等仗着是先朝旧人,也来指手画脚,所以在联络上变得很不方便。

"此诏是宫中俱文珍的主意,经郑、卫等学士草制。"王伾把这一含糊的情报告知了叔文,并自作主张地认为,这可能是一种形式而已。

"皇储大事,宫里怎么不加斟酌?"皇妃牛昭容多次暗示,希望自己的儿子入承大统。叔文此语的意思就是李忠言和牛氏如何也不予反对。

"李内侍也许出于无奈。不过,诏中仍称'令有司择日册命',看来宫中已预有力焉。"王伾只能如此猜度。

叔文气得顿脚,连连说:"天命一出,如何再改?误大事矣!误大事矣!"叔文作为跟随皇上近二十年的老臣,太了解皇上的长子广陵王了。这位皇子精力充沛,意志顽强,对自己的决定常常执着得近于偏激,将来绝不是一个能轻易相处的天子。

王伾不作声,他也觉得如果宫里情况发生变化,绝不是一件好事。

二十八日,叔文已连续两天没见到韦执谊,从柳宗元、刘禹锡处传来的消息说,目前朝中情形很不正常,不少人暗怀着一股气,都有早册太子之意。叔文听了更是着急,立即动身去寻韦执谊,心想无论如何也要找到他,赶紧拿出对策。

中午,叔文直奔中书门下的政事堂。他知道此时正是宰相会食的时间,韦执谊肯定在那里。走到门口,一位省中的值事正在值勤。叔文命他速去通报,有要事与韦相商议。

值事很不解:"宰相会食,旧例向不许百僚入见,学士俟后再来。"

叔文本就很焦躁,听罢大怒:"什么旧例!我有急务在身,耽误了你担得起吗?"

值事被叔文的怒气吓怕了,他也晓得这位新任的翰林学士不好惹,只得入报韦执谊。

执谊与杜佑、郑珣瑜、高郢已开始进餐了,听说王叔文在门外等候,一定要破例见面,执谊的脸面很下不来。出去见吧,自己与王氏的关系就再也藏不住了,作为一个有资历的朝官,执谊一向觉得不能过于暴露;但不出去,叔文肯定不答应,不管怎么说,自己有今天是和叔文分不开的。执谊是个能分出轻重的人,想了一想,便起身出迎。叔文一见到他,就把执谊拉进侧阁中。

三位宰相只好停箸以待。时间过了许久,还不见执谊出来,三人都觉得过分了。这时,有人来报:"王学士索饭,韦相已与之在阁中同食。"

杜、高两人不语,操箸续食。郑珣瑜心想区区一个待诏出身的人如此猖狂,怒火再也按捺不住,一拍几案,大声道:"我郑珣瑜岂可再居此位,作此伴食副相!"说完站起身来大步而出,备马回府。

回到家中,更是越想越气,干脆称病不起。郑珣瑜归卧不出的消息一下子传遍了朝中,也传到了俱文珍的耳里。文珍与薛、刘等人一合计,都认为事不可缓,太子须尽早正式册立,天子之侧不正常的局面也应该立即结束。

册立太子以明确储位,向来是维护政治稳定的关键因素,其内在机理是可以保障皇权的合法性与连续性,预防旦夕祸福。假如天子已老,或者身罹重疾,或者为群小遮蔽而施政无道,这一机制便会立即自行启动,不以人的意志为转移。但事情总有一正一反,册立太子既有好的一面,同时也就具有坏的一面,有时甚至可能成为政变的手段。眼下,宫中坚持册立太子,下一步的目标必然就是太子监国,再下一步,进而就有可能发生"禅让"。

但是,皇上虽沉疴不愈,但真相并未公开,道义上终究是一朝天子,轻易不能动摇。再说,如果单是朝中百官倡议,也不见得有效,此事最好还要有外镇节将的配合。这一点,宫内势力是非常清楚的。

可眼下的地方力量大多暗蓄异志,有谁愿意出头?俱文珍和广陵王身边的宦官吐突承璀想来想去,想到了三个人:一是同他俩都有点交情的剑南西川节度使韦皋,一是曾为窦文场养子的河东节度使严绶,另外一位也是同他们往来甚密的裴均。俱文珍对此三人倒是很有把握。

转眼就到了四月,几天来叔文都在惴惴不安中度过,王伾从宫里带来的消息是一天比一天坏,正式册立太子看来是早晚的事情,叔文异常的沮丧。

四月初六,这天又是常朝的日子,叔文早早地来到了宫门口,他已经预感到今天会有什么事情发生。果然,当天子熟悉的身影出现在帘帷后面时,叔文在百官班序的前列看到了广陵王。只见这位未来的太子脸上充满着一种兴奋难抑的表情,叔文什么都明白了。

册太子书是郑宣读的,叔文一个字也没有听进去,他已经近乎麻木,只觉得满腔的辛酸、悲哀在心中弥漫、交织,像要把他整个吞噬。"万岁!万岁!"的朝贺之声响彻殿堂,把叔文从迷蒙中惊醒,他再也控制不住自己的情绪,两行热泪潸然而下。

就在此时,久雨的天气突然放晴了,一轮红日照耀在五彩的天空。叔文随着退朝的官员们踱出殿外,他没有心思去理睬周围的那些嘲讽的目光,一刹那间,他想起了"起自草莽"的王猛,想起了"七出祁山"的诸葛武侯。

"出师未捷身先死,长使英雄泪满襟!"叔文的眼泪又一次夺眶而出。

运筹帷幄,容不得丝毫疏忽

运筹帷幄,容不得一丝一毫的疏忽,更不能存有侥幸心理。

第一章　王叔文：乾坤一局棋

四月的一天，有一个人单骑缊衣，来到叔文府中。

来人姓刘名辟，是剑南西川节度使韦皋的支度副使。"支度"与"度支"不同，是负责地方财政的长官。刘辟进来一见叔文便请屏退左右。

叔文不认识他，拿着名刺才晓得面前的这个人是韦皋的亲信刘辟。叔文多少知道一些韦皋的情况，此人当年代替入朝的张延赏而镇蜀，任剑南西川节度使，因对吐蕃有功封南康郡王，顺宗即位，又加"检校太尉"。叔文心想：韦氏在蜀二十多年，重赋敛以事"月进"，弄得蜀土虚竭，时誉极坏。平生与韦皋素不相识，此番他不远千里派人来见，其意安在？想着这些，叔文不动声色，将刘辟引入内室。他当然还不知道，宫中已与韦皋有过联系。

"韦太尉使辟致意足下。"刘辟说得意味深长。

叔文立即听出他话里有话，便开门见山，请他说出真实来意。

叔文快人快语，刘辟也就实话实说了："太尉专使辟致诚足下，足下若能使太尉都领整个剑南三川，则必以死相报足下。"——言下之意是，你王叔文若有韦皋之助，何忧其他？——"足下若不留意，太尉当然也有相'酬'之处了。"

这分明一是利诱，二是威逼，韦皋自擅强藩，在宫中宦官与王叔文两边分头交易，图谋剑南三川。

王叔文怒火万丈。

第二天，叔文的一封手书直接送到了韦执谊处。大意是说：剑南西川节度韦皋支度副使刘辟，以韦皋之势威逼叔文以求都领剑南三川。此等贿赂求值，公然胁迫之徒，应当绳之以法，公开处决。我已经吩咐有关人员打扫刑场,请宰相下令逮捕执行。

韦执谊心道:这如何使得?无凭无据就妄杀边将,惹出麻烦怎么收场?王叔文也太过分了。他立即写了个回条,告知叔文:此事千万不可。叔文见到后立即来见执谊。

叔文问:"如何杀不得?"

执谊回答:"无第三人在场,何来实据?再说公议日甚,吾等行事还要小心才好。"

叔文急了,说:"不杀此贼,难昭天理!你处处迫于公议,懦弱犹豫,要坏吾等大事的!你难道忘了当初的约定了吗?"叔文点他一句。

执谊脸色微红,道:"执谊自不敢忘。执谊目前行事谨慎小心,并无他意,不外乎是力图曲成吾兄之事而已。"

叔文叹了口气,一句话也说不出来。他已经有了一种预感,他一手扶植起来的宰相,可能将最终走到他的对立面。

刘闢事件是太子册立后最危险的信号,它至少说明宫内外两方面都在紧锣密鼓,蠢蠢欲动。"太子"这着棋没有走好,带来了难以逃避的一系列灾难,叔文几乎感到快没救了。

"事并非完全绝望,"凌准对叔文道,"眼下贵近者炽焰嚣张,携失职之人有心把持禁中,竟不以天子为意而擅下矫诏,不外乎自恃有神策禁军在手。如即取其兵权,夺其所恃,势犹可挽回。"

叔文当然很同意此话,但又非常困惑。"此事先前商量,亦是主张极早进行,只是苦无机会。"叔文面色沉重。

第一章 王叔文：乾坤一局棋

"现在看来，此际正是千载良机！"凌准认为，"朝内外心怀憎疾之人固多，但借故亦只有一个，即所谓皇上沉疾未瘳，请册皇储以固国本云云。今太子已册，口实遂去，势必有所松弛，若于不动声色之间，命一位德高望重之臣出长神策京西诸城镇行营，先夺其外，再逼于内，则事可成矣！"

左右神策军系统除驻扎京师的直系之外，尚还包括京西北不少城镇中的"神策行营"。本朝自安史乱后扩建神策军以来，凡有叛乱之事，朝廷时常征调地方驻军攻伐，并以节度使带"神策行营"名领之。比如当今与边防关系密切的凤翔节度和夏绥节度分别称为"右神策行营节度使"和"左神策行营节度使"。这些行营大都分布在京城西北，所以凌准有"先夺其外"之说。

"此计甚佳，只怕无合适之人。"叔文已觉察到其中的妙处。可巧妇难为无米之炊，叔文在心里感叹。

"有，"凌准与刘禹锡、柳宗元事先已有计议，遂道，"范希朝可用！"

叔文心中一动，他知道这个人。在先帝德宗后期，拥兵节将自愿入京述职的就只有这位范希朝，更早的时候大约在十几年前也曾任过神策军使。但叔文仍有疑虑："此人靠得住？"

"范氏是近世名将，此人极朴实忠厚，断不会因附中人强镇。"刘禹锡也发表了看法。

凌准接着道："昔年朱泚叛乱，弟与他同在邠宁，故极知其为人。不论其他，单看他前年累请朝觐，不以节钺自重就可知道。再者，希朝又是神策旧人，若以其领外镇行营，自是顺理成章之事。"

此语一出,刘、柳等都更觉有理。

叔文考虑了几天,终于下定决心,通过王伾、韦执谊和宫中的李、牛二人成功地完成了这一任命。果然,五月初三这天诏书顺利下达,任命范希朝为"左右神策京西诸城行营节度使",出镇奉天。朝中包括内廷的那些反对派对此虽然略有怀疑,但一想到范希朝以一代名将身份出使新职,不过是朝廷加赐功臣而已,也觉得没有什么。

但叔文不放心。这是最后的孤注一掷,存亡在此一举,单靠范希朝的同情和支持似乎并不能解决问题。他要的是完完全全地成就一番大事业,说白了,就是解决宦官和藩镇,兴利除弊,恢复帝国和天子的荣耀。是当今天子顺宗给了他这样一个机会,他的抱负和理想眼看着一步步走向成功,但是,皇上的病是日甚一日,已经不足以依恃。假如没有兵权,那么他们永远就只是刀俎之上任人宰割的鱼肉,所有的一切都将化作泡影。叔文回想起那天册命太子朝会上众人幸灾乐祸的嘴脸,顿时不寒而栗。一不做,二不休,叔文在心里说道:"决战的时候到了!"

第二天叔文找到了王伾:"夺兵一事,尚有遗漏。"

王伾大惊:此事经众人商量,莫非还有什么不妥?再说诏旨已宣,范希朝克日即将赴任。

"人心难测,"叔文还是那句老话,"我思之再三,此事非同小可,单以范氏为靠,绝非良策。"

如此则计将安出?王伾在绝大多数的时候并无谋略。

第一章 王叔文：乾坤一局棋

"可想法以韩安平为行军司马，随之入镇，并伺机代之！""安平"是韩泰的字。

王伾一听，觉得叔文很有道理。韩泰是很有干才的一个人，他的谋略经常让王伾感到其并不在叔文和刘、柳之下；另一方面，他的官资也较高，在此非常时期，也只有他才能当此夺军重任。不过，王伾还是想到了一点，谁都知道韩泰是新进者中的一员，是己方的死党，在这种情形下，是否会弄巧成拙？但王伾没有把他的顾虑说出来。于是二人立即分头进行，叔文该做的便是悄悄地会见了韩泰。两天后的五月初六，便有诏书命度支郎中韩泰为范希朝行军司马，这天的情形就不同于三天前了，诏书一出，立即就有人窃窃私语。

叔文一着过分，把最后一个机会也丢失了！

然而叔文却没有工夫去仔细捉摸他的失误究竟在哪里，因为这两天又有一件事让他感到惶恐不安。五月十一日，王党分子、饱学多识的春秋学者陆质被任命为太子侍读，这是韦执谊的意思，本来是一件好事，既可以入宫窥伺新册太子的动向，又能从某种方面争取这位未来天子的同情和支持，叔文当然很赞同。不过，执谊也还有点私心，在他的感觉里，叔文或许已经不能作为永久的依靠了，因为大多数人都开始表示明确的反对。在政治上，打击敌人的一个有效武器就是攻击对方朋党比周，执谊也不能把自己划进那种结党营私的印象中去，那更是为时代的正统观念所不容的事。执谊是个从"正道"上来的人，严格说来他甚至不反对早立太子，在大局已定的情况下他就没有为叔文所动反对册立，执谊早已经渐渐地认识到,自己与王叔文之辈也许根本就不是一条道上的人。因此,他更需要太子的理解。

就这样陆贽来到东宫报到。陆贽是叔文坚定的支持者,但却不是一个精于世故的政治家,他不懂得如何巧妙地运用手段。所以当他刚刚开口说了两句,就被太子义正词严地顶回。

太子道:"陛下是令先生为寡人讲解经义的,谈其他事干什么?请先生不要再说了。"

陆贽被一闷棍打得嗫嚅而退,回来告诉叔文。叔文同他一样,听后只能以沉默表示内心的悲哀。

更让他不安和悲凉的还在后头。五月十三日,王叔文同往常一样来到翰林学士院,不料,等待他的却是一封诏书。叔文一见,顿时大惊失色。

一旁的王伾接过一瞧,心里也陡地一惊。原来是调王叔文为户部侍郎,度支盐铁副使依旧,但削去翰林学士一职。

叔文感到一股凉意自上而下倾泻在全身:宫中又生事了!众人看他模样,纷纷围拢过来看这封诏制。情急之下,叔文已是慌不择言,对另外几位翰林学士道:"叔文每日来此办公,若不带此院职事,则无缘至此矣!"

王伾知道事情的严重性。此诏不是俱文珍的主意还有谁!他立即不声不响地草拟了一份疏请,送进宫去。王伾心里暗暗想,李忠言你在这上面可不能再让步了。

然而侥幸心理只能成为最后的一点信心,使人不至于立即崩溃而已,但永远也改变不了现实。王伾一疏再疏,甚至亲自进宫,也最终未能挽回局面。李忠言没有让步,但却也无力回天,俱氏的力量不在宫内而在宫外,这就是他之所以反而在宫中拥有发言权的道理。还好,宫中的力量对比并没有一下失去完全的平衡,俱文珍多少退了一步:允许王叔文三五天到一次翰林。但事到这一步二王心里都已清楚,皇帝已不再是他们的皇帝,而成了俱文珍的皇帝了。政敌们并且还拥有太子,无论是今天还是明天,敌方已牢牢地占据了主动。

叔文平生以来第一次感到了前所未有的恐惧,他只能在心里暗暗地祷告:

"韩泰!韩泰!……"

没有了"势",胜负早已注定

> 胜负手是必须的,但没有了"势",胜负却早已经注定。世事如棋。

韩泰已随范希朝赶到了设在奉天的"左右神策京西诸镇行营节度使府"。

韩泰很清楚自己身上担负着一种什么样的使命,他也知道这是维持新政的决定性之战和挽救失败的最后一招,绝对容不得有半点的差池。韩泰信奉实干,讲究谋略,他的好友柳宗元对他的评价是"厉庄端毅,高朗振迈",确实颇能反映出他的为人。韩泰也是个是非分明的人,年轻的热情决定了他有着一种对挚友同志的强烈感情和建功立业的豪迈决心,他坚信自己不会辜负凝聚在他背后的殷切希望。

刚至奉天,韩泰立即就开始了行动。首先是四传命令,召集诸镇军将听宣圣旨,接受新使范希朝指挥。接下来韩泰所要进行的便是从架空范希朝入手,一步步地掌握兵权,最终彻底接管这一重要的军事力量。

然而,他和他的同志们都没有想到的是,使用他本人去完成这一任务本身就是一个错误,而这个错误决定了他们的最后一击必然以失败告终。这个重大失误就是:韩泰的身份!

虽然京西诸镇在性质上讲是地方驻防系统,但实际是都直接归神策军最高首领——左右中尉——的节度,他们与禁中宦官们的关系自不待言。本朝军事力量的情况与以往自有不同,但有一点是相似的:军队的掌握常常是以一种非正统的政治手段维系,或以家族,或以师生,或以上下属等等,这种传统渊源关系一旦建立,其力量甚至强于天下公义和道统信念。这种现象在本朝有两种反映,一是地方世袭强镇,二是先帝德宗时酿下的苦果:宦官典掌中央神策禁军系统。京西将领们与禁中保持着密切的联系有数年之久,已经近乎牢固不破。他们一见到范希朝的行军司马是韩泰,都不约而同地恍然大悟,这是王叔文的人!从这个事实推开去,结论就昭然若揭了:范希朝、韩泰两人来者不善。

这是重要的情况!一封封书信从京西各镇飞驰京师。

俱文珍等人开始还蒙在鼓里,当他们看到京西将领们的来信时,如梦方醒:"如让其谋得成,吾辈必死无葬身之地矣!"

俱文珍对京西来使说道:"速速归告诸将,切勿交出部队!"

韩泰是有耐心的,他一直在等待着行营将领们前来报到,他乐观地认为,一切应该都需要时间。对此,怀着异心的将领们也抱着同样的心情,他们也在耐心等待着京中的指示。于是,奉天很平静,一切好像什么也没发生过。

战机就这样一天天地失去。要是韩泰能够料到后果是多么严重的话,他是绝不会这样守株待兔的。

可京中的王叔文已感到不能再等了,朝中的情形已经一天坏似一天,尤其让他恼怒和辛酸的是,韦执谊,他们所依赖的宰相、新政的支柱和能起决定作用的力量代表,已正式倒戈易帜。尽管他还没有立即反戈一击,但这已足使叔文震撼不已。

叔文早先的预感是正确的,韦执谊从根本上就不是同道者。叔文反思过去,越发清楚地觉得当初的选择本就是一种无奈。他们中的许多人都是南方的寒族,如果不去寻求一种依托,将终究无所施计。成功需要妥协,但这一代价太大了。

王、韦交恶的深层原因是"势"的变化,绝非是由一两个偶然因素所引起,不过,"羊士谔事件"是使其最终表面化的导火索。

宣歙节度府巡官羊士谔是进士出身,严格说来,他与叔文的老友吕温还是同门,关系一向不错。不过此人性情浮躁,好出风头,在这一点上也有点像他的另外一位同学窦群,喜欢见风使舵,博取时誉。他五月份出差来京,听说王叔文等人正招致了大多数人,当然是和他同类的那些正统朝官的不满,眼见有利可图,再加上一时冲动，竟在大庭广众之下，公开批评王叔文，指出叔文的种种不是，轰动了京城。

叔文对此是不能忍受的，假如允许这么个一介小官如此猖狂，威严何在？叔文决心杀一儆百，遂请执谊出诏命将之斩首，但是执谊不同意；叔文又要求在大理寺就地杖杀，执谊还是不同意。叔文心中积聚多日的怒火一下子爆发，当着不少人的面，大骂韦执谊忘恩负义，弄得朝廷中人人皆知。刘禹锡、柳宗元都是出自执谊的提拔，也不好对此妄加评说，一时间大家的心情都很沉郁。六月二日，执谊将羊士谔贬为汀州宁化县尉，算是做了一点妥协，但是人们都已清楚，两个最主要的人物实际上已经分道扬镳了。这对反对派来说，是莫大的喜讯。

刘辟此时还在京城，游说王叔文既不成，便转而执行另外一项任务。六月二日羊士谔被贬，他怕王叔文拿他开刀，吓得连忙逃出。不过，他走得很放心，因为一个月来，他已同宫中的某些人达成了共识，并已通过剑南节度的驻京机构"剑南进奏院"呈递给韦皋，这个共识就是：扳倒王叔文。刘辟只是可惜自己不能亲眼看到这一切。

俱文珍当然不能让剑南一道独撑局面，那样的话，声势就太小了，也有点弄虚作假的味道。让他欣慰的是，太原严绶处的监军李辅光已有消息表明，河东节度使严绶亦将出面。另外，荆南节度使裴均是自己的旧识，当年都在窦文场门下出入，自也不会不给面子。看来一切都已就绪，剩下的只是时间问题。

六月十六日，韦皋的《请皇太子监国表》递到了门下省，请皇

上"权令皇太子亲监庶政";同时又有《上太子笺》,出语就更直接:

"圣上远法高宗,谅荫不言,委政臣下,而所付非人。王叔文、王伾、李忠言之徒,辄当重任,赏罚任情,堕纪紊纲,散府库之积以赂权门。树置心腹,偏于贵位;潜结左右,忧在萧墙。……愿殿下即日奏闻,斥逐群小,使政出人主,则四方获安。"

高宗因体弱多病,遂有武氏代唐之事,这是本朝历史上极不光彩的一件事。韦皋把今上比作高宗,又曰"所付非人",连带把当今天子都责备了一下,若非出自授意,恐怕没有这么大的胆子。笺中还直接点名道姓,直呼"群小",更显得是有备而来。两天不到,严绶、裴均的笺表继至,内容相同。门下省按照本朝处理臣下上书的制度,覆奏画可,加印转发,这一下,朝中很多人振奋不已。有重兵大将作为后盾,所有的人都似乎有一种公理在身的感觉,大大地出了一口闷气。政治有时就是这样,能够使人一刹那间感到身心舒泰,就是正义和符合公益的行动,没有人也无须人去讨论它是否真的正确。

叔文已经无计可施,他的权力已被削弱,一切只能靠王伾和李忠言维持这艰难的局面。他知道,这一局棋已到了危急的地步,如果不赶快扭转这种局面,失败将不可避免。然而,在六月十七日这天,也就是韦皋上表到达京城的第二天,韩泰从奉天驰归,彻底打破了叔文的幻想。

韩泰已在奉天等了将近半个月,最终也无人前来报到。他这才反应过来情况有了变化,于是星夜快马加鞭,赶回长安。

风尘仆仆的韩泰一见叔文,立即报告说,其与范希朝至奉天已有半月之久,无一兵一卒至。韩泰此刻也已明显地感到,可能大事不好!

叔文自然能猜到是怎么回事,但他不明白这一计划是如何走漏风声的。叔文已觉得整个人像是坠入了无底的深渊,眼前一片黑暗。如之奈何?叔文已失去了方寸。

韩泰也想不出任何良策。

户外,又是一轮夕阳摇摇欲坠,飘动的暮霭随着业已闷热的微风压在初夏的长安城上,让人喘不过气来。叔文和韩泰默默地相对而坐,谁也说不出话来,汗水从额上滑下,从后背透出,浸湿了衣衫,他们都浑然不觉。

就在此时,一个更严重的事情发生了:叔文之母不幸去世。消息传到他与韩泰议事的密室时,宛如晴天霹雳,叔文忽地站起,脸色顿时煞白。

叔文的母亲病重已有时日,尽管老人家年岁已大,患病也不轻,但叔文没料到会有什么不测。这几天的事情一个接着一个地发生,叔文甚至无暇到母亲的病榻前问候。母亲亡故则必须服丧,这是伦常对人子的要求,母丧同父丧一样,是五服的第一等,起码要停职居哀三年。如不是非常情况,比如皇帝下诏"夺情""起复",是不允许有所变通的。这无异于置叔文于死地,难怪他要如此惊慌不已了。

可是,叔文的悲剧命运似乎无法避免,内院中一片低沉的哀号声说明了一切。未过多久,韩泰看见叔文缓步走出后闱,来到中院,抬起头望着微暗的天空,热泪满面地喃喃自语:

第一章 王叔文:乾坤一局棋

"天其丧予!"

第二天一大早,叔文平静地吩咐人准备五十几担酒食带到翰林学士院,就绪后,以度支使的身份命人去请宫中诸内侍。诸宦官不知叔文有何用意,陆续来到翰林院就座。其间有俱文珍、薛盈珍、刘光琦、薛尚衍和解玉,李忠言带了两个小黄门也来到院内坐定。

叔文一言不发,先走过一圈,给每人塞了一块黄金。然后命人给诸内侍斟满酒,自己举起酒盏,对座中诸人道:"叔文请诸位先饮过此杯。"言罢,一干而尽。

俱文珍等人没动,只有李忠言默默地饮干了杯中的酒。

叔文又加满酒卮,对他们说:"羊士谔诋毁叔文,叔文将杖杀之,而韦执谊懦弱不敢;刘辟以韦皋之势威胁贿赂叔文,叔文欲集众斩之,韦相又不同意。叔文是堂堂正正的人,每想到让这两个凶徒逍遥法外,心中不快。"

众人不知他还有何下文,都不说话,唯听俱文珍"哼"了一声。

叔文不动声色,继续说道:"叔文自判度支盐铁副使以来,所作所为,皆为国家兴利除害,又创获无数钱财以资国用,可谓有目共睹。"

俱文珍料到此刻叔文不敢把自己怎么样,站起来打断他的话:"王大人此言何来?自大人出任度支,不见一日以簿书为意,但见与人窃语公署而已,今云'兴利除害',岂非笑谈!"

叔文瞧着他,依旧是面不改容,对侍吏道:"为俱内侍满酌一杯!"转向俱文珍,"请俱内侍与叔文对饮这杯!"俱文珍见状,举起酒卮仰头喝下。

叔文又说:"叔文母亲病重,因为身任国事,不能亲侍医药。看来这两日不得不告假归侍,叔文为国竭心尽力,不避危难,但为尽忠报君而已。一旦离职,百谤交至,届时不知谁能鉴察此心,以一言相助否?"

俱文珍又忍不住:"大人既自称为国尽心,又何虑他人毁谤?"

叔文没有再说什么,只是不停地劝酒,在座的人也不说话。有人起身如厕,听到廊下的两个王叔文家人正在那里窃窃私语,一人道:"母亲已亡,还有心思在这儿喝酒!"另一人道:"说的正是。"这位宫里的人连厕所也不去了,急忙回来悄悄地告知俱文珍。文珍一听,心中昭然。

第二天,叔文又故技重演,把众宦官们又请到翰林学士院。但这一次,叔文却不再像昨日那么谦卑温和了,脸上隐隐带有一种杀气。他在酒宴上只说了一句:

"叔文专来告知诸位,圣上龙体业已恢复,此刻正在皇苑中猎兔,上马如飞,一如当年。敢有异议者腰斩!"

说完,拂袖而去,留给座中诸人一种前所未有的震慑感。俱文珍与其他人都感到,王叔文已开始孤注一掷。但即便如此,宦官们此时已有恃无恐。

六月十九日,叔文终于宣布,以母丧去职。真是天赐我便,不少人额手称庆。

叔文是出于无奈,而不是退缩。此后近二十多个日日夜夜里,叔文和刘、柳、凌、韩等人苦思计策,希望能够起复官职。韦执谊已在考虑退步,已经不能依靠,他们只能设计另外两种方案,一是通过宫中的李忠言一派,借助于病重的顺宗作为天子残存的威慑力;一是求助于宰辅杜佑,争取一些朝臣的支持。王伾担负了这一计划的主要工作,连续多日每天来回于宫中和杜佑府第,先是请起复叔文为宰相、总领北军,结果当然是徒劳;后来又降求为威远军使,领"平章事",又未果。这种情况下,反对者如何还能让你王叔文再任要职,并且还是拥兵大权?最后,胆小的王伾第一个垮了,他在这个考验人的时刻暴露了他缺乏信仰的致命缺点,他的神经终于崩溃,他想要逃跑。这天,王伾屡次上疏没有回应,在翰林学士院等到夜里,忽然仰身倒下,口中叫道:"王伾中风了,王伾中风了!"第二天坐车回宅,从此闭门不出。

在杜佑和新任副使潘孟阳手下工作的会计专家陈谏是第一个受害者,因去请示已经离职的王叔文而被赶出朝廷,贬为河南少尹。

时间到了七月,在俱文珍等人看来,时机已经成熟。太子的意思也很明确,目前已到了解决宫中不正常局面的时候。俱文珍等人一合计,现在是外有藩镇声援,内有朝官支持,既有神策军在手,王党又失势无靠;太子英明睿智,足为依恃,可以下决心了。

七月中旬,首先是宫中的人发觉,往常侍疾皇上的内侍李忠言突然消失了,再也没有露过面。有人说他已重病在身,命在旦夕。后来,皇上的宠妃牛昭容也消失了踪迹,人们再也没有看到她,只是发现宫中的一个旁殿被禁闭起来,任何人都不得入内。但所有这些,并没有引起什么更多的注意。

七月下旬的一天,翰林学士郑、卫次公、王涯等人奉诏入宫。在太极殿侧阁,俱文珍、刘光琦、薛盈珍、薛尚衍正等着他们,在座的还有一位东宫的内侍西门珍。俱文珍对翰林学士们宣布:"皇上有旨,令太子权勾当军国政事。请诸位学士即刻草拟诏诰。"

七月二十八日,诏书颁下。百官在东朝堂朝见太子,太子哭着宣布:因圣上未康,寡人权监国是而已,就不答百官的拜贺了。群臣无不感泣。

王叔文,你的末日到了

微霜众所践,谁念岁寒心!

太子站在父亲的榻前,四周阒无一人,他已下令不许一人进来。

望着已经不能动弹的皇帝,太子心里思绪万千。他这时才真正明白为什么皇上迟迟拖延册立法定的继承人,照这种样子,任何人都可以挟天子以令天下,更何况那些不满于他这位嫡长子的小人呢!想到此,太子不禁咬牙切齿:"王叔文,你的末日到了!"

将近一年了,太子都在忧虑不安中度过,重病在身的父亲能够顺利登基只是让他稍稍松了一口气,但紧接着,实在的危机却比以前还要严重,竟然有人阻挡他合法地入居储位,这差点令他昏厥过去。幸好,几个月的努力改变了这一状况,过去发生的看来只是一场可怕的梦魇而已。太子知道,要达到目的还有一些障碍,但在他心里,对除掉这所有的一切都已经无所畏惧。太子的决心已下。

七月二十九日,在麟德殿西亭,太子朝见来使,会晤宰相昭告天地社稷,开始"权勾当军国政事"的工作。但太子的重点显然不尽在此,他整个一天的其他时间里都与他的可靠支持者——先帝德宗的任使旧人、掌握中央神策禁军的宦官们秘密会商,策划着下一步,也是决定性一步的具体措施。让太子感到欣慰的是,所有皇上身边的内侍都一致认为:皇上的身体已不能支持,皇上本人也早已"厌倦万机";他们还说,朝中百官从国家社稷出发,也已经纷纷表示,假如皇上引退,似乎更有利于帝国结束目前不正常的现状。

贞元二十一年(公元805年)八月初二,太子监国两天后的这天夜里,太子和他的亲信东宫内侍西门珍、吐突承璀几乎是一夜不寐。第二天,两位东宫内侍又与俱文珍在内侍省会晤了半日,当天中午,翰林学士们再一次被召入宫,在皇上的寝殿太极殿接受了俱文珍宣布的皇帝诏命。八月初四,发下了皇上的禅位诏。

诏书说:朕获缵丕业以来,严恭守位,不遑暇逸,然天佑匪降,疾恙无瘳,不能奉宗庙之灵,实实"有愧于心"。一日万机不可以久旷,天工人代不可以久违,宜令皇太子即皇帝位,朕称太上皇,居兴庆宫,请所司择日行册礼。

八月五日,已是太上皇的顺宗正式告别了只坐了七个月的皇帝宝座,坐在步辇上,在宫侍们的簇拥下迁居兴庆宫。兴庆宫位于长安东郭,是本朝的玄宗皇帝所置,因在大明宫及皇城中的太极宫之南,又称南内。顺宗的身体虽然已彻底地崩溃,但他被抬进宫中的花萼相辉楼时,似乎明白了些什么,他那尚未完全失效的神智告诉他,自己正在遭受严重的迫害。可怜的顺宗突然疯狂地蠕动着身体,喉咙里发出一种模糊的呢喃声,但这已经太迟了。有几位宫中的老侍卫望着这一切,痛苦地低下了头。

这天,太上皇又有诰:命太子宜于本月九日即位,并改元"永贞",大赦天下。

还未到九日,初六这天即有制命贬王伾为开州司马,王叔文为渝州司户,驰驿发遣。开州和渝州两地分别距京城一千四百六十里和二千七百四十八里。

八月九日,太子正式即皇帝位,后来的庙号为"宪宗"。因为德宗灵殡未出,而太上皇又在兴庆宫,太子下令不于前殿含元殿即位,以示对二位皇帝的崇敬。

九月十三日,新帝诏贬神策行军司马韩泰为抚州刺史,司封郎中韩晔为池州刺史,礼部员外郎柳宗元为邵州刺史,屯田员外郎刘禹锡为连州刺史。

万象更新带来的是心旷神怡,没有人去关心帝国的宫廷中究竟发生了什么事。但事情发生得太快太蹊跷了,还是有不少传言流到了京内外。

九月下旬的一天,有一人悄悄地从京城来到秦州普润县求见陇右经略使刘澭,自称是山野侠士,名叫罗令则,有一件惊天动地的大事相告。

这正是顺宗禅位称太上皇不久,刘辟很敏感,传令士兵屏后埋伏。

"令则从京中而来,专请使君出兵勤王。"

刘辟一震,喝道:"山人请谨慎其言!此话怎讲?"

"令则有太上密诏!"

"密诏安在?"

"事出无奈,太上只使令则传口谕而已。"

"这如何叫本使相信?"

罗令则凛然而言:"宫中内禅,实乃太上事不获已,现下人主幽闭旁宫,阉竖拥兵擅权,列祖大业,系乎一旦!太上素知使君忠义孝勇,深晓逆顺之理,故将宗庙兴危尽付于使君,诏令使君赴京行废立之事。"

刘辟心里已是惊骇万分,他控制着自己,尽量平静地说:"然则废立若何?"

"使君请递掌过来。"令则不露声色。

刘辟伸过已经略显颤抖的右手,只见令则在他掌心划了几个字。

刘辟已感觉出来了,他的心猛地一缩,汗水淋淋而下,他还来不及考虑得失,一种简直就是本能的反应促使他一拍几案:"大胆狂徒,竟敢妄构异说!左右,给我拿下!"立时就有几名刀斧手冲进来把令则按倒。

令则大呼:"刘辟,你可要想清楚!宗庙倾覆,你就是千古罪人！"

就在这一刹那间，刘澭已权衡过了，其实也无须斟酌，两派的力量对比本就一目了然，刘澭不是个傻瓜。

"左右，给我用刑，叫他供出指使之人！"

令则知道事情没有成功，一种悲剧感涌上心头，他猛地挣脱了按住他的兵士，大声说道："不用动刑，我罗某不是怕死的人！现在就可以告诉你，我等同志甚多，约与德宗迁葬时发动，这是太上之旨，你就是知道了也没有用！"

刘澭大骇，急令严加看管，又着人星夜驰驿报闻长安。宪宗览表，脸色都变了。

未过几天，罗令则被押到京城，禁军又大肆搜捕，共获得十数个嫌疑分子，即刻全部杖杀。

十月初二，曾经有望承德宗皇帝入继大统的舒王李谊在销声匿迹几天后突然被宣布去世。新帝废朝三日。

十四日，提前葬"神武孝文皇帝"于崇陵，庙号"德宗"。

朝中仍处在一片欢腾之中，对其他事浑然不觉。往常那些闭门不出、缄默不语的朝廷重臣和求进不得的失意者们纷纷出面，庆贺胜利，尽管谁也说不清这种胜利是否属于他们自己。一切的不满、怨气、仇恨都需要发泄，政治上的变化给了他们机会，于是群言沸腾，万夫所指，都加在卑贱而暴起的王党成员身上，这种攻击是如此的同心协力，以至于此时此刻所有的行动都显得是那么的合理，包括看起来似乎有些不大正常的一些怪事。

韦执谊只有沉默，袁滋和他的岳父杜黄裳已被委任为宰相，主持事务。新帝暂时还没有把他这位朝廷的前第一大臣一棒打死,他依旧是每天出勤,或在政事堂办公,或去延英殿廷对。他幻想着因为自己后来与王叔文的翻脸或许能帮他渡过难关,但他内心也清楚这是不可能的,严重的惩罚也许只是时间问题。韦执谊每天都在极度的惴惴中熬过,他早先那种颐指气使已变成了处处看人眼色,事事唯唯诺诺,甚至闻人行色,就惶悸失态,完全失去了国家重臣的应有气度。看着他奄奄无气的样子,就连要为他开脱的人也感到面上无光。

这一天不可避免地来到:十一月初七,韦执谊从宰相贬为崖州司马。

十三日,因为朝议认为对王党成员处罚太轻,新帝再贬韩泰为虔州司马,韩晔为饶州司马,刘禹锡为朗州司马,又贬河中少尹陈谏为台州司马,和州刺史凌准为连州司马,岳州司马程异为郴州司马。到此,加上韦执谊,王党的八位成员皆被贬为远州司马,史称"八司马"。"司马"在本朝是州府的属官,二万户以上的州,司马的官阶也只有从六品上。

新帝宪宗皇帝在新一年改元"元和"(公元806年),正月十八日突然下诏宣布"太上皇旧疾愆和"。公布太上皇病情,这是本朝历史上罕见的事,颇让一些敏感的人困惑不已。更让人想不到的是,第二天太上皇就驾崩了,年四十六岁。

太上皇升仙不久,王叔文被赐死。王伾亦病死任所。一般来说,本朝贬官在三五年之后可以"量移",即予以调升或改善境遇。但这一年发布了诏令:此后即使有国家大赦,王叔文之党也不在量移之限。

时间能冲淡世上的一切,但无法抹去人心中的信念。柳宗元初贬邵州刺史,十一月再贬永州司马,在永州待了十年。在此期间,他一直在忧郁悲凉和不甘的煎熬中度过,写有"微霜众所践,谁念岁寒心"的诗句,抒发不平之鸣,表明自己的高洁情操。在给亲朋好友的信中,宗元反复申剖事件的真相,为自己的无辜获罪而辩白,希望得到他们的援引。感伤激愤,溢于言表。元和十年(公元815年),有诏征"八司马"中仍在贬谪的柳宗元、刘禹锡、韩泰、韩晔、陈谏入京,但不久又相继被排挤出京,宗元于该年三月份外出为柳州刺史,四年后病殁。

刘禹锡行至江陵,再贬为朗州司马,也在贬所度过了近十年的谪贬生活。禹锡在此十年中,写下了不少寓意深刻的政治讽喻诗,抒发心中的愤懑。元和十年禹锡与柳宗元等人一齐奉召回京,旋又以诗歌讥讽执政而外放连州刺史。宝历二年(公元826年),从和州奉诏回洛阳,方才结束了二十二年的贬谪生涯。此后的十五年中,他先后在洛阳、长安、苏州、汝州、同州任职。开成元年(公元836年)改任闲职,会昌元年(公元841年)加"检校礼部尚书"荣衔。刘禹锡幸得高寿,是王党中最后一个去世的人,他的革新之志从未停歇,然而因困顿于现实,终使其无所作为。禹锡晚年精力不衰,写有"莫道桑榆晚,为霞尚满天"的豪迈诗句。直至临终,禹锡丝毫也没有放弃自己的信仰,毅然写下了《子刘子自传》,为早年的行为辩护,为王叔文恢复名誉。

公元842年,"王叔文革新"的三十七年后,刘禹锡病故于洛阳,给九世纪初这场短暂的新政画上了一个句号。

"八司马"其他六人的最后结局:

为顺宗即位立下大功的凌准不幸最先去世,元和三年(公元808年)寂寞地死于任所连州的一个佛寺中。他的好友柳宗元写了首《哭连州凌员外司马》诗哀悼他的亡故,并为他撰写了墓志铭。

贬得最迟但最远的是韦执谊,为崖州司马,这是他平生最恨最讨厌的地方。因为他是王党的首脑人物之一,没有得到任何的赦免,最后死于任上。四十多年后,有一位宰相李德裕也被贬来此地,感慨遭遇相似之余,作了一篇《祭韦相执谊文》,对他的一生做了公正的评价。

陈谏此前已出京任河南少尹,后被贬为台州司马,元和十年(公元815年)同柳、刘等一同入京,又一同被逐,先后为封州、通州刺史,死于通州。

贬为饶州司马的韩晔在元和十年(公元815年)被外放为汀州刺史,又转为永州刺史。因为韩氏一族累世卿相,韩晔又与曾受叔文排挤的韩皋为表兄弟,因而朝中为之斡旋的人颇多,后来的境遇有所改善。卒年不详。

韩泰受谤较刘、柳为轻,元和十五年(公元820年)时,与王党政见不合的韩愈还曾经举韩泰自代袁州刺史。在长庆元年(公元821年)的量移中从漳州刺史改任郴州刺史,后又任吴兴郡守,大和元年(公元827年)又拜睦州刺史,不久迁湖州、常州刺史,和他最为要好且有亲戚关系的刘禹锡对他的境况颇有叹羡之意。卒年不详,大约在禹锡之前。

程异是"八司马"中唯一又被重用的人,元和初年就因盐铁使李巽的推荐被录用,擢升侍御史,后来一直从事财赋工作。程异以他对财政事务的精明才能得到宪宗皇帝的认可,于元和十三年(公元818年)被破格起用为宰相,一年后去世。

王叔文最早认识的两个人吕温和李景俭因为这八个月期间不在长安,受牵连较少。吕温出使吐蕃将近一年,于元和元年(公元806年)使还,元和六年(公元811年)死于衡州。他和柳宗元、凌准及二韩都是陆贽的学生,传其《春秋》之学,为人极富智勇孝仁。他的朋友们都为他未能参与其事而感到莫大的遗憾,在他们看来,如果吕温在场,结果就有可能会是另外一种样子。在他死后,刘禹锡在《哭吕衡州诗》中还为此怅然不已:"空怀济世安人略,不见男婚女嫁时。"柳宗元更对他的早死悲痛欲绝,他在祭文中写道:"今复往矣,吾道息矣,虽其存者,志亦死矣。"

李景俭也因服母丧不克与事。他与那位因向叔文投靠不成而心怀怨望的窦群是同门,后来受窦群提拔出任监察御史,结果又因窦群获罪连累被贬。李景俭参加了后来讨伐淮西的战斗,于元和末年入朝,因追怀往事,心情忧郁,终日醉酒自遣,得罪了不少人,不得志而卒。

第二章

元和：短暂的中兴

> 汝南晨鸡喔喔鸣，城头鼓角音和平。
> 路旁老人忆旧事，相与感激皆涕零。
> 老人收泪前致辞，官军入城人不知。
> 忽惊元和十二载，重见天宝承平时。
>
> ——刘禹锡

帝国遇上了千载难逢的机会

新帝很年轻,具有果断而敏锐的天性。同时,天下态势已渐渐发生变化,帝国逢上了一个几十年来未曾有过的机会。

王叔文纵负奇才,也没能完成他的乾坤之局,仅仅八个月不到,他的壮志就在政敌的谈笑中,灰飞烟灭了。德宗贞元二十一年(公元805年)八月九日,新帝改元"永贞",翌年又改元"元和"。按照次序算来,这是帝国的第十一位皇帝,后来的庙号为"宪宗"。

宪宗即位时年二十七岁,正是精力充沛、斗志昂扬的年纪。他和他的父亲一样,都曾经历过被废黜的危险,这在他年少的心灵中印象尤深。回想起在储位时那几个月担惊受怕的日子,他就十分痛恨王叔文,同时也很怨怒自己的父亲:病重的太上皇。刚直而无所畏惧正是年轻天子特有的秉性,消除这些不快并没有花去他太多的精力,太上皇在被迫迁居兴庆宫不久就顺利地宾天了,赐王叔文死也是早晚的事,新帝在潜意识里业已得出一个经验:加强天子本身的力量是第一要紧的。

这短短的几个月已经显露出新帝与他的父亲有很大程度上的不同。新帝能够成功地走上皇位,轻而易举地粉碎王叔文的美梦,就在于他已经知道把家奴家臣们牢牢地掌握在手里的重要性。家奴们近躬傍圣,在政治上有一种近水楼台的作用,这是保证天子存亡的前提;而只要皇宫大本营牢固不破,朝廷才能够团结,臣子们才能够尽忠。新一代天子似乎已经对自己的哲学充满了信心。他正年轻,上天赋予了他果断而敏锐的天性,这更是孱弱的顺宗所没有的。年轻的皇帝不久就已经感觉到,他应该把目光重新投回到整个天下中去,就像祖父德宗一样,让帝国重新恢复失去已久的声威。建功立业的最好方式,无非是完成先帝们未竟的事业,每一代天子都当仁不让,他有理由为此踌躇满志。天佑我朝,几乎从一开始起,世事的发展就注定了宪宗必然会获得一种成功。

第一个契机是老臣杜黄裳对皇上说了一段话,这番话影响了天子的思维整整十几年之久,也奠定了整个"元和"时代——九世纪第一个二十年的基本格调。真是一语千金!

事情的缘起是去年皇上刚刚即位时,率先上表请太子监国的韦皋天不假寿,死在了任所,那位曾经游说王叔文的支度副使刘闢竟然自为留后。其时天子才即位,正为眼前的事而忙碌,自不能一下子就去改变多年来这种边将自立的陋习,便表示同意。但刘闢此人怀有异志也不是一天两天了,一见有机可乘,进而于新年的元月上表求领整个剑南三川——这是他当初在王叔文那里想要而没有要到的东西。这对于一位颇具雄略的年轻天子来说，多少显得有些过分了，当然不能允许。刘辟没有能达到目的，便举兵围东川，想以武力造成既成事实。这场叛乱发生在新年的元月，离皇上即位刚刚三个月。

皇上对宰相们透露道，很想对这些不法方镇再度开战。皇上也同时保证说，一切不会像先帝德宗那样冒进，这次定会谨慎从事。但就是这样，朝廷上下还是纷纷表示反对。

他们的理由是，蜀地险要，易守难攻，恐怕难以奏效。大臣们私下难以启齿的想法其实很明显：如果不克其功，反而引起动乱，不如暂时妥协为好。这也不能说不是一种切合实际的想法，德宗时动荡局面给他们的记忆实在太惨痛了。

可杜黄裳独排众议，力主讨除。

"刘辟不过是一狂妄书生，能成何事！取之易如反掌。臣保举神策军使高崇文领兵出征，只要陛下委以军权，勿置监军，必擒刘辟。"以宦官监军形成常制是从玄宗开始的，起初倒也是出于中央能够有效控制出征军队的考虑，不过，尽管在这方面起了点作用，但监军往往骄横跋扈，既妨碍正常决策，又影响将士的情绪，已被代、德以来征伐不利的事实证明不是一个好办法。黄裳胆大，语无遮拦，指出了一条正确的征讨方针。

皇上极为赞成。他对黄裳推心置腹地说："国家受方镇之患，已非一日。应付之略，究当如何？"

"陛下，"黄裳历经代、德、顺三朝，见得多了，感触自然更深，

"德宗自变故之后,事多姑息。贞元中,每当方镇首领物故,必先委派内廷中使前去侦伺动静,而那些有点威望的副使副将们也大多贿赂这些近臣以求见用,在此情形之下,皇帝亦必然听其赞美而用之,以是因循,方镇帅守几无朝廷委任之人。"他说出自己的想法显然是经过深思熟虑的:

"陛下应熟思贞元时期的这些弊端,一步步以法度整肃诸侯,如此,天下何忧不治!"

黄裳此语绝非是一番单纯的对策而已,他已看到了"制度"的重要。恢复帝国中央的权力,不能再像德宗那样一味动武,更不能走到哪算哪,必须要有一个总体方针的指导,这就是迅速恢复起维护国家利益的法度,以法治天下,并且一旦强硬就坚持到底。这个意见既符合实际,又颇为中肯,难怪天子听罢,雄心陡生,大有一种成竹在胸的感觉。

至言得闻,天下之幸。后来的事实证明,宪宗赖以成功的重要因素之一就是,在此后近十年中的大部分时间里,他没有忘记掉这一点。

第二个契机是高崇文在八个月的时间里一举剿灭了刘闢,收复了西川。这真是今上洪福齐天!想当初高氏受杜黄裳推举出任统帅,曾经让朝野大吃一惊,因为功勋宿将甚多,统帅之职无论如何也轮不到这位高某人。但正是这个一介武夫的高崇文,却颇善于用兵,在杜黄裳的激励下,数月以来连战皆捷,最终打进成都,捉住了刘闢。一举克服叛镇,至少是二十多年来前所未有的,这件事情绝不仅仅是一个军事胜利而已,它的意义同样十分深远。

首先是皇上信心大增。

十一月一日,刘闢被执送京师时,自以为还不足死罪,甚至见到神策兵士来捆他时,还十分惊讶道:"何至于是?"当皇上在兴安楼义正词严地驳斥他的狡辩时,刘闢这才无话可说,垂首伏法。另外还有一个成功的事例是在三月份,夏绥留后杨惠琳拒绝承认朝廷任命的新节度使,皇上亦坚决地下令征讨,未几杨氏就被部下所杀。征服蜀、夏是新帝即位初始就完成的功业,本就足以自豪。天子在这个胜利的时刻肯定十分激动,因为这是他第一次感到了天威奋发后的那种无可言喻的欢畅和成就感。

自德宗以来子孙相接的那些地方藩镇则有点不知所措。

时势已略有不同,藩镇力量已弱,自无德宗时问鼎之势。见到蜀、夏两地被朝廷轻而易举地翦灭,诸镇大为惕息,纷纷上表求朝。所谓"求朝",也就是节度使们自请赴京朝觐。人既入京,自不可能再有"将在外有所不受"的便利,所以,这个举动实际的含义就是放弃兵权。

本年的九月,在剿平蜀、夏的声威下,镇海节度使李锜很不自安,也上表求朝,并署判官王澹为"留后"。宪宗下诏表示同意,拜他为左仆射,还派了位中使赴京口慰抚其将士。但李锜却毫无动身之意,屡次拖延行期,上表说有疾在身,无法遵行。

镇海地处浙西,是南方的重镇,肩负着天下财赋的重责,朝廷对它是相当重视的。这个李锜倒也是皇族旁支,德宗贞元时因门荫而官至湖、杭二州刺史。长期在富庶之地任职,李锜手中积聚

第二章 元和：短暂的中兴

了不少钱财，以此贿赂求官，竟得到德宗的赏识而出任润州刺史并领盐铁使。后来王叔文罢免了他的盐铁使，但在润州置镇海军时，还是以他为节度使。李锜此人恃恩骄恣，在地方上横行不法，甚为天下所不齿。因为得到了镇海节度的重职，所以他一直忍而未发。此番卜表，实在是迫于无奈，其实是很不甘心就此赴京去挂一个荣衔的。

消息传到朝中，皇上征求宰相们的意见，武元衡第一个觉得不能忍受。

"陛下初即政，这个李锜求朝便朝，求止便止，成何体统！若事事由李锜决定，陛下何以令四海？"

这话说到皇上的心里，皇上决定：下诏征他来京！

诏书一到，王澹和宪宗派来的中使劝谕他动身，李锜很不高兴。心想：哪能如此便宜！王澹不识相，频频劝驾，搞得他极为恼怒。于是暗地里指使手下的士兵把王澹杀死。中使听说军中鼓噪，急遣卫将赵琦出面慰谕，又被李锜手下那些暴悍的兵士们投进大锅中煮食。当那位中使赶到，士兵们还把刀架在他的脖子上极尽污辱之事，这时李锜才假惺惺地出来喝止。十月份，诈言军变，正式起兵。但是李锜手下有不少将领不愿造反，在中央政府的强大压力下，倒戈一击，生擒了李锜。由此江南大定。

南方得以保持相对的稳定是值得庆贺的。不过，藩镇多少年来养成的那种子孙永保、自为除授的习性不会一下子消失。特别是一些大镇，比如有名的河北诸镇成德、魏博、淄青等，还是时时刻刻在侦伺可能，未尝少息。但总的来说，势力既有消长，各镇之

153

间矛盾则必然加深,分化也日重,而中央对江南财赋之控制在元和时日益增强,财力的保证是一切的关键,帝国正逢上了一个几十年来未曾有过的一种机会。

国之将兴,群才迭出

国之将兴,群才迭出。

谋事在人。朝中涌现出一大批杰出的人才,无论从数量还是从整体素质上,都是本朝自安史动乱以来前所未有的。就以前两年来说,宰相前后有郑、郑馀庆、杜黄裳、武元衡、李吉甫,翰林学士有裴垍、李绛,都是一时佳选。此外,兵部侍郎权德舆、吏部郎中李藩也都是蕴藉风流、精鉴默识之士。

元和元年(公元806年)的四月十三日,这是一个值得纪念的日子。这一天,天子策试制举之士,在"才识兼茂明于体用科"中,校书郎白居易、元稹,监察御史独孤郁,前进士萧俛、沈传师等人脱颖而出;同日,一代元勋杜佑因年迈力衰,举兵部侍郎兼度支使、盐铁副使李巽自代,从此李巽成为帝国财政的主要策划者。天降奇才,这标志着帝国即将走出低谷,恢复它失去已久的生机了。

杜黄裳在相时间不长,元和二年(公元807年)初被调任外职,出为河中节度使,不久病故。据说这位三朝老臣为人有个很大的缺点：身为宰相，任用官吏却不分流品，而且接受贿赂。此事在他死后被揭发出来，遭到御史台的追劾，宪宗念在勋旧，未予追究。尽管如此，黄裳坚持征讨刘闢，为整个元和树立了一个锐意进取的成功榜样，功不可没。在杜黄裳之后，一个更为强硬的人物走进了帝国的上层。

事情要从"政事堂"说起。

本朝宰相的合议之处政事堂，开元后也称"中书门下"，设在东内大明宫里的中书省。若不是常朝之日，宰相们从丹凤门入宫，绕过含元殿，从朝堂廊下穿过观象门，左转进月华门，便可来到政事堂。

政事堂虽设在中书省，却是独立机构，通过一系列的制度与皇帝沟通，宰相们在这里以天子的名义议定天下大政，"政事堂会议"是帝国最高行政机关。堂后设列五房，分理众事，供职者称"堂后官"，负责行遣文书，虽是一般吏员，但地位极为重要。

大约是宪宗即位后不到一年的元和元年（公元806年）八月份的一天，时任宰相的郑馀庆正在政事堂中大光其火，他对一位跑到他们身边指指画画的堂后官大声叱道：

"你是什么身份，敢在这里指手画脚？给我滚出去！"

事出有因。这位堂后官名叫滑涣，在中书门下有不少年了，但尽管如此，他也只是个吏员，绝不敢如此放肆。他之所以有这个胆子，是仗着和宫中宦官、任知枢密一职的刘光琦关系匪浅。刘光琦是宫中的老人，对拥立宪宗、打倒王叔文起了很大的作用，此人对国家事务，从来都是极为关切的，不时要按照己愿干涉一番。于是他就指使这个滑涣,对宰相施加影响。杜佑、郑都是老实人,不敢得罪他,此次郑馀庆实在是忍无可忍,怒火终于爆发。滑涣只得灰溜溜地退下。

可郑馀庆为此付出了代价,未过多久被罢相,改任太子宾客。

这时,有一位中书舍人看不下去,秘密给皇上奏上一本。表奏中没有就事论事,只是向皇上密报说,政事堂吏员滑涣擅权专恣,任意妄为,接受了无数贿赂,请皇上下诏剪除。

宪宗览表,十分愤怒。心想:这还了得!立即下令宰相采取行动。

这天,整个中书省四门被突然关闭,任何人不得出入,神策军士们直奔堂后搜查,果然获得了滑涣受贿的证据。九月,滑涣被贬为雷州司户,不久赐死。

皇上心里对上表的这位官员大加赞赏,联想起早先议讨刘闢时杜黄裳力主进攻,朝中也只有他坚决赞同,并建议另征江淮之师,取三峡之路,以分敌寇之力,计策十分精当。皇上采用了他的策略,更对这位刚毅而有谋略的大臣有了一种强烈的印象。

这就是李吉甫。

吉甫字弘宪,排行老三,赵郡人。他的父亲李栖筠在代宗时曾任御史大夫,名重一时。吉甫幼禀家学,写得一手漂亮文章,以门荫入仕,二十七岁时就做到太常博士。太常博士一职主掌朝廷五礼仪式,负责祭祀礼仪并拟议王公及三品以上朝官谥号,是有名的清望之位,非朝廷礼仪方面的权威不能胜任。吉甫以该洽多闻、精于故实而得到一致的称赞,后来在德宗贞元八年(公元792年)转为驾部员外郎。陆贽为相时,由于意见不合,被贬为明州员外长史,此后在忠州、郴州、饶州任职,滞留江淮将近十五年,备悉民间疾苦。宪宗即位,方才入京为考功郎中,转任中书舍人,与裴垍并充翰林学士。

元和二年(公元807年)正月,杜佑退休,杜黄裳也出镇河东,实际上已不再行使相权。十九日这一天,翰林学士李吉甫和裴垍受命草拟命相制书,两人在学士院分头垂帘挥翰,互不相知。吉甫起草的内容是命武元衡入相,书罢,吉甫控制不住自己的失望情绪,连声叹惋;而另一头的裴垍却一语不发。其实吉甫并不知道,裴草拟的制书却正是拜他入相。

裴垍写完,才起身向吉甫道贺,一无落拓之意。两人执手间,吉甫却几欲泪下。

他对裴垍道:"吉甫流落江淮十多年,不想一旦蒙恩若此!"说到这,话音业已哽咽:"为人臣子报皇帝陛下恩德,唯有提拔贤才而已,君有精鉴之识,愿为我尽言之,吉甫定当不遗余力!"

裴垍也很受感动,遂取来纸笔,一气写了三十多个姓名。果然,吉甫没有食言,数月之间,选用略尽,一时朝野为之振奋。

一个人的处事性格,往往从一两件典型的事情中就可以看出端的。吉甫做事较冲动,为人也很固执,一旦有了主见便会坚持到底,所以经常和其他人发生抵触。但吉甫对国家的忠诚是不可怀疑的,对是非善恶更是有一种近乎偏激的爱憎感,这无疑又是他的长处。吉甫为忠州刺史时,陆贽也被贬来此地,吉甫不念前嫌,主动修好,并仍以宰相礼事之,使得陆贽大为感动,这也反映了他刚正的人品。吉甫的政治立场异常的坚定,因而对藩镇割据的现状十分反感。

比较来说,当时朝中的其他几位主要大臣与他都稍有不同,其中武元衡公允平正,裴垍端默持重,李藩忠恳言直,权德舆文质彬彬,而李绛则以明察思深、讲究谋略见长,因此,尽管他们在抑制藩镇这一个大方针上意见是相同的,但吉甫却是朝中主战派的代表。

十月份李锜反叛,吉甫坚决支持武元衡的讨伐方针,并且又向皇上提出了一条极富战略性的计策。他主张诏令敌后的徐、汴二地的军事力量共同行动,与中央军形成掎角之势,给中间的李锜加以强大的威慑,可使敌不战自溃。宪宗接纳了这个建议,战局的发展正像吉甫所料,李部在压力下果然内变。

在力主对藩镇强硬这一点上,吉甫对皇上的影响是没人能够相比的。他鉴于方镇贪恣专权,上表皇上建议令方镇所领的各州郡刺史得自为政,并由朝廷派出"员外郎"一级的朝官出任刺史,以削弱节度使权力。宪宗深以为然,派出了十余人赴外任,起到了很好的效果。

吉甫的强硬路线还在于他直接向藩镇的首领——节度使开刀。乘着平定蜀、夏、吴的东风,他以宰相的身份发布任免,对将近三十多个藩镇节度使进行调动、改易,并迫使其中有些人请求入朝,山南东道节度使于以及早年上表威逼王叔文的荆南节度使裴均就是其中的典型。尽管此举尚未能对河北实施,但魄力还是相当大的。据白居易在给皇上的一份表状中说,这一段时间以来,诸道节度使在朝廷或追或替的政令下,到了"奔走道路,惧承命之不暇"的地步。这真是大快人心的事。

不过,吉甫无疑也给自己树立了一个强大的对立面。

果然,到了元和三年(公元808年)的三四月,发生了一系列事情,使得吉甫的地位发生了动摇。

这时裴均已由荆南入朝,他是窦文场的养子,通过宦官的关节,得到了尚书右仆射、判度支使的荣衔,正显贵一时,很是得意,一心想要把吉甫弄下去。

正好,在四月份的"贤良方正直言"策试中,三位应试的低级官吏皇甫湜、牛僧孺、李宗闵放言指陈时政之失,特别是皇甫湜,甚至把矛头指向宦官,认为宦官操纵兵权,过于专横。这些言论引起考策官吏部侍郎杨于陵、吏部员外郎韦贯之的注意。结果,韦贯之把他们署为上第,呈送皇上,皇上见了策文不大高兴,被攻击者就更感到不能忍受了。

平心而论,元和初年的政治确实也并非无懈可击,这表现在很多方面。比如,朝廷欲加强中央集权,必然要损害民众的利益,另外朝中意见多少有些分歧,各派之间意气用事的情况也不少。但主要的症结是皇上对宦官的依赖和依靠并未减轻,权贵骄奢淫逸、宦官专横霸道的事情更是屡见不鲜。时任翰林学士的白居易就经常与皇帝争论,并且写作了大量的"讽喻诗"进闻于上。可见牛僧孺等人的言论倒也不是空穴来风。

此时,另一位宰相武元衡已奉诏接替高崇文出镇西川,朝中当事者就只有郑和李吉甫。吉甫对外采取加强集权的强硬方针，对内必然也要有所动作，所以经常向朝士们表露对宦官们干预是非的不满，想不到皇甫湜居然就在策文中捅出来了。对他的直言不讳，吉甫表面上不动声色，内心却是十分赞成。

裴均指使人向皇上报告："这全是出于执政宰相的唆使。"意思就是吉甫。

宪宗得知后很生气，觉得李吉甫以此方式宣泄不满，有失为臣之道。幸亏不少谏官秘密上疏为吉甫申辩，皇上才稍稍改变了想法。但宫中的宦官对策文中强烈的攻击却是无法接受的，更不可能示弱，否则以后日子就不好过了。

刘光琦和吐突承璀对皇上哭诉道："裴垍、王涯负责策试的复核，而擢为上等的皇甫湜是王涯的外甥。王涯不先说明，裴垍又无所异同，选人唯亲，简直太不像话了！伏请陛下明察。"

皇上对身边的近侍一向是信任的，他还要依靠他们做他想做的事，见两人这么说，事实似乎也能成立，于是罢免了裴、王二人的翰林学士。接着，又贬王涯、韦贯之、杨于陵出京，对牛僧孺三人也不予升调，迫使他们不得不远赴藩府。本朝地方大镇可以自辟中下级属官，无须中央任命，所以士子在朝不得意者，往往入于幕府。后来有所谓"藩镇得人"之说，实质上也就是中央朝廷不能尽用贤才而致使野有遗贤的侧面反映。

皇上此举招致了很多议论，白居易就是坚决反对者之一。但不知怎么，吉甫仍然没有表态，甚至在处理牛僧孺三人的过程中，也一点都未表示过不同意见，更没采取他应该能够采取的缓解措施,或者做些解释。也许在他看来,这毕竟是一件小事,但吉甫做梦也想不到的是,他就此犯了他一生中一个不可饶恕的错误,在数十年后,有不少人把这件事的过错加到他身上去,由此给他的儿子——日后的一位杰出的宰相——酿生了一场重大的灾难。

宪宗虽然不能摆脱宦官的影响,但对宰相的态度尚还非常明智,他很清楚祖父德宗晚年的失误就在于事必躬亲,没有做到用人不疑。同时,皇上也十分慎重,每次选用宰相都经过仔细的斟酌,一旦任用,便推心委之,经常与他们讨论交流。政治的秘诀就在于对权力进行互相制约,每一种权力都不能无限膨胀,皇权和相权就是其中最主要的两端,什么时候两者能够平衡,什么时候就能显出政治上的清明。宪宗做得很成功。

因此"元和"成为本朝历史上第三个贤相辈出的时代,前二次分别是太宗的贞观和玄宗的开元年间。

四月份,皇上尽管因中人之意罢免了翰林学士裴垍,但不久却命他入相,时间是九月十七日。这是天子即位后任命的第五位正式宰相,五人基本同时,德行操守也都有口皆碑,不过有些摩擦也在所难免,主要原因还是李吉甫的为人性格所致。皇上起用裴垍,也是出于解决这个问题的考虑。

吉甫任翰林学士时与裴垍就有意见上的不合,武元衡经常为他们调停。吉甫入相后,偏激的毛病不时或犯,和郑也产生过抵牾,对他事多因循很有意见。但是吉甫和他们的私交并不坏,彼此也相互敬重,裴垍得以入相,吉甫也起了一定的作用。

吉甫得罪宦官在所难免，但吉甫不幸还得罪了另外一个人，就是时任御史中丞的窦群。这个窦群在王叔文当政时的表现证明了他确实是个小人，吉甫引起他的愤恨就注定是要倒霉的。

窦群与羊士谔、吕温是同学，两人当时都在御史台，窦群便想提拔他们。本来，吉甫对二人也是十分赞赏的，即使是超资录用也原无不可，但吉甫对窦群不先对他这个当朝宰相打个招呼就擅自主张很生气，把任命扣压了几天。窦群是何许人，哪能轻易招惹？他立即就要报复。

御史中丞是御史台长官，负责纠举官吏过失，有一定的权力。窦群探知有一位叫陈克明的方士经常出入吉甫在安邑坊的宅第，便秘密地将此人逮捕，并上奏皇上。宪宗亲自讯问，却没有查出什么奸状。皇上大怒，知道窦群诬奏，要将他斩首。这时反而是吉甫没有记仇，劝住了皇上。风波虽然过去，但宪宗心里对吉甫某些易招怨恨的处事方法多少有点不高兴，开始想让裴垍主持工作。

得知皇上这么想，宫中不少人很高兴，也纷纷说李吉甫确实不适宜久在相位。

这一年的九月，宪宗把吉甫也派出京外，出任淮南节度使。皇上自开始对藩镇施加压力以来，就经常把朝廷重臣派到重要的地方上出任节度，一是改变方镇节帅自为除授的旧例，二是为了加强控制，早些时候的杜黄裳、武元衡挂衔出镇都是先例。此次命李吉甫出镇主要也还是这个意思。不过，本朝士大夫都崇尚在京中任职,因此不管在什么情况下出任外职,心里都隐含着一些失意的成分。

吉甫此次为相实际不到一年半,但他深明时政,多有建树。这两年,在新任财政长官李巽的努力下,国家的财政状况有了明显的改善。元和二年(公元807年),吉甫撰写了一部国情报告《元和国计簿》,汇总了全国方镇、州府县的数目以及户口、赋税、兵员状况。从这份报告中可以看出,整个帝国有十五个道控制在不法藩镇手中,不向中央申报户口;而每年的财政收入,全部依赖于只占全国面积六分之一的江淮一带的八个道。这份报告的核心是重点指出了江淮一带是国家的经济命脉所在,吉甫的洞察力十分敏锐。

九月十九日,天子亲自在通化门城楼为吉甫饯行。告别了皇上,吉甫乘船向扬州进发。秋风阵阵,灞水汤汤,离别君阙之际,吉甫也未能免俗,心中感到无比的惆怅。

然而这对于帝国来说,或许却是件好事。淮南是帝国的第一方镇,天下财赋,半出于斯,对维系国家安危起着举足轻重的作用。形势正向有利于中央政府的方向发展,如果吉甫能克尽其职,保持淮南的安定,长安的霸业就成功了一半。

新相裴垍是河东人,其七世祖裴居道是睿宗时的宰相。裴垍二十岁就中了进士,应制举中的"贤良方正极谏直言"试又是第一,授为美原县尉。任期满后藩镇交相征辟,他均未接受。后历任监察御史、殿中侍御史等职,元和初入为翰林学士,与李吉甫、李绛、崔群同掌机密。其时正值初平蜀、吴，事务繁多，裴垍承担了主要部分，励精思理，小心谨慎，很得天子赏识。

宪宗对他十分了解，知道此人的最大特点就是正直、讲究法度。所以尽管罢免了他的翰林学士，但不久就直接起复他为宰相。

裴垍入相之时才四十四岁，然而须发尽白，和他的实际年龄很不相符，一看就是个器局峻整、秉公无私的人。果然，裴垍一入相，便齐整法治，考课吏理，即使大官前辈有所托请，也绝不徇私，甚得朝野好评。特别是他入相之初，即推荐、提拔了好几位贤才进入了中枢阶层。

一是荐李藩入相。李藩时任"给事中"，就是专门负责封驳制敕的门下省官。李藩敢于驳正，制敕有不可者，经常就在敕书背后批涂退回，有刚正之声。宪宗在裴垍的建议下用他代替了无所建树的郑。

二是启用了裴度为起居舍人。裴度是贞元五年（公元789年）的进士，应赴制举数科，皆登高第，元和初做到监察御史。因为直谏得罪了杜佑而被贬出京，在河南府任属官。裴垍对他和另外一人元稹十分赏识。

三是擢用李夷简出任御史中丞。李夷简是皇族子弟，但仕途也有起伏，为人谦虚忠正，未尝苟辞悦人，正是御史的佳选。

此外尚有不少人。裴垍量材赋职，从不挟以个人好恶，所以选任之精，前后莫及。其间还出过一个趣闻。

裴垍也曾应过"博学宏词"试——本朝科举分常举和制举，制举又分诸种，士人可以多相赴试，不受限制——但却名落孙山，当时的主考官是崔枢。裴垍为相，仍然提升他为礼部侍郎。

裴见到崔枢，笑说："以此报答君前番之'厚德'也。"

崔枢惶恐羞惭不已，他此时正站在堂前的台阶上，心里一慌，差点一个跟头摔下去。

裴垍赶紧拉了他一把："此戏言耳，此戏言耳！"

一时长安城中传为佳话。

但裴却与一个人有矛盾，这就是皇上身边的近臣、宦官吐突承璀。

承璀其时为内常侍、知内侍省事，统领全部宦官，并还任左神策军中尉，掌管禁军，恩眷无媲。这不仅是因为他从宪宗为太子时就侍奉左右，更主要的原因是皇上需要身边有一种力量保证皇位的安稳，这是新天子从正反两方面得出的经验之一。当然，皇上也知道这种力量不能大到反客为主的地步，所以他即位以来尚还能掌握分寸，至少他对承璀的期望就是尽量利用他的忠诚维护天子而已，并不一味纵容。否则，朝中的那些正直不二的朝官是不会答应的。

就是这样，裴垍对包括承璀在内的宦官们仍然十分不满，尤其是对那些出使各镇的监军。此辈往往成事不足，败事有余，经常使得原本忠于朝廷的一些方镇产生抵触情绪，造成不必要的麻烦，裴垍抑制他们的态度很坚决。

承璀仗着天子的靠山，并且立过大功，自然也不把一般人放在眼里。但是作为宦官,对宰相还是怀有畏惧的,承璀也只能通过皇上起作用。然而一般的关照请求,皇上始终没有松口,可一旦涉及关键问题,宪宗能否坚持就是个未知数了。

其时的中心问题无外乎:打击藩镇。

天时、地利、人和不如政治清明

> 战与不战,常常并不取决于外敌之强弱,而是依赖于内政之是非。天时不如地利,地利不如人和,人和不如政明。政策失误,挫折必所不免。

元和四年(公元809年)三月,河北三镇之一的成德节度使王士真——王武俊的儿子病死。不出预料,其子成德副大使王承宗自命为"留后"。河北三镇早就开始自置所谓"副大使",以嫡长子为之,父死则以子代领军务,根本不把朝廷放在眼里。

经过三年多的准备,宪宗开始想对河北有所动作,王士真之死正是个契机。

四月份的一天,皇上在紫宸便殿召重臣入阁议事,在场的还有吐突承璀等一些宦官。

宪宗道:"朕欲乘王士真之死革除河北诸镇世袭之弊,以朝廷之命委任成德节度使,若其不从,即兴师讨伐。卿等以为如何?"

裴垍非常慎重。

"陛下,"裴垍谈出他的想法,"淄青镇李纳跋扈不恭,其子李师道自命留后,陛下都予以同意;而王承宗祖父王武俊对国尚算有功,陛下前许师道,今夺承宗,违背情理,彼必不服,若再讨伐,就是名不正言不顺。"李师道自为留后是在元和元年(公元806年),当时朝廷正对刘闢用兵,未暇分心,曾下诏答应李师道承袭父职。

殿前议论不下。皇上于是又问翰林学士们有何意见。

翰林学士李绛也是赞成抑制藩镇者之一。

"河北不遵朝廷声教,普天之下,谁不愤叹!"此话一出,皇上很高兴,但出乎意料的是,李绛却也反对立即动手。

"不过今日取之,恐怕不行。"李绛的智谋是朝中最出色的,他的话处处显示出深谋远虑:"一是成德自王武俊以来,父子相承近四十余年,人情习惯之下一旦易之,恐怕彼处上下都会不以为然;二是另外数镇与其同体,唇亡齿寒,必然会私相勾结。再说兴兵攻讨,征招邻近数道是在所难免之事,可他们哪里又会与朝廷真正协力!届时按兵逡巡,坐观胜负,而国家又要负担他们的劳费之资,岂非得不偿失!眼下江淮正有水灾,财政情况很不好,不是用兵之时。"

皇上沉吟不语。旁边的吐突承璀却有自己的想法。

承璀伴君有年,知道皇上炫耀圣威的心情很迫切。他仗着有禁军在手,觉得自己能从中大捞一票,还可以借机把朝官的势力打下去。主意一定,承璀便挺身而出,自请领兵讨伐王承宗。

宪宗尽管有点心动,但没有立即表态。

这个时候适宜不适宜进兵不是主要的,关键是目前绝对不能与河北开战,因为河北诸镇实际上已是一个互为联系的整体,成德、魏博、淄青甚至幽州往往相互依托,如果朝廷不能一战而捷,战线就必然会越拉越长,后果也就会像德宗时那样,天下凋弊,内外空虚,以致祸起萧墙,夷狄乘间,造成无可挽回的灾难。元和之初平定蜀、夏、吴的成功也证明,只有先对弱小者动手,各个击破,才能对河北形成致命的打击力量。可惜的是,朝中似乎只有李绛、白居易深明这一点。

李绛坚持认为:河北与早先的刘闢、李锜不同,数镇内则胶固,外则势广,本质上都是想永保世袭,因而在这一点上更能形成统一联盟。朝中急躁之人劝图河北,实在是因前日之成功冲昏了头脑,绝非深谋远虑之言。

天子心里很窝囊:"照你这么说,眼看幽州刘济、魏博田季安亦有病,朝夕不保,若一旦物故,岂非也要像成德一样付授其子,如此天下何时可平?"

"陛下,"李绛语重心长,"太平之业,非一朝一夕所能致,请陛下三思。"

宪宗还是心有未甘,迟迟没有下达对王承宗的处理意见。

事有凑巧,就在这时,从淮西镇传来的消息说:淮西节度使吴少诚病重,可能拖不了多久了。李绛一听,计上心来。

淮西节度使治蔡州,即现在的河南汝州,辖申、光、蔡诸州,故又称"蔡"或"申蔡"。在它的西面,南出襄州(湖北襄阳),北逼洛阳;东面,南跨淮水,北临汴州(河南开封),可以截断汉水、运河交通,地位十分重要。自德宗时的李希烈竖起反旗之后,一直成为中央政府的心腹大患。兴元元年（公元784年）德宗《罪己诏》颁布后，王武俊、田悦、李纳皆去王号，惟李希烈反称皇帝，国号大楚，两年后的贞元二年（公元786年）四月，其部将陈仙奇毒杀李希烈，被命为淮西节度使。七月，淮西将领吴少诚杀陈仙奇，自为留后，从此独霸淮西将近二十年。

淮西虽然地位重要，对朝廷有很大的威胁，但它也有一个致命的弱点，这就是它地处中原的腹地，面积狭小，四周全是忠于朝廷的势力，在一般情况下，常常处于孤立无援的境地。从当年的李希烈之叛中就可以看出这一点：李希烈在公元784年谋反时，他与河北的叛乱同伙很难作出任何战略上的协调，而且立即就引起了邻近地区军事力量和中央军队的包围，只是因为当时河北事重而让他钻了空子，占据了从汉水到汴渠的一大片土地，切断了南方的供应路线，才得以苟延残喘。

李绛正是看到了这点，所以在得知吴少诚病重的消息后，立即给皇上秘密上了一本，建议放弃对王承宗用兵的计划，转向淮西。

这个计划极富战略眼光，如果能被皇上采纳的话，元和时代的成功或许可能要提早不少年。但是，好急的宪宗和心怀他意的吐突承璀还是将整个有利的形势打乱了。

王承宗久不见朝廷表态，有些惶恐，赶紧上了好几份表状解释自命留后的原因。既然如此，皇上在八月份派京兆少尹裴武赴恒州宣慰。九月初一，裴武回朝复命，报告说：王承宗"受诏甚恭"。宪宗听报，便坚持按己愿办事，在任命王承宗为节度使的同时，将德、棣二州从成德镇划出，成立保信军，以王承宗女婿薛昌朝为节度使。但魏博的田季安不愿意朝廷就此开分割河北诸镇的先例，派人到承宗那里从中挑唆，王承宗遂派人在朝廷使节到达之前将薛昌朝囚禁了起来，想让朝命空悬。

这显然是对天子的挑衅，皇上命人晓谕承宗放回薛昌朝，但承宗拒不应命。十月份，宪宗不顾朝臣的强烈反对，以吐突承璀为统帅领神策军讨伐成德。同时诏命恒州四周各镇进兵征讨。

皇上开始任命承璀为"左右神策、河中河阳浙西宣歙等道行营兵马使、招讨处置等使"，白居易首先上表称以宦官领兵万万不可，朝中谏官、御史也一致反对，可宪宗不听。第二天，数十位大臣又在延英殿力争，皇上这才不得已，削承璀"四道兵马使"衔，改处置等使为宣慰使。换汤不换药，承璀还是实际上的统帅。

皇上想不通，老觉得绕不过这个弯来，他对李绛说："卿等极言宦官侵害政事，谗毁忠良，他们哪里敢呢！就是此辈胆敢如此，朕亦不听。"言下之意，宦官绝对不敢放肆，不如尽量利用这一点。李绛只有苦笑。

元和五年（公元810年）正月，战事拉开。

幽州刘济与王承宗不无矛盾，在人劝说下，倒是接受了朝命出兵响应，亲率七万人出击。而淄青的李师道、魏博田季安只是攻掠了一两个县城就止兵不前。另外，河东、河中、振武、义武四镇军也在承宗北面的定州会合，形成夹击。这几支部队开始都还有些战果，唯有吐突承璀的中央军威令不行，屡战屡败，军中大将郦定进阵亡。

过了不久,刘济攻乐寿城不下,河东范希朝、义武张茂昭又在新市被阻,承璀军全无胜绩,其本人又没有号召力,于是朝廷各路兵马在王承宗的顽强抵抗下失去了协调,三月份,战况不可避免地进入胶着状态。朝中的白居易坚请罢兵,未被接受。

此刻吴少诚果然病死,但既已对河北用兵,势必已经不能再讨淮西,天子只得任命其子吴少阳为留后。

昭义节度使卢从史是当时首倡讨伐承宗的方镇首领,其真正的用意不外乎是讨好天子和吐突承璀而已,如今真的起兵,便逗留不进。一方面暗中与承宗通谋,另一方面派卫将王翊元入京上奏称:其他诸道兵与敌勾结,此际不宜进攻。搞得皇上困惑不已。

裴垍早就知道卢从史这个人十分阴险,此番更是怀疑,他悄悄地把王翊元招来,晓以大义,迫使他道出了真相。并又派他回部争取了军中大将乌重胤的支持,当王翊元再赶到京城时,裴垍觉得时机业已成熟,于是进宫请皇上下令将卢从史秘密逮捕归案。

宪宗听罢愕然,半晌说不出话来,他怎么也想不到这位早先的主战派竟是如此之辈。师出未捷,反谋又生,太让人无法接受了。

裴垍着急万分:"卢从史狡猾贪狠,今日不除,后必为乱。"

皇上沉思良久,终于拿定了主意。

裴垍遂即开始部署,派人怀带密诏星夜赶赴承璀军营,并附上了一纸行动要略。

四月十五日夜里,承璀把卢从史骗来营中,在帐中擒下,立即用马车囚赴京城。从史的卫兵尚未省悟，就被承璀刀斧手所斩。乌重胤挡在卢从史的军营门口，叱回骚乱的士兵。囚车快马加鞭，在天明之前顺利出境。不久，卢从史被贬，昭义节度使易人。裴垍的这次行动使得朝廷成功地掌握了昭义这一大重镇。

但战事仍然不能进展，到了六月份还是久攻不下，各军疲敝，供应也发生了问题。白居易再次上表请求罢兵，宪宗无法推诿，只得连续几日与翰林学士们往复商讨，大家的意见一致，都觉得已无法再战。

七月，王承宗遣使上表，说自己反叛实乃卢从史离间所致，请求给予自新。天子借了这个台阶，宣布赦免承宗，加节度使，复以德、棣二州与之。

此次用兵历时半年，共调各道兵二十余万人，耗军费七百余万缗，除了昭义镇外，一无所获。

舆论大哗。

实干型宰相：李绛和李吉甫

> 天子的英明与否，非人力所能决定。既然如此，帝国的中兴还得依靠宰相的谋国之忠与处事之明。意见不一，反能使决策不误；攻错若石，愈可见同心若金。

朝中没有一个人不感到窝囊透顶。师出无功、耗费财物倒也罢了，重要的是朝廷的威望大损。王承宗还是得到了节钺，德、棣二州依旧又归到了他的名下,相对于四年前平定刘闢、杨惠琳以及李锜的辉煌来说,这简直就是奇耻大辱。

可谁也不能把错误推到天子身上去,不管怎么说,皇上的决断虽然欠妥,但在道义上却绝对不错。于是,大家便把矛头指向吐突承璀。

更令人无可容忍的是九月份,承璀从行营回朝,皇上居然复命他为左神策中尉,并加衔"左卫上将军",一时间京中百官弹劾表奏,雪片似的递进。

裴垍奏道:"承璀首倡用兵,疲弊天下,卒无成功,陛下纵念其旧功不加杀戮,亦应贬黜以谢天下。"

李绛道:"陛下不责承璀,他日复有败军之将,何以处之?"

给事中段平仲、吕元膺说得更直接:吐突承璀理应斩首!

皇上心里也有气,但他气的是那些力主罢兵、阻挠他扬威天下的朝官,而不是身边这位忠心耿耿为己出力的吐突承璀。可战事毕竟失败了,压力之大也前所未有,身为天子是不能认错的,那也只有找一个替罪羊了。两天后,宪宗罢免了承璀的中尉职务,将他贬为军器使。这是内侍省的一个小官,对宦官来说也算得上是个不轻的处分了。朝野上下总算出了口恶气。

就在这天,克勤克劳的宰相裴垍积劳成疾,患中风症一病不起。皇上甚感震惊,不断派人问候病情。但是,裴垍这场病太重了,没有一点好转的迹象,天子闻之,叹惜不已。数天后,以太常卿权德舆入相与李藩共同主持朝政。

对宪宗来说,这是一个艰难的岁月,在这半年中,他遭受了第一次重大的挫折。不过,皇上并没有死心,在宫苑中独立寒秋,他时时把目光投向东方,那是他祖孙三代蒙受羞辱的地方,他无法把它彻底忘怀。

皇上变得十分好财。他对李绛解释说:

"眼下两河数十州,皆国家政令所不及,河湟数千里,又沦于异族之下,朕日夜思雪祖宗之耻,而财力不赡,故不得不重蓄聚。不然,朕宫中用度本极俭薄,多藏又有何用呢!"

这年的冬天在一片忧郁的气氛中很快地过去了,转眼又将是新的一年。人们都在等待着什么,总觉得从新天子即位以来的那种轰轰烈烈的气象不能就此烟消云散。幸运的是,皇上也有同样的想法,到今天为止,他丝毫也没有认为他这位真命天子就无所作为了。有迹象表明,皇上也正在考虑着什么。

元和六年(公元811年),新春正月二十五日。朝中发布了一道诏令:征召远在淮南的李吉甫入京。

吉甫颇有点像当年的崔祐甫,在一个微妙而动荡的时机再任宰辅。在入京的路上,他反反复复地进行着思考,觉得自己务求实效、力主强硬的政策并不错,尽管不久前的这场战事遭致失败,但这只是战术而并非整体战略的错误。对付藩镇的原则不可变,吉甫在淮南数年始终坚信这一点。吉甫更清楚地知道,一切不能流于空谈,重要的是实干和技术上的精益求精,他在淮南兴修水利,筑"富人""固本"二塘,溉田数千顷,就是以实际的运作来为他的战略做准备。吉甫那种切合时政的务实精神,单从他为所修水利工程起的名字即可略见一斑,"富人""固本",这不仅是治理天下的不二法则,也是当前的急务,但所有这些急务的目的只有一个:打倒藩镇,恢复中央集权。

然而他的几位好友不这样看。

同是宰相的李藩是其中之一。这位刚直的大臣总觉得战争不是解决问题的最佳手段,至少目前绝不应再兴兵戎。在这一点上,李藩显得过于懦弱而眼光短浅,吉甫对他很有意见。

二月,李藩坚持委任吴少阳为节度使,终于引起吉甫的强烈反对。

本来淮西的吴少诚死后,朝廷委任其子吴少阳为留后就是迫不得已之事,因为其时正对王承宗用兵,无法两线作战,只能出此下策。而进一步妥协以至于委命节度,就显得过分姑息了。对河北属于无奈,若对淮西亦如此,朝廷颜面置于何地?吉甫不徇私情,向皇上直率地表示自己不能接受这一做法。

宪宗经他提醒,也觉得此举实属不当。

二月七日,李藩被改任太子詹事,罢卸相权。这次去职的表面理由是李藩为相成绩不著,所谓"夙夜之勤虽著,弼谐之效未孚"等等,但深一层的原因是皇上的斗志不死,他要以这种做法来表示自己对藩镇用兵的计划并未消歇。

吉甫殚精竭虑,为帝国的宏图大略一步步地做着准备。吉甫胆识超人、不惧鬼神是出了名的,淮南以至京师一带流传着他的许多故事。此次入相,朝野内外对他抱着很高的期望,正是基于他的这种敢作敢为的声威而来。不过,人们还是没想到吉甫的气魄如此之大,他的第一个措施就让长安平地起了一个惊雷。

吉甫在入相不久即奏准天子，开始省官减俸。官多则务繁，员多则费广，在帝国政治中，官署、官吏的多寡往往是清明与否的标尺之一。本朝自玄宗皇帝以后，置吏不精，冗食日滋，"天下劳苦之人三而坐待衣食者七"，这是相当惊人的。无怪乎吉甫要大声疾呼了。

此次行动历时有数月之久，参加的人员有给事中段平仲、中书舍人韦贯之、兵部侍郎许孟容以及李绛。共减省内外官员八百零八人，诸司以及流外吏员一千七百六十九人，占帝国官吏总数的四分之一。

这是吉甫头一年的最大善政，当然，如此大的政治措施必然也会引起利益被损害者的不满，这不足奇怪。所以，长安城中说吉甫闲话的人不少，有的说他勾结宦官，希图控制皇上的意志；有的说他与其他宰相不合，从而排斥异己；也有的人说他好结朋党，以谋私利等等。吉甫对此并不在意，他似乎无暇去顾及这些捕风捉影之事，罢朝归邸，吉甫总是在书房里研究历年收集的天下山川地形资料，翻阅古书，默默地在胸中算计着丘壤山川的攻守利害，筹划着扼制天下的方略。

人们的闲话只有一点说得不无道理，那就是除了李藩之外，裴垍、李绛的观点与他也有分歧。裴垍不幸病重不治，于这年的七月逝世，李绛在十一月出任宰相，开始与吉甫共理朝政。

李绛最讨厌吐突承璀的专横霸道，他和吉甫不同，在任何事情上都是言无不尽，他坚持要皇上摒斥承璀。宪宗对此自然有自

己的如意算盘,多一种互相制约的力量对维护天子的地位当然是没有坏处的。对李绛的直谏,皇上总是用一句话推托道:

"贤卿说得太过分了!"

可是吐突承璀不省事,受贿为人求职,偏偏又被发觉。皇上觉得这下子可以让朝官相信,天子还是能够端平一碗水,并不因为是近侍之臣就予以姑息。于是对李绛说:

"朕把他贬出京外如何?"

李绛大出意料:"外人真想不到陛下能一下子就这样做。"

皇上很是得意,感到自己真是一位挥洒自如的统治者,略施小术,就能纵横捭阖。他心里好笑,嘴上却语重心长地说:

"此人不过是朕的一个家奴而已,早先念其鞍前马后跟随多年,才不得不假以恩宠。若有违犯,朕除掉他还不是就如同吹去一根毛一样!"

李绛不作声。

就这样,吐突承璀被任命为淮南监军。承璀一走,宰相提供给皇上的意见自然就少了一些反对,这是一个绝好的形势。但是,二李在某些方面却有着严重的分歧。分歧的重点还是在于是否可以对河北用兵。

元和七年(公元812年)八月,魏博镇发生内乱,节度使田季安因患风病精神失常,杀戮无度,被其妻元氏废去,立其年方十一岁的儿子田怀谏为副使。同当年的成德、淮西一样,藩镇内部发生内讧,总是给朝廷提供一种机会。

皇上召集御前会议,商量对策,二李终于发生了严重的争论。

吉甫主张兴兵征讨。吉甫并非是过于冲动才倡议用兵,其实他在整个战略上也自有见地。他也知道就目前的强弱来看,淮西是最弱的,而河北却仍然可能是一个大陷阱。但吉甫认为朝廷的力量已经有了长足的发展,粮草供应也有保障,应该抓住每一个战机,而不仅仅是守株待兔。

李绛反对用兵。他主张施以压力,按兵养威,促使其内部进一步分化,可"不战而屈人之兵"。

吉甫不同意,他说:"目前魏博祸起萧墙,已臻其极,此时不击,他日岂易轻取!"

李绛不以为然:"正是因其内祸顿生,诸将离间,才可不烦天兵。"他转而对皇上说:"臣观察跋扈藩镇已非一日,其辈致命之处在于节度使分兵以隶诸将,希望不使任何人权任太重。但由此带来的是诸将势均力敌,不相制约,加上刑罚严峻,人人畏疑,无不谋变,只是不敢先动而已。倘主帅严明,尚能控制局面,而田怀谏不过是个乳臭小儿,能成何事!臣敢断言贼中祸乱未已,故不必用兵,魏博自有人求归朝廷以图自保。"

天子左右不是,只得改日再议。

第三天,延英殿里李吉甫与李绛又一次展开争论。

吉甫提出了一大堆理由,认为用兵利大于弊。他向皇上保证,粮草军饷绝对没有问题。

李绛坚持认为兵不可轻动:"前年讨成德,发各地兵二十万,又发神策军远征,天下骚动,耗资无数,而卒无成功,为天下笑。今日疮痍未复,人皆惮战,若再驱兵征战,恐怕非但无功,反生他变。况且对魏博不必用兵,事势明白,请陛下勿疑!"

吉甫还要再争,宪宗摆手止住他:"你二人各有道理。不过就眼下而论,似以暂不用兵为上,但不可不做准备。"皇上顿了顿,"这样吧,敕令各邻近诸道选练兵马,严阵以待。"

事实的发展最后证明吉甫是错误的一方。不出李绛所料,魏博的内乱果然进一步恶化,部将田兴废掉了田怀谏,在朝廷的威慑中,魏博众人都觉得投诚是最好的出路,于是举六州之地上表求归。朝廷立即又派干练的大臣翰林学士裴度取代宦官前往宣慰。不仅任命归顺的田兴为节度使,在李绛的坚持下,宪宗又拨出一百五十万缗作为赏赐,结果田兴感激涕零,士众无不欢欣鼓舞。朝廷的恩威在这时重新恢复了一些光彩。

魏博镇在不沾皇化五十年后重新回到帝国的大家庭中,这一事件的意义犹如当年克复蜀、夏、吴一样,不仅给予其他不法藩镇以强烈的冲击,更使得天子和中央政府坚定了彻底解决藩镇割据的信念。它预示着帝国在年轻天子的率领下,在众多贤相的规划辅弼中,有可能获得近几十年来所从未有过的生机。

皇上再一次地感到一种无上的荣耀和对建功立业的渴求。

在李吉甫、李绛杰出的形象面前,另一位宰相权德舆就显得有点无所成就。更让皇上不满意的是当二李为国是发生争论的时候,权德舆身为宰臣,居然不置可否,严重丧失了应有的责任心。元和八年(公元813年)正月,宪宗不客气地停止了权德舆的宰相职权。三月十一日,征召挂宰相衔赴镇剑南西川的武元衡回朝入知政事。这样,三位忠正耿直、富有勇气和才略的大臣同时为相,真是一个难得的局面。

可惜好景不长。相权过于强大,宫中的势力自然就有所消减,皇上既然还试图树立起宦官这一对立的平衡因素,矛盾也就不可避免。

近臣们老是在皇上面前嘀咕,说宰相们私树朋党。宪宗招来三人质问。

吉甫谢称"不敢",李绛答道:

"自古人君深恶臣下树结朋党,故小人谗害君子,必借以为口实。君子自与君子相合,岂可一定要与小人相合,才算非朋党否?请陛下明察。"

宪宗不语,但他内心却不无算计。皇上又变得自作聪明起来,他觉得似乎还是应该保持一种平衡为好,于是他开始想调回吐突承璀。皇上早先的话说得太大了,除掉吐突承璀并非像吹去一根鸿毛那样简单。

一年不到。在元和九年(公元814年)的正月,二李在内外不少人的压力下先后上表请求辞职,皇上挽留了吉甫,却批准了李绛的辞呈。这是他在为重新启用吐突承璀做准备,因为谁都知道李绛与承璀两人是水火不容的死对头。

吉甫在这一点上又显出了原来的弱点,没有表示反对。照

第二章 元和：短暂的中兴

理，他是应该坚决阻止皇上重用承璀这种以逢迎为事的宦官的。吉甫以沉默代替了耿直的规谏，这是他有生之年的又一次错误。

然而吉甫没有停止他的实干，在上一年，他已经把费尽心血所撰就、代表着他对于政治总体策略的三部书《元和郡县图志》《六代略》《十道州郡图》进呈皇上。到了今年，他进而把目标转向了淮西，因为吴少阳在九月份也死去了，其子吴元济又擅请袭位并且不听朝命，无论如何到了下手的时候了。

吉甫采取了一系列措施准备进攻，甚至打算亲自赴蔡州劝说吴元济归朝，如其不听，则转而说动其将领倒戈。吉甫的气魄决定了他有不怕冒险、百折无回的决心。

悲哀的是天妒英才，还未等到着手他的大胆计划，十月三日，一代重臣、金紫光禄大夫、中书侍郎、同平章事、集贤大学士、监修国史、上柱国、赵国公李吉甫突患急症不治身亡，年五十七岁。宪宗伤悼不已，厚抚之外，追赠司空之衔。

吉甫虽然没有亲眼看到自己计划的实现，但他却可以死而无憾，因为他最亲密的朋友武元衡继承了他的遗志，同样地为削平淮西而不遗余力。这年冬天，朝廷以严绶为申、光、蔡招抚使，督诸道兵讨伐吴元济，第二年元和十年（公元 815 年）正月，朝廷正式对吴元济宣战。尽管战事进行了几个月后并不顺利，也没有取得什么成效，成德、淄青二镇为了切身利害又转而勾结淮西，朝中还有人主张罢兵，但是朝廷仍然没有丧失主动，在武元衡的主持下，到了五月底，中央军队逐渐开始对敌方形成了压力。

天下事阴阳互根，此长彼消，现在轮到那些藩镇犯错误了。

现在轮到藩镇犯错误了

> 玩火者,必自焚。机会一旦出现,就需要抓住它,但是抓住机会并不容易,如果策略不当,说不定这场大火既烧了敌人,也烧了自己。

这几个月来战局的实际情形很微妙。

淮西吴元济深知自己是这场战事的唯一目标,根本无法逃避,于是一门心思地顽强抵抗。二月,在磁丘击败了由严绶统率的主力部队,推进了五十余里,占据了唐州,同时又打败了寿州团练使令孤通的一支军队。开始的一个时期里叛军声势颇著,而朝廷方面却似无成效,只有忠武节度使李光颜取得了几次战役的胜利。

到了五月份,勇而有谋的李光颜在一个叫时曲的小地方成功地击溃了淮西军,终于得以给叛军形成了压力。吴元济眼见单靠自己一方孤镇难以抵挡,便求救于成德和淄青。

王承宗和李师道与淮西在对抗朝廷这一利害点上是相同的,他们知道假如淮西一旦失败会给自己带来什么后果。但他们却暂时还不能公开与其站到一起以致引火烧身,只是数度上表请求赦免吴元济。这种情形下,自然不可能得到皇上的回应,在日益严峻的态势面前,二人暗地里都是心怀鬼胎。

淄青的李师道颇似他的祖父李正己,为人极其狡诈。一直都有人传言他好养死士,手下聚集着无数的亡命之徒。不过,大家都没有充足的证据。

四月初,李师道派出了一支两千人的队伍开赴淮西的正前方,声言是帮助朝廷以讨元济,但根本不见这支部队有所动作。

紧接着,朝廷得到报告,河阴转运院这一重要的供应站在四月十日这一天被几十个身份不明的盗贼偷袭,杀伤十余人,烧毁钱帛三十余万缗、匹,粮食三万余斛,损失惨重。有迹象表明,这显然不像是普通的盗贼所为。

五月下旬,王承宗派了一位亲兵将领尹少卿入京奏事。这一天,尹氏来到了中书门下求见武元衡,直言不讳地为吴元济游说,并代表王承宗请求武相奏请圣上罢兵,被武元衡轰了出去。

五月底,王承宗上了一表,对武元衡极尽诋毁。

很明显,战局在明、暗两条战线上进行着,而暗的战线无疑更为惊心动魄,到目前为止的一切还只能算是刚刚开始。

六月初三这一天,天还未亮,宰相武元衡像往常一样,从自己位于靖安坊的宅第中出来,跨上坐骑,赶往大明宫上朝。他身边只带了几位侍从。

一行人刚刚走出靖安坊的东门,突然,从暗处跳出几个蒙面大汉,拦在路上用箭向他们射击,还未等元衡反应过来,随从已被击散,蒙面人把他从马上拽下杀死,并割下了他的头颅,呼啸而去。

同一时间,另一位主战派人士御史中丞裴度也在上朝的路上遭到袭击,蒙面贼从裴度必经之路通化坊东门突然杀到,裴度中刀落马,贼人正欲割其首级,裴度的家仆王义奋不顾身,扑到主人的身上以自己的肉躯遮挡乱刀,蒙面人以刀挥击王义,王义抱住一个贼人大喊,贼人惊慌,挥刀割断了王义的一条胳膊。裴度乘机负痛全力滚进路旁的水沟中,天暗沟深,众贼搜寻不得,遂逃奔而去。

裴度得以幸免全赖他戴了一顶扬州毡帽,贼人挥刀中帽,厚厚的毡帽卸去了大部分力道,才使他大难不死。

事件发生后,长安举城震骇,皇上龙颜大惊,紧急下令:凡宰相出入,皆须有金吾骑士护卫,全体护卫务必箭上弦、刀出鞘,严加防备。同时全城戒严,全力搜捕。

第二天,掌管京城巡警的左右金吾卫府、长安地方当局京兆府以及所属京畿两县县衙门同时接到飞刀留柬,上书八大字:"毋急捕我,我先杀汝。"观者无不失色,一时长安城中人人自危,朝士未晓不敢出门,有时皇上御殿很久,上朝大臣还没有到齐。大家都很清楚,这一阴谋不出于王承宗,即出于李师道。

看来这一恐怖行动似乎达到了目的。朝中两位主要的强硬派一死一伤,朝野上下一片肃杀之气。但是,事态的发展却证明那些藩镇搬起石头砸了自己的脚,犯了一个自掘坟墓的错误。

在任何时候,恐怖行动总是会有正反两种结果:一方面是能震慑人心,另一方面却也能使人由哀生怒,同仇敌忾。

白居易不顾自己已调任太子东宫、任职太子左赞善大夫的身份,上疏力请搜捕刺杀武相之贼以雪国耻。这是需要一定勇气的。因为他此时的身份是"宫官",照理是不应在谏官之先议论是非的。但白居易在愤怒之下已顾不得许多了。

兵部侍郎许孟容更是对皇上大哭:"自古以来从没有宰相横尸路旁而让凶手逍遥法外的,这简直是朝廷的奇耻大辱!"许孟容同样无法控制自己的愤怒,他又到中书省中建议道:"请诸位立即奏请皇上以裴中丞为相,大索贼党,察明奸由。"说话时,挥泪不已。

天子亦忍无可忍,下令大索京城。他对众臣道:"有人竟奏请朕罢裴度官以安二镇之心,真是岂有此理! 若罢裴度,岂非奸谋得逞,朝廷纲纪何在? 吾用裴度一人,足破二贼。"皇上下诏:在裴度养伤期间,以金吾精兵进驻其宅第保护,务必做到万无一失。

裴度在家足足躺了近二十天方才痊愈,二十五日,被委以宰相。同时为相的是去年十二月任命的韦贯之和张弘靖。裴度的入相是极其偶然的,在某种意义上甚至可以说是藩镇的阴谋把他推向了相位,单从这个事实就可看出,恐怖活动的制造者是大大失策了。

事情当然不能说就此一帆风顺,相反,裴度迎来的却是一个前所未有的艰难时期。首先是刺杀武相的案件有了眉目,有人举报成德驻京机构成德进奏院的兵士张晏等数人形迹可疑,神策军立即将其收捕,数人竟然供认不讳。尽管负责审讯的监察御史陈中师觉得可疑,但皇上正在气头上,联想起早先王承宗曾上表谩骂武元衡,想当然地认为刺杀事件一定是那个可恨的王承宗所为,于是不分青红皂白,将张晏等共十四人斩首。半年后的元和十一年(公元816年)正月,正式下诏攻讨王承宗,不明智地陷入了两线作战。

其次是前线作战不利。在头两年里,各路军统帅先是曾经逼王叔文下台的山南东道节度使严绶,此人就知道交结宦官,是个典型的无能之辈。后来是宣武节度使韩弘出任主帅,却又暗怀私心,拥兵自重,不愿迅速平定淮西,以便自己大捞一把。在这两人的指挥下,朝廷在将近十八个月的时间里没有取得任何重大进展。

再就是皇上的老毛病不改,一直坚持宦官监军。天子的这种患得患失心态可以理解,但却绝对是个最大的祸根。宦官与前线主将本就不是同一种人,矛盾是与生俱来而不可调和的,在这种情况下,如何又能打胜仗?

元和十一年(公元816年)六月十日,右羽林大将军兼唐、随、邓州节度使高霞寓在铁城被淮西兵打得全军覆没,仅只身逃出。此次失利没能被前线众将遮盖,传到了长安。消息一到,举朝震愕。韦贯之和新任宰相李逢吉入殿奏报此事时,劝说皇上罢兵。

宪宗在这个关键时刻表现出了天子的大度和百折不回的信念。

"胜负乃兵家常事,现在应该讨论的只是用兵方略,比如将帅不胜任者易之,兵食不足者助之等。岂可因一将失利,遽议罢兵!"皇上语气坚定,不容置疑。

裴度庆幸皇上主意坚决之余,却也忧心忡忡。

到了元和十二年(公元817年),对淮西的战役已经进行了将近四年,朝廷前后参加会战的兵马共九万人,然而却久攻不下,仓廪耗空,民多无食,局面已相当艰难;另一方面,讨伐王承宗共有九道兵计十万余人,战线回环数千里,既无统帅,又相去遥远,供应线过长,已到了战不下去的地步,不得不在五月份撤罢河北行营。

帝国到了一个严峻的十字路口。此刻若是立即息兵罢战,并不是不能够做到,但这样一来,不仅前功尽弃,而且帝国又将恢复到几十年前的老路上去,这个结果没有人会同意;但如果继续征战,就必须速战速决,一举克复最弱小的淮西,然后借以稍作喘息,再集中优势解决成德和淄青。这已经是摆在帝国面前刻不容缓的任务,可如何完成这一重责呢?

皇上对宰相提出了这个严峻的问题。

李逢吉长叹:"师老财竭,势难奏功。还是下决心罢兵休战吧!"

裴度沉吟不语。在皇上的催问下,他用低缓而坚决的声调所答非所问地说:"微臣请求去前线督战。"

天子大喜,急切地问:"贤卿真有此意?"

裴度道:"臣与此贼不共戴天!臣反复玩味吴元济的上表,觉得贼兵已经十分窘迫,只是因为我前线诸将不齐心、不尽力才不得取胜。臣赴行营督战,将领必担心臣此举是前来抢功,势必奋勇争先而破敌。"

元和十二年(公元817年)八月初三,裴度在通化门拜别了天子,带着天子和满朝文武的殷切希望,怀着一腔忠诚和必胜的信心,走向了淮西战场。帝国的历史应该为这个不寻常的日子额手称庆。

裴度在出京前,采取了一个重要行动:奏请皇上罢免与李逢吉一样不赞成继续征讨的翰林学士令狐楚。皇上在这时对裴度寄予厚望,当然予以同意,不仅将令狐楚削职,同时还罢免了李逢吉的相权。裴度首先在朝局中取得了胜利,消除了后顾之忧;又在路上成功地躲过了吴元济骑兵的袭击。一到前方,立即奏停了各路兵马中监军的权力,使得各将重新掌握了军权。形势顿时有了改观。

在裴度的筹划下,最后由杰出的军事将领李愬实现了划时代的胜利。

李愬是当年一代元勋李晟的儿子,以父荫起家,有筹略,善骑射。去年七月高霞寓战败后,朝廷任命袁滋为帅,亦无成效,在这个时候,李愬上表自荐,愿于阵前立功,经宰相李逢吉推举,出任随、唐、邓节度使,负责对淮西的正面进攻。开始,敌军因为屡败高、袁,并不把李愬放在眼里,对他的防备甚为松懈,李愬看到了这一良机,表请增兵,朝廷从河中等镇拨出了两千骑兵归其指挥,从而使得攻击力大大加强。李愬继承了其父卓越的领兵才能,推诚待士,以德服人,他的部队在短短的几个月时间里就成为会战各部中战斗力最强者之一。

李愬的成功在于他具有敏锐的观察力和精确的判断。通过

第二章 元和：短暂的中兴

元和十二年(公元817年)上半年一系列战役的具体实践，根据敌我双方的实际情况，李愬制定了一个以穿插、游击为主要方式，以敌人薄弱环节为主要打击目标的战略方针，这个方针的核心内容就是：出其不意深入腹地，对吴元济进行偷袭。

五月，李愬先后俘获了淮西的两位将领吴秀琳、李祐，厚待以礼，由此对敌占区里的险易远近虚实得到进一步的了解，更坚定了自己的信心。到了八月，敌情更为明朗，降将李祐此时立了一大功，他根据自己的分析，对李愬道：

"就目前情况来看，淮西精锐全在洄曲一地，再加上四面受力。边境尤须布以重兵，因而蔡州守备定是老弱之辈，我军可以乘虚直抵蔡州，必擒吴元济！"

李愬听罢当即决定，绕过敌军主力，直取蔡州！十月初八，派掌书记郑澥秘密前往郾城，向主帅裴度报告这一计划。

裴度拍案称绝："兵非出奇不胜，此计绝妙！"当下就予以批准。

十月十五日，一个漫天风雪之夜，李愬突然行动，以三千人为突前、三千人为中军、三千人为殿后往东疾行，一切在极度秘密的情况下进行，除了李愬本人和少数几位将领外，其他所有人都不知所之。经过一夜一百三十里艰难的急行军，于第二天凌晨三时左右抵达蔡州城下。

三十多年了！在三十多年漫长的岁月里，从来就没有外来的军队到过蔡州——这座淮西镇的老巢。当李祐率先攀上城头时，朝廷三十年的耻辱、三十年的无可奈何都在这一刹那间烟消云散了,尚在睡梦中的吴元济终于成为一个彻底的被征服者。这是李愬的胜利,也是裴度的胜利,更是天子和整个帝国的胜利。

元和十二年——公元817年——十月十七日,吴元济投降。淮西克复。

中兴和隐患

> 帝国实现了一定程度上的中兴。但是,大功之后,逸欲易生。

山陬海澨,同声欢庆。

待罪荒州的刘禹锡、柳宗元也不例外。前后算来,他们已经度过了十二年的贬谪生涯,尽管他们在武元衡被刺后囿于个人恩怨,多少流露出一些幸灾乐祸的情绪,但两人对天子和国家的忠诚依然与当年一样,丝毫未变。当本年的十一月份吴元济在长安人头落地时,刘禹锡写了《平蔡州三首》、柳宗元写了《平淮夷雅》来歌咏这个胜利,是时人公认的颂歌代表作。

裴度的行军司马是韩愈,他也是帝国文坛上响当当的人物,早在贞元年代,就与刘、柳等人一起开创了一种崭新的文风而名噪一时。不过,韩愈与刘、柳政见不同,学问上分歧也很大,但这不影响他在这个激动人心的时刻同样显示出他的大手笔,为天子纪功,为千秋万世立法式。

第二章 元和：短暂的中兴

韩愈花费了近一个月时间撰就了《平淮西碑》一文，进献天子。宪宗赞赏之余，即命刻石于蔡州紫极宫。勒石立碑，动流亿年，固不可不慎重，韩愈并没有忘记这一点。所以他历时旬月，耗尽心血，才得以完成。然而就是这样，由他这位可称海内第一碑文大家所撰文的"平淮西碑"，却仅仅在蔡州矗立了两年不到，就被天子下令磨去了。韩愈怎么也没想到的是，他是如此的小心谨慎，还是犯了一个大错。

但谁都不可能预卜未来，至少韩愈和他的上司裴度在当时没有认识到。所有人还都沉浸在胜利的喜悦和繁杂的后续事务中，无暇去理会其他。人们有这样一种隐约的预感：河北的割据也将不会长久了，帝国正在"中兴"之中，甚至可以恢复到天宝年间全盛的状态。天子和朝野上下都为这个快要到来的事实而激动不已。

确实，朝廷花费巨大的人力物力而得到的绝不仅仅是淮西一隅的三个州而已，它获得的是失去已久的威望和对天下的强大震慑力，收复王承宗和李师道应该是早晚的事，因此，这些胜利的意义归根到底只有一个：天子依旧是无上的天子，朝廷依旧是权威的朝廷。仅此也就足够了。

对淮西之役持消极态度的李逢吉已被罢相，被委以剑南东川节度使而出镇京外，在裴度赴前线期间，朝中宰相实际上只有去年年底任命的王涯和一个月前刚刚任命的崔群二人，宪宗遂征召淮南节度使李鄘入相。

这是出于吐突承璀的推荐。前几年承璀被李绛弄出京外，出任的是淮南监军,其时李鄘正代李吉甫为节度使,二人得以共事。李鄘尽管为人刚峻,但性格内向,他不愿与承璀直接冲突,而承璀也对他心有敬畏,所以在淮南的相处倒也融洽。承璀还京后,又得到皇上的贵宠,他在李逢吉、韦贯之罢相后,便向皇上推举了李鄘。承璀以往吃宰相的亏不小,他此番力荐相选,内中的私意是很明显的。

李鄘却感到受宦官引进是莫大的耻辱,他更不愿意就此入京而受人摆布,以至于接到任命时竟对着手下人号啕大哭:

"本人一向安于外任,宰相不是我这个人能做的!"

但是天命难违,李鄘一百个不情愿地离开扬州,一路上拖拖拉拉,直到十二月二十五日才来到京城,这时裴度都已经从淮西班师回朝十几天了。李鄘一到即上表皇上,称自己重病在身,不能入觐,更不能到位视事;同时,闭门杜客,隐居在家,显然是一心不要当宰相。三个月后,皇上只得罢免了他的相职,而启用了当年裴垍提拔的李夷简。

这时,在朝宰相共有四人:裴度、王涯、崔群、李夷简。主持朝政的仍旧是裴度。

元和十三年(公元818年)正月,成德、淄青、幽州等镇都上表求朝,表示忠顺。尽管李师道犹不甘心,于七月份再度反叛,但立刻就被朝廷下诏征讨。到这时,朝廷才得知武元衡被刺是李师道下的毒手,众怨沸腾,异口同声地声讨。这一次朝廷已无后顾之忧,各道兵马很快就对淄青形成了夹击,战场上的形势是非常乐观的。

第二章 元和：短暂的中兴

长安城中的气氛却有点不对。这倒并不奇怪,胜利总要给国家带来一大批功臣,他们力挽狂澜,扶大厦于将倾,应该得到应有的荣誉,然而危机一旦消失,某些人功高盖主,麻烦就不可避免。首当其冲的就是裴度。

七月,李夷简出镇淮南;八月,王涯亦被罢为兵部侍郎。九月,皇上任命了两位财政官员替补宰相空缺,一位是盐铁转运使程异,一位是户部侍郎皇甫镈。奇怪的是,这项任命引起了裴度的强烈反对。

本来,财政重臣出任首辅,受到一些议论是免不了的,当年的刘晏、杨炎都是先例。任命二人的制书颁布后,长安城中也确实有不少人嗤之以鼻,都说此二人手握财利,多半是贿赂以进。可大家也只是说说而已,只有裴度怒气万丈,觉得不堪忍受。

说起来其中自有原因。当裴度在淮西前线主持军事时,负责供应的就有皇甫镈。在当时的情形下,兵饷粮草是否充足是克敌制胜的关键,容不得丝毫马虎,而皇甫镈、程异都难免事有疏漏,因此经常使得前线主帅裴度窘迫万分。这个过节是在生死存亡关头结下的,很不易消解。更何况皇甫镈并非理财高手,他比起程异来在这方面还要逊色不少,所以裴度对他更是不满。再加上有人火上浇油,传言他结交吐突承璀,使得裴度对他简直就是极端痛恨了。

九月二十四日,裴度拉着崔群,在延英殿当面向皇上表示:万万不可命此二人为相! 宪宗没有同意。

裴度回宅后一夜不寐,觉得很受委屈:自己之所以如此,亦无非是为国家社稷着想,怎么就不为天子荃察?想到将来要与皇甫镈这个小人同列,一口闷气实在咽不下去,于是连夜给天子上表。

裴度仗着自己功高勋著,在表中话说得很重,称两人为"市肆商徒""佞巧小人";如果一旦置之相位,不仅会使"中外骇笑",而且将使"亿万之众离心,四方诸侯解体"。并且直指皇上:"今既开中兴,再造区夏,陛下何忍却白破除?"最后甚至以挂冠求去相要挟。

裴度这封情绪化十足的上疏让宪宗很不高兴,他对左右的人说:

"裴度党见太深,如此激讦之言岂是君子所应发?"

消息传出,公议却纷纷倒向裴度。程异是当年王叔文党人,尽管这许多年来一直克勤克职,为国家财赋奔波操劳,但仍不为人们所理解。他灰心至极,自觉不能出当大任,任命发布一个多月了还不敢行使相权,后来自请出任巡边使远赴西北,未决而卒。和人们的猜测相反,程异生前理财数年,死后却家无余钱。

程异以谦逊退让来面对裴度的指责,可皇甫镈却没有这么好说话了。

皇甫镈是贞元九年(公元793年)的进士,与令狐楚、萧俛是同榜,关系自不必说。元和九年(公元815年)皇甫镈初受天子赏识时,楚、俛两人已为翰林学士,与宰相李逢吉一起,是反对裴度淮西用兵的主要人物,令狐楚因此而丢掉了翰林学士的职务。皇甫镈与令狐楚的交情更不同寻常,这层关系更是裴度所没有想到的。

皇甫镈先在皇上那里做工作,尽量取得信任。他采取的方法就是想尽办法为皇上聚财。宪宗对钱物一向关心,早先是为天下用兵,而现在功成名就,骄奢就开始抬头了。当然皇甫镈不能以这个为借口,但无论什么理由,哪怕是为敷国用而储备库藏,天子也是很高兴的。皇甫镈站稳了脚跟。

相反,除了河北军事方面,皇上对裴度的信任程度开始降低。皇上觉得在很多事情上,裴度经常使他难堪,有时甚至都不敢在朝会上面对裴度的质询。皇上现在颇容易生气,对裴度不能与皇甫镈和平相处更为不满。

十二月份,对李师道的征讨已经取得了不少胜利,但朝廷两派的明争暗斗也逐渐明显。宫内外都有不少人在皇上面前诉说道:眼下朋党炽盛。其实指的就是裴度。

天子当着裴度、皇甫镈、程异三位宰相的面,很生气地说:

"人臣事君,只要力行善事,自会树立威望。怎么反而好结朋党?朕对此甚为痛恨!"

程异唯唯,皇甫镈知道这是对裴度而发,也不说话,心里暗自得意。

裴度委屈万分,站出来据理力争道:

"物以类聚,人以群分,君子与小人都各有其徒。君子之徒,谓之同德;小人之徒,方称朋党。外虽相似,内实悬殊。"

"其他人也都是这么说,那么谁是君子,谁是小人?"

"君子、小人,观其所行之事,自有区别。"

皇上不以为然,转向皇甫镈。

皇甫镈显得很大度:"愿圣主辨其邪正而已。"

皇上只好折中而处:

"凡是好事,都是说起来容易做起来难。卿等既然这样说,必须照所说的去做,不要只是说说而已。"

天子这话听起来似乎更应该对自己说才对。

两个月后,时间到了元和十四年(公元819年)二月,李师道被部下杀死,朝廷收复了淄青十二州。淄青自李正己以来,子孙相承不受朝命凡五十四年,是地最广、兵最多的一镇。淄青被灭,表明元和时代的对藩镇的战争顺利结束了,帝国重新实现了统一。

这当然是天子圣明的结果,可是长安城中却偏偏有这样一种言论在流传,说是裴度矜伐功劳,将大功归于己身,已到了让人不能容忍的地步。有人还举例说,韩愈的那篇《平淮西碑》刻意抹杀了著名功臣李愬的事迹,过分地抬高了裴度的功绩就是最好的证明。蔡州甚至传来消息,说李愬部下的老兵不满意碑文对李愬的不公正态度,把那块碑都推倒了。一时间众说纷纭,也不知是真是假,更不用说是源出何处了。

但有很多事情却是活生生的现实:四月二十九日,裴度任河东节度使,出镇太原。

七月二十日,令狐楚被征召回朝并拜相,与皇甫镈同知政事。

同一时间,宪宗下诏磨去韩愈撰写的《平淮西碑》,命翰林学士段文昌重新撰文勒石。十二月,碑成。就在这个月,崔群被贬为潭州刺史。

事情总有不如人意的地方,可不论怎么说,人人都发自内心地感到这几年来确实可称作是一次"中兴",至少德宗皇帝给人留下的那种痛苦的回忆被抹得一干二净了。明晓历史的人还经常把当前的兴旺与太宗的贞观和玄宗的开元时期相比,可见人心思治之一斑。可是,天子的主要功绩"削平僭乱"其实有很大水分:在诸镇中,只有势力单薄的淮西是唯一真正被击灭的,河北三镇则无不出于归降。山东之地中地形最重要的是魏博,兵源最广的是淄青,距离最远的是幽州,其根基都未被动摇。环土三千里,植根七十年,若不予以彻底摧毁,又何谈"削平"?就算是叛乱暂时被荡平了,但却远不能算是治世的实现,统一亦不意味着太平,更不意味着永久。若要以为天下从此太平的话那就是大错特错了,因为自古以来,暂时的成功往往就是彻底失败的最好温床,正如其时一位大臣谏议大夫武儒衡——已故宰相武元衡的堂弟——在给皇上的一份奏疏中所说的:

"大功之后,逸欲易生。"

不幸的确被他言中了。

第三章 反奴为主：神策军与枢密使

意气骄满路，鞍马光照尘。
借问何为者，人称是内臣。

——白居易

中兴之主竟死在家奴手中

天子具有无上的地位,这决定了他必然也具有无尽的欲望。纵欲的结果,只能是毁灭。

皇上多内宠。

天子年轻,血气方刚,好于此道本不足为怪。至少,皇上还算不上夜夜笙歌之辈,并没有玩物丧志而弄得不可收拾,大臣们对此睁一只眼闭一只眼也就算了。不过,皇上的毛病在于精力显得过分的旺盛,对色欲有着一种近乎强烈的爱好,从贞元九年(公元793年)十六岁时生下长子邓王李宁以来,二十七年内共生二十位皇子、十八位公主。

天子嗣育之广并不能保证帝国的储位不发生问题,这一教训尤其深刻,皇上的父亲、当年的顺宗皇帝就是一个最好的例子。宪宗皇帝即位后的元和四年(公元809年),当时还是翰林学士的李绛即认为，天子嗣膺大宝已近四载，而未册储闱，十分不妥，建议皇上为国家社稷着想，早行册立大典。

天子正是信心十足的时候，对此原本不以为意，但早岁的痛苦记忆让他猛省，于是立即宣布立长子邓王李宁为太子，改名"宙"。

太子的母亲却并非正宫。宪宗在东宫时的正妃是郭氏，出身于名门，乃当年郭子仪的孙女。郭氏也生有一子，名李宥，时封为遂王。遂王之所以未被立储，大概是郭氏虽是当年的正配，但天子即位后却一直未立皇后，她也就是在元和初年被立为贵妃而已，其子既非长，也就没轮上这一幸运。可这个猜测却很难站得住脚，因为邓王虽"长"，但却非"嫡"，也只不过比遂王大两岁而已，如何就被付以国储之位？这一点很让人费解。

邓王有这个运气却没有这种福气，刚做了两年太子就去世了。照理，遂王入继该是顺理成章的事情，然而议立储副之时，却竟然发生了争执。原因是吐突承璀力排众议，请立澧王李恽。澧王尽管是皇上的次子，不过既非嫡出，也不为皇上所爱。众人坚持原则，要立大宗嫡子的遂王，宪宗没有理由反对。

不过，承璀表现出来的忠心耿耿一向让皇上感到欣慰，他奉请立嗣澧王，似乎也有他的理由。皇上表面上虽然没有答应，但内心觉得在储嗣问题上，似乎更应该相信吐突承璀一些。

在举行册立遂王为太子大典的前夕，宪宗招来翰林学士崔群。当时翰苑诸人，崔群受宪宗奖遇最深。

"卿代澧王撰一封让表如何？"这明显已经是意有所图。

崔群认为此举不合情理，遂道："凡事理合当之而不为，方有谦让。今澧王不当立，如何能上让表？"

皇上心想：这话说得不错。他在这件事上最终没有听从承璀的意见，还是册立了遂王李宥。太子一入东宫就知道了其中的波折，把吐突承璀恨在了心里。

还好，这事在皇上当政期间未发生大乱。但是，在许多胜利面前，皇上的成就感太强，他有一种愿望越来越炽烈，最终给他招致了大祸。

皇上好长生。

本朝为李氏宗庙，奉太上老君李聃为远祖，受天命而治天下，故以道教为国教。道者，或玄或气，或丹鼎或符箓，皆以致学仙道、修达真性为旨归，故而服饵炼气以求长生，不免为其中之一流。本朝士人率性自然，不为世俗拘碍，好神仙方术，亦是言人人殊之理，本无足置喙。但是，人主为万民所望，若耽于神仙虚幻之事而贪长生，就不是为君之道了。

宪宗却十分执着。早在元和五年，宦官张惟则出使新罗，路经海上，回来后编造了一个离奇的故事，称自己在一座孤岛上偶遇神仙，花木楼台间仙人戴章甫冠、着紫霞衣，口道"唐皇帝乃吾友也，烦请传语"云云，说得天花乱坠。皇上居然大喜："吾前生岂非仙人？"为之感慨良久。从此之后，更是不断下诏罗求天下方士，唯求长生。上有所好，趋利之徒遂纷纷于道路。

第三章 反奴为主：神策军与枢密使

元和十三年（公元818年）十月，有一位叫李道古的大臣因怕人追究他在鄂岳观察使任期间的不良行为，正苦苦思索取媚皇上的方法，忽一日，计上心来。他找到宰相皇甫镈，道："属下在鄂岳时，有一山人柳泌能制长生不老之药，敢请阁老荐予圣上。"

皇甫镈告之宪宗，皇上立即下诏命此人入京，住到兴唐观专门炼药。

柳泌炼了一段时间，毫无所获，于是对皇上说："台州天台山乃神仙所居，山中灵草奇多，臣虽知之但无力致取。若陛下委任臣主掌该地，也许能为陛下求得。"

宪宗听他如此说，即命他暂代台州刺史。谏官们大为不服，纷纷上奏："从来也没有授方士为地方长官的先例！"

"烦一州之力而能为人主致长生，卿等难道舍不得吗！"皇上很不满这些反对的谏官，认为他们有失为臣之道，一点都不为天子考虑。

可这位柳泌又岂能轻易找到不死之药！在台州折腾了近一年，还是一无所得。这下他开始害怕了，三十六计走为上计，竟举家逃入深山。浙东观察使闻知，派兵把他抓回解送长安。朝廷本欲治罪，可在皇甫镈、李道古二人百般说情下，皇上不仅没有处理，又命他为翰林待诏，并且仍旧服食他所炼就的丹药。

凡是服食方士所制"长生之丹"，马上就会有两个反应：一是口渴难当，二是脾气躁怒。据方士说，此乃脱胎换骨必经苦楚，耐得住即可成仙。宪宗服药后的反应更是厉害，但一想到唯有历尽艰难,才能长生不死,也只有忍住。可是,皇上身边的人可就受苦了。

元和十四年(公元819年)的最后几个月,皇上变得极为暴躁。在药力的作用下,有时神智紊乱,狂怒得像头笼中的猛虎。左右的宦官近侍,动不动就被他一脚踢开,喝令推出斩首。宫中人人自危,仿佛末日临头一般。

皇上身边的宦官们觉得,皇上为求长生可以忍受,而他们再要忍下去连苟全性命也不可得了。

新年(元和十五年,公元820年)元旦,宪宗终于得病,这天的朝会被取消。此后天子连续数日不视朝政,京师人情忧惧。直到二十五日这天,杀李师道而反正、被朝廷委以义成节度使的刘悟来朝,皇上在麟德殿接见了他,刘悟出宫后说皇上龙体并无大碍,才使得人心稍安。

但是,宫中的实际情形如何,外人谁也不知道。只有左神策中尉吐突承璀隐隐有些不祥的预感,他很清楚目前在宫中可能会发生什么事。承璀与皇上的感情非同一般,可以说没有皇上也就没有他,可此际承璀却并没怎么去想皇上的病体或者宫中的不正常现象,他心中计议的是另外一件事。

承璀在宫中多年,得出了一条重要的经验:作为伴君的近侍,掌握天子是第一位的。而结纳天子,却必须从储位开始,这样的关系才牢不可破,正如他与宪宗一样,十几年的交情从太子时就成形了,没有谁能予以破坏。在这个微妙的时刻,承璀自然而然

第三章　反奴为主：神策军与枢密使

地想起了元和五年(公元810年)的立储旧事，想起了自己曾反对过当今太子，突然不寒而栗。

这是性命攸关的事情，承璀不敢怠慢，立即开始行动。这天夜里，他秘密召见了手下的神策军将领，又在宫中会晤了与自己关系匪浅的不少宦官。谈话间，当承璀提到澧王两个字时，大家都明白了。

事情做得再缜密，还是没瞒过东宫。太子得到情报后大恐，赶紧派人去请教他的舅舅、司农卿郭钊。郭钊是位正统之士，他对来人说："请告太子但守孝谨，勿想其他。"

大道理谁都会说，但关键是天子的宝座却并非保持德行就能够顺利坐到的。太子不急，宦官中与承璀对立而倒向太子的人也不能坐待。这一方的主要人物是王守澄和梁守谦。守澄时为内常侍，是皇上身边的人之一；守谦为右神策中尉，与承璀一样，掌握着左右神策军的一半军权，两人不满于承璀的得宠是十分自然的。

还未等两派有具体动作，大变已经突生。

内常侍陈弘志早已不能忍受皇上的暴怒，更害怕皇上稍有康复后再度发作，说不定下一个莫名其妙身首异处的就是他。弘志在恐惧的压力下已不能自持，二十七日，在中和殿将熟睡中的宪宗缢杀。当然，单凭恐惧是不可能使一位奴才顿生弑上之心的，有一种可能性无法排除，那就是陈弘志或许得到过王守澄的暗示，或者受来自某种更深处力量的直接命令。无论如何，可怜一代天子，就这样死在了家奴之手。

弘志做完，业已神志恍惚，他唯一还知道的是走出殿来，派小黄门去请王守澄。守澄起初不知何事，但当他与弘志一起走进殿内皇帝的寝室，一眼见到呼吸停止的皇上时，却出奇的冷静。他用手拍了拍不知所措的陈弘志，拉着他一起走出，对手下人道：

"速请中尉梁、马、刘、韦诸大人来此议事——"守澄的话中不无悲戚，"圣上药发，遽而升仙了！"

这时，吐突承璀还蒙在鼓里。

当天，王守澄与右神策中尉梁守谦及中尉副使马进潭、刘承偕、韦元素等共迎太子入宫，即时立为皇帝。同时，两队神策军士紧急出动，直奔承璀与澧王李恽的府第。未过多久，二人解到，被就地处死。

新一代天子在闰正月初三于太极殿正式即位，后来的庙号为"穆宗"。即位之时，年二十六岁。

新帝对这过程中所发生的一切清清楚楚，但他丝毫不以为意。对这位年轻的新君来说，做了皇帝就足够了，他根本不想为其他事烦心。他现在已经成功地成为天子，是天命造就的万人之主，谁又能说三道四？

但王守澄当然不会这样想。要知道已故的宪宗是一代英主，声威正如日中天，假如真相泄露，他王守澄有几个脑袋？他要做的事太多了。

还好，朝野上下都知道宪宗服药已近沉迷，对皇上是因中毒

第三章 反奴为主：神策军与枢密使

而暴卒的说法并未表示怀疑。事实上，谁也没有想到英武威德的天子竟会被一个小小的内侍谋杀，国家正在中兴，人们想象力再丰富，也不可能产生哪怕是一丝一毫的猜测。王守澄封锁消息做得相当成功，或许也只有少量的宫人晓得一些蛛丝马迹，不过，一道高高的宫墙阻挡了这一切。

吐突承璀和澧王被杀引起了一些议论，穆宗同时还把皇甫镈贬到了崖州。但前者多少算是天子的家事，臣子无得间辞；后者更不用说了，皇甫镈以掊克在位著称，时誉本就不好，发配之时，市井欢声不绝，谁还去问其他。

只是宪宗皇帝英年早逝，仍给大家震动不小。河北新平，后事尚多，唯一能够镇住大局的天子忽尔仙逝，怎么也让人忧虑不安。朝中派系的争讦日趋明显，四方夷狄又虎视眈眈，所有这些，都在"中兴"的喜悦上投下了一缕阴影。新帝穆宗在即位的当天，想请自己以前的两位师傅兵部郎中薛放、驾部员外郎丁公著出任宰相，薛、丁二人都感到在这种时候难以胜任，固辞不就。

五月二十六日，群臣上先皇帝谥号为"圣神章武孝皇帝"，庙号"宪宗"。二十九日，葬于景陵。

宪宗未享天年，既是他的不幸，也是他的幸运。幸运的是宪宗保住了自己的威名，因为他刚死两年不到河北又叛，从此帝国竟再也没有真正统一过。不幸的是，宪宗这位中兴之主竟死在被他称之为家奴的宦官手中，算起来，这还是本朝有史以来的第一次。但这个世界上的任何罪恶只要有了第一次，就会有第二次，第三次……

幽州告急，又起风云

中兴局面的好景不长，并不是最令人失望的事。真正值得悲哀的是，从宪宗被弑开始，帝国的政治波澜中，又多了一股汹涌的狂潮。

元和时代的最后一年，元和十五年（公元820年），实际上是穆宗皇帝的头一年，因为宪宗在正月就去世了。新帝即位后，朝廷对河北采取了一系列后续措施，目的是进一步巩固战果。

中央政府首先是把各大方镇的首脑来了个大调换：将魏博的田兴（此时已赐名弘正）调往成德，李愬由昭义调往魏博，刘悟自义成徙驻昭义，而将成德的王承元（承宗之弟，其时承宗已病死）调防义成，同时又任命田弘正的儿子田布为河阳、怀、孟节度使。调换节将同分割藩镇一样，都是朝廷的政治手段，既可以成事，但也可以败事。

成德的王承元受诏上路时，诸将号哭喧哗，不让他走。承元感慨往事，不愿再与朝廷对抗，去意甚坚，甚至杀掉了几个带头挽留的将领。这一次，成德镇破天荒地没有率先闹事。淄青镇在刘悟杀李师道而归顺后就立即被一分为三，由朝廷委任马总、薛平、王遂三人分领，刘悟被调领义成，虽然失望至极，但不敢抗命，此番徙往昭义，也就不好再说什么。麻烦出在最北的幽州镇。

第二年，公元821年，穆宗改元"长庆"。

第三章 反奴为主：神策军与枢密使

这时幽州的节度使是刘总，他是原节度使刘济的第二个儿子，在元和五年（公元810年）伙同亲将毒死了其父，又杖杀了亲兄刘绲，得以总领军务。此人极为阴险狡诈，从其弑父杀兄上即可见之。在河北战场上，刘总表面上接受朝命对成德、淄青开战，实际上却按兵不动，空领朝廷供馈。吴元济、王承宗、李师道先后死去后，三镇相继归服，刘总失去党援，明白朝廷不会放过他，忧惧万分。

不知怎么，在恐怖之下，他的良心突然发现，夜夜做噩梦，看见父兄被杀时惨烈的情景。刘总悸惕不已，遂于官署后置道场，令数百僧人昼夜作法请父兄恕罪。这样度过了不少个忧惧不安的日子后，刘总感到无法忍受了，万念俱灰之下，选择了遁入空门来彻底解脱。临行前上表求归，朝野闻之颇为感慨，穆宗赐法号"大觉"。或许"大觉"后必证涅槃，刘总离开幽州还未走出多远就暴卒而亡。

朝廷派前相张弘靖入幽州主事。弘靖虽不是个无行之辈，但却不会办事，安抚工作尤其没有做好，给不满于归顺朝廷的人找到了借口，相率谋反。本年的七月十日，幽州旧兵们鼓噪而起，把弘靖囚禁了起来，并杀掉了他的随官。这件事情本来还闹不到不可收拾的地步，但有一个早有异心的人利用了这次事变，此人就是当年朱滔的曾孙——朱克融。第二天，朱克融在哗变军士的拥戴下，宣称"权知军务"。

八天后，田弘正也被不满于受他节制的成德军士所杀，领头者是成德镇都知兵马使王庭凑。这个胡人的后代暴悍凶险，共杀了田弘正及其手下将领、家属三百余人,自称留后,逼着监军宋惟澄奏求节度之职,成德镇终于再叛。

八月三十日,宋惟澄把消息报告到长安,震撼了朝野。

谁都没有思想准备。

去年在任的宰相萧俛当初就是反战派之一,他一向认为不宜穷兵黩武,在河北初平后,更是屡劝穆宗就此息兵。为此,萧俛给皇上献了一条"消兵"的秘策,这条计策建议朝廷容许各军镇每年有百分之八的军士逃亡,从而渐渐地削减天下兵员之数。从道理上说,本朝数十年来致乱之由,实因地方兵多将广,既不足以平叛,又徒耗民力,因此这个建议确实是一个聪明的策略。但计策虽好,却根本来不及实施。河北的根基尚存,叛乱只是时间问题。

继幽州、成德之后,魏博的田布也没能压住阵脚,在士兵的压力下无可奈何,不得已自杀身亡。朝廷没法,只能以带头煽动的将领史宪诚为帅。魏博一乱,形势就不妙了,在几个月的时间里,各地变故不绝。

新帝是个典型的享受派,好击毬,喜狎俳优、观杂戏,尤沉溺于畋游。享受天子乐趣的心占据了他的整个头脑,他可没有像他祖父、父亲那样的雄心大志,自然也就管不了这许多。

幽州之乱,朝廷命刘悟出征,但被他推辞。李愬尽管壮心未已,准备出战,但不幸得病谢世。于是裴度立即又被任命为征讨河朔的主帅,领李光颜、乌重胤等名将再度出击。但是,十万之众,在近半年的战事中却一直没有取得效果。次年二月,朝廷不得不给王庭凑昭雪,并授为节度使。宪宗勘定藩镇的所有成就从此化为泡影,短暂的"中兴"也宣告结束。

理固其然。在几十年的战争之后,朝廷与藩镇最终落得了一个两败俱伤的结果,谁也不能把对方一举吃掉,寻求一种根本妥协已成为当务之急。于是,天平的两头一旦开始均衡,冲突就不再显得那样激烈,如同阴阳之道,"你中有我,我中有你",似乎都不成为对立面了。然而令人焦虑的是,从长远来看,朝廷这一方是慢慢地衰落着,而藩镇却是一天天强盛起来,总有一天这种平衡会被彻底打破,那就将是毁灭性的。

但这不是现在的事,当前的问题是帝国的政治出现了一种新的局面,并足以让这些自霸一方的藩镇退到次要的位置上去。实际上,从宪宗之死开始,就已标志着这个时代的到来。在此后的数十年里,宦官得以走上了国家政治的舞台,九世纪的波澜中,又多了一股汹涌的狂潮。

风云再起。

宦官与禁卫军

宦官是奴才,也是被压迫者。挟天子以自威自重,并最终达成反奴为主,是他们与生俱来的愿望。宦官一旦掌握了禁卫军,他们的愿望就有了实现的可能。

宦,仆隶也。"宦官",原就是指宫内侍奉之官,起初并不都是阉者，后汉时宦官开始全部用刑余之人，不复杂间他士，后世遂以"宦官"称宫中为皇帝仆役之阉人。士人蔑视之，抑或称"宦寺""宦竖""阉宦"。

说起来，一切原委还肇始于有一位万人之上的天子存在。人之初，性本善，但若是生为人主，天赋权威，则后天之习必与常人迥异，以天下为娱乐之具而遂一己之好，也就成为他们的本性了。后世君主固不待言，即使先圣先王，亦从无例外。

于是崇宫室，于是广嬖幸，御柳宫墙之内，歌台暖响，春光融融，舞殿冷袖，风雨凄凄，后宫三千犹不得足，恨不得天下女子皆为我有。历代相因，竟成定式，这倒也罢了，关键是后宫既广，则需要有人为天子管理守卫，所以阉人应运而生。阉割称为"宫刑"，残暴酷烈，莫此为甚。但不如此，则不能保证天子的私有财产不被沾染。阉者刑余之后，人道已失，守之后宫，断无可忧，这真是一个绝顶聪明的办法！

无数不幸的人们就这样成为天子的家奴，他们既为人主所驱役，又为世人所不齿，心中惨怛，发之于外，遂有慷慨偏激之举。从后汉时期起，就有宦官们干预朝政、擅权自利的记载。在惨痛的教训面前，天子和朝臣定下了许多防范的措施。然而，宦者既为天子所必需，就注定了那些规矩是挡不住被压迫者的奋发的。

本朝虽也不能幸免，但在立国之初，情形倒还不错。

起先宦官常员所设，主要就是一个"内侍省"，掌统掖庭、宫闱、奚官、内仆、内府、内坊六局，有内侍四人、内常侍六人、内给事十人，此外还有内谒者、内寺伯、寺人等名目，皆为清一色宦官担任。太宗皇帝为限制宦官之权,曾立制规定内侍省不置三品官,以此本省最高官内侍不过为从四品上,防范不可谓不力。

太宗皇帝在这方面是很有心计的,有几次他派宦官出使外地,结果反应不好,太宗就非常生气。宰相魏征——本朝最著名的宰相之一——对此发表了一个观点,可以说是代表了朝臣对宦官的普遍看法。

他对太宗说:"阉竖地位虽微,但是狎近左右,时有言语,易为人主所信,若出潜言,为患更深。圣上明鉴,可以无虑,然为子孙万世计,不可不杜绝其源!"

太宗深然,遂下诏,自此以后,不再以宦官充使外出。这可谓是最好的防范措施,但同限制官品一样,后来也没能坚持,以致最终形成了宦官不仅有高官厚禄,而且不断充当各种专使、通过使职擅政的恶劣局面。若要就事论事地追究起来,造成这一恶果的罪魁祸首是太宗以后的两位皇帝:玄宗和德宗。

玄宗实在是出于无奈。"渔阳鼙鼓动地来,惊破霓裳羽衣曲",在外重内轻的态势下,为保证对军队的绝对控制,不得不行宦官监军之制。时势使然,不能求全责备。但德宗却难辞其咎。

就以此事来说,以宦官监军分领军权,固可以使将兵叛变之事多些阻碍,但打不了胜仗却是铁板钉钉的事实。这对于久经战乱的帝国来说,是不能不思变革的。况且宦官跋扈骄纵,有时甚至还激起兵变,已经成为百弊而无一利的东西。肃、代两帝以来,议者论之不绝,废停此制已成共识,就是德宗皇帝本人,肚子里对此也是清楚得很。

顺宗时倒王（叔文）主将之一的薛盈珍，德宗时就曾出任义成军监军。此公仗恃圣眷，欲夺节度使姚南仲的军权，南仲不从，两人翻脸。盈珍便屡向德宗密报对方的种种不是，果然搞得皇上对南仲发生怀疑。不久盈珍尚嫌不足，又派一员小吏程务盈从驿道赶往长安诬奏。巧的是，南仲手下的一位牙将曹文洽正要赴京公干，得知个消息后昼夜兼行，追上了程务盈。

驿馆中，文洽假装与他亲热，乘机将其灌醉后杀掉，把薛盈珍的上表丢在了茅厕中。自己又同时写了一封上表给皇上，一封信给姚南仲，然后自杀。

这是其时监军、节度使之间闹得还算小的一件事。事发后，姚、薛二人都被招来长安。

德宗问姚南仲："薛盈珍干扰你了吗？"

南仲答得好："薛盈珍没干扰微臣，是微臣自己乱了陛下的法。不过，天下如盈珍之辈者所在皆有，臣等又如何行恺恺之政，成攻取之功？"

说得德宗默然。

然而他还是我行我素，继续他的方针。德宗不是不知道其中潜伏的危机，在他"不知依仗何人"的表面下，德宗其实固执地坚持着一条原则，在他看来，宦官尽管有着多少不是，但却不会反对自己，因为皇帝是他们赖以存在的基础。比起那些朝官来，他们更可靠，更易于驱使。德宗在纷扰的现实面前，选择了一条自以为聪明的道路：不相信任何人，只相信自己，包括与自己二位一体的宦官。德宗没有想到的是，他最终把灾难留给了自己的子孙。

贞元八年（公元792年），左神策监军窦文场排挤了左神策大将军柏良器，独掌军权。贞元十二年（公元796年），德宗又设立左右护军中尉，并以宦官担任。

鸟瞰帝国的首都长安城，全城分为宫城、皇城、外郭城三部。宫城居北，为皇宫所在，包括太极宫、东宫、掖庭宫；南五门，承天门居中；北三门，以玄武门分左右。皇城居城南，为各官衙所在，北面无墙，与宫城以横街相对；其间南北七街，东西五街，中央各署分列其间；南面正门取法天象号曰"朱雀"，与"玄武"对称。朱雀门出一大街直趋外郭城，宽一百二十步，纵九里又一百五十五步，可称名副其实的"天街"。

外郭城位于皇城、宫城的东、南、西三面，为官民住宅及市肆所在，共有东西大街二十五条，街面宽广，两侧均有整齐水沟，当初裴度就是因落到沟中才得以逃生。此二十五条大街分全城为两市、一百零八坊里，以朱雀大街为界，东半五十四坊及东市属万年县，西半五十四坊及西市属长安县。白居易有诗道"百千家如围棋局，十二街如种菜畦"，真是形象无比。

很清楚，宫城居北，因而守卫京城的卫戍军主力必定是布置在这里，地点就在宫城北大门玄武门之外。其军初由禁军中之左、右羽林军和左、右龙武军组成，本朝人又称之"北军"，与由十二卫将军掌握以护卫皇城百司的"南军"对称。安史之乱后，又置左、右神武军和左、右英武军，共八军。北军所处地势极其重要，掌握着天子所居之地掖庭宫的北大门，玄武门一旦生变，则宫闱必不保。当年太宗皇帝杀兄逼宫,就是因为有北军之助,于玄武门一击成功的。

后来情形略略有了变化。

一是高宗嫌太极宫潮湿,扩建了位于宫城东北的大明宫,并迁居该地,此后除玄宗外,诸帝都在此居住听政,大明宫取代太极宫而成为宫廷中心。

二是神策军渐渐成为禁军北军的绝对主力。神策军早先是陇右节度使所属的一支劲旅,起初主要承担的是西北的防务。直到代宗广德元年(公元763年),宦官鱼朝恩率此军在吐蕃的入侵中为保护代宗立下大功,才成为禁军编制。此军经常出征,地位日重,由于德宗归之于宦官,因而赏赐亦丰,于是驻防长安四周的部队纷纷请示隶名于神策军借以广其衣粮,以致挂名之旅遍于全国,数量迅速扩大,贞元时已至十五万人。但其核心仍是京师左右神策军,实际上的统帅就是左右护军中尉,与禁军中的左右龙武、左右羽林军分驻大明宫东北、西南两侧的九仙门、太和门外。在这一点上,一如太宗时玄武门外的情形。与以前所不同的,也是最要紧的是,它却是由宦官所掌握。

所以,当年顺宗的嗣君地位发生危机的关键时刻,他即使重病在身,也不得不强扶病体出九仙门安抚;而右中尉梁守谦与王守澄诛杀了左中尉吐突承璀之后,立即就赐给左右神策军士每人钱五十缗,其他六军每人却只有三十缗,都是出于这个道理。

宦官有了神策军,长安城的格局也就不再是横平竖直的方正之象了。有一种势力正越来越大,终将会彻底摧毁旧有的态势。

这一天已经慢慢到来。

变化中的格局

> 天子家奴与朝廷士子是永远排斥与斗争的两极。在宦官的势力日趋浓炽之下，假如士人们不能精诚团结而是各私其心，那么政治黑暗就必所不免。

裴度对再叛的河北诸镇没能取得战果固然是大势所趋，但也有重要的其他原因。

皇上在头一年贬斥了与吐突承璀有染的皇甫镈，以令狐楚、萧俛、段文昌为相，三人都是反战的中坚，自不会对突变的形势有所准备。第二年初，又贬去令狐楚，引崔植为相。崔植是崔祐甫的侄子，因坚决反对皇甫镈而名重朝野，得到皇上的赏识，入相后，也颇能尽谏。此人学问倒是不错，但却不懂军事，更缺乏政治远略。在战事拉开，萧、段两人先后去相后，他与原翰林学士杜元颖共同主知政事，同样也是无所作为。

天子只有二十六岁，正是玩乐享受的最佳时光，他可不愿意放过。正式即位的第一天，仪式刚刚完成，皇上就迫不及待地招来倡优演杂戏给他看，这边百官尚未走出大明宫，穆宗就已在丹凤门楼上高兴得手舞足蹈起来。第二天，皇上又到神策军营看人摔跤。即位以来，如此之类的宴游畋猎，几乎没有断过。谏官们上奏，告诫他要适可而止，皇上竟大为惊讶，对宰相道："此辈何人?"连大臣都不认识了。

原因还不仅于此。

人为天地万物之灵,公平是文明的基础。本朝是文教昌盛的时代,伦理教育让每一个人都明白这个道理。士子或以才华德行取仕,或以报效边庭立功,忠君报国,安身立命。可若是没有了公平原则,一切都成空谈。就是地方藩镇的那些武将,拼死拼活也无非就是想以武功证明这一点而已。同理,天子既然造就了一个宦官阶层,他们也就不可能永远甘心为奴。

本朝为士子提供的公平手段是相对严格的考试制度,给武将的晋身之阶自然也就是战功,但士流以外的工商杂类什么也没有。宦官表面上有官品,但实际上他们只是奴才,甚至比奴才尚低一等,因为他们甚至是"非人"。宦官所能得到的,似乎只有皇帝对奴才的赏赐而已。这个大大的不公平永远是激发矛盾的根源,历朝历代都不乏先例,而到了此时此际,它开始有了一触即发的态势,宪宗之死就是个信号。

宦官掌握了神策军,使他们具有了这种能力,而枢密使一职的出现与壮大,更使得他们拥有了机会。

枢密使正式设立是在宪宗元和初年,又称内枢密使,左右各置一员,首任者是刘光琦和梁守谦。枢密使的职责是"承受表奏、出纳王言",说白了也就是承"上"启"下","上"是皇帝,"下"是宰相。这个职务的性质就决定了它能兼达两头,既可以乱帝听以削挠相权,又可预宰相共参政事。枢密使使宦官在取得军权的同时,进而获得了政事权。

第三章 反奴为主：神策军与枢密使

宦官王守澄立有大功，此际已被穆宗命为枢密使、知枢密院事，负责内外传达，但权势绝不仅限于此，他的地位早已超过当年的吐突承璀。更何况皇上喜淫逸，少不了与他同乐的人，宦官们比朝官更胜一筹的是，不费吹灰之力，就掌握了天子。宛如儿童的穆宗是第一个完全的战利品。

和宦官的气势相反，帝国的现实是骄主荒淫，辅相庸碌，政策、处置皆无是处，在这种情况下，谁又能在前线打胜仗！

长庆元年（公元 821 年）朝廷中的头一件大事是在三月份的一次"常科"考试中发生的。"常科"是国家每年举行的常设考试，与皇帝召试以待非常之才的"制举"不同，科目有"明经""进士""明法""明书""明算"等，以"进士""明经"最为重要。这次考试的主考是右补缺杨汝士和礼部侍郎钱徽。

本朝科考并不糊名，应考者的姓名对主司是公开的，因而考生的名气与声望乃至家世、与主司之关系等对考试结果有异乎寻常的作用。为国家选才是人臣的义务，可以唯才是荐，甚至可以举贤不避，这一次也不例外，西川节度使段文昌、翰林学士李绅都对钱徽有所推荐。

然而榜出后，段、李所属者皆名落孙山，而及第者中大多是公卿子弟，其中还有考官杨汝士的弟弟。段文昌不服，认为太不公平。皇上征询意见，有不少人持同样看法，结果这次考试成绩取消，重新进行。此次事件牵涉不同意见两方面的很多人，段、李这方面有宰相裴度，翰林学士李德裕、元稹，主考官钱、杨方面则有中书舍人李宗闵等人。事情虽然很快就过去了,但是,谁也没有把它就此忘记掉,特别是在事件中得到贬职处分的李宗闵。

这年十月,刑部尚书兼盐铁、转运使王播入相。此人在三年前曾出为西川节度使,皇甫镈去相后屡请还京。王播在财政上很有些办法,手上颇有些钱,宦官的上上下下都打点到了,事情进行得很顺利。早在年初,萧俛听说他靠此道求职,极其愤怒,到皇上面前力争:"王播如何可以入居台司!"穆宗要靠王播弄钱,没有听萧俛的。萧俛一气之下,辞去了相职。不久段文昌也被命往西川,王播得以和杜元预同时入相。

四个月后的长庆二年(公元822年)二月,河北宣告停战,工部侍郎元稹被命为宰相。

此人更是大有故事。

元稹字微之,早年与白居易、萧俛等人同时踏入仕途,也是以才气知名之士,元和元年(公元806年)因与裴度上疏指责朝政,引起宰相杜佑的不满,同裴度一起被贬。裴垍入相,裴、元二人先后被起复,元和四年(公元809年)元稹以监察御史"分司东台",到设在东都洛阳的御史台亦即所谓"东台"或"留台"任职。在任期间屡屡劾奏地方大吏,又引起不少怨恨,元和五年(公元810年)二月,朝廷调他回京。

这一日,元稹回京的路上走到华州,见天色将晚,遂留宿于一个叫"敷水驿"的驿站。驿站中看到是监察御史大人,不敢怠慢,安排他住到了唯一的上厅。不意到了夜里,事情来了。

帝国交通十分方便,驿道四通八达,尤其是长安到洛阳这一

第三章 反奴为主:神策军与枢密使

路,全是宽广的大道,和全国各地一样,道旁每隔一段就设有驿站,供往来的官员休息、换马。大的驿站中皆有上、中、下不同的厅房,以接待不同品阶的公务人员。这一天很巧,在夜里,一队宦官也来到敷水驿下榻,为首者是奉命出使的内给事刘士元,刘士元一进来,当然要到上厅去住。

站吏报说,上厅已有人了。御史与中使都是经常在驿站中落脚的官员,朝廷对此有一个不成文的规定:如御史到馆驿,已于上厅住下,有中使后到,则就别厅;而如有中使先到上厅,御史后来,亦就别厅休息。站吏心想,虽然内给事官品要比监察御史高好几级,但有这个旧例在,倒也好安排。

刘士元可不答应,一听不过是个监察御史元稹,更是傲气:"叫他换到别处去,上厅本使要住。"

站吏一看不对头,不敢违抗,只得前去请元稹移驾。元稹这时已更衣毕,正欲就寝,一听这话也有气,隔着房门对站吏道:"本官先到,断无让厅之理。"

站吏回报士元,士元大怒,对手下人道:"跟我进去,今天倒要看看什么人敢如此托大!"众人齐发一声喊,随着士元就往里走。

士元手提马鞭走到门口,一脚踢开户门,指着元稹破口大骂,同时甩手就是一鞭,正中元稹的面颊。元稹吓得连鞋子都来不及穿,拔腿就往后厅跑。士元哪里肯放,追上去用鞭子乱挥。

元稹的马早已被士元的人牵走,元稹是进退不得,只好在驿站中四处避让。士元又呼令手下人去找弓箭,只吓得元稹魂飞魄散方才罢休。

221

元稹狼狈赶到长安,不少朝官们都感到是奇耻大辱。他的好友白居易一连上了数表,为元稹无端受辱鸣不平。连跟宦官关系不错、其时正任御史中丞的王播也摆出旧例认为这是刘士元做得不对。但宪宗在两人之间,肯定是选择偏袒宦官这一方,还是借他故将元稹贬为江陵府士曹参军,后来又先后调他到通州、虢州任职。

元稹这一去就是十年,十年的挫折让他大大转变了。元稹家境贫寒,完全是靠奋发才走得到今天的地位。这次教训让他"如梦初醒",感觉到凭着他以往的那种年少轻狂对自己的仕途是极为不利的,于是"痛改前非"。元和十四年(公元819年)宪宗大赦,元稹被召回京任职,为了达到进入台阁,甚至做宰相的目的,他竟开始结交曾给他以羞辱的宦官。

第一个是他在江陵的故交监军崔潭峻,第二个是入京后认识的神策中尉副使魏弘简。有一段时间,元稹经常轻车简从,出入于魏弘简宅第,以事相请。结交宦官的效果出奇好,穆宗即位之初,元稹就因回朝述职的崔潭峻之荐,被提升为库部郎中,兼知制诰。所谓知制诰,就是有资格参与诏书的草拟,本朝除禁中的翰林学士、禁外的中书舍人以外,一些官员也可以本官带知制诰。不久元稹又被召入翰林,任中书舍人,离宰相只有一步之遥。

当时的几位宰相中,萧俛从来不喜欢超格任人,对元稹原本又无好感,因而很讨厌他的冒进。只有段文昌对他不错,还专门在皇上面前替他美言。但朝中都知道他转托宦官的事,对元稹之辈靠此道捷足先登都十分不满。中书舍人武儒衡就当面给过他们难堪。那是在一次知制诰官员的会食上,众人正在吃饭,正好有不少苍蝇飞来,儒衡以扇挥之,口道:"哪里来的东西,一下子就能聚集到这里?"众人听罢脸色都变了。

元稹此际也是主张罢兵的,他的不少诗歌反映了这个观点,正合穆宗之意,所以在魏弘简的建议下,终于在河北战事结束后用他为相。裴度照理是与元稹共过患难的人,但见元稹附和宫中主张而阻挠继续采取军事行动,十分气愤,三次上表反对启用元稹,迫使皇上把元稹和魏弘简都降了职,两人由此产生了重大矛盾。

这是一个危险的开端,在对河北的战事以失败告终之后,朝中派系分野已经日趋复杂,离合变化层出不穷。朝官们好使意气,囿于私见,不能开诚布公,攻讦又日益严重,自然也就给另外一种势力以可乘之机。而裴、元不和,更是雪上加霜。

元稹终于得以入相,元、裴二人的矛盾便开始闹大。长庆二年(公元822年)二月,元稹力请昭雪王庭凑,并建议为彻底息兵,应立即解除裴度的兵权。皇上同意,下诏命裴度为东都留守。制诰一出,遭到不少反对,穆宗便命裴度先来长安再说。

裴度一到,第一件事就是请皇上下令杀掉一个在昭义镇恃恩骄纵的监军、宦官刘承偕。此举虽然没被皇上答应,可依然得罪了宦官,裴度还是被命出朝,去任淮南节度使。这一下朝中议论纷起,都说在此关头,有将相之才的裴度不宜外出,才使得他留在了朝中为相,与元稹共同主事。这是三月份的事。

元、裴两人倒是暂时得到了妥协,但政治分野绝不是非甲即乙的事,元、裴互相嫉恶,可还有与他二人都有矛盾的人存在。同时,宦官势力既然掺和了进来,也不会轻易善罢甘休。事情麻烦了。

前宰相李逢吉时为山南东道节度使,他可没有闲着。

逢吉颇和早年的杨炎类似,有一种对个人恩怨过分执着的心态。元和十二年(公元817年)平淮西之前被裴度挤出朝廷后,一直都耿耿于怀,几年之间,心里很不是滋味。逢吉知道,眼下裴、元不和,正是自己的良机。但身在外任,无可奈何,一切都必须回到长安才行。

他的族子李仲言对他建议:走宦官的路子。

李仲言道:"侄认识一个奇人,名唤郑注,此人虽以医术闻,然有经略之才。早年在李愬军中为王守澄治疾有奇效而为其所知,今为中尉王氏守澄近侍第一人。若托郑注交结与彼,事无不成。"

逢吉纳其言,请郑注达意与王守澄,守澄正恶裴度不亲己辈,一拍即合。就在五月份朝廷果召逢吉入京为兵部侍郎。逢吉一入京,真的就来了机会。

在被朝廷昭雪之后,王庭凑依然将朝廷任命的深、冀节度使牛元翼围困在深州,时间已将近四个月之久,很使朝廷难堪。穆宗只知道一意姑息,根本不解决问题。有一位将门之后于方欲立大功,设想了一条奇策,秘密求见宰相元稹。

于方道:"有两位奇士王昭、王友明曾在燕赵间行走,与贼党很熟,可于敌营中行反间计而解牛元翼之围。"

元稹大感兴趣,赶紧问他如何安排,于方一笑,说道:

"本人愿以自己家财资其出行,并可贿赂吏部官员,弄出二十通告身文书,供其见机使用。事出机密,故而不得不变通行事,还望相公批准。""告身",就是吏部对官员的委任状。

此事本意虽佳,但不通过朝廷擅自主张,又贿赂朝廷命官,实属于违乱法纪之举。但元稹出任宰相,受人讥笑太多,一直想有所建树,心想此计若能得逞,正是大功一件,竟也就糊里糊涂地答应了。不料,此事竟被李逢吉探到了一点风声。

逢吉其实并不清楚事情实质,他得到的消息只是某位宰臣将有机密之举。但对他来说,这也就足够了。

五月的一天,裴度府中来了位叫李赏的人,说有要事面呈裴相。裴度不尚奇诡,就请他在前厅明说。

"和王府中的属官于方,不知相公知道否?"李赏先问了一句。

"知道,此人乃故司空顿之后。"

"正是这位于方,欲为某侍郎结刺客击杀相公,不可不防!"元稹是以工部侍郎的身份挂"同平章事"衔行宰相之权的,李赏的话很明显。裴度一听,心想这从何说起?元稹再与自己有隙,也断不至于如此,这个李赏的用意太恶毒了。但裴度的气度自非寻常,在未了解来龙去脉之前,他是不会轻举妄动的。所以忍而未发,只是淡淡一笑:"言尽于此,谢君厚意。送客!"

几天过去。裴、元二人一如寻常。李赏便又一次出现,这次他直接去了左神策军营。此际的左军中尉已是马进潭,是当年与王守澄辅弼穆宗入继大统的功臣之一,现在和梁守谦一左一右,并驾齐驱。在宦官中间,此人和元稹的关系最不怎么样。

神策左军立即上了一本:"有告事人李赏称,于方受元稹所使,结客约刺裴度。"宰辅之间,竟有谋杀之事,皇上平日再怎么散漫,闻奏之后也是大吃一惊,立即命左仆射韩皋、给事中郑覃与李逢吉三人会同御史台严审此案。

一鞫于方,"约客刺杀"之事自然是子虚乌有,但逢吉岂能轻放,穷追不舍之下,元稹擅作主张用反间计的事情就包不住了,于方如实供出。不管怎么说,这也是宰相的不当之事,枢密使王守澄与李逢吉更坚持说裴度知而不报,也应当一并处理,皇上表示同意,下诏罢二人相职,并贬元稹为同州刺史。

谏官们有异议,认为裴度无罪,不当免相,而元稹身为宰相,与于方擅为私谋,却责之太轻。皇上没有完全听从,只是缓和了一下,命裴度以右仆射在朝,削去了元稹带的另外一项职衔。六月初五这一天同时还发布了另一项诏命:以兵部尚书李逢吉为门下侍郎、同平章事。逢吉再次入相主持政事。

李逢吉的目的达到了。对宫中的宦官而言,也没有比这个更好的结果了。

有了派系,就有了斗争

一切派系的形成,都源于私心。有了派系,就有了斗争。

李逢吉是陇西望族出身,登进士,入幕府,赴朝为清望官,出使南诏、塞外,仕途相当顺利。在元和七年(公元812年),他和另外一人被命为太子诸王侍读,得以被当时的太子穆宗所识,这对他来说,更是有关他后半生的一个关键。两年后改任中书舍人,元和十一年(公元816年)二月首次入相。

凡是境遇顺利的人往往心高气傲,然而却极易受到伤害。在突来的挫折打击面前,这种心态就会转化成一种偏激,他们变得妒忌、孤僻乃至奸诈,为了满足自尊和达到某种心理平衡,他们甚至会不惜一切手段。李逢吉就是一个典型。逢吉第一次入相要比裴度晚大半年左右,两人只共事了七个月,裴度因不满于他对淮西之役的种种阻沮,通过宪宗将他请出朝外,出任剑南东川节度使。恩怨就这样结下了,而且不可调解。

逢吉有两个优势,一是于当今皇上有侍读之恩;二是他有一位极富谋略的侄子李仲言。李仲言也是进士出身,是个不可多得的人才。逢吉正是通过他以及他的好友郑注,才和宫中近臣达成了利益上的共识,不仅顺利回京,而且排挤了裴、元,出任宰相。仲言尤能结交豪士,为逢吉培植羽翼,出力甚多。

宫中方面,第一是王守澄,其次是左右中尉马进潭、梁守谦,还有内侍内使魏弘简、刘弘规等人都至少与逢吉在一点上是见解一致的,即对裴度的态度上。对于一个势力渐兴的阶层——比如宦官——而言,任何一位不肯屈从的老家伙都不会受欢迎。裴度功高勋著,刚直不阿,对宦官极端不利是很明显的,所以也不会例外。

长庆二年(公元822年)六月,李逢吉入相前后,朝中的人事有很大变动,宰相中除了挂衔者外,王播已于上个月赴淮南;杜元颖虽然留任,去职也是早晚的事;白居易再次被贬出京为杭州刺史。几位杰出的大臣中,韦处厚为中书舍人,李绅为中书舍人兼翰林学士,韩愈为兵部侍郎,李德裕为御史中丞,牛僧孺为户部侍郎。未来的斗争必然就降临到他们身上。

本年下半年来,地方上情形不妙,徐州、汴州相继为乱。从六月到九月,各地兵兴未已。到了十一月,皇上因在打猎时受了惊吓,居然得了风病卧床不起,长安城中谣言四起。

起因是皇上尚未立储。朝官们都很紧张,一旦出事而国无储君,势必天下大乱,这事非同小可。皇上是十一月二十四日得的病,此后数天不闻起居,宰相们屡请入见,未被枢密院答复。大家遂请德高望重的裴度出面,上疏请立太子,并请皇上接见朝臣。

宫中的宦官也很不安,穆宗确实病得很厉害,而外间的议论更是对着他们来的,有一种说法竟直指王守澄和梁守谦,说他们有废立之谋,事态已变得很严重,神策两军奉命处于高度警戒状态。十二月初五,在守澄的安排下,皇上终于在紫宸殿接见宰臣。这一天宫中的戒备特别森严,皇上身边的护卫一律换成宫中内侍,天子坐在床榻上,面对着臣下的请求,也只有微微颔首而已。幸运的是,十二月初七宣布立景王李湛为太子之后,皇上的病也渐渐好转了。新年的正月,为了嘉奖神策军在这次风波中的绥靖贡献,特别有诏赏赐两军中尉以下的官兵。这已经到了长庆三年(公元823年),穆宗的第四个年头。

本朝宰相既实行政事堂集体领导制,自玄宗开元年间以后,人数已渐少,但除去荣衔以外,一般也有三到四人。目前当朝宰相只有李逢吉、杜元颖两人,新年伊始,补充相选已是当务之急。其实早在去年,朝中已经有两位大臣有入相之望。

一位是李德裕。这是大名鼎鼎的李吉甫的儿子,早岁好学有志,不乐仕进,元和初还因父秉国钧,避嫌不仕台省之官。先被张弘靖辟为幕僚,后以门荫入仕,历任监察御史、屯田员外郎、考功郎中兼知制诰、中书舍人兼翰林学士,去年二月改任御史中丞。德裕颇有雄才大略,很为穆宗赏识。

另一位是当年与李宗闵在考策中公开指责朝政而名重一时的牛僧孺。进士出身,入仕后因在那次对策中得罪了宫中,一直未得升调。穆宗即位,历任库部郎中兼知制诰、御史中丞、户部侍郎。僧孺为官清正,亦向有声名,特别是他拒绝了宣武节度使韩弘的贿赂而被穆宗知道后,恩遇渐隆。

照理,李德裕资望较深,又为穆宗信任,出任宰相是大有希望的。但不幸的是,他是李吉甫的后代,这一无法更改的事实给他的后半生增添了无数波澜。

李逢吉第一个就不能答应。他无法忘记元和年间因息兵之议而被罢相的旧事,所以他最恨裴度,连带也恼恨主张强硬的李吉甫,更妒忌这些靠门荫入仕的功臣之后。按照逢吉的观点,正是这些自命不凡的人给国家造就了动荡的现实。李德裕在翰林院与李绅、元稹情款意洽,也是逢吉必须将其摒除的动机。逢吉是个想到就做的人,他既丝毫不掩饰他的观点,又锐意于行动,当他在去年九月将德裕排挤出朝任浙西观察使时,朝中已经都知道这意味着什么。

逢吉的意思在牛僧孺。

就逢吉本人来讲,这里的原因不外乎也要上溯到元和初年的那次策试中去,当时赞赏僧孺等人的考官是韦贯之。就是与他同在元和十一年(公元816年)前后反对淮西用兵的同志。他对那次事件的态度与朝中不少人一样,都认为是李吉甫的不是,所以对牛僧孺,逢吉的那种亲近感几乎就是天生的了。

牛僧孺自然而然地在逢吉的引举下入相,时间是长庆三年(公元823年)的三月初七。这一天也许是个值得大书特书的日子。从元和三年(公元808年)四月的那次策试——包括长庆元年(公元821年)的那次贡举风波——到现在,历经十四年的工夫,本朝历史上一个最大的误会最终形成了,这个误会所带来的广阔而深远的后果,不久就将爆发。

皇上的病虽有了些好转,但仍未痊愈。

天子有疾,历来都是权幸者得志的最佳时机,在这种当口,谁最有权,谁就拥有发言权。枢密使王守澄当仁不让。

人们在这段时间里发现,有一个身材矮小,眼睑厚重而下垂,目不能上视的人日夜出入于守澄的官邸。据说,此人就是郑注,是位怀揣密术的奇人,既为枢密使所亲重,也甚为皇上所厚遇。只要求他,似乎没有办不成的事,为此,他在城中的那座大宅,天天都是车马满门的。

工部尚书郑权就是一例。此公好色,蓄了众多的姬妾,可工

第三章 反奴为主：神策军与枢密使

部本非肥缺，单靠他那点俸禄自是养不起。郑权思忖，只有外放富庶地方，才能多捞一些。为了养家，郑权也顾不得什么了，便请郑注通融于王守澄。果然无多久，郑权就被委以岭南节度使。人们好笑之余，也不禁痛恨起宰臣误国来。

其实政事堂中，宰相李逢吉、杜元颖、牛僧孺三个人的话加起来都没有守澄一个人多。本朝起初有宰相轮流秉笔执事的规定，可在守澄的授意下，此时只有逢吉一人当值，竟成了常务首席。二人相结，权势膨胀，做了完全不合规矩的事，朝中重臣也无一人敢持异议。裴度终于未能在长安待下去，已出任山南西道节度使，连"同平章事"的宰相衔都没有挂。

只有翰林学士李绅不买他们的账。李绅是个有才能的清明之士，与李德裕、元稹同在翰林时，号称"三俊"。翰林学士算是内官，常受天子承顾，若得信任，其职权也就类似于枢密，并不亚于禁外的宰相。早先的陆贽号称"内相"，就是这个道理。穆宗此时就常常将逢吉的拟状征求李绅的意见，李绅的反对意见占了多数。

逢吉气在心里。但李绅身在禁署任职，又为皇上所信，一时也不太好办，最好是先把他弄出天子身边才好。这时，又是李仲言，给逢吉出了一计。

当时朝中有两个人耿直是出了名的，一是李绅，还有一个是韩愈，也就是当年裴度征讨吴元济时的部下，《平淮西碑》的作者。韩愈道德文章世所公认，尤敢于死谏，曾为宪宗贪长生而冒死上《谏迎佛骨表》，差点丢了脑袋。韩愈自穆宗即位以来先后任国子祭酒、兵部侍郎、户部侍郎,是个有望之臣。李仲言的意思,此间大可利用。

一日,皇上御延英殿召对宰相。这是本朝"常朝"之外,天子与宰相面议政事的制度,天子有事商量或宰臣有事敷奏,即可举行,并不定期。

在这天的延英召对中,逢吉奏了一事:"眼下御史中丞位缺,李绅清正,可任此职。"

李绅时任中书舍人兼翰林学士,出任御史中丞倒也不算降格。他心中大感困惑,不知逢吉出于何意。

皇上照理是舍不得李绅卸去翰林学士的,但转而一想,御史台乃天子耳目,确也是个重地,再说御史中丞官品等同于李绅现任的中书舍人兼翰林学士,都是"正五品上",又是可在宰相之后赴阙听对的"次对官",也就同意了。

逢吉暗喜,进而又奏请韩愈为京兆尹,兼御史大夫。京兆尹作为首都行政长官,其规格亦同于省官,上任之时按旧例是要到御史台谒见,谓之"台参",但韩愈又兼了御史大夫,情形就有不同。

按照本朝官制,御史台长官本就是御史大夫,后因官重位崇,自安史之乱后官不常设,御史中丞才得以成为实际上的宪台之长。此次韩愈既带了御史大夫之衔,所以宰相在任命时特别加了一条:免去台参。这下事情来了。

李绅刚直,如何能依!他特地移文韩愈,颇有点责怪他不知事体的意思。

第三章 反奴为主:神策军与枢密使

韩愈这个人本就倔强,见状不服,与李绅公文往来,言辞上就更为不逊。此事渐渐弄得沸沸扬扬,朝野皆知。

机会来了,逢吉抓住借口,立刻奏明皇上:李、韩二人严重不协,有违朝纪,请予以罢职处理。

穆宗对李绅一直是心存爱意,心想李绅既不宜在朝,就改放外任吧。十月,在贬韩愈为兵部侍郎的同时,以李绅为江西观察使。皇上还特地派了个宦官去安慰他。

李绅到此算是完全明白了,一腔委屈无处发泄,便对来人大哭,说自己实为李逢吉所排挤,"微臣恋阙效忠之心未已,恳请中使禀奏圣上!"

穆宗知道后有些省悟,他也晓得朝中大臣之间一直互有攻讦,心里对逢吉的不能容人很不高兴。便改任李绅为户部侍郎,仍留在朝中。这个结果不要说李逢吉,就连王守澄等宦官也觉得不能满意。但皇上做主,暂时还只能表示接受。

可未过多久,长庆四年(公元 824 年)正月,皇上在服食金丹的不良作用下,旧疾复发,不幸驾崩,年仅三十岁。穆宗皇帝尽管在即位之初就把那位坑害过其父的江湖术士柳泌砍了头,但却不意味着他不相信长生药。实质上,年方盛年的穆宗贪念长生比之其父也未必少让,对长生仙丹,他只是不相信效果不佳的一种而换服另一种罢了。还好,皇上的暴崩未引起突变,但却有宦官跑到太后那里游说,劝她以母后的身份称制,结果被骂了出来。太子太年轻了,只有十六岁,难怪有些人要如此热情地为国是奔走了。同月,韩愈也死在了兵部侍郎的任上。

正月二十六日,太子即位,史称敬宗。

李逢吉的目的只达到了一半,他当然不会就此罢休。眼下他更担心的是新君会不会重新启用李绅。至此,逢吉那种妒贤嫉能的奸险品性已完全暴露无遗,他不允许逆己者阻挡他满足独秉国钧的欲望,他既要排挤反对者,也不容许被排挤者报复,这是心胸狭窄、私欲过重之人的通病。逢吉丝毫也不认为他没有这个能力,有王守澄和他站在一起,这也许就意味着天子以及整个帝国都在他们的手中了,还有什么办不到的呢?!

世上若是没有了叛变投靠和反戈一击的人,阴谋也就不会存在了。李绅有个亲戚叫李虞,算起来是他的族子,相当于远房侄子,以文学知名,自称无意于仕进,隐居在华阳县。有次来长安看李绅,与其叔父李耆以及前进士程昔范都投在李绅的门下,相与过从,亦颇投机。未几,李耆拜左拾遗,回到华阳的李虞有点耐不住了,写信给李耆,希望他能向朝廷引荐一下自己。

不料带信的人把此函误投给了李绅。李绅一见好笑,心想我这个侄子不是不乐仕进的吗?如何进退之心反复无常若此,倒要劝劝他。顺手就写了封回书,言辞中真是把李虞讥诮了一下。

李虞看到李绅的信闹了个大大的红脸,自尊心受到极大的伤害,觉得李绅太不给面子。由怨生恨,李虞咬牙切齿:"不报此辱,誓不为人!"

李虞立即上京去见李逢吉,把以前李绅与他私下的谈论,特别是有关中伤逢吉的话,诸如逢吉如何奸邪、如何附和宦官等,添油加醋,一股脑全说了出来。逢吉听罢,气了个半死,更恨极了李绅，觉得自己无论如何也要把他彻底打倒，绝不能让对方借着新君御极的机会东山再起。

具体的计划用不着逢吉自己操心，李仲言已为他招致了不少人，正日夜计议着如何抓到李绅的把柄。

政事权旁落

> 鹬蚌相争，渔翁得利。皇权与相权皆为宦官所掌握，反奴为主便成为严峻的现实。

李仲言为其叔罗致的死党中，有两个人最厉害，一个叫张又新，一个叫李续之。当逢吉问计于二人，有没有一些更好的办法时，两人皆曰：

"朝中缙绅大臣，大都自惜羽毛，谁肯为相公搏击？此事须得非常之人出死力而为。我等知道有一个叫刘栖楚的人，即是个奇士。"

"哦？"逢吉问道，"怎么个奇法？"

李续之接着道："此人曾在成德王承宗手下为吏，承宗有次将其绑了起来，他以首叩地固争，承宗竟也无可奈何，其果敢坚锐如此。相公若能提拔他为谏官，令其侦伺李绅过失，待机曝扬于圣上之前，恩宠必替。即使不成，亦过在栖楚，牺牲掉他也没什么可惜的。"

此计甚毒，却也正合逢吉之意。于是，李虞、程昔范、刘栖楚三人都被逢吉擢为拾遗。"拾遗"，乃是本朝谏官的一种名号，分左右而置，与谏议大夫、左右补阙一样，专门以进谏为职，又称言官。左右拾遗品秩虽然不高，只有"从八品上"，但谏诤之任不轻，所谓"朝廷得失无不察，天下利病无不言"，即是设置拾遗一职的本义。不过，三人此际的"拾遗"目标却没有这么高远，不外乎就是"拾"李绅一人之"遗"而已。

李仲言与张又新在舆论上为推倒李绅推波助澜，他们对那些胆小而又头脑简单的人广为散布，说李绅看到有人在一起议论，便到皇上面前密报，说某某人结党、某某人拉派。谎言重复一千遍就是真理，弄得士大夫们对李绅都有点畏忌。

不过，单凭如此这般寻找机会是要花点时间的。楚州刺史苏遇也是个倒李绅派，他对逢吉门人不急不慢的做法很不以为然，找到张又新等人说：

"新君一旦听政，必举行延英殿廷对。李绅乃次对官，这是他希蒙圣恩的唯一机会，要防就防他这一点！"

又新等人猛省，急急建议逢吉道："事情确已迫在眉睫！若是拖到圣上正式听政，李绅一旦入觐而为上所用，后悔就晚了。"

逢吉心想："此话有理。看来不下重手不行！"

这事最后只有靠王守澄。

守澄对新帝道："陛下之所以立为储贰，臣备知其中过节。"言下已有深意。

敬宗自然很好奇。

第三章 反奴为主:神策军与枢密使

"当初陛下之立,全赖李逢吉之力。而杜元颖、李绅辈,原本都是想立深王为储的。"深王李察,是穆宗的弟弟,新帝敬宗的叔叔。搬出这种事情来,就是击到问题的要害了,守澄在宫中多年,他当然知道孰轻孰重,在这方面,他又要比李逢吉和他的门人强多了。

新帝年轻,对帝国储副常生不测的事没有切身体会,觉得杜、李等人都是几朝老臣,做不出这种事,不大相信。

可随后任度支员外郎的张又新也上了一表,说李、杜二人其实对皇上不利,他们曾暗蓄异志,欲立深王为太子,只因先帝不听,才未得逞。新帝尚未面见群臣,表奏都由枢密院呈上,守澄急劝皇上览这一封。敬宗见此表内容与王守澄所云如出一辙,早先的想法有些动摇起来。

未过几天宰相李逢吉的奏疏也上到,说的也是同样的话。这下不由得皇上不信了,二月初三,皇上下诏贬李绅为端州司马。按常理来说,国家去一奸佞,自然是一大幸事,逢吉也知道这个道理,为郑重起见,还特地率百官赴阙表贺圣上英明。可当百官退下,又有不少人按惯例转赴中书门下的政事堂贺喜时,逢吉开始觉得有点不妥。

逢吉不想让人觉得是他在里面起了作用而使李绅被贬,因为事情做得风声太大,反于事无补。他一回到政事堂,就把张又新叫了进去。

朝廷百官都已来到阁门,值事者报:"相公正与人谈话,请诸大人稍候。"

这一候就是好久，众人正感纳闷，忽见张又新挥汗而出，对着大家团团一揖，道："'端州'之事，实为天子除忧，为朝廷造福之举，分内之事，我张又新不敢谦让，就此谢过诸位盛意。"说时，大汗淋淋而下。

原来是这个人的手笔！众人更是惊讶得说不出话来，心想："这么个小小的员外郎就因依仗宰相，竟做出如此大事，真不可小觑！"大家都不作声，缓缓退出，片刻就走了个干净。

朝中的气氛压抑得让人难受。初六，公开表示了一些不满的右拾遗吴思被命为吐蕃告哀使，远赴异域报告先帝穆宗的死讯；李绅所推荐的翰林学士庞严、蒋防同日被贬。在这种时候，没有原则的人纷纷暴露出两面派的丑恶嘴脸。在贬庞、蒋二人的诏制下来后，与庞严交情甚笃、具有封驳权的给事中于敖，竟把敕书封还。见者以为他为庞严鸣不平，都为他担心。不料诏书再下，他的奏议竟是认为此两人贬得太轻而请求重议。落井下石，没有比这更狠的了，逢吉居然还大大地奖许了他。

张又新已被逢吉推上了前台，他为己为逢吉考虑，也只得一不做，二不休。连续几天，每日上书皇上，坚持认为对李绅责罚太轻。皇上见他说得有理，便答应他可将李绅处以极刑，事态越发严重了。翰林学士兼皇上侍读韦处厚觉得不能再沉默下去，立刻奏上一表，一是指出李绅实为逢吉所诬陷，二是认为即使有罪，也应缓刑，更何况李绅根本就无罪。在逢吉与王守澄主宰一切的时候，韦处厚是唯一敢说话的人。

一个偶然的事情救了李绅的命。这一日，新帝无事，阅览禁中的有关文书,忽然发现了穆宗时期封存的一大箧档案,打开来,正好看到了裴度、杜元颖、李绅请立太子的奏疏。皇上这才觉得李绅冤枉,想到自己差点就将这位忠臣杀掉,也有点内愧。皇上叹了一会,吩咐左右:"将人所上谮绅之疏统统烧掉,此后再不准奏!"但皇上烧了几封不痛不痒的奏疏,却没有把李绅召还。天子尽管年轻,也是懂得要点面子的,更何况这原本就是枢密与宰相的主意,并非是天子的独裁。皇上的心理立刻就平静了,他还有其他事要做呢。

逢吉和守澄实际上过虑了,新帝直到三月初五这天才第一次在延英殿召对宰相。即位以来的几个月里,皇上都是在游宴、击毬、奏乐中度过的,还常常赏赐宦官、乐人财物,耗费不可胜计,哪里有时间来考虑国是朝纲!有宰相和禁中的枢密也就够了,让他们去烦心吧。新帝无论在心理上、年纪上都是个不折不扣的孩子,他原本就不懂得什么,李绅的事就是个例子。

皇上好歹听政了,可每日上朝极晚,往往日头高起尚不见天子坐殿升班。时维三月,春寒料峭,百官在紫宸门外列班等候,老病者都几至僵踣。新君如此御极天下是本朝历史上前所未有的,远的不论,即比数年前宪宗的宵衣旰食来,差距亦不可以道里记。臣子的失望是显而易见的,不过,皇上尚未成年,谁又有什么办法?谏议大夫李渤就因为自己不能尽谏职,自请宰相降罪。

这一天是三月十九日,敬宗皇帝又一次到极晚才临朝。大臣们又一次在殿外被冻得够呛,可谁也没想到的是,那个刘栖楚居然挺身而出。

栖楚也许是想报答一下宰相李逢吉的知遇之恩,尽一下自己未尽的"拾遗"之责,跨班而出,力谏皇上。"陛下富于春秋,嗣位之初,当宵衣求治;而嗜寝乐色,日晏方起,梓宫在殡,鼓吹日喧,令闻未彰,恶声遐布,臣恐福祚之不长也……"刘栖楚又祭起他"以首叩地"的绝技,"请碎首玉阶以谢谏职之旷!"言毕,果然以额叩墀,声闻于外,血流不止。

敬宗没见过这一套,一时手足无措。不过,栖楚做得也太过分了,皇上不允,叩首不止,眼见阶上已是一片鲜红。

立在班首的李逢吉只得宣道:"刘栖楚不必叩首了,退下去静候回复吧。"

照理,有了宰相的这句宣令,就表明天子已经接受了臣下的奏议,上奏者可以退下等候天子对所奏事情的处理了。可栖楚却越发做作起来,叩头如捣蒜一般,弄得殿上的大臣也觉得这真是近乎哗众取宠、矫情卖直了。不过,除了宰相,谁也不好说话,只能看着这场闹剧,不管怎么说,栖楚的话客观上总是代表了大家心里的想法的。

栖楚意犹未尽:"不用臣言,请继以死!"

牛僧孺实在看不下去,又一次宣道:"刘栖楚不必叩首,所奏知道了,下去静俟回复!"皇上更是连连摆手叫栖楚出去,他看不得这种血淋淋的场面。

天子既令臣民失望至极,便无圣威以慑天下。眼下长安城中人们似乎很少把天子放在眼里,名声最大的除了宰相李逢吉和枢

第三章 反奴为主:神策军与枢密使

密王守澄,就是逢吉门下的一帮人,诸如李仲言、张又新、李续之等。当然还有这位刘栖楚,经过这件事后,名气更是响亮。此外还有一个就是宫中的红人郑注,他眯着他那双永远睁不大的眼睛,夜夜往守澄的宅第中钻,动不动就是一个通宵。朝中忠直之臣,走的走,贬的贬,除了韦处厚,谁也不敢说话。

一个月后,出了更大的一场闹剧。

长安城中有一个算命先生叫苏玄明,此人不知怎么心血来潮,硬要说自己的一个朋友、染坊的工头叫张韶的有帝王之分。张韶点墨不通,见苏玄明说他什么"日角龙颜""天阔地方",十足的九五之相,竟也就信以为然。苏玄明道:"今主上昼夜击毬,多不在宫中,大事可图!"四月十七日,张韶便与他纠结了手下的染工和地痞无赖一百多人,把武器藏在草车中,准备混进宫内。不料在宫门口被盘问的士兵发觉,于是他们便杀掉了守卫,换上禁兵的服饰,抽出兵刃,大呼小叫直趋禁宫。

皇上正好在清思殿打毬,宦官闻讯大惊,赶紧将殿门关上,跑去禀告皇上,敬宗吓得不知所以,以为有什么大乱,一连声叫道:"快去右军!快去右军!"右军中尉是梁守谦,是皇上最信得过的。手下人道:"右军太远,不若去左军。"遂狼狈逃奔左银台门。还好,一路上未遇上犯贼。左军及时赶到,时任中尉的马存亮和大将军康艺全立即率队进宫,将苏、张等一网打尽。

皇上在左神策军待了一天。这一天把整个长安都震动了,外人不明情况,无不惊骇。十八日皇上还宫,宰相率官来贺,到者只有十几个人。这虽然是一场虚惊,但把所有人都吓得不轻。帝国似乎是越来越不成体统了。

五月,在李逢吉的引荐下,吏部侍郎李程、户部侍郎兼度支窦易直同拜相,算是决策机构多少走上了一点正轨。可窦易直以财官入相,多少说明皇上的耗费已到了一个相当的程度了。

所有的事情都无起色。六月,成德王庭凑杀掉牛元翼家属的消息传到了长安。本来牛元翼已经在一年前突围了,可只带出了十几个人,而不得已把家小留在了深州。王庭凑是在本年年初将牛家一门老少杀掉的,消息来得慢,朝廷直到现在才知道。牛元翼本人得悉噩耗后,大怒而绝。

敬宗闻知,也有点感慨。皇上觉得,是宰辅非人,才使得强贼肆行无惮。他虽没有认识到自己的过错,却也相当不容易了。韦处厚乘机上奏,劝皇上启用裴度。敬宗这才发觉裴度出为山南东道节度使时,连宰相衔都没有挂,于是下诏恢复,有了一点让他回朝的意思。

时光如梭,这一年很快过去了。在此新旧交替之时发生的一件大事又是关于宦官的。

新年前几天的一个傍晚,地处京兆府的鄠县县令崔发正在衙门中署事,忽听到外面喧闹起来,十分奇怪,便叫人去查明来报。未多久,县吏回来道:"京城来的五坊小儿殴打百姓,以致喧哗。"

崔发听说原来是这么回事,不由得火冒三丈,心想:"五坊小儿为天子放鹰犬,滋事扰民,屡禁不绝。今依恃天子年幼,游畋无度,竟又跑到这里来撒野!是可忍孰不可忍!"崔发大叫:"县尉安在?"底下有人应声答"到",崔发道:"与我擒来细细拷问!"

待到县尉与捕快拖三拽四地把十来个人弄到衙门里来时,天已昏黑了,根本也看不清这些人长得什么样、穿的是什么服色,崔发也不问,先把他们捆起来再说。过了一会,渐渐弄清楚了,原来这些人可不是普通的五坊宫苑使手下的人,而是奉旨出使的宫中宦官!崔发意识到:这下可闯大祸了。

这些中使回去到敬宗那里哭诉,皇上大怒,立即派人将崔发收执,交付御史台议罪。元旦这天,天子的大赦令业已颁布,崔发和其他囚犯被卫尉带到宫城门右的金鸡殿下等候处理,突然来了几十个宦官,手持大棍,不由分说对着崔发就是一阵乱打,直打得崔发面破齿折,昏死过去。这还未了,一帮人走了,又来一帮,照旧也是一顿痛揍,崔发僵卧于地,已近绝气,幸赖台官们用席子把他遮住,才得以幸免。照理,大赦令对除死刑之外的所有犯人是一概赦免的,可皇上命令释去他人,独留崔发不放。

给事中李渤愤然上奏:"县令不应拖拽中人,但中人亦不应殴打御犯,况且县令崔发所犯在大赦之前,中人所犯在大赦之后。宦官如此横暴,若不绳之以法,臣恐四方藩镇闻之,顿失敬畏之心!"

谏议大夫张仲方也认为对崔发不予赦免说不过去,可皇上就是不听。只有李逢吉搬出一个理由,说崔发有八十多岁的老母在堂,"陛下以孝治天下,理应对此有所存念。"皇上这才释怀,命中人放崔发还家。崔发老母无奈,当着押送宦官的面,打了崔发四十杖,这场风波方才停息。

这是敬宗即位后的第一个新年，天子改元"宝历"，时为公元825年。

宰相牛僧孺已失望至极。

僧孺为相近两年，在李逢吉与王守澄之下做了不折不扣的傀儡，毫无作为。面对着天子荒淫、嬖幸用事而国事日非的现实，他心中失望，可又没有胆量站出来，只能选择独善其身的道路，屡请辞位。正月十一日，牛僧孺被任命为武昌军节度使，出京任职。人不恋名位而求去，不外两种考虑：一是出于畏罪避祸，二是不愿同流合污。僧孺此去，除了以上两端外，却还有个说不出的原因，他是逢吉推举的，然而多少不满意他的做法，碍于情面，又无法言说，这是一种难以言喻的痛苦，摆脱这种内心的痛苦，只有逃避一法。

僧孺一走，韦处厚一派又在极力援助京外的裴度，再加上与新相李程不和，逢吉已感到开始有点难办了。其中，他最为担心的还是远在山南西道的裴度。

逢吉是不能甘心自己的政敌翻身的，他在这方面极为执着。这世上对任何事都可以执着，唯独对恩怨之事不然。人只要一陷入"恩"与"仇"的泥淖，便一定会丧失原则，甚至丧失理智。

逢吉有一个既能阻止裴度入朝，又可同时打倒李程的撒手锏。

原来，京师有一个叫武昭的人，早先在裴度手下出了不少力，颇为裴度赏识，保他做到刺史一职。可裴度被斥出朝后，这个武昭连带受累，一直未得重用，竟成了一个闲人，于是自然对裴度的死敌李逢吉不满。武昭在京有两个好友,一是太学博士李涉,一是金吾兵曹茅汇,三人以侠气相许,在京中也稍有名气。李程的亲戚水部郎中李仍叔看不惯逢吉对李程的排挤,乘机对武昭挑拨说:"李侍郎欲授官职与公,但为李逢吉所阻。"李侍郎是指李程。武昭一听,更是愤怒。

一日,武昭多喝了几杯,一时酒兴,便对人说要去刺杀逢吉。听者把这话告诉了拾遗张权舆,张权舆是逢吉的死党之一,立即说与了逢吉。逢吉马上就有了主意。

他先是吩咐侄子李仲言把武昭和茅汇找来,安抚了一番,另一方面却又命人准备捅出此事。这是下半年七八月份的事,正好是朝中有人议论要请回裴度的时间。

九月,逢吉正式发难,暗令一个十分不起眼的人上报朝廷,说有一个名武昭的人要刺杀宰相李逢吉。如此大事,当然要立案调查,十六日,皇上诏命御史台、刑部、大理寺三司会审。这时,仲言按计划找到茅汇,逼他在审讯时作伪,以达到一箭双雕的目的。

仲言话说得很露骨:"说武昭与李程同谋则活,不然则死。你看着办吧!"

可是茅汇却没有被吓倒,抗言道:"茅某人为朋友甘心冤死,绝不诬人以求自免!"茅汇的义气使逢吉的阴谋完全落空,搬起石头砸了自己的脚。果然,武昭与茅汇、李涉三人下狱后都如实招供,结果武昭被处死,李涉、茅汇流放,而李仲言和另外一个参与谋划的逢吉门下、拾遗李虞亦皆被处理。逢吉虽然没被牵进去,但地位已大大地动摇了。先是朝中言事者多称裴度为国家贤才,不宜久置于地方；到了年底，皇上又数度遣使赴山南西道劳问裴度；接着，裴度上表，请求回朝。

第二年，宝历二年（公元826年）正月，裴度回到长安。这不由得李逢吉不怕了。

新年前后，长安城中突然流行起一个新的民谣，内容是这样两句话："绯衣小儿坦其腹，天上有口被驱逐。"初听起来似乎莫名其妙，但细一琢磨，问题就来了。"绯衣"自然是个"裴"字，而"天上有口"不就是个"吴"字？这岂不是说当年裴度平淮蔡捉吴元济的事情！

又是那位拾遗张权舆上了一表："裴度名应图谶，宅占冈原，不召而来，其旨可见……"

"名应图谶"四字好解，天意垂象预示未来就表现为图符谶语，谁人应之，谁就合当大分；说裴度身为人臣而合图谶，意思也就很清楚。后一句"宅占冈原"就有点深奥了。

原来，帝城长安从南至北正好有六条高坡横亘东西，称为"六冈"，暗合于乾卦的六爻之象。易理：卦分六爻，或阴画或阳画，阴画称"六"，阳画称"九"；"乾"卦象天，天乃积阳气而成，故此卦六爻皆阳画成卦，从下至上名为"初九、九二、九三……九五、上九"。六冈亦如六画，故于九二置宫殿以当王居，九三立百司以应君子，九五贵位，不欲常人居之。裴度宅第在平乐里，恰居"九五贵位"的第五冈，这即是张权舆"宅占冈原"四字所指，也亏他想得仔细。

此时，臣下的表奏已不经门下省审议而改由枢密院直接递呈

第三章 反奴为主：神策军与枢密使

了,张权舆此表多少是占了与枢密使王守澄意见相同的便宜,否则这种强项之辞早就被门下省驳回了。

不过,天子尽管年少,却也没有轻信这种话,韦处厚说那句民谣的始作俑者说不定就是张权舆本人,敬宗觉得也有道理。再说,皇上也有点好笑,"什么'不召而来'？是朕暗中密诏他回京的,你张权舆又哪里知道！"这样一来,皇上对裴度的态度反而更好,二月,即任命裴度入相,同时升衔为"司空"。裴度一上台,逢吉就彻底完了。八月,李逢吉被委以山南东道节度使挂"同平章事"出京,他的政治生命从此结束。

但裴度并不是胜利者,在斗争中真正得到了好处的是宫中王守澄一派。从这两年的许多事情上就可以看出,帝国已由王守澄说了算,他与右枢密杨守和、左中尉魏从简、右中尉梁守谦四人已成了帝国的权威,裴度与韦处厚之辈只能等而下之。庸主荒淫,辅弼无力,试看今日之域中,究是谁家之天下？

宦官反奴为主

家奴再弑君上,成为帝国命运的真正主宰。

皇上却越玩越大。

先是击毬、游宴、打猎、沉溺女色,乐此不疲。皇上特别喜欢击毬,每次都拉了宫中内侍陪他玩耍,动辄就是几十人,直闹到精

247

疲力竭方才罢休。然后就是听乐,用大型乐队为他击毬助兴。为此赏赐宦官、乐人财物不可胜计,有一次一下子就赐给内教坊一万缗钱,以备他行幸时开销之用。敬宗击毬常常不分昼夜。而且不在宫中,他喜欢到神策军营中去玩,因为人多热闹。皇上的这一嗜好,长安城中没人不知道。

皇上尚不及及冠之年,好动喜闹倒还算是正常,然而他同样也不能割舍酒色,于是视朝每晏,且月不过三,以后就更不正常,以至国事日废,而使王守澄之流独揽朝钧。

不是没有人进谏,李德裕尽管已远赴浙西,但在宝历元年(公元825年)年初就上了一篇谏书,洋洋洒洒有数千言,讽劝皇上正服、罢献、宵衣、纳诲、辨邪、防微,每句话都是语重心长。可是,李德裕的一番苦心,换来的也不过就是敬宗的一纸优诏而已。皇上并未因此而收敛。韦处厚、李程都上过奏,甚至刘栖楚、张权舆也都磕过头,作用却甚微。在这一点上,李逢吉首先是罪责难逃,裴度等人也有责任,因为天子童昏,翼戴大臣不能尽职,非其之咎而谁咎?

即使如此,皇上居然还是感到不能尽畅,在这方面,皇上永远有新鲜的花样。他在后宫中发明了一种纸箭,其间密封了一种麝末香粉。每当妃嫔们群集时,敬宗便用竹皮弓向她们射这种箭,被击中者刹那间浓香满体,宫中称之为"风流箭"。听到宫人们都说"风流箭,人人愿",皇上更是兴高采烈。

敬宗不仅毬击得好,还好看人手搏,经常是令力士们全力表演,手搏者臂断头破是家常便饭。最后,皇上喜欢上了一种更有

第三章 反奴为主：神策军与枢密使

趣也更刺激的玩法：在夜间捕捉狐狸，而且是亲自动手！他把这个游戏称之为"打夜狐"。天子到了这一境地，已经是一个实实在在的狂童了。

这个狂童不仅无比骄纵，又十分褊急而蛮不讲理，"人主"的身份和贫乏的阅历更使他极端无知。他驱使手下的奴才近乎狂暴无常，力士、内侍偶有小过，轻受捶挞，重遭流配、籍没，情况一如其祖父宪宗最后时期的情形，宦官们又怨又惧，忍无可忍。

总体来看，宦官中也有两派，一是高品阶层如两枢密、两中尉，此外就是天子身边的内侍们，这一派虽然无权无兵，但他们贴近皇上，正如当年的陈弘志，此辈若要有所反抗，自然就要从皇帝下手。敬宗只是个小儿，比之当年的宪宗更是无法相比，他的末日到了。

宝历二年（公元826年）十二月，经常陪伴皇上击游猎的宦官刘克明、田务澄、许文瑞，神策军将苏佐明、王嘉宪、石从宽、周惟直等人秘密地结成了同盟，开始了行动。他们再也不会像早先的陈弘志那样仓促起事，他们进行了周密的部署，计划已近于滴水不漏。这一次轮到王守澄、梁守谦懵然无觉了。

初八这一天，敬宗夜猎还宫，意犹未尽，命人大摆宴席，与刘克明等二十八位侍从喝酒。此时，宫中守备松懈，刘克明的同盟者又全体在场，整个殿内外就只有皇上和他们这些人。机会难得，克明与诸人以目示意，决定即刻发动。

皇上高兴，酒已到了七八分了，丝毫也没发觉早已有人离席，站到了大殿四周。又喝了一会，敬宗站起身来，摇摇晃晃地走往内室更衣。皇上刚刚走出,只见刘克明把酒盏突然一掷,四面人影摇动之间,霎时灯火全灭,整个大殿一片黑暗。冥冥中,一条身影"呼"地窜起,直奔内室,一声惨叫之后,又恢复了死一般的沉寂。

一个时辰之后,刘克明率几位内给事来到了不远处的翰林学士院,此时当值者是路随。克明道:"皇上不预!请即入内草拟遗制。"

第二天正是单日常朝,百官们照旧没等到皇上,可等来了一个惊人的事实:天子驾崩了!遗制宣布:以绛王勾当国事,入继大宝。绛王李悟,本名寮,是宪宗第六子。

直到宰相与百官在紫宸殿外廊庑中觐见绛王时,还没有一个人能反应过来。大臣们那种似诧似思的表情,仿佛就像梦游者一般。

王守澄也是刚刚才得知这一消息的,他的惊愕不亚于那些朝官,不过,他一下子就猜到发生了什么事,也马上就反应过来此刻他应该做些什么。

刘克明同样不敢怠慢,他已经开始采取第二个措施:立即撤换枢密使和神策中尉,夺取神策军!苏佐明等神策军将手里有一些人,但人数太少,起不了大用。对克明来说,这甚至比杀掉皇上更为急迫,得神策军者得宫闱,他何尝不清楚这点。但是,他还是乐观了,这种夺兵之举只能像他除掉天子一样秘密进行,绝不能明火执仗。一旦到了以明对明的地步,在对方开始反击之下,敌我之势悬殊,这兵权又岂是轻易能夺得过来的?刘克明等人的整个计划坏就坏在这里。

第三章 反奴为主：神策军与枢密使

左右枢密王守澄、杨承和，左右中尉魏从简、梁守谦这"四贵"在当天上午就成功地会合。他们第一个要做的是号令禁军待命，然后经过密商，派人紧急奉迎江王。年轻的江王莫名其妙中就被带进了神策军营。

四个人此时都觉得平息这场政变已不是问题，唯一要考虑的是下一步如何办。毕竟事出仓促，局势是本朝有史以来前所未有的。王守澄尽管经验丰富，但也是第一次面对伪君已立、师出无名的尴尬场面，他有号令中外的能力，但也有些顾虑。这时，在场的朝官只有韦处厚，因为他的强烈责任感和正义感，使得处境艰难的帝国在道义上还挽回了一点面子。

处厚道："正名讨罪，有何避讳！应立即发布宫变消息，剿灭叛贼，请江王入宫主事！"

"江王当如何践祚？"守澄又问。

韦处厚博通古今故实，胸有成竹："待到明晨，当以王教布告中外已平内难。然后群臣三表劝进，以太皇太后令册命新君即位。"

于是众人不复犹豫。中午开始，左右神策军、龙武军从东西两侧开进宫中，尽诛刘克明徒众，绛王也在混乱中丢掉了性命。

两天后，江王即位。这位合法的新帝是穆宗皇帝的第二子，敬宗皇帝的异母弟，时年十七岁。即位之时更名为"昂"，后来的庙号为"文宗"。

在靖难中最能看出是谁主沉浮。这几天发生的一切再明白不过了，"家奴"已不是家奴，而是决定帝国命运的真正主宰。

第四章

甘露之变：失败的反击

辇路生春草，上林花满枝。
凭高无限意，无复侍臣知。

——文宗皇帝

文宗:不愿做傀儡的新天子

新一代天子从一开始就不愿甘为傀儡,而朝中辅臣虽多庸碌委琐之人,天下却不乏忠君忧国之士,但从哪里着手?

文宗皇帝不得不面对着这样一个不幸的现实。

他永远也忘不了那个月黑风高的夜晚,就在那个夜里,神策军士未经通报便闯门而进,"两枢密、两中尉有请江王大驾!"还未等他从惊骇中完全清醒过来,第二天,他就已经踏在了大明宫的紫宸殿上,成为帝国的新一代天子。

那个夜里,他应该正在读书。江王虽然年轻,但敏感聪睿,博学多思,身在藩邸,心怀天下,这一切都来自读书不辍。他喜欢的书很多,比如古代经典《礼记》《春秋》《周易》《尚书》《论语》和历史名著《史记》都是手不释卷。可惜的是,王邸中藏书太少,即使有,有的也非全帙,这给年轻而求知若渴的亲王带来不少烦恼。不

第四章 甘露之变:失败的反击

过,有一部书是完整的,那就是本朝玄宗时的史官吴兢所撰的《贞观政要》,这是一部歌颂太宗皇帝祖德以资训诫的书,尽管枯燥乏味至极,但江王依然爱读,更难得的是,他从这部书里得到了很多启示。旌牙拥护中,奔驰在夜长安的大道上,江王的思绪还未从刚才的书本中走出来,他想到了太宗皇帝,他想知道这位英明盖世的远祖如果处在他现在的地位,是否也会惊慌失措。

文宗皇帝同样也忘不了王守澄在烛光下那张阴沉的脸,当他与其他人伏地请命时,文宗仍不知道是为什么。但,刹那之间,一种好像末日临头的感觉却当头罩下,从此,他就再也无法挥去这个惨痛的记忆。

又是黄昏,又是夕阳。江王走进大明宫时,他第一眼见到的就是那朦胧、微带醉意的缕缕金光。变乱后的东内,红墙飞檐,残柳败草,横七竖八的尸体和摊摊的血水,在冬日的斜照下,弥漫出一片凄冷肃杀之气。新天子在宦官们的簇拥下站在金殿上,望着夕阳给他投下的一个斜长的身影,却被许多杂乱的人影踩碾得支离破碎,忽然喃喃自语:

"丛兰欲茂,秋风败之!"

"嗯?"左右未名所以,面面相觑。

这是当年太宗皇帝的话,文宗没有点破其中的深意。阶前,神策、龙武禁军的兵士们肃立无语,兵刃上的血迹斑斑,尚未来得及拭去。文宗回头望望表情冷峻的宦官们,恐惧,一种极度的恐惧感像一束藤蔓,悄然从后背攀缘而上,冷冷地爬上背脊,爬上脖颈,钻进他的心里。

一夕之间,沧海桑田。江王已经成为帝国的第十二位天子,史称"文宗"。新天子目睹了自己如何从亲王变成天子的全过程,他终于明白了一切。本朝立国垂二百年,从来就没有家奴血洗皇宫、操纵废立的事,想不到今天却被亲眼证实,新帝心潮难平,思如泉涌。他想起了宪宗、穆宗以及死于非命的异母兄敬宗,想起耆老故旧的传说,想起古书上的记载,恍如大梦初醒。与其父兄不同,新一代天子绝不是一个平常之人,祖宗有灵,让他入承皇统,这是天降大任,新帝突然觉得自己义不容辞。登上紫宸大殿的那一瞬间起,天子心里就油然而生起一种强烈的冲动:他要为父祖报仇,要为兄洗耻,要使家奴照旧为家奴,天子重新为天子。坐在御榻上,他甚至无心去享受贵为人主的那种无上感觉,皇上只想着一件事:"从哪里开始?"

文宗即位后的第三天,常朝就如期举行。除了韦处厚为相、翰林学士路随承旨、侍讲学士宋申锡为书诏学士三项人事任命外,这一天的诏命还有许多内容:出宫女三千人;减省教坊、翰林待诏、总监冗食者一千二百余人;停诸司新添衣粮;御马坊场所占陂田悉归有司……退朝后,裴度泪水莹莹:"太平可期了!太平可期了!"

看着百官们的贺表,皇上心想:"这只是第一步而已!"

在朝野一片欢呼声中,公元827年来到了。二月,新帝改元"大和",是为"大和元年"。

三月初一,右军中尉梁守谦因年老到了退休年纪,不得不请求致仕，王守澄顺利地取而代之，成为右神策军中尉。他听说当今皇上去奢从简，颇有励精求治之心，倒也没有在意，但守澄对皇上与宰相的某些举措仍旧不以为然。新君践祚，他是第一功臣，守澄觉得自己有这个资格充当辅弼之任。

此时宰相除韦处厚外，尚有新命的裴度和前朝的窦易直。自然，凡是裴度、韦处厚之议，守澄即认为不妥。

皇上往往不敢多说，只是有点情绪："朕已允诺，恐怕不好再改。"

守澄心道："岂有此理。宰臣们就知道自命清高，懂得什么治国之道！"他对新帝说话从来无所顾忌："陛下，事有不妥，当思更改，何顾虑之有？"

皇上不语。他知道现在还不是把王守澄之流一脚踢开的时候。

可是这种事情一而再、再而三地发生时，宰相们便觉得有些过分，认为皇上虽虚怀听纳却不能坚决执行，实在是莫名其妙。韦处厚气得要辞去相位：

"陛下不以臣等不肖，用为宰相。不想凡有奏请，初蒙听纳，寻易圣意！裴度元勋宿德，窦易直忠事先朝，陛下尚难信任，微臣才薄，言既不从，宜先退位。"

从韦处厚的立场来看，他的话确有道理。所谓疑人不用，用人不疑，更何况已经决定了的事，怎么又能如此朝三暮四？但他不知道的是，皇上实在是迫不得已。

文宗脸涨得通红，心里有苦说不出，只得一迭声地安慰韦处厚:"贤卿何至于此,何至于此!"言不投机,韦处厚说走就走,皇上的话还没有说完,他就已走出了延英殿门。皇上急起来,命人将他召回,允其尽言其余。

韦处厚谢恩,接着就是一大段议论,要皇上彰善惩恶,强调法制,重用裴度。天子听得很认真,表示接受。宰臣们感戴圣德之余,觉得这一次心情大畅。

然而王守澄很不快,他开始有一种不祥的预感:新天子不是寻常之辈。但尽管如此,守澄还是被暂时之得冲昏了头脑,没有把这个苗头扼杀在摇篮中。他的得意忘形预示着他将来是要倒大霉的。

皇上不动声色,一直在等待时机。他奇怪的是,两朝天子都无疑是被宦官所弑,怎么朝中就没有一点议论?他问过侍讲学士宋申锡这个问题,申锡也说不出个所以然来。天子心里有气,可暂时又无可奈何。

事情到了这一步,当然有人不能容忍,其中就包括一大批朝臣。但话又说回来,朝廷重臣们毕竟老成持重,多少要考虑到皇上的颜面、朝廷的威信以及自己的退路,不敢把话说得太绝。事实再一次证明,无官无职的士子总是会成为担负天下兴亡的先锋,他们虽不一定能克功其事,却往往能率先出头。

大和二年(公元828年)三月底,天子亲试"贤良方正"科制举之人,昌平人刘参加了这次对策。这次由考策官代皇上拟就的问题也同往常一样,都是泛泛之问,诸如"何施斯革于前弊?何泽斯惠于下土？何修而古理可近？何道而和气克充？……"等等。"策问"之题尽管以皇帝的名义发出，所谓"唯此龟镜，择乎中庸，期在洽闻，朕将亲览"云云，但实际上还是由主考官批阅审定，决定可否。所有的人都没想到，刘就这个普通的策问作出了一个惊天动地的回答。

主考官，左散骑常侍冯宿读到刘的这篇策文，甫览数节，口中便叫出一个"好"字，再往下看，竟不知不觉地出了一身冷汗，拿着卷子的手也禁不住微微颤抖起来。

刘说了些什么竟让冯宿如此激动？说起来原因极其简单，就是他说出了人们想说而不敢说的话。

刘认为，帝国已然之兆，是"宫闱将变，社稷将危，天下将倾，海内将乱"。单这一句就已让人触目惊心。

宫闱之所以将变，乃因为"亵近五六人，总天下大政，群臣莫敢指其状，天子不得制其心"，刘直接点出左右枢密、左右中尉这少数近臣操纵国柄，当此之下，"忠贤无腹心之寄，阉寺持废立之权"，因而社稷亦将危殆；刘更是明确指出，正是这帮人"陷先君不得正其终，陛下不得正其始"，君不君，臣不臣，天下终必倾覆。而政刑既不出于天子，则攻伐必自于诸侯，"此海内之所以将乱也"！

刘是普通的士人，对朝政现实更有一种十分清醒的洞察，文中一句句地痛斥了宦官祸国殃民的种种罪恶："国之权柄，专在左右，贪臣聚敛以固宠，奸吏因缘而弄法……"对此刘下结论道：本朝眼下的情势，已足以与东汉末宦官专权的局面相提并论。

刘洋洋数千言，都是一个主题：宦官骄横已臻极致，不仅建置天子在其掌握,威权更出于人主之右,如此以往,祸乱未已!眼下是什么时候?禁中"四贵"不论,就连郑注仗恃中人宠信,收受贿赂,卖官鬻爵,人们都不敢议论,更遑谈其他了。刘言论如此,难怪冯宿看了要汗流浃背。

冯宿放下刘的策文,心中唯有叹服。

诸考官传阅,一阵面红心跳之后,都感到痛快至极。可是,叹赏归叹赏,谁也不敢擅自做主把这篇策文列为上第。

策文抄本立即就传遍了长安,轰动了整个朝野。士人读其辞,无不感慨流涕。向来不满宦竖的一些谏官、御史,更是扼腕叹愤。而大小宦官却是怒火万丈。

王守澄大骂:"何其狂妄乃尔!"时任右神策领军将军的仇士良,在朝会上冲着刘中进士时的座师杨嗣复诘问,出语就更是不逊:"这么个疯汉,你当初怎么把他取为进士?!"杨嗣复大恐,慌不择语:"嗣复当年取刘及第时,他还没疯呀!"仇士良气犹难平,铁青着脸,又望着阶前的宰相。裴度、韦处厚两人不说话,面无表情,考策官冯宿、庞严等见状,更不敢多事,便把刘策文压下不报。反正所谓"皇帝亲览"只是场面上的话,素未真正执行过。

刘自然是落选。闰三月初九,诏制颁下,"贤良方正"一科共取了裴休、杜牧、李邰、李甘等二十二人,悉由吏部授官,独未有刘。榜出,物议嚣然,皆为刘称屈。李邰对同第者大声说道:"刘下第,我辈登科,诸位能不羞愧?"大家附议,于是联名上疏。及第者为刘忠直受屈抱不平,更为执政者不敢上闻而愤恨,疏中称:刘既不能及第,而"臣等对策不及刘远甚",请求朝廷收回所授官职

"以旌直"。这简直就是激烈的抗议之辞,门下省不驳,也通不过枢密院,这份联奏上达于帝听根本就是不可能的。长安城中固是一片哗然,可也只能"哗然"而已。

对朝官们来说,无论如何,这种事情最好是大事化小。因为事情闹大,激怒了某些人,对双方都没有好处。宰臣中,裴、韦既不表态,另一位宰相窦易直资浅,更不好说三道四,剩下的就是去年六月又一次花了钱得以拜相的王播了。王播这次从淮南入觐,大小银碗就进奉了三千四百枚,绫绢二十万匹,当然,给王守澄的就更多。刘所说宦官之下的"贪臣",一半就是指他。对这次事件,王播当然要出点力。

王播不让谏官和御史们上奏。"此徒招黄门之怨而已,于事何补?""黄门"即指宦官。王播先是同情了不平者一番,然后又说了番冠冕堂皇的大道理:"国家开科取士,天子亲策,所求者辅弼俊才,所访者要道大务而已,岂容矫直之辈狂犬吠日?刘不取也罢。"真正的嘴脸露出来了。

第一个造反者总是牺牲者。这场科场风波算起来是近二十年来的第二次了,前一次的皇甫湜、牛僧孺、李宗闵是久未升调。这一次刘一辈子都未得到朝廷授官,只是屈为藩镇幕僚,郁郁而终。

天子始终不知实情,也未能读到这篇文章,否则,他的计划可能就要提前进行,可能也会更加周密、有效。这是没有办法的事,先帝性命都未能保住,更何况他这个他人掌心中的新帝!能不成为地道的傀儡就已经很不错了。

然而皇上没有忘记初衷,单日朝参从未缺席,甚至恨不得日日与宰相论政议事。罢朝后,皇上要么是手持着《贞观政要》发呆,要么就是在寝殿里来回踱步,他在盘算着一件大事,往往是想一遍,又想一遍,再想一遍。"谁能当此大任呢?"文宗问了自己无数次。

年底,因横海镇留后李同捷叛命,宰臣屡屡入朝会商军情,韦处厚不意早起遇寒,入殿白事时竟晕仆于案前。文宗亟命宫侍扶归私第,但不幸病重,越宿即殁,以身殉职。窦易直亦于同时罢职,翰林学士路随继相。

皇帝找错了人

> 不是阴谋家,不能行阴谋之事。皇上找错了人。

近一年多时间过去,皇上还是没有主意。

时间到了大和三年(公元829年)。这一年起初的几个月里,藩镇纷扰不绝,河北一带已经是尸骨横地,城空野旷,户口存者十无三四。朝中,气氛沉寂,所有的政务只是忙于调兵遣将,应付地方的叛乱,各路王师瞻头顾尾,亦全无效果。幸好,到了八月,双方又不得不妥协,局面渐渐平息,天子又得以有机会再次暗中计议他的大事。这时,他心里有点数了。

第四章 甘露之变：失败的反击

皇上先召回了李德裕。

文宗考虑：裴度年老多病，其威在外而不在内，似难膺负心中的这件重任；韦处厚又死，其他文臣，也不堪大用。穷途知返，皇上的思路稍稍有了点突破。

先是去年，裴度不经意之间，突然荐举二十几年前的旧人，此时起复为礼部郎中兼集贤殿学士的刘禹锡，皇上心中就是一动。后来一想不妥，此举多少有些树大招风，未必能行。可当裴度转而推荐李德裕时，文宗便觉得不妨一试。八月，浙西观察使李德裕被召入京任兵部侍郎。对此，皇上不无深意，至少是欲用他为相。可没想到的是，就在同时，枢密院却引举了李宗闵入相。这么一来，计划就全被打乱了。

皇上开始还没意识到。

李宗闵什么人？此公是元和三年（公元808年）与皇甫湜、牛僧孺在制举试中一同上书指责朝政的主角，为此与僧孺受到不公待遇，长期不调。后来又在长庆元年（公元821年）的一次科试纠纷中，因涉请托，罢官出朝。前数年复出，任礼部侍郎，算是有了一些转机。宗闵是元和三年那次风波以后最记仇的一个人，但奇怪的是，他把受迫害的账没算到真正的主凶吐突承璀身上，却记在了当时的宰相李吉甫名下。父债子还，他对李德裕十分反感。

在文宗印象中，李宗闵这个人没什么政绩，资望也不算高，他不懂枢密使杨承和为何就是要拜他为相。其实，宗闵走的是宪宗驸马沈𬀩的路子，沈𬀩又转托内宫中的老人、女学士宋若宪代请杨承和，绕了一大圈，这才算托到了正门，真难为他的一片苦心。

说起来难以理解，宗闵早年也是反对宦官贪横的，但与元稹一样，吃过中人的亏后，反过来又去依托中人，不说朝秦暮楚，起码也可谓生而多变。更奇怪的是，自元和三年以后，他就十分讨厌李吉甫、裴度、元稹以及李德裕，再也没有改变过，这又能称得上是极端专一了。也许，处在政治旋涡中的人，都免不了欺软怕硬的通病。

李宗闵一入台阁，就转命刚刚在几天前到京的李德裕为郑、滑节度使。

德裕见诏，长叹不已。行装甫卸就又得上路，满腔悒郁，无可申诉，一时黯然难禁。刘禹锡得知，送来一首诗，末句有道："自古相门还出相，如今人望在岩廊。"德裕读毕，虽明知这是老友安慰之语，但心中也略略好受了一些。八月底，德裕转赴滑州。

此后的事情也都是皇上无法想到的。

宗闵上台，自然就引举了亲密战友牛僧孺入相，时在大和四年（公元830年）正月。这事顺理成章，朝中没人反对，枢密使们更是赞成，无须天子认可就可以拍板。此后的几个月，李、牛二人进行了一系列的人事任免。

数年前回京的元稹首当其冲，被命为武昌节度使出京，填补牛僧孺入朝后的空缺；

李德裕的好友郑覃罢翰林侍讲学士，改任工部侍郎；

年高体弱、大病刚愈的裴度又被外任为山南东道节度使；

裴度一手提拔的崔从出为淮南节度副大使。

……

皇上开始明白其中的奥妙了。这不是典型的囿于私怨而置国家于不顾吗？日日听着宰相琐屑的奏事，再看着王守澄指指画画专横的样子，天子真是恼丧万分：宦者强横，全是这些相互攻讦之臣不以天下为意的结果，否则，有一人为朕分忧，亦不难改变局面。文宗心道："此辈朋党比周，断不可当朕大任！"到这时，皇上拿定了主意，决定就选择不久前自己刚刚开始倾向的那位大臣：翰林侍讲学士宋申锡。

也是事出有因。六月的那一天，皇上招来申锡讲读《贞观政要》，其时，正逢心情不佳，君臣谈了一会，皇上突然控制不住，叹了口气。

申锡肃然，垂手不语。

文宗第一次仔细打量了一下他，心中开始掂量起来。皇上知道这位出身孤寒，进士及第，以对策而知名的大臣和其他朝官浑无爱怨，不属于任何派别，是个持重厚道之人。委以腹心，托以大事，确是个恰当的人选，只是不了解他心意如何。心念及此，皇上便道：

"贤卿日与朕讲经论道，竟不知道朕的心事吗？"

申锡惶恐："微臣不能分主上之忧，罪该万死！"他清楚皇上的想法，一想到当今天子英明睿智而陷于人手，心里何尝不也是悯然悲戚。在皇上的追问中，申锡觉得自己无用，十分的惭愧。

文宗被他的情绪勾出了辛酸之事，再也忍不住："宦者强盛，逐日为甚。元和、宝历比致宫禁之祸，至今弑逆之徒尚在左右，专横跋扈，犹有甚于昔者，"皇上一拍龙案，"朕每受其逼，尤须外示优渥,长此以往,为祸不远,朕何以告宗庙社稷!"

申锡也是激动不已,声音哽咽:"陛下且宽圣怀,微臣不才,愿效死力!"

文宗甚喜,觉得自己判断没错,宋申锡确是个可用之人。实际上,皇上此时身在九重,欲求外助也不可得,申锡时为翰林侍讲学士,居于内廷,是唯一可吐心事的朝臣,皇上不靠他,又靠何人?

君臣商定了一些粗略方案,都认为先除去王守澄的内逼威胁是第一要务。申锡领旨,皇上还有点不放心,一再叮嘱申锡务必联络外廷朝臣,广为准备,不可草率。文宗道:"朕可设法诏卿入相。居宰辅之位而行事,自多方便。贤卿千万小心,莫负朕之厚望!"

申锡叩首而退。

果然,几天后,文宗下诏加申锡"尚书右丞"之衔,一个月后的大和四年(公元830年)七月,又加"同平章事"入相。这一切并未招致枢密和神策军方面的怀疑,进行得十分顺利。

朝中很多人对申锡主事抱有幻想,都以为他对目前"威令不出于人主"的局面会有所改作,至少可以改变一下朝官之间不正常的现象。然而,申锡在政事堂的表现却令他们大大的失望了。这很自然,申锡的心思原本就不在更新朝政上面,他是密负上旨而来,有另外的重要任务,平常的政务剖断显得因常循旧,实乃不得已之事,外人又从何而知。

大和五年(公元831年)元旦前后,皇上在与申锡的往复商量中制定了计划,决定采取一种非常手段:即时诛杀宦官。文宗没想到的是，此举绝对是个下下之策。

首先，宦官目前势力颇劲，王守澄大权在握，若要从容剪灭，绝非易事。加之对方耳目众多，一着不慎，全盘皆输。其次，无奈之下选中的宋申锡，其实不是个恰当的人选。这个道理很明显，申锡不是个阴谋家，又如何能行"阴谋"之事？

在不握禁军又无外镇后援的情况下，对王守澄采取行动，必须要有一个人参加，这就是帝国首都京兆府的行政长官"京兆尹"。首都和陪都所在地称府，这是汉代的遗制。作为首都所在地，京兆府掌治天子辇毂之下，供给百物，调拨夫役，其务远重于外府州县。而护卫王畿，更是首要之责。以是之故，其长官京兆尹之地位不亚于台省首脑，出任人选，包括所属诸县的"令""丞""簿""尉"，皆选精明强干者为之。京兆尹倘不阿容苟且，京中权贵、宦官以及禁军将校之横暴就会相对收敛；反之，朝贵与京畿府官结成势力，帝国中枢就将大大不利。因而，本朝对京兆尹及其属官的任命一向极为慎重。申锡欲图事，第一件要做的就是委任可靠之人出任京兆尹，借其之力襄助大事。这点申锡是清楚的。

可申锡不知怎么却挑中了吏部侍郎王璠。此人以前仗着受李逢吉信任，任御史中丞，行为狂傲，目空一切，在朝中名声很臭。有一次，与左仆射李绛在街上相遇，交车时竟不避让。"仆射"是国家优待功臣元勋的荣誉之职，虽无实权，但衔高遇重，按朝廷礼制，一般官员是必须表示敬意的。李绛看不惯王璠的狂妄，给当时的皇上敬宗上了一表，指责他尊卑不分。为此，尽管有李逢吉的庇护，王璠也被罢为工部侍郎。申锡不知是出于什么考虑才做出这个决定，也许，他也有他的理由，但实在太草率了。

事情是在极其秘密中进行的，正月中旬，申锡面见王璠，示以天子密诏，并约以京兆尹授之。王命如此，王璠当时答应考虑。

但王璠权衡再三，这事做不得！在现时情形下，利害得失太明显了。王璠既无起码的道德信念，他便首先要为自己考虑。于是，王璠悄悄地找到了郑注。王璠曾是李逢吉的亲信，李、郑二人又不是一般的关系，自然王璠与郑注是能够说得上话的。郑注没想到皇上竟然已经有了行动，不敢怠慢，立即禀告王守澄。守澄大吃一惊："此事如何处之？"

郑注多年以来一直是守澄的左右手，自诩谋略过人，每与守澄筹划，招数都在阴辣狠毒之间。此刻，又是一副山人自有妙计的模样："事不宜迟，当先下手为强，去宋申锡以清君侧。"

"计将安出？"

"先帝遽逝，今上本不当立。宋申锡与漳王时有过从，去之何患无辞！"

此计甚毒，漳王李凑乃是文宗的弟弟，颇有人望。再说，朝臣交通诸王，其中就大有文章可做。守澄听罢，立时就明白了，马上就吩咐郑注准备。

郑注找来一位神策军官豆庐著，如此这般地交代了一番。这个豆庐著时任神策右军的都虞侯，是郑注的亲戚，也是守澄的亲信之一。神策军侦伺朝廷大臣过失，已不是头一回，郑注与王守澄等已经无所顾忌。

第四章 甘露之变:失败的反击

二月下旬旬末,王守澄突然发难。

先是二十八日,豆庐著奏上一本:宋申锡谋立漳王！疏中同时举报,参与此事的有负责为诸王采办的宦官晏敬则、宋申锡侍从王师文等人。翌日,守澄直接将奏疏呈于皇上,奏称:"臣得本军都虞侯豆庐著奏状,告宋申锡与漳王谋反！"文宗一听,晓得出事了。

尽管文宗对守澄此举猝不及防,平时对漳王也有所猜忌,但一想到牵涉有宋申锡在里面,心里何尝不明白。但碍于情势,皇上还不得不故做愤怒状:"竟有如此之事？"

守澄不容皇上喘息:"宋申锡大逆不道,臣请全城戒严,搜捕逆党,并屠其全家,请陛下敕准！"

这就是要下重手了。守澄很清楚,所谓宰相谋反,事极荒诞,肯定是经不起推敲的。因此他不希望把它变成一件普通的案子,而是要借"谋反"这个强烈的罪名一鼓作气,把天子的种种企图彻底摧毁掉。

皇上饶是沉着,见状也是大大地恐慌起来,一时说不出话。

守澄走上一步:"请陛下当机立断,臣愿亲领二百骑前往！"言下之意,今天你皇帝就是不答应也不行。

面对守澄的咄咄攻势,文宗都快要绝望了。

第一次反击:还没开始就已失败

第一次反击尚未完全发动就已经失败。无所作为的朝臣,令天子彻底失望。

刹那间,紫宸内殿的空气仿佛凝固了一般。

宋申锡命不该绝。与王守澄同时进来的还有一位宦官,这就是当年在敬宗时平定苏玄明、张韶叛乱立下大功的马玄亮。马氏虽然也做过神策中尉——平乱时即任左神策中尉——而且还有勤王救难之功,但此人与王守澄等人不同,他并不十分热衷于权力,为人既颇忠厚,对传统伦理道德的信仰也甚为坚定。此际,他的官职是飞龙使,这是一种很重要的使职,往往以宦官中颇承恩遇者担任,专领原来由殿中省、太仆监主掌的天子舆辇牛马之务。马玄亮是受皇上的传呼入殿议事的,正巧遇到王守澄奏报机密,宋申锡便有救了。

玄亮觉得,天下哪有这样的道理?尚无确证,就要屠戮宰相全家,这将置国家法令于何顾?他当然要表示反对。

"陛下,千万不可草率!遽出禁军,城中不乱而乱。"

玄亮说出此话只思忖了片刻,但这一会对皇上来说,简直就像熬过了一年时间一样。

文宗捞到了一根救命稻草,暗自吁出一口长气。

第四章 甘露之变:失败的反击

守澄瞪着玄亮:"如足下之言,难道让逆贼逍遥法外不成?"

玄亮不让步:"即使申锡或有不轨,也应召宰相廷议其罪。"

文宗赶紧发话:"言之有理!明日召宰相延英廷对,共议此事。"

至此,王守澄只得罢休,他恨恨地看了马玄亮一眼,朝天子匆匆施礼便掉头而去。皇上望着他的背影,心里百感交集,不知是什么滋味。

第二天是旬休日。本朝官员在职期间可以休假,称之为"休沐",除节令假外,百官每十日一休假,名为"旬休",时间是每旬的最后一天。这一日,正在休假的宰相们被宫中传唤:天子在延英殿召见,有要事相商。几位宰相得命后急忙赶赴大明宫,宋申锡不明就里,也随之来到。四人在中书省东门,遇到了前来迎候的一位宫使,这人一看到申锡便道:

"圣上所召,并无宋公之名。"

路随、李宗闵、牛僧孺都是莫名其妙,申锡陡听此话,心里先是一惊,但马上就反应过来:"事情泄露了!"他极力控制着情绪。转过身来朝着延英殿的方向,郑重地抱笏叩头,行遥觐之礼。"臣不能克竣大事,罪该万死!……望陛下保重!"申锡心内是一阵辛酸,自己现在能做的,也只有这些了。申锡作罢,起身缓缓退下。旁边的三位宰相看着,满腹狐疑。

进入延英殿,文宗早已升座,班立者除王守澄外,尚有左右枢密使在列。殿内气氛肃然。

文宗见宰相们到齐,出示豆庐著的奏疏道:"神策右军告宋申锡与漳王谋反。"

路、李、牛三人相顾愕然,这怎么可能?接过奏疏一看,简直就像是传奇故事一般,横竖理不出一个所以然来。大家心里隐隐约约地感到其中有故,但却说不出一句话。

文宗的话浑无声调,有气无力:"朕已命中尉王守澄捕豆卢著所告之晏敬则、王师文二人。"皇上顿了一顿,又加了一句:"申锡等有无反状,不久自明,卿等不必惊骇。"这就是话中有话了,可这几位不知前因后果,哪里省得。

王师文是申锡的随从,知道一些其中的内幕,见事情不妙,立即逃亡。可怜那位晏敬则根本就不知内情,糊里糊涂地就被抓到了宫中。三月初二,申锡先被罢为左庶子,等候处理。

事情正式宣布后,朝官们都是莫名惊诧,没有一人敢站出来说话,只有京兆尹崔琯、大理卿王正雅觉得案子的进行有违制度,接连上疏请求将此案交付外廷司法部门审理。皇上顺水推舟,诏准其奏,可还是晚了,晏敬则在禁中已经屈打成招。

文宗再次被逼到无奈的境地,只得孤注一掷。初四,皇上诏开延英,命三师以下及各台、省、府、寺诸大臣悉赴殿合议,指望朝官的力量使事情有所缓解。

谁知宰相们使皇上大为失望,李宗闵不出一语,牛僧孺、路随的反应也很微弱,宰相退下后,案子几乎已经定谳。中午时分,其他朝臣进入延英,皇上甚至都不抱希望了。

可谏官们的意见却十分强烈,一致请求将案子交付外廷重新按核。皇上心想:"宰臣都不表态,谏官毕竟言轻,王守澄岂能善罢!"到此,文宗极为担心神策右军会弄出大事,这可就非同小可!皇上想到这一节,不免犹豫不决。但十几位谏官坚决不退,马玄亮更是叩头不止,流着眼泪道:"杀一匹夫犹不可不慎重,何况宰相!"文宗见状,鼓起勇气,命召回宰相再议。

这一次牛僧孺终于委婉地表示了对这件冤案的反对意见。

"人臣不过宰相,申锡已为宰相,假使如其所谋,所为何来?申锡当不至于谋反!"僧孺这话说得倒也恳切,皇上觉得有点分量,可以与守澄讨价还价,至少能保住申锡的性命。于是,文宗命众臣退下,听候诏制。

郑注听说了延英辩论的情形,觉得这样下去反而不好,届时定会重审,事情弄不好要败露。当天下午便立即来到王宅,劝说王守澄止行贬黜就可以了。守澄想想也有道理,遂不再坚持处死宋申锡。初五,诏旨就下来了,贬漳王为公爵,宋申锡为开州司马,其余案犯或处死或流贬不等。

马玄亮当日就请求卸职退休。宋申锡虽免于横死当时,可不久也在贬所郁郁而终。临死之前,他一直都在恨恨地念着一个人的名字,他没有忘记,这件事情除了自己以外,只有一个人知道,这就是王璠,他要诅咒这个小人,让其也不得善终。

这第一次行动尚未开始就彻底失败了。

文宗虽然沮丧万分,但他的信念却并未因这次的失败而消歇,五年来的日日夜夜,皇上的心里只有这件事情,它关系到天子的名誉和社稷的安危,如何又能轻易割舍!文宗所不能忘怀的,是这几个不能为天子主持正义的宰相。到了这一年的年底，皇上的不满越来越重。

三月的宋申锡事件是主要起因。在整个事情的过程中，李宗闵、路随竟是一言不发，牛僧孺也没有表现出国家宰臣所应有的风范，结果是由家奴们说了算，皇上的愿望彻底破灭。九月份，在与吐蕃的边境上发生了"维州事件"，牛僧孺又不同意前敌指挥官李德裕采取强硬对策，坚持走和平妥协的路子，结果却是让帝国丢尽了颜面。吐蕃就在边境之上，当着使节的面，将我方交还的维州投诚将士全部处死，场面极其酷烈。

十一月份，回京任枢密使的原西川监军、宦官王践言向文宗报告了这一情况。作为参与其事者之一，他对朝廷的这一举措十分不解："缚送投降者以归，绝后来投诚者之路，岂是良计？"皇上听了，也甚为后悔，对牛僧孺就更是不满。

文宗对这几位宰相已差不多彻底失望。他在延英殿当面就问他们："天下何时当太平？卿等究竟有无佐理兴化之心？"这话显然说得很重了。皇上也是郁闷之极，才如此责备宰相。照皇上的意思，眼下不仅河北诸镇不得安宁，四夷骚扰不绝，更要紧的是天子身边的现实简直不成体统，尔等作为宰辅之臣，难道就没有一点责任心吗？

李、路答不出来，僧孺居然还有理由："今四夷不至交侵，百姓不至流散，虽非至治，亦可谓小康。陛下若别求太平，非臣等所能及。"满足于现实，成就感十足，这是无能者固有的嘴脸。僧孺虽非庸碌小人，但陷在朝臣党派圈子里难以自拔，有这个想法不足奇怪。可他作为一位儒士,不能对宦官持政的局面有所批评,反而拿"小康"来搪塞,还委婉地指责天子"别求",这就很不像话。比起宋申锡为天子分忧而不惜牺牲的勇气,就差得太远了。

天子有何"别求"?不外乎剪除宦官而已。当然首先得清除朝官的内讧,团结一致,合力对外。当朝宰臣既不能理解这一层,皇上自然便要换人。十二月,文宗罢牛僧孺出朝,又召回了在西川任职期间政绩颇著的李德裕。

但李德裕也很难有所作为。作为李吉甫的后代,一位有主见的大臣,他就一定会有很多政敌,尽管他的品行无可指责并又富于才干,但同牛僧孺一样,一旦卷入党派政治的旋涡,便就是人在江湖,身不由己。更何况,宦官对这种严格按正统观念行事的人,天生就有一种抵触情绪,在此局面下,文宗要靠德裕达成治理,绝对是个空想。

但是皇上心切,人情望治,大和七年(公元833年)二月二十八日,文宗任李德裕为相。这一天,久旱的京城忽降大雨,这是一个难得的佳兆,连禁中的有些宦官都说,李德裕该称"李德雨"了。朝野对德裕此次入相,确实是期望甚高。

李宗闵却没有这样的心情,他是自李逢吉之后最不满李德裕的人,也是结党最厉害的一个。他的周围不少人,比如给事中杨虞卿、萧澣,中书舍人杨汝士、张元夫,户部侍郎杨汉公都是他一手提拔的亲信,其中三杨还是从兄或亲兄弟。德裕一入相,第一件改革之举就是清除"朋党",李宗闵又岂能坐视。

两人展开斗争,互不相让。先是德裕在天子面前提出,三杨及萧、张等人结党营私,舆论最为不满。文宗同意,"据朕所知,众人皆以杨虞卿、张元夫、萧澣为党魁。"皇上如此说,宗闵只能寻找遁词,便否认自己曾主张授他们以美官。德裕当庭就一条条予以驳斥,事实俱在,宗闵无话可说,大为窘迫。

此后德裕连贬三人出京,又提升先前被李、牛贬抑的郑覃出仟御史大夫。宗闵再度反击,在皇上面前力言其不可。但文宗喜欢读书,很欣赏郑覃对经术有独到的理解和议论,坚持任命郑覃,甚至见到因宗闵反对而导致宰相们不能一致通过,干脆不通过中书门下,直接宣布了这一任命。

宗闵气得不行,对枢密使崔潭峻发牢骚道:"圣上事事宣出,要宰相何用!"

崔潭峻一语双关:"八年的天子了,就让他做一回主吧。"文宗即位,至此正好八年。

话怎么能这么说?连宗闵听了都不是滋味。

宗闵在第一回合失败了,六月,罢相,出为山南西道节度使。七月,右仆射王涯被命为宰相,并兼度支、盐铁转运使,主掌财政。王涯博学多才艺,贞元八年(公元792年)就得中进士,历仕宪、穆、敬、文宗四朝,在中央、地方都担任过要职,对财政也有一些办法。王涯这次为能够入相,花了不少钱物,托郑注打通了王守澄的关节,才得以实现。他没有想到的是,到头来却是自己给自己买了个大大的不幸,正是这次入相,造成了他最后的悲剧命运。

德裕在宗闵出京后继续推行他的方针,包括改革进士科考试的内容;使宗室诸王出使外任等等。不过,这一年又很快到头了,

第四章 甘露之变：失败的反击

德裕在清除李宗闵之辈的过程中手法过重，没有采取更为圆滑的手段，遂又一次地树立了对立面，从而也给自己堵死了退路。远的不论，就在未来的一段时间里，德裕能否安于其位，也都成了一个未知数。

十二月十八日，皇上突然中风，口不能言。为此，王守澄紧急招来郑注，这位既有谋术，又通医道的奇士，为皇上治病。结果，疗效极佳，虽然还未能完全治愈，但皇上在十六天以后，新年（大和八年，公元834年）的正月初五便能在太和殿召见群臣。

尽管中风是天子家族几代以来的老毛病了，但这仍然算是个偶然的事件，不过，郑注能药到病除，却是偶然中的必然。上天注定要给郑注这么一个机遇，因为这个机遇，先是他本人，然后是李仲言，走上了帝国政治舞台中心。他们二人在未来的一年里进而得以主宰了朝政，甚至成为文宗百挑千选之下的最后垂青者，为天子发动了第二次也是最主要和最后一次反击，这一次反击更为惊心动魄。

慌不择路，选择郑注和李仲言

文宗最后选择了某种意义上的第三方力量来实现他的计划。然而方向既已迷失，任何努力都只不过是一场赌博。

郑注在医术上确实有一套。

说起来话就长了。郑注本姓鱼,因为郑氏是大姓望族,遂冒姓为郑,早年就以医药之术游于长安权贵之间,后来他也正是凭借此道才得以投入王守澄的门下。

元和十三年(公元 818 年)起,郑注先是被李愬所用,署为节度衙推等职,随之转战各地。郑注医术精湛,屡验其效,李愬对他极为赏识,渐渐地,连军政大事之可否,都经常与之商讨参决。郑注在这方面也表现出很高的才略,为之筹谋,皆得采纳,因而得以在李愬军中挟恩骄纵,作威作福,惹得军府将士甚为怨怒,都欲除之而后快。但李愬看中了他的智术和医道,每为袒护,大家敢怒不敢言。

王守澄当时在李愬军中任监军,听得将士们反映,也很讨厌郑注。后来,郑注结怨太深,军将们都忍无可忍,纷纷到守澄处诉苦,守澄便去请求李愬排斥此人。

李愬一笑:"情况我都知道,郑注是有这些毛病。不过,这个人确实是个奇才,将军若是不信,不妨与其谈谈,若真是一无所取,去之未晚。"当时宦官出为监军,多挂诸卫将军之衔,故李尊称守澄为"将军"。

说罢,李愬吩咐传话郑注:"内衙将军召见。"

守澄面有难色,心想:"我怎么能见这么个人!"但节度使如此说,他也不能完全推托。没办法,守澄很勉强地接见了郑注。

有阴诡之机的人天生有一种常人很难具备的才能,这就是善揣人意。不唯如此,这种人更有一种以片言只语打动人心的机辩,一般人是很难抗拒的。果然,守澄与郑注略谈了一会,就被他完全征服了。从外厅谈到内室,两人促膝投分,大有相见恨晚之感。从此,郑注成为守澄的亲信,并随之入京,开始了他不平凡的经历。

长庆、宝历之际,王守澄入知枢密,专领国政,郑注如鱼得水,往往昼伏夜出,专门从事守澄不能公开进行的勾当,一时门庭若市,从奸巧之徒到朝廷大臣,无不争趋其门。长安城中的人都知道,要找王守澄办事,先要去求郑注,当年李逢吉入相,就是通过侄子李仲言走的这条门路。京师好事者给他起了个外号,曰"鱼郑",后来干脆称之为"水族",取其本姓之字义,也有讥讽他圆滑巧佞的意思。

宋申锡事件后,郑注外放为邠宁行军司马,大和七年(公元833年)九月,卸职入京师时,被御史重重地参了一本。

首倡者是侍御史李款,在十天之内,连续上了十几道奏章,请将郑注交付法司。王守澄见风声甚紧,便把他藏在自己的神策右军军营里。郑注也知道,因为宋申锡冤案,自己犯了众怒,眼下只能缩头不出,避避风头再说。有王守澄的保护,一两个朝官的弹劾倒也是奈何他不得的。

但其中还有一个值得细细说上两句的事情。

宦官之中,也大有派别,早年的李忠言与俱文珍的分野就是一例。特别是宦官分领左右神策军,两中尉地位相当,为争取权力,自然就有分歧和冲突。这也是由来已久了,左军先是马玄亮,与当时的右军梁守谦就有不和。眼下右军的王守澄独掌大权,挟天子把持朝政,宦官中便就有相当一部分人不满,其中包括现时左军中尉韦元素,左右枢密杨承和、王践言。在利害相同下,三人更是联合了起来,合力对付王守澄,而郑注被朝臣弹劾,正是一个契机。有左军与枢密参与了进来,郑注就危险了。

左军将官李弘楚建议中尉韦元素诈病召郑注医治,届时在左军中先杀后奏,"有御史的弹奏,又有杨、王两枢密在圣上面前进言,大人绝不会因除奸而获罪。"李弘楚道。

元素以为然,遂召郑注。郑注晓得此番前去凶多吉少,躲过今日躲不过明日,遂走险招,果断地来到左军。一见到韦元素便跪行数步,接着俯仆在地,又是一大段滔滔不绝的自诉,一把鼻涕一把泪,真的是感人至深。

元素心软,不觉同情他起来,听了他的一段表白,也觉得有道理,赶紧下座将他搀扶起来。郑注一见得计,话就更多了,巧舌如簧,说得元素是兴趣盎然,早把杀他的意念抛到九霄云外去了。

李弘楚立在元素身旁急得不行,屡次以目示意,元素就是视而不顾,最后还厚赐郑注不少金银布帛,放了他回去。

郑注刚走出屋外,李弘楚便道:"中尉大人今日不能决断,来日必受其祸!"元素不语。弘楚望着门外郑注的背影,跺脚长叹不已。

王涯出任宰相,郑注在中间出了不少力,王涯为了报答郑注对他的襄助,最后压下了李款的奏状。守澄又在皇上的面前说了话,郑注终于逃过了这次难关,升任侍御史兼右神策军判官,得以正式在王守澄手下任职。任命一下,朝野无不骇叹。极权政治之怪往往如此,一个人越无行,受到的抨击越多,极权者就越是要扶持此人。原因无他,"极权"的实质就是反常道而行之,否则,大家都赞成,又何能显出唯我独尊的快乐?

以郑注的天才,又借天子得病的东风入侍医药,其结果是显而易见的。当郑注略施小术,开出几服药,说出几段话后,文宗便成为他所征服者名单上新的一员。

单有郑注,恐怕还很难有异日之变。在大和八年(公元834年)正月,皇上因风病小瘳,发布大赦后,又有一个"奇人"回到了长安。

这就是李逢吉的侄子李仲言,当年为逢吉迫害裴度、元稹的主要策划者。

此人更不同寻常。比之郑注,他虽然没有小道之术,但却是标准的名门之后、进士及第的士流。形貌魁梧,神情洒脱,长得一表人才,更兼才识过人,机辩不让郑注。在某种程度上说,他的身份地位比郑注更能成事。

李仲言可并不斤斤计较一时的得失,也不会为金钱权位而得意忘形,他是有大志的人,起码也要像他的祖先一样,出将入相,成就一番大业。仲言的一切行事,都是在为此做准备,对他来说,只要达到目的,可以不择手段。他起先依赖李逢吉没有成功,并不意味着他就此沉沦不复。仲言任侠豪放,有不少两肋插刀的朋友,郑注就是其中的一个。郑注既为皇上所宠信,他的机会就来了。

仲言得罪流贬后,是因为母亲去世,才返回洛中故里居丧的。

此次入京，他带了价值百万的金帛珍宝，目的有两个，一是为李逢吉上下打点，一是为自己活动，希望能够恢复一官半职，重新步入政坛。一来到长安，他当然第一个就找郑注。

皇上好易学。易之道，其思也博，其用也大，是一种富于辩证、讲究哲理的神奥之术，所谓一阴一阳之间，天地皆备，八八六十四卦，涵盖万物。想当年孔子晚而好《易》，读之韦编三绝而为之传，圣人以后，虽未亡于秦火，然微言既绝，大义亦乖，若非上智之人，不能略窥堂奥。当今天子好学深思，才智不让古贤，他对易学，下了很大的功夫，即位以来，常常是捧以随辇，朝廷无事时，便在偏殿读之竟日。这几年来，皇上把一腔郁闷全部转化成了读书的热情，他迫切需要在书中找到解决的方法，皇上常感慨的是："若不甲夜视事，乙夜观书，何以为人君？"其实，现在的天子"甲夜视事"早已难有作为，恐怕也只能是"乙夜观书"罢了。

皇上对易学的爱好如此强烈，当然不仅仅是出于对古代典籍的崇拜而已，文宗在这部书里，获得了一种《贞观政要》以及其他书中所没有的东西。奇正反合，阴阳交感，乾坤为列，否极泰来："圣人感人心而天下和平"，"君子以远于小人"……都是皇上孜孜探究的问题，皇上把圣人垂则与眼前之事联系起来，似乎就更能理解书中的深意。皇上披览群书之时，或扼腕唏嘘，或欢呼敛衽，但读《易》时却多是沉默不语，很明显，不甘的天子自有心机。可惜的是，朝中却无人通晓易道，身边的三位侍讲学士虽然时相顾问，但解决不了什么实际疑难。皇上苦无商析疑义、倾诉衷怀的对象，其寂寞可想而知。

第四章 甘露之变：失败的反击

巧的是，李仲言精通易学，他浸淫此道十几年，仕途的不幸更使得他对易理有深厚的理解。仲言既托到了郑注，郑注自然便将他引荐给王守澄，守澄得知仲言独擅其术，便郑重地推荐于文宗。同得到郑注一样，皇上大喜过望。

仲言尚在居丧期间，不好除授官职，为避人耳目，皇上命他着戎服，对外称"王山人"，与郑注同时在禁中行走。

王守澄暗自高兴。从他这方面来说，宋申锡事件暴露出两个苗头，一是皇上对他的态度，一是左军的不良企图，都是很严重的问题。守澄荐举郑、李二人，特别是引荐标准的士流李仲言，有自己的考虑，他希望两人能够扼止住不利的趋势，同时扩大己方的实力。从文宗这方面来讲，对二人一见倾心，相遇恨晚，立即就准备重用，其中也有外人难以猜度的打算。至于郑、李二人，更非等闲之辈，皇上忧怀万方、魂不守舍的心态，很难不被他们感受到。得以近君傍圣，自古而来都是为人臣子感戴不尽的幸事，更何况天子对他们是如此的亲近，两人的兴奋与激动是可想而知的。感觉最强烈的是李仲言，因为王守澄为避人耳目，已经在此后不久把品行粗俗的郑注外调为昭义镇节度使。

于是，三方都是各怀心事。

一场变故将不可避免地到来。谁将是这场变故中最后的胜利者，现在还很难看出。但有一点是肯定的，处于文宗和王守澄之间的另外一些宦官，无疑会在双方的势力消长中获得好处。

仲言在与皇上的讨论中尽显才华，君臣解《易》之际，更多的

283

是谈到了经典以外的事情,如同当年的宋申锡一样,仲言也被皇上誓雪仇耻的激愤深深打动。他毕竟是一位儒士,当然知道为国为君是个人的至道,仲言无法拒绝这一强大的诱惑,开始了他有生以来第一件有为之事。

郑注也不例外。与仲言为人稍有不同的是,郑注平常更多的是考虑到成败与得失,这是他做人的原则。参与天子的穷则思变之举,这当然是一件大事,但大事却未必有大利,郑注每一次行事都是注重于理性而不重感情的,但这一次却不知何故,同样也被激情冲昏了头脑。王守澄怎么也不会想到,自己竟然作茧自缚,推荐给皇上的两个人,最后都将倒戈相向,成了他的掘墓者。

这也是天子的力量。只要天子还是天子,哪怕是懦弱的傀儡,或是残酷的暴君,他仍然拥有一种唯一的、正义的、具有强大震慑作用的感召力,既如泰山压顶,又如三月春风,令人不可抗拒。成功的天子往往都是善于利用这一力量的人。文宗知道他俩是王守澄的亲信,只有攻心才能不战而屈人之兵,唯其如此,才能出其不意而占得主动。话虽这么说,但其实,皇上这时也属无奈,身在九重深处,既无内应又无外援,差不多已被逼入绝境;更何况,朝中大臣没有一人能够理解的心事,竟被对方阵营中的李仲言一点即破,皇上又怎么能不欣喜若狂!在文宗心目中,李、郑二人既是反正的义士,又是富于谋略的奇人,一嫡出名门,一起自草泽,阴阳交合,正反相成,是符合《易》理,契于天意的安排,文宗不能不下决心。

但皇上亲用仲言遭到了宰相李德裕的强烈反对。

"李仲言先前所为,陛下想亦知道,"德裕这话,指的是仲言先前陷害裴度和元稹的事,"对这么个人,陛下如何能置于近侍之位?"

皇上难于正面回答,反问道:"难道不容许他改过?"

"此人坏在本心,断不会改。"德裕这个结论下得斩钉截铁,是一点面子都不给了。皇上不悦。

不过仲言的处境确实不好,早年的前科尚未被人淡忘,自己又是受处分的人,身无半职,加上刚刚母丧期满,皇上也不大好说话。八月,文宗只授了他个"四门助教"的职位,这是国家最高学府国子监下设的"四门馆"里的一种教职,官阶只有"从八品上"。就是这样,门下省犹欲封还敕书,幸亏王涯做了手脚,任命才得以通过。

文宗已不能等待,十月前后,他不仅召回了郑注,而且升仲言为翰林侍讲学士,并且同意他俩的提议,征召李宗闵还京复相,将德裕又外放出京。仲言对此想得很清楚,你李德裕既无情,也就不能怪我不义,自己正干着一番百代伟业,尔等腐迂之辈又省得什么!十一月,仲言上表请改名为"训"。真不知道他把自己名字改掉的用意究竟是什么,也许,他要借此表明他脱胎换骨的决心,而与旧我彻底决裂?无论怎么说,李仲言——现在应称李训,似乎已经下定决心义无反顾地走下去,不管未来的命运要把自己抛向何方。

如果说选择宋申锡是所托非人的话,那么选择郑注和李训,就是慌不择路。

长安的冬夜,照例是一片凄凉。可在宫苑深处,天子的寝殿却时时灯火通明,一种炽热的气氛弥漫殿中,飘荡飞扬,跌宕升腾,穿过重重帘帷,像要把屋外厚厚的积雪彻底融化。

第二次反击:计划临时起变

> 这一次行动部署周密,思虑狙诈,但是计划不如变化。道失既先,事艰必后。

皇上从大和七年(公元833年)十二月患病,郑注入侍,到今年(大和八年)六月得见李训,再到年底最后拍板,花了近一年时间。皇上这次汲取了宋申锡失败的教训,为了克成其事,真可谓殚精竭虑。

首先,不能引起王守澄和若干宦官的怀疑。这一点是文宗主要考虑的事情,也是促成他最终选定两位宦官所信任的郑、李二人特别是郑注的主要原因之一。郑、李在此方面确实有着先天的优势,以至于当他们次第为皇上所任用时,王守澄还暗自高兴。皇上为了稳住对手,甚至还不惜与朝廷大臣们翻脸,坚持任命他们强烈不满的郑注、李训,从而给宦官一种圣恩正隆的假象;李、郑也在竭力拉拢左军和枢密院里的倒王派,为行动作准备。

其次,任用李、郑翦灭宦官,也不能让朝士们得到蛛丝马迹。宋申锡失败就失败在这里,他不应把大事托付给一位居心不良的王璠,导致了全线的崩溃。皇上与李训有一个共识:朝臣成事不足,败事有余,不可与谋大业。这也是天子九年来一贯的想法。

可无论怎么小心,李、郑两人屡屡入宫与皇上朝夕计议,难免会有风声传出去。文宗听到消息,先是有些担心,但很快就有了主意。他招来郑注,如此这般地吩咐了一番。

十二月初三,皇上特敕郑注为太仆卿。果然,朝官中有人上疏坚决反对,郑注立即上表固辞,皇上遣人直接以告身赐之,郑注居然也坚辞不受。接着,郑注在长安城中大肆招摇,公开收受贿赂,于是宾客盈门,财物山积。朝间正统之士,愤切郑、李二人倚结宦官横行不法,无不恨之入骨。

天子在一次朝会上更出奇招,把李训所作的五条《易》疏公诸朝廷,宣称:有能出其意者赏!这天,李训站在百官之中,神情得意,那意思是说:有谁能与我论《易》?皇上的意图很明显,他要给外人这样一个印象:李训完全是因为易学精湛才如此圣眷优渥,并无其他原因。

眼光短浅的政治手段往往不免顾此失彼。文宗要完成他的计划,只有也只能任用李训、郑注,他们有他们的长处,但也有一个致命的弱点:他们为正统的朝士所不齿,因而不能团结大多数人去对付宦官这一强大的敌对势力。在朝廷重臣中,只有几位投靠他们,一是王涯,时为宰相之一;二是贾,也是新任宰相;三是舒元舆,时为御史中丞兼刑部侍郎。其中,王涯是受过他们恩惠的人,贾、郑二人自称不与二李(德裕、宗闵)同派,因而对李训、郑注言无不从。他们与郑、李走到一起,充其量也是利益上的暂时同盟而已。更难堪的是,为了保证机密,李、郑乃至皇上并没有对他们交底,这使得仅有的几位重要支持者完全不谙原委。这样,他们的实力就要大打折扣了,尚不如早年的王叔文集团。李、郑的这一局棋,自然也就更为艰苦。

但是,天子的信任使他们斗志倍增,光辉的前景让他们心旌摇荡;自负才略,又使他们得意忘形。同时,箭在弦上,弓如满月,岂有不发之理。

冬去春来。大和九年(公元835年)春天,李训给文宗献上了致太平之策的十二字方略:"先除宦官,次复河湟(边患),次清河北(藩镇)。"李训的话,使天子在郁郁愤懑中度过了九年窝囊生涯后,第一次感受到前所未有的快意。

"先除宦官"这第一步怎么走?皇上与李训、郑注煞费苦心。

皇上最恨的是王守澄,别的先不谈,元和时弑杀宪宗的陈弘志,就因为他的庇护尚还优哉游哉,在外间做着山南东道的监军。"此弑逆之徒,当先除之!"天子跺脚拍案不止。

这个好办,擒贼先擒王,只要除掉王守澄,区区一个陈弘志何在话下。李训担心的是,王守澄轻易动不得,"如之奈何?"他对郑注说出心事。

郑注自有办法,他太清楚宦官之间特别是右领军将军仇士良与王守澄的矛盾了,更明白彼辈有隙正可利用的道理。因此他给李训的建议是:守澄既领右军,不妨以仇士良为左军中尉!

这就是先分守澄之权再说。李训觉得此计可行,马上就禀奏了文宗。五月二十一日,天子诏命仇士良为左神策军中尉。制下,守澄吃了一惊,一整天闷闷不乐。然而,他还是没有怀疑到李、郑二人。

事情在一步步进行。

六月,原左军中尉韦元素,枢密使杨承和、王践言在天子的暗示下,进以居中用事,招致王守澄不满,双方闹得不可开交。天子乘机下诏,出杨、韦、王三人为西川、淮南、河东监军。不久,李训、郑注又指责他们与李宗闵、李德裕皆有勾结,接受贿赂,于是三人先是免职,最后被分别赐死;另一位牵涉其中的宦官崔潭峻虽已亡故,也被剖棺鞭尸。守澄大为高兴,觉得报了左军一箭之仇,完全不知道这是皇上与李训、郑注借他之手除掉了"四贵"中的三个,下一个就要轮到他了。

也是这个月,完成了使命的李宗闵被郑注弹劾,贬为明州刺史;同时,朝中凡与二李有染者,皆被逐斥。七月二十一日,李训升任兵部郎中、知制诰,翰林侍讲学士一职不变。八月初四,郑注升为工部侍郎,兼任翰林侍讲学士。两人皆带侍讲学士之衔,保证了他们在外廷任职的同时,依旧能与皇上保持联系,这点至关紧要。

九月初,山南东道监军陈弘志突然接到旨令,命他即刻入京。二十一日,弘志走到青泥驿站时,早已等候在那里的特使出示天子密诏,当即将他绝杀杖下。此事几乎没人知道,更不用说王守澄了。

二十六日,皇上发布诏命,调升王守澄为左右神策观军容使、兼十二卫统军。到了这时，守澄仍还蒙在鼓里，以为这是郑、李二人的报恩之举，他一点都没有意识到，这一荣衔只是李训、郑注架空他的措施，根本不存在着丝毫善良的意图。守澄的昏愦决定了他已经接近于灭亡。

最后的时刻即将到来。

彻底解决宦官务得有兵在手，这是没有疑义的。但必须及早准备，方不至于被动。当年王叔文临时抱佛脚不克其功的故事，李训、郑注又何尝不知道。早在九月中旬，郑注即主动上表请求外任为凤翔军节度使。凤翔是京西北的战略重镇，因为地位重要，此间节度往往带"神策行营"之名，军力亦颇强盛。京中的左右军既不可得，掌握京城周围的行营部队就十分重要。在调升王守澄的前一天九月二十五日，诏制颁下，同意郑注的请求。宰相中唯一的不合作者李固言因反对这一任命，也被派出京外。二十七日，舒元舆、李训入相，皇上在拜李训"同平章事"的制书中还特别命令：李训仍需每两三天一入翰林，为天子讲解《易》经。

十月初八，李、郑悄然进宫，与皇上密商了一整夜。第二天，毫无准备的王守澄就在府第中被毒酒鸩杀。

到此，准备工作已经完成。李训从一位受流贬的人一跃而至宰辅，为天子倾意任用，或在政事堂，或在翰林院，天下事无不可决，这是前所未有的。朝野上下，无不震恐，就是神策中尉、枢密使，见到他都不敢不迎拜叩首。李训决定：十一月份动手！

这是因为，下个月有个绝好的机会。

第四章　甘露之变：失败的反击

王守澄死后，天子追赠"扬州大都督"之衔，就定在十一月下旬在城外的浐水入葬。郑注虽在京外任职，但以故旧情深，请率亲兵入护丧事，自也不会引起怀疑。到时，只要天子下令内臣齐集送葬，李训关起城门，郑注则可在城外令亲兵尽诛宦官，使无遗类。同时，城中诱捕住两中尉，事即可成。这是李训、郑注反复计议的结果。

李训提出，计划中最为关键的是郑注出镇凤翔，务得蓄以兵力，届时招之能来。

郑注理会得。他有些担心的是，届时自己是在城外，得手后即使马上进城，也难保能一下子扫清后事，关键还是要看京中。到时，有无足够的兵力应付局面？

李训已有安排。

在郑注即将赴任的前夜，李训及其死党大理卿郭行余、户部尚书王璠、京兆少尹罗立言、太府卿韩约、刑部郎中知杂李孝本一起在郑注位于善和里的宅第中秘密集会，进行最后的决定。

不时，诸人来到。李训对众人宣布道："圣上旨意，下月中外同赴，诛杀宦官，还望诸位不遗余力，襄助其事，同靖国难，报天子圣恩！"

众人慷慨激昂之余，都隐隐有点不安。毕竟，这是要见真血的事情，这些平常养尊处优、逍遥自在的人一想到马上就要真刀真枪地上阵，也真有些胆怯。但李训已不能让他们在这个最后时刻退场，他道：

"诛灭宦竖，必须里应外合。除郑学士出镇凤翔外，邠宁、河东两镇,京中的几个要害部门亦须掌握。明日仆即奏明圣上,将两镇节度及京兆尹、金吾卫弄到手。"其中邠宁、河东两镇拱卫京畿,兵员充沛,举事之际尤得假借,所以李训非常重视,他把这个任务委托给王璠、郭行余二人。

王、郭表情肃然,点了点头。

十一月初五,文宗颁布诏制,命郭行余为邠宁节度使,王璠为河东节度使;调原京兆尹李石为户部侍郎判度支,以罗立言代理京兆府事;以韩约为左金吾卫大将军,李孝本代理御史中丞。其中,韩约的左金吾卫更是关键所在。

"左右金吾卫"是中央卫戍军队十六卫之一,原来担负的是保卫皇城中枢机关的职责,本朝之初称为"南衙诸卫"或"南军",与"北衙卫"或"北军"对称。北衙(宫城)的神策禁军兴起后,南衙诸卫基本上都成了闲司,既无权,亦无兵,只有左右金吾卫仍然担任昼夜警巡之职,是京城除了左右神策军之外唯一的军事力量。

一切都按计划进行着。十月底,郑注就到了凤翔节度府任所。一到镇,立即精心挑选了数百个精悍的壮士为亲兵,配备精锐武器,赏赐丰厚钱物,时刻准备进军。不多日,消息传到:王守澄入葬,日子定在十一月的二十七日。郑注立即上表请求入京,同时传书李训,告知了上路时间。

但不知为何,京中的李训却决定提前行动。

事后很久的一段时间里,以至于在千余年后的今天,人们都对李训为什么突然改变计划表示不解。确实,这情况郑注还不知道,也来不及通知,如此临时变更,就等于把郑注的力量摒弃在外，对于本就捉襟见肘的李训来说，实在不是一个好主意。更何况，李、郑的这次行动仍是一场地地道道的宫廷政变，它的成功全赖于周密的计划和万无一失的措施，如果这个都做不到，事情就很难说了。

有一种说法是李训忌讳郑注。因为照原计划办，成事之后，郑注则专有其功，对他不利，所以他要先期行动，同时可把郑注也一并解决。这种意见是当时不明内情的人的普遍看法，宋朝司马光同意此说，并把它写进了他的名著《资治通鉴》，因而广泛流传。

另一种说法是认为李训、郑注本有两套方案，一前一后，而以李训的那套出其不意的计划为主。因此提前发动，并非是李训的临时决定。这是近代史学家吕思勉的见解，他甚至认为，李、郑二人预谋早在八月份就定形了，而不是通常所说的十月底。

事实上，这些论断都没有说到点子上。

甘露之变：不成功则成仁

诡道权宜，不能治本；阴谋逆德，终非胜算。

李训确实决定改变计划提前动手，不过，这个决定的作出，完全是出于无奈。

正如李德裕后来指出的，其时天下大势，全在北军，左右神策主宰着整个帝国中央政府的存亡。如先在城外王守澄葬礼上动手,诛杀的仅是一些无足轻重的宦官,丝毫不能触及问题的根本,宦官的首脑、现任左右中尉的仇士良和鱼弘志仍需在城中解决,届时一旦有所疏忽,惊动了他们,李训等人就绝非是神策军的对手。

那么,对京中的神策军能否动些脑筋呢?回答当然是否定的。因为多年以来,神策军士唯听中尉号令,左右中尉不去,神策军就是金汤一座,无法策反。

形势既如此,换一种思路考虑,如果就在宫中发动一场奇袭,先下手解决首要人物左右中尉,特别是王守澄之后拥有大权的仇士良,问题岂不是迎刃而解?

李训在与郑注约定之后,就意识到原计划存在着破绽,开始考虑上述方案。但是,决定已经作出,难以更改,李训即使察觉到在城外动手的危险,本也无可挽回了。可就在此时,一个突如其来的变故让李训不得不铤而走险,果断决定提前发动。

这是因为:消息有走漏的迹象!

从上月底郑注赴镇到现在,已将近二十余天,这时,郑注在凤翔的有关动作,已隐隐地传到了一些人耳中。朝野上下,对李、郑不满的大有人在,风言风语,也开始在京中流传。虽然说这些话的人尚不知其中的真情,但这足以让李训吃惊不小。眼下,离王守澄下葬的日子,还有七八天之久,李训感到,如此拖下去必将凶多吉少。

大约是十五、十六日前后,李训得到密报,说郑注率五百亲兵已在赴京路上,京内外已经有人知道了这一情况,并且很可能传到了宦官那里。事情已极为紧迫,李训赶忙招来王璠和郭行余。

"情况紧急,怕不能等凤翔兵了!二位可借赴镇之前征召幕僚的名义,立即广募豪侠义士,等待号令。切切!"

两人虽感惊慌,但不敢怠慢,马上分头加紧行动,两三日之内,又招集到了不少人,约为亲信私僚,使他们以仆从的名义跟在身边,人数大约有几百人。

但这仍然是不够的,李训又密嘱韩约、罗立言、李孝本各以其金吾卫兵、京兆府以及御史台卒吏集中待命。这一天已是十一月十九日,李训又秘传韩约会商,最终决定,提前在二十一日动手。

起初,二人为具体的行动计划苦思冥想,反复揣量,足足熬了一宿,也拿不出妥善的办法。直到凌晨,李训偶然把目光转向窗外,寒雾蒙蒙中欲出未出的晨曦映在树丛微霜的枯叶上,突然使他心头一亮。李训回过头来,意味深长地对韩约说:"'天地相合,以降甘露'啊!"

这是《道德经》上的话。韩约莫名其妙:这个时候怎么还有心思谈经论道?

李训提醒他:本年八月,有甘露降于紫宸殿前樱桃树上,圣上亲采而尝之。

韩约茫然,还是不明所以。

"假如过两天,有甘露降在足下的金吾卫仗庭院中,又当如何呢?"

韩约猛省。

甘露,甘美之雨露也,乃太平之瑞兆,轻易不可见。一旦得降,预示着五谷丰登,六畜兴旺,普天之下,皆应颂贺,算得上是朝廷的一件大事。有了事情,就好做文章了。

事不宜迟,李训对韩约交代道:只需如此这般……

大和九年(公元 835 年)十一月二十一日,大明宫紫宸殿。

钟鸣五鼓,天子升殿,百官班定,早朝开始。左金吾大将军兼金吾街使韩约,抱笏步出班列。

按常例,金吾街使此时出奏,当是报告今日京城六街的平安状况。然而,韩约所奏却出人意料:"左金吾听事后院石榴树上,昨夜忽降甘露,臣恭颂陛下圣明感格,得此上天垂祥!"奏讫,蹈舞再拜。

百官听罢,虽略感意外,但也觉得年来瑞兆迭现,今日再降甘露,或亦可能。一时间,殿内气氛顿时活跃起来。

宰相李训、舒元舆赶紧称贺,百官随之齐齐拜下,山呼万岁。李训、元舆都道:"陛下宜亲往观之,以承天庥。"文宗允诺,于是下令班放含元殿。百官退下,齐往南走。部分官员包括宰相王涯、贾𫠦、舒元舆等各归本司。

左右金吾仗院就位于大明宫正门丹凤门的两侧,实为整个大明宫的门卫,含元殿是第一道大殿,自然离左金吾仗最近。不一会,天子乘软舆出紫宸门,过宣政殿,再出宣政门,来到含元殿升座,命李训率中书、门下两省官先往视之,验明后回报。

从含元殿到左金吾卫仗院充其量也只有五百余步,加上验明甘露的时间,一个时辰也就足够来回了。可不知怎么,李训等人去了许久，才返回含元殿。李训奏道："臣与众人验之，不像是真的甘露，不可遽为宣布，以免讹误而使天下枉贺。"

天子果然一副惊异的模样："有这般事？"回过头望着左右中尉仇士良、鱼弘志，文宗又道："卿等可再率诸内臣往视之，务得验明真假。"

两中尉得旨，率人往外走。李训不动声色，看着他们的身影消失后，立即对殿下班列的百官大声叫道："王璠、郭行余安在？来受诏敕！"

殿下的两人知道，行动开始了。王璠再一次露出了他的懦夫嘴脸，在此受命之际，竟吓得两腿发颤，一步也走不动，只有郭行余急步趋前拜下："臣在！"

李训又对殿下的廷卫官喝道："圣上有旨，速令河东、邠宁两镇官健入宫听命！"

"臣领旨！"此人说完，立即就往外跑。王、郭两人所募的私兵早已怀揣兵器候在丹凤门外，不一会，河东兵陆续来到，而邠宁兵竟在宫外观望，一个也不动，其行径正好与宫内他们的两位首领相反。

殿下尚在的一些台省官见此情形，个个目瞪口呆，不知将要发生什么事。

与此同时，仇士良、鱼弘志带了十几个宦官来到左金吾卫仗，进得门来，就遇到了等在那里的韩约。仇士良还未发话，突然瞅见韩约面色仓皇，额头流汗，一副恐惧的模样，很是惊讶："将军怎么这个样子？"

话音未绝，一阵劲风穿堂而过，厅廊之间的帷幕被风吹起，士良不经意之间眼睛一瞥，忽然看见幕后竟有不少全副武装的士兵，阵风之中，还传来兵器相击之声。士良心头一震，心道："不好！"电闪雷击之间，他与鱼弘志对望一眼，二人立即就明白了。"快退！"士良对众人大呼，带头就往门外跑。

众宦官紧紧跟上，门口的一位金吾卫兵欲将门关上，士良大喝一声，跻身而上，门竟不能合。鱼弘志领人一哄而出，随着士良往含元殿急奔。韩约惊在当场，茫然无措，厅廊上的士兵不敢妄动，看着仇士良等人逃出左金吾卫仗。

李训在殿上一见仇士良、鱼弘志全身而退，往这里奔来，晓得不好，赶紧对立在殿下的金吾卫兵们叫道："快上殿护卫圣上乘舆！每人赏钱一百缗！"但事出突然，士兵们都不知所以，还没有反应过来，仇士良已抢先入殿，对皇上说道："宫中有变，请陛下速速还驾！"逃回来的宦官都知道是怎么回事，不由分说，抬着软舆送到天子面前，连拖带扯，就把文宗架了上去。此时，殿前已有金吾卫兵上来，已无法从正门出去，宦官们抬着皇上便往后跑，含元殿后是一排藩篱，众人七手八脚，硬是扯开一个洞，要从这里逃出。

李训奋不顾身，扑上去拽住乘舆大呼："臣奏事未竟，陛下不可入宫！"皇上也是挣扎不已，连声大叫。仇士良声嘶力竭："李训反了！李训反了！"拥舆急奔，想把李训甩开，李训死不松手，一直被拖到宣政门前。

这时，金吾卫兵已拥上含元殿，罗立言率京兆巡卒三百余人从东,李孝本率御史台从吏二百余人自西赶到,与金吾卫兵纵殴击杀尚未逃走的宦官,霎时,殿中宦官鬼哭狼嚎,一下子死伤了十几人。

后面的哀号声不断传来,这边的李训仍是紧紧地抓住乘舆不放,此时,他心中只有一个念头,千万不能让仇士良逃掉,更不能让他们挟持着天子,他心里清楚得很,覆巢之下,安得完卵?若没有了天子,一切都将鸡飞蛋打。

宣政门就在眼前,拥着乘舆的宦官知道,只要逃进去就是他们的天下。有一位叫郗志荣的宦官挺身而出,对着李训当胸就是一拳,李训双手正抓着舆杠,无法遮挡,被兜心一击,当场倒地。仇士良导着乘舆驰入,宣政门沉重地渐渐合上,里面传来众宦官"万岁!万岁!"的激动声音,躺在地上的李训听着这一切,浑身上下一片悲凉:完了!

含元殿前,百官早已一哄而散,罗立言、李孝本率人杀了一会,忽不见李训与天子,再看看左右中尉也浑无踪影,也知道事情不济了。可这时两人手上还有数百人,如果乘宦官立足未稳,一不做二不休,再杀入宣政门,也未必就不能挽回败局,但在关键的时刻,他们想到的却是赶紧脱离干系,立刻收拾起家伙,急急出宫。一大批人霎时就走了个干净。

李训倒不愧枭杰本色,从地上起来,十分的冷静。他与身边的从吏对换衣裳后,面不改色,走到宫外,然后骑上坐骑,快马加鞭就直接往城外疾驰。一路边走边说:"我有何罪,竟被贬斥!"路旁的人都以为李训在今天的朝会上受了处分后发牢骚,也就没有加以怀疑。

既已图穷匕首见,那就绝对容不得后退。李训之辈也许都根本没想过一旦失败的对策,因而在事不成后,竟毫无作为,不负责任地作鸟兽散。他们也不想一想,拱手把反击的机会让给别人,在这种大是大非面前,他们如何可能全身而退!

宣政门内,仇士良已经红了眼。

他对蜷缩在乘舆里惊慌失措的天子恶狠狠地道:"陛下!你干的好事!"这再清楚不过了,若没有天子良好的配合,李训又怎么能做得如此天衣无缝!士良此时已十分冲动,若不是当着不少宦官的面,他真恨不得把这个用心毒辣的天子就此一刀劈死。想想也真是后怕,若不是自己反应快,他们这些宦者将全都是人家刀下鱼肉。多年以来忠心耿耿,想不到竟是这样一个结果,难怪士良一腔怨气按捺不住。

其实,左右的宦官都与他是一样的心情,都是怒目而视,嘴上骂骂咧咧。

皇上面红耳赤,无话可说。此时,他自身的安危已系于人手。又能怎么样呢?要怪,他也只能怪李训不争气,片刻之间,就输了个一干二净,连天子都搭进去了。

"杀!"士良对各率五百禁兵赶到的神策左右副使刘泰伦、魏仲卿道。仅仅在事变后不到一个时辰,宦官们即从北东西三面,向位于大明宫南部的各衙门发动了反攻。

其他宰相中,只有舒元舆得知内情,悄悄改换官服,已单人匹马逃出宫外。而王涯、贾𫗦憷然无觉,对前来询问的一些省官们

第四章 甘露之变：失败的反击

道："不知何故，请诸公各个自便。"这边众官刚刚退下，王涯等正准备进餐，忽就有人来报："不好！有禁兵从宫内开出，逢人辄杀！"王涯、贾这才晓得事情严重，慌忙逃窜，这时宫内各门均已被人关闭，两省官、金吾卫兵们足有千人，都从建福门往外挤，王涯等刚刚奋身脱出，宫门就被禁兵合上，有六百余人没有逃出，全被斩杀。横尸流血，狼藉满地，宫内诸衙印鉴、图籍、帷幕、器皿在兵乱中一扫俱尽。下午，神策军分遣千余骑兵出城追捕，又在城中大索，死亡人数又将近有一千余人。长安城中，已是一片尘嚣。

以牙还牙，宁滥勿缺，这是报复者固有的心态。

朝士们休矣！

郭行余当场被执。王涯当时年已七十，徒步走到永昌里，不得已在茶肆中歇脚，被禁军擒获。押到禁中，受不得严刑逼供，只得屈招与李训谋行大逆，将尊立郑注。王璠逃归私第，本以亲兵自守，闭门不出，但被神策军将骗道："鱼中尉致意，欲以公为相主持大事。"王璠以为自己幸脱干系，遂出门随之至左军，也被拘禁。见到王涯，王璠不怪自己朝秦暮楚，以至上当，反而甚为气恼：

"二十兄自认谋反，又何必牵累他人！"王涯排行二十。

王涯想想此人实在不足与论，没好气地回道："五弟昔为京兆尹时，与宋申锡谋，若不漏言与王守澄，岂有今日？"王璠排行五。

这话答得好。王璠这个可以说坏了两次大事的人，听了也是作声不得。

舒元舆逃得早，已出了安化城门，但也未能走脱，被出城追捕的禁军抓获。罗立言在太平里被擒。贾易服避居民舍躲了一夜,第二天,想想没什么意思,主动来到兴安门,被擒送左军。李孝本以帽遮面,单骑直奔凤翔欲投郑注,但不幸走到咸阳城西,亦被追兵擒住。躲在崇义坊的韩约同样不免,在数天后被禁军查获。

只有李训逃到了终南山。

终南山有位叫宗密的和尚,是个有道高僧,以前曾与李训颇为投机,见李训来投,宗密有意剃其发而匿之,但为其徒众所沮。无奈,李训只有出山改奔凤翔,在路上被一位地方军将抓住,送归长安。

走到长安城郊的昆明池时,李训心想,事已至此,到了神策军更受酷辱,便对拘送者道:"你们抓到我就可得富贵,但听说禁军在城中搜捕,等一会见到我说不定要来抢人,你们不妨取首以送,现在就把我杀了吧!"听者从之,斩下了他的首级。

二十二日、二十三日两天,整个长安在无限惶恐中度过,天子被软禁,政府部门的权力也被彻底停止,生杀除授之权,皆决于两中尉,禁军嚣横,无所拘碍,京中吏民死于无辜者不可胜计。城中闲人恶少,乘机杀人报仇,剽掠百货,相互攻劫,尘埃蔽天,数日不绝。

二十二日这天,仇士良把王涯的供状递上时,殿上的天子悲不自胜,强忍着没有流下眼泪。二十三日下午,在左右神策近六百人的警卫下,王涯、王璠、罗立言、贾、郭行余、舒元舆、李孝本在两市中当众处死,连同李训,枭首于兴安门外。其辈亲属,不论亲疏,悉数处死。

第四章 甘露之变:失败的反击

牵连而冤死的朝官人数更是无算,在宦官的报复下,朝列几乎为之一空。

右仆射郑覃、户部侍郎李石被拉出来代行相权,但天下事皆决于仇士良,他们两人不过徒行文书而已。在延英殿上,二人唯一能对士良有所辩驳的话就是:"此乱诚由训、注而起,但不知训、注由何人而进?"这话当然是指责宦官首开祸端,但在文宗听来,他已是两面都得不到一点支持,完完全全地失败了。

到了二十四日,尽管坊市之中渐趋平静,不过,戒严未除,大赦令也未颁布,神策军依旧大肆搜捕,罪人亲属故旧尚在不断牵连之中,长安城仍然是一片肃杀和悲凉,官吏百姓,都是惴惴不安。

两天来,一阵严寒又忽袭长安城,这是多少年来不曾有过的,人们都说,这或许是杀气太重的缘故。可是,郑注尚没有抓到,京城人都纷纷传言,郑注将率兵为乱。仇士良还不能就此罢休。

事变的那天,郑注已到了扶风县,离长安只有几十里之地。不幸的是,李训提前发动,又提前失败,使得郑注完全陷入了被动。他是二十二日得知李训事败的,眼见他的这支本以奇袭为目的的小分队已失去了继续前进的意义,没奈何,只得收兵急还凤翔。郑注的匆忙撤退也使得往这里逃奔的李孝本、李训二人没有机会与之会合,最终被追兵赶上,丢掉了性命。

不过,即使他们与郑注会合,也逃脱不了最后灭亡的命运,因为政变的失败已使得他们丧失了存在的基础,只能任人宰割。这再一次证明,每一场宫廷政变都是不成功则成仁,没有别的结果。

郑注还犯了一个错误：回到凤翔，他没有立即公开号令出兵勤王，"以清君侧"。照目前的情况来看，如果郑注决意行动，凭着一镇兵力之强劲，乘着朝廷混乱，人心怨愤，再加上各大藩镇本就蠢蠢欲动，说不定能掀起一场规模浩大的地方反叛。可是郑注只是一味观望，这一犹豫，给了仇士良机会，一天后，他的秘密敕令就传到了凤翔监军张仲清手里。

张仲清经过一夜思考，果断地下了决心，派人去请郑注。

郑注仗着自己手下人多，没有防范，把亲兵留在了门外，只带了数人与仲清会面。结果被张仲清当场亲刃，其亲兵也在门外被一网打尽，这一天是十一月二十五日，离李训发动政变的二十一日只隔了四天。消息传到长安，引起了一片欢腾，城中士庶的心理很简单：这一场风波也许总算过去了！二十七日，京师各禁军还营。二十八日，最后一位要犯韩约被处死。

这就是"甘露之变"。

进入宦官时代

东汉末期之后，第二次宦官主宰的时代出现在历史的舞台上。今日山川对垂泪，伤心不独为悲秋。

文宗虽有志，晚无成功。"甘露之变"是一次不折不扣的失败，是一次没有达到任何目的的无效的反击，从某种意义上说，它甚至是一场不仅没有取得丝毫效果，反而带来无穷灾难的动乱。更可悲的是，天子这次任用为左右两派都深恶痛绝的李训、郑注行此大事，道义上都没能站住脚，因而从当时到后来，连丝毫的同情都不可获得。

长安的格局由此终于发生了质的变化。

前面说过，帝京长安由北向南，依次是宫城、皇城、外郭城，而政事堂、中书门下两省常设在宫城之南，尚书省及六部、九卿、三监等又位于皇城，所以，本朝人把这些政府部门称为"南衙"，而将位于宫城西北的宦官机构内侍省称为"北司"，这与"南军""北军"对称，同是一个道理。

"北军"兴起后，"南军"已名存实亡，到了此时，"南衙"竟也让位于"北司"，宰相和朝廷百官都成了内廷的附庸，宦官终于将政事权也夺到了手中。这一场南、北之争由来已久，若从王叔文算起，也有三十几年了，在此时此刻，"北司"取得了辉煌的胜利。从今以后，尽管朝廷职能部门名义上依然故我，但大部分实权已不复存在，一切都要视枢密、左右神策和各种中使的臧否行事。所谓"天下事皆决于北司"，帝国首都的方正之象，从此成为历史。

这当然不完全是李训、郑注的过错，"甘露之变"只是给了宦官一个借口而已，实际上，如果没有这个借口，"北司"的强大也是一个无可挽回的事实，总有一天，他们要完全成为一个统治阶层，而"甘露之变"的失败使他们开始实现这个美梦。

十二月十六日，有诏停止搜捕追亡，在正式拜相的郑覃、李石，以及新任京兆尹薛元赏的努力下，长安逐渐恢复了正常。第二年正月，天子发布大赦，改元"开成"，时为公元836年。

自此，文宗皇帝在无限的悲哀和郁愤中度过了最后的四年。

仇士良代替了王守澄，成为遥控天子的新的主宰者。在此强大的内廷势力面前，皇上已彻底无所作为，"天子"的名分只是使他依旧升殿听奏而已，但所有的权威都已化为泡影。天子终于在此时成了地道的傀儡，这是他自即位以来一直不愿发生的事，也是他九年来一直刻意避免的事，然而却终究成为现实。文宗其实是被软禁了，这最后的四年，皇上实际上是在醉酒听歌、闲吟诗书中度过的。

皇上的心在流血，在哭泣，他当然希望醉人的醇酒能消解他心中的悲伤，然而，举杯浇愁愁更愁，抽刀断水水更流，酒能使人暂时忘记一切，但却不能忘记永远。天子毕竟年轻，他又如何能够轻易把一腔衷情徒然消磨！

皇上像爱好诗歌一样爱好音乐，他善于吹奏一种叫"小管"的乐器，甚至还作过曲，但美妙的音乐也不能挥去他心中的忧伤，反而常常使天子哀不自禁，悲从中来。即使是音伎盈庭、杂戏骈罗，一片热闹之象，皇上也是无动于衷，难解愁颜。

皇上的叹息声像一个个沉重的梦魇。

那是一个温煦的春日，禁中牡丹盛开，莺歌燕舞，姹紫嫣红，但在文宗的心里，如花的春景似乎也是一团团迷茫的愁云，压在胸中，使人难以喘息。望着高低相间、摇曳生姿的丛丛牡丹，他想起的却是舒元舆的《牡丹赋》中的句子："俯者如愁，仰者如语，合者如咽。"皇上第一次理解了其中的深意,所谓"感时花溅泪,恨别鸟惊心",情到深处,物我皆一,这如画的牡丹,又岂非是如怨如慕、如泣如诉的哀叹!天子感慨之余,无限胸臆都在不知不觉中化为两行热泪,悄然而坠。

左右侍从默然,谁也说不出话。

宫娥翩翩而至。一曲《何满子》奏了起来,有位宫人步出行列,合乐起舞。《何满子》,舞曲名,相传本朝开元时沧州人何满子,善歌,因事触刑律,临刑前进此曲以赎,音调低沉哀婉,愤懑苍凉,所谓"一曲四词歌八叠,从头便是断肠声"。舞者按拍踏步,轻展燕体,把这首曲子演绎得淋漓尽致。

曲终舞罢,皇上被深深打动,唤这宫人来到御前,赏赐了一对金臂环,问道:"汝是何人,家在何处?"

宫人盈盈下拜:"妾名沈阿翘,本是吴元济的伎女,元济败亡,因善声歌而为陛下宫人。"言语之中,不胜凄楚。

吴元济死了快有二十几年了,那么,这位宫人在寂寞深宫之中,也就度过了如此长久的漫漫岁月。相逢何必问,同是断肠人。皇上不再说话,只是命她再舞一曲《凉州曲》,这又是一首著名的哀歌。音韵清越,舞姿哀缓,乐声停处,一时四面静默,观者无不凄然。

有一位布衣士人张祜听说了此事,写了一首诗:

故国三千里,深宫二十年。
一声《何满子》,双泪落君前。

寥寥二十字中,宫怨君哀,一泻喷薄,真是写得好!这首诗又辗转传入宫中,为宫人歌唱不绝。

开成四年(公元839年)冬天,皇上风痹又一次发作,服食药剂后,病情稍有缓解。十一月二十一日这天,因天子病体未愈,朝会早早地散了了,退朝之后,文宗扶着疲倦的身体回到思政殿。

文宗望着远方,拱默良久。一个时期以来,他的心里常有一种虚幻缥缈的感觉,天子知道,自己也许不久于人世了。

忽然,文宗缓缓地对侍从道:"今日翰林院值日者是谁?"

旁边的翰林院使答道:"中书舍人周墀。"周墀,时以中书舍人兼翰林学士。

"试命召来。"皇上依旧沉稳地说。

周墀奉旨进殿,文宗先命赐座,又以金卮赐酒三杯,周墀饮毕,谢恩。文宗徐徐道:"依卿看来,朕是何样君主?"

周墀一听,立即下座,恭敬回答道:"小臣不足以知大君之德。凡百臣庶,皆言陛下有尧之圣,舜之明,商汤之仁,夏禹之俭!"

文宗淡然一笑:"贤卿这是出于爱君之心,不得不这样说。朕其实哪里敢追踪尧舜禹汤之明,"皇上顿了一顿,"朕要问你的,是朕比诸周赧、汉献二帝如何?"

这是什么话!周墀如五雷轰顶。周赧王、汉献帝是两个庸碌的亡国之君,怎么能与我大唐圣明天子相提并论?皇上饶是为人钳制,也是有为之君,如何心哀如此?天子受辱,则人臣之过也,周墀激动地无法控制,倒身拜伏,声音哽咽。

他想不出其他话来安慰皇上,只是一个劲地称颂圣德,劝皇上不要为小节而谦谦挂怀。

皇上只好自己说了:"朕自以为比诸周赧、汉献犹有不及。周赧、汉献受制于诸侯,朕却受制于家臣,所以朕比他们还差得远了!"

文宗平静地说出这段话后,终于无法控制,突然俯首痛哭,泪如雨下。

周墀还能说什么?趴在地下更是悲不能禁,涕泗并流。

从这天起,皇上再也没有视朝。一个月后的开成五年(公元840年)正月初四,文宗皇帝驾崩于太和殿,年仅三十二岁。

第五章

李宗闵 牛僧孺 李德裕

内官传诏问戎机,载笔金銮夜始归。
万户千门皆寂寂,月中清露沾朝衣。

——李德裕

历史上规模最大的派系之争

> 数十年来,帝国政治的黑暗,尚不仅仅是因为宦官。

失败的反击"甘露之变"使文宗落得个悲惨的结局。当这个自称"受制于家臣"的皇帝在万般无奈中撒手人寰时,其身后事是可想而知的。

文宗此时后宫无子。长子鲁王原在大和六年(公元832年)被立为储嗣,但五年后竟莫名其妙暴卒而亡。次子开成二年(公元837年)封蒋王,亦不享天年。皇上本得位于其兄敬宗皇帝,所以在两子相继亡故后,开始产生这样一种想法:自己百年之后,将皇位大宝还之于兄之子!于是开成四年(公元839年),立敬宗第四子陈王李成美为太子。文宗晏驾时,陈王年既冲幼,又体弱多病,帝国的继承权再一次成为严重的问题。

宦官分成两派,一派主张就以年轻的太子陈王入继皇统,一

第五章 李宗闵 牛僧孺 李德裕

派则欲立皇弟颍王。前一派以枢密使刘弘逸、薛季稜为首,宰相杨嗣复、李珏副之;后一派的首脑便是左右中尉仇士良、鱼弘志。两派的斗争酿成了一场不小的政变,最后的结果,自然是实力强劲的仇士良一方获得了胜利。

事情的经过是,开成五年(公元840年)正月初二,文宗弥留之际,急召刘弘逸、薛季稜并杨嗣复、李珏四人入禁中,欲以太子监国。这是皇上最后的挣扎,想在安排后事上最后行使一次权力,但仍然遭到了仇士良的驳斥,请更议所立。李珏不服,说了一句:"太子已立,岂可中变?"仇士良就干脆自行发布诏令,以太子年幼不克大任为借口,制命颍王(文宗弟)为皇太弟,复太子仍为陈王。

当天,仇、鱼二人仿效当年王守澄的做法,发左右神策、飞龙、羽林禁军数千人,直接从诸王居处"十六宅"强行将颍王接到宫中的少阳院,并在思贤殿接见百官。不费吹灰之力,便使储君易人,这就是拥有兵权的好处,刘、薛二人并宰相们无可奈何。

初四,文宗驾崩;初六,陈王、安王、文宗妃杨贤妃就被赐死。其中,陈王是原太子,安王是文宗的小弟,而杨贤妃又是主张立安王的人,仇士良假借嗣君的名义让他们彻底消失,既顺理成章,也不用花什么脑筋。正月十四日,颍王李炎即位,后来的庙号为"武宗",时年二十七岁,也是一位年轻的皇帝。

天子迭代之际,是非激烈之时。成者王侯败者贼,这种斗争最是鲜血淋淋,没有半点温存可讲。从五月到八月,反对武宗即位的宰相杨嗣复、李珏相继罢贬;另一个关键职位京兆尹的人选也被撤换。第二年,刘弘逸、薛季棱被诛杀。

又是一场疾风骤雨,但这仍不过是拉开了未来动荡岁月的序幕而已。

"北司"已经取得了很大的胜利,再也没有人敢公开把宦官不放在眼里了,人们已经清楚地知道,这是既成的事实,也是事情的必然,徒示不满没有任何的作用。渐渐地,大家也开始接受了这一现状。时间是造物主最妙的魔具,它能让人慢慢地忘记痛苦,适应现实,并且最终与现实融为一体。

不过,要是以为帝国政治中的"南北之争"从此风平浪静,那就大错特错了。树欲静而风不止,任何对立的双方都不会同时或者永远失去利害冲突,更何况,"南""北"的矛盾是不可调和的,因为这与帝国的立国纲纪和道德伦理格格不入,不是彼死,就是我亡。现在的平静只是暂时的,这是宦官太过强大的缘故,未来的很多年内,宦官们一直保持了这一态势,双方的斗争便再也没有出现过像"永贞"和"大和"时期的那种惊心动魄的情景。但是,今后的岁月里,二者的斗争依然存在,只不过是以一种崭新的形式呈现出来罢了。

与此前的刀光剑影不同,这种变换了方式的斗争是由无数个悲欢离合的故事组成的。

故事的中心人物有三位,未来的十几年内,在"南、北之争"的大背景下,历史的聚光灯将再次投射到他们身上,看着他们演出一段云诡波谲的活剧。这里说"再一次",是因为事实上,这一出

第五章 李宗闵 牛僧孺 李德裕

活剧早在二十几年前就已经登上了帝国的舞台。人们对这三位风云人物已经非常熟悉,在相当长的时间里,帝国的政治,至少有一半是围绕着他们进行的。与过去不同的是,从今天开始,他们的这出大戏将逐渐达到高潮,并且彻底结束。如果没有他们,九世纪将会是多么的平淡无奇。

只要对过去十几年的是是非非尚未完全淡忘的话,一下就会想到这三人就是李宗闵、牛僧孺、李德裕。

一切都要从一次"制举"说起,这就是元和三年(公元808年)的"贤良方正能言直谏科"考试。

简单说来,本朝的考试制度有两种,一曰"常科",一曰"制科"。"常科"或称"岁举",每年定期举行,乡贡州(府)选,最后集中到长安,统一由礼部主试,故也称"礼部试",主要有六科,以"进士"一科最为重要,所试科目为诗赋。但通过常科考试后只能取得"出身",要想获得官职,尚须经吏部衡量选拔,通过"身、言、书、判"四方面的考察。"制科"或称"制举",是由皇帝委任策试官命试,科目不定,大到国家大政方针,小到朝野一事,均可策问,由被试者答以策文,以供皇帝"亲览"、朝廷参考。制举试天子往往亲临,故又称"廷试"或"殿试",对策高第,皆可授官。

因为考试科目多是现实问题的缘故,与"常科"相比,"制举"与政治的联系就更为紧密。应试者往往通过对策表达对时政的看法。天子与主试官有时也引导举人申述政见,以发现人才、体察舆情。特别是一个名为"贤良方正能言直谏科"的制举科目,最有"应诏直言"的特色。

明白了这些,就可看出问题来了:制举试特别是"贤良方正能言直谏科"既有如此的特点,那么,欲在考试中取得佳绩,必然要投其所好,在策文中"切时宜,观政事""指病危言",以求获得轰动效果。此乃人之常情,本无可厚非,况且,言切辞直的策文,常能在客观上对国家弊政有所匡正,也算是种有理的行为。麻烦的是,考试与政治相联,便不可避免地造成是非之争。这正反两种效应往往相伴而来,在本朝的制举试中屡见不鲜。元和三年的那次"贤良方正能言直谏科"考试就是一个最为有名的例子。

考试的中心人物就是李宗闵、牛僧孺以及另外一人皇甫湜。事情的经过本来很简单,三人在策文中攻击主要以宦官为代表的权贵,因此得罪他们。但是,这次科场案中却牵涉当时的一个重要人物宰相李吉甫,遂为后来的事情埋下了祸根。

李、牛、皇甫三人最后得罪被贬,罪魁祸首应该是当时的宦官首脑人物吐突承璀,可不少人却把过错推到了李吉甫头上。糟糕的是,吉甫竟也没有否认,就这么默认下来,从而为自己的儿子李德裕酿就了一辈子的苦果。说他在这里犯了一个终身大错,确实是一点都不过分的。

怪罪李吉甫的人自有他们的理由,因为当时的所谓"首座",亦即主持工作的宰相就是李吉甫,身为宰臣,对这个案子充耳不闻,本身就值得批评;而且,吉甫在后来不做一些力所能及的援救措施,也真是太不应该。但是,就此猜测是吉甫对三人嘲讽时政有所不满而主张将他们贬斥,那就是某些见识不高者的盲见了。

第五章 李宗闵 牛僧孺 李德裕

李宗闵就是其中之一。他在策文中为了标榜自己，还特意对朝廷坚持用兵表示了不同的看法，而吉甫又是当时最坚定的主战派，从这个推理出发，他理所当然地认为吉甫是处分自己的主倡者，从此与李吉甫结下怨仇。吉甫在几年后便去世了，因此李宗闵把这种怨恨转移到与吉甫一样坚持主战的裴度、李绅等人身上，并且一味排挤吉甫的儿子李德裕。他在大和时期与牛僧孺共同打击德裕，在开成时借助宦官的力量入朝，再次谋排德裕等等行为，归根结底都是这种报复心理在作怪。

这无论如何都是一个绝大的误会！三人的策文，皇甫湜以攻击宦官为主，而李、牛却主要是指责当权者炽于武功。当然，吉甫是主战派，坚决主张对藩镇用兵，但却绝对不至于因此就下毒手。再说，李、牛二人也并非针对吉甫而来，因为当时吐突承璀是最希望以武功博得宪宗赏识的人，为此，他后来甚至不惜挑起朝廷与成德的争端。策文只有指责此人，发人所不敢发，方能博取声誉，事实上，两人的本意也确乎在此。他们应该想到，自己既非针对宰相李吉甫，李吉甫又有什么必要大动肝火？本来，这场误会是可以避免的，谁料想，他们后来还是听信了别人的谣传，固执地以为是吉甫对己不利，基于这种认识，并最终走上了极端的道路。另外一方面，李吉甫不作解释，不作调解，也是造成这一重大误会的原因之一。他要是知道这件事的后果是多么严重的话，一定会追悔莫及。

然而，这次制举案仍然还是一个伏根而已，真正的导火索却是因一次"常科"考试而点燃的。这就是长庆元年（公元821年）

三月的进士科考试。

这次试场案的过程已见前述。当时,李宗闵、牛僧孺、李德裕相继入朝为官,开始在帝国政坛上发挥作用,这次事件的实质就是李宗闵与吉甫的儿子李德裕发生了直接的冲突,并使朝中的不少人围绕着他们三人而形成了鲜明的政治与个人分野。

李宗闵与牛僧孺是亲密的同盟。李德裕的周围虽无明显的党人,但在德裕与李、牛发生冲突时,也有不少朝中要人或以政见不同,或因个人私利,而与德裕共同指责和排斥李、牛二人及其党徒。所以说朝中从那时起正式分成两大派系,这个结论是可以成立的,而且,从穆宗皇帝时起,他们之间的互相倾轧开始变得十分明显。

李宗闵与牛僧孺的轻信和固执己见,固是造成这种党派斗争的主要源泉,但是,李德裕在这上面也负有一定的责任。事情发生在长庆三年(公元823年)三月,李逢吉荐引牛僧孺入相之后。

当时德裕亦有入相之望,无奈因与裴度、元稹及李绅关系密切,受到李逢吉的排挤,被外放浙西观察使。而在此之后,逢吉又再引牛僧孺入相,有人传说:这是李逢吉借此来阻挡德裕入居台阁。这件事终于给了德裕以很大的打击。

本来,在此事之前,他们并未在重大政见上发生激烈的矛盾,自长庆元年的试场案后一直保持着相对的平和。但是,在长庆年间,李宗闵、牛僧孺二人却和李逢吉的见解非常接近,进而依托逢吉的势力,境况很是得意。对此德裕是有看法的,不过仍然没有

第五章 李宗闵 牛僧孺 李德裕

表示出来。到了这时,他才第一次开始从心里对牛僧孺产生了个人感情上的憎恶感,为他后来的某些作为隐下了伏笔。作为一位器具过人、拥有将相之才的名门之后来说,也不免陷入个人是非恩怨的窠臼,实在是令人唏嘘不已。

在此之后,德裕也曾强烈地反对李宗闵私树朋党,但那是代表了大多数人意见的正义之举,倒不可归之为私人恩怨,他的第二个不当是几年后的事。

开成二年(公元837年)五月,朝廷命德裕出任淮南节度使以接替牛僧孺。

按照规定,诸镇节度相代,新任长官一般要清点前任的账目,核对钱帛、器械、斛斗的数目,奏报朝廷,作为当时接收和今后贡赋的依据。可长期以来,在此过程中形成了一个不成文的规矩,即为了留有余地,防止上任之后突发天灾人祸而使经费紧张,新官一般都要把前任的账册数目拦腰杀半。也就是说,假如前任官交接的账册上注明尚有钱帛合计一百万贯匹的话,则继任者上报朝廷时,便奏报实领只有五十万,其余数目以库藏不符、交接时差中的支用等为由表示并未收到。这是地方官常有的瞒天过海之道,一般很难被朝廷追究,久而久之,也就成了惯例了。

德裕是代僧孺出任镇淮南的,当僧孺得知这项任命后,不愿意与他正面接触,遂将军府事务交付副使张鹭,自己即时卸职赴京。

德裕到了淮南,竟也因循那种旧日的陋习,奏报朝廷说:账册上扬州府藏八十万贯匹,但只领到四十万,其余已为原副使张鹭用讫。在这里,德裕尽管有"旧例"可循,但以他刻意改革弊政的一贯做法来看,此举多少显得有些矛盾。况且,淮南也曾是其父李吉甫建立功勋的地方,照理他是不应该在这种事情上给人留下话柄。德裕之所以这样做,恐怕确是出于潜意识中对僧孺的不满情绪。改任东都留守的牛僧孺却不放过这件事,上疏辩白。僧孺这一边也有不少人弹劾德裕妄奏。朝廷只得下诏德裕重新核检,结果自然使德裕很狼狈,因为检点下来的数目正好是八十万,一文不少。德裕不得不上表检讨,请求处分。

事情虽然不大,但要紧的是,它同此前的那次"维州事件"一样,加深了他们二人之间的沟壑和敌意。与"维州事件"所不同的,这一次是德裕难辞其咎。

文宗时期,三人先后交替在朝,又先后为李训、郑注排挤,几乎是与王守澄和李、郑二人以及宦官中的其他派系同时进退。对文宗来说,这两派他一派也用不上,因为他们的注意力全放在了对方身上,缺乏为皇帝除去心病的主动性。所以,文宗才不得不任用和他们没有牵涉的宋申锡,甚至最终还慌不择路,选用李训、郑注这两个非正统人士来实施对宦官的反击,从而酿成了一场帝国历史上前所未有的悲剧。

对此,文宗在大和末期,李宗闵强烈排挤李德裕之时,曾说了一句无限感慨的话:"去河北贼易,去此朋党实难!"

当时,河北强镇割据依旧,不听朝廷号令。文宗正受制于人,话不好明说,只能用"河北之贼"来与朝官中的"朋党"现象相比。

第五章 李宗闵 牛僧孺 李德裕

其实,若用"家奴"来代替"河北贼",倒是更为恰当,因为对宦官的反击虽然艰难困苦、屡遭失败,但其中也并非完全没有胜机,而政治派系一旦产生,那就绝非是靠武力或者强权所能解决的,用一句诗来形容就是:"刘郎已恨蓬山远,更隔蓬山一万重。"这是一位叫李商隐的人在后来写的,此人在文宗说那话三年以后及进士第,从此也被卷进了这场是非相争的滚滚洪流中。

不管怎么说,天子这话确是一语千金。有人的地方就有左中右,更何况是在严酷的政治斗争中!令人困惑的是,这三个人如何竟造成了这一场本朝——也许不止本朝一代而已——历史上规模最大、时间最长的政治派系之争?

说起来也真是一言难尽。

党争的前因后缘

成住坏空,有因有缘。世界上没有无故的爱与恨。

关键在于李宗闵。

宗闵字损之,宗室子弟出身,元和时期曾做过宰相的李夷简就是他的伯父。但从他的祖父时起,这一家已无祖荫可恃,所以宗闵也免不了走科举的道路,在贞元二十一年(公元805年)进士及第。元和三年(公元808年),宗闵本与牛僧孺又在制举"贤良方正科"得中高第,因策文言辞过于激烈,结果不得升调达四年之久,直到元和七年(公元812年)方才入朝任监察御史。

宗闵在仕途上的一个重大转折是元和十二年(公元817年),裴度出征吴元济时,征用他为彰义军府的观察判官。这段不平凡的经历使得他此后步入了朝廷的中枢阶层。淮西平复后,宗闵入为驾部郎中,又以本官兼知制诰。穆宗即位,升为中书舍人。

长庆元年(公元821年)的那次制举案中,宗闵也是被处理者之一,原因是他的女婿苏巢在其好友、主试官钱徽主持下进士及第。这次考试中出现的不公平现象就是公卿子弟特多,有些竟还是主试官的亲戚。为此,翰林学士李绅、元稹及西川节度使段文昌群起而攻之,结果导致了两位主考官和牵涉请托的某些朝中大员被处分。同时,在对已中进士者的重新"复试"中,苏巢等人因实才不符而落选,宗闵因为这个缘故,自也难逃嫌疑,被贬为剑州刺史。

平心而论,宗闵在这件事上多少有些冤枉。主考官钱徽与他交情笃厚,而擢其女婿及第,宗闵当然有请托的嫌疑,但这场纠纷的发动者段文昌、李绅却也很难说自己就很清白。

段文昌爱好书画,任相时有一位杨凭曾以家藏珍贵书画献于文昌,托他引荐即将应进士试的儿子杨深之。恰恰在考试前夕文昌罢相出为西川节度使,赴任之前,文昌便又是面托,又是写信,请钱徽照顾。可榜出而不见杨氏子,反而尽是主考官亲旧者之子弟,遂使得文昌勃然大怒。

李绅也是这种情况,他属意于一位举子周汉宾,亦曾专门托请钱徽留意,不料结果竟是名落孙山。他与段文昌一气之下,便

第五章 李宗闵 牛僧孺 李德裕

向皇上弹劾主试官钱徽。可见，在这场科试案中，他两人确实是有私心在里面，算不上于私为公的。

事发后，据说有人劝钱徽把段、李二人的信公之于众，钱徽却不同意。

"苟无愧心，怎可以私人书信相证！"钱徽对来人道。

这话说得漂亮，也表明钱徽甚为明智，否则，当时洗刷了自己，今后却难逃种种更大的是非旋涡。

与此事无关而站在段、李一边，强烈指责钱徽、李宗闵等人的是翰林学士元稹。他本与宗闵一样，都是急于求进之流，在争夺宦官支持方面，不免与宗闵产生抵牾，二人由是相恶。此时元稹便利用这个机会攻击宗闵，为此还专门拟了一道诏制，把这件事上纲上线，狠狠地批驳了一番。在这一态势面前，宗闵倒霉就是必然的了。

李德裕倒是没怎么落井下石，但他与李绅、元稹在当时号称翰林学士院的"三俊"，相互间情同手足，凭这一点，德裕也就无法脱身事外。

这次科场案算得上是本朝有史以来最大的，处分也很重。朝中与钱徽、杨汝士（另一位主考官）、李宗闵有关系的人，都有些愤愤不平，李宗闵本人就更不用说了。

李宗闵这个人极端冲动固执。

这样说他，绝非是信口开河。仕途上的两次挫折在他的心里造成了伤害，使他变得十分记仇。贬剑州后将近两年，因牛僧孺在李逢吉的荐引下拜相，宗闵才得以起复为中书舍人，并在长庆

323

四年(公元824年)十月权知兵部侍郎。最后在文宗大和三年(公元829年)走驸马沈和枢密使杨承和的路子,做到宰相。执政之后,立即便将德裕及与之相关的人员请出中枢机构之外。特别是对德裕,宗闵更是有一种政治上无法共存的排斥心理,非要将他剥夺权力而后快。其实,宗闵似乎并无什么一贯的政治见解,此一行为完全是出于一种心理上的需要。

不仅如此,宗闵还有一种强烈的派性心理。

本来,同志相互支持,关怀提携,固是艰难人生之一大幸事,亦乃人之常情。但是,宗闵把它看得过重了,这样,"义"代替了"忠"与"直",私心压住了公利,同志成了同党,好事即不免成了坏事。

大和四年(公元830年),宗闵刚刚入相不到四个月,马上就荐引上表告退的牛僧孺再次入相。近两年中,他把自己的同年、同学辈人统统提拔到显要的位置上,而这些人又转相依托,以至于引起朝野的共愤,连文宗也认为大臣之间私结朋党的现象颇为严重。当李德裕第一次入相,坚决主张去掉朝间议论最多的"三杨"等党人时,宗闵还千方百计予以袒护,在他看来,自己的所谓"同志"的利益是第一位的,谁要是反对,谁就是与他本人过不去。长安城中流行着这样一句话:"门生故吏,不牛则李。""李"就是指宗闵,"牛"便是指牛僧孺,这句话是说,他二人取人,大多数都是自己的门生故吏。

别看宗闵事事锱铢必较,但表面上却很豪放任侠,对后辈以及同僚颇存宽厚,因此身边很有一些人,大半是在他前后进士及

第五章 李宗闵 牛僧孺 李德裕

第的新贵，还有不少是他的同门或亲戚故旧，因而相互间的情分是很重的。

这又要谈起"进士科"考试了。

本朝"常科"与"制举"并重，合称"科、举"，是士人进身的必由之路。其中科目繁多，但比较起来，还是"常科"中的"进士"一科最为显要，一旦得中进士，那简直就是一件光耀无比的事情，此后释褐入仕、出将入相，都指日可待。后人有所谓"簪绂望之继世，草泽望之起家"之语，就是指的进士科。士子一生荣辱，寄乎其中。

本朝"进士试"有两个显著特点：一是不糊名，也就是阅卷者（主试官）可以知道这是某人的卷子；二是试诗赋，亦即考试内容以写诗作赋为主。由此，整个过程便产生了一种独特的情形：

首先是可以公开推荐；其次是考试重才艺不重实学，举子们平日的声誉重于临场的发挥。

主试者称为"知贡举"，就是"特命主掌贡举考试"的意思，一般以朝廷名望大臣担任。与知贡举者关系密切的人，可以公开为他推荐才人，这也是朝廷出于不拘一格广泛选拔人才的考虑。而举子们为了证明自己的才华，往往提早很多时间，向公卿大夫投献诗文，以博得他们的赏识和引荐，同时营造声誉，期望来年得中进士。所以每年的秋天，都有数千举子云集长安，奔走于名公贵仕之间，希望他们向主司推荐。有时，甚至在考试之前直接向主考献诗，陈诉衷情。

这是应试的技巧，也是必由之路。否则，起于泥涂、升腾云空的一腔抱负,就有可能成为泡影。

当年柳宗元的一位朋友下第后,找他请教。柳子厚赠他四个字:"先声后实。"这句话的意思实际上很简单,就是一定要先给主司一个印象,然后才能在考试中用上真才实学。

知贡举者拥有生杀大权,而每年却只有极少数人能登进士第,因此,一旦得中,及第者必对知贡举者感恩终身。时人把主试称为"座主",把当年进士称为"门生","座主"之于"门生",不啻恩重父母、义同再造,这种关系可非同小可!

元和时期,崔祐甫的侄子崔群在中书舍人任上曾做过一年知贡举,后来罢职,退隐林下。其妻有一天劝他:为子孙考虑,是否应该置点庄田。

崔群笑答:"我有三十座美庄良田遍布天下,夫人何忧!"

其妻茫然:"从来没听说夫君有这些产业。"

崔群大是得意:"我前年知贡举放榜三十人,他们不都是我的良田吗?"

崔群真是明白人,他知道"有人"的好处要大于一切,而所谓"有人",又有什么能比得过"门生遍天下"呢!

近几十年来最著名的知贡举是德宗时的宰相权德舆,他在贞元十八、十九、二十一年连典三年贡举,前后擢进士七十人,登辅相之位者,即有十余人之多。比如贞元二十一年(公元80年)这一榜,李宗闵、牛僧孺、杨嗣复就赫然其中。权氏自己正是凭了这一点,安稳轻松地做了几年的宰相。

于是,进士一科的种种弊端由是而生。试诗赋,重声名,使浮

第五章 李宗闵 牛僧孺 李德裕

文艳词大行其道,举子们轻德重艺,蔓衍成俗,越来越脱离现实。而"座主""门生",受命公朝,拜恩私室,开请托胁迫之路,扇奔竞冒进之风,也使得公平原则大受破坏。同时,如此情状,更使得诸如长庆元年的那种科场案屡屡发生。

宗闵与僧孺等无数人都是这样过来的,幸运地成为每年充其量只有二三十个名额中的一员。他们在特定的仕进过程中有着相同的经历,"同年""同门""师生"这些纽带把他们紧紧地结合在一起,友情因素取代了理念成分,最终决定了已经延续了一二十年的派系斗争愈演愈烈。

宗闵周围算得上是关系亲密且身居要职的有好几位。

文宗去世这一年的宰相杨嗣复,是宗闵的同榜,同年情义,十分相得;与其同相的李珏,更是宗闵一手提拔,由嗣复推荐才得以入相,他们的关系自也匪浅。此外人数颇多,"三杨"兄弟是其典型。

杨虞卿是宗闵最为得力的干将,受其知遇也最重,宗闵甚至把他当作骨肉兄弟一样看待。他是元和五年(公元810年)的进士,比宗闵晚五年,在元和末期官至监察御史,长庆四年(公元824年)为吏部员外郎,仕途也是相当顺利的。在吏部员外郎任上,因检下无术,曾被一度停职。大和时期李宗闵、牛僧孺同相时,被起复为左司郎中,一路高升,做到给事中的职位。

此人天性圆滑柔佞,攀附权贵很有一套,不仅得到李、牛的赏识,而且与宫中宦官的交情也甚为密切。有了这些关系,他在朝中便以路子广、办法多著称,一些举子为了得中科第、获授美缺,往往托他行走,很少有办不到的。因此,虞卿门下党徒众多,朋比唱和,喧嚣朝野。

虞卿弟汉公,元和八年(公元813年)登第,大和七年(公元833年)官至司封郎中,在宗闵左右,也是个很得力的人。堂兄杨汝士,比虞卿早一科,元和四年(公元809年)进士。他是长庆元年与钱徽同知贡举的主试之一,在那场案子中因涉嫌擢其弟鲁士及第,被贬为开江县令。从此汝士便与宗闵走到了一起,更得到他的厚待,大和后期一直做到中书舍人。

"三杨"兄弟卜宅于京师靖恭坊,号称"靖恭杨家",他们与杨嗣复还是同宗,一门数人位至公卿,是其时显赫一时的大族,也是朝廷中拉帮结派者的中心。位于靖恭坊的杨宅从早到晚都是车马如注,虞卿每天都要接见无数宾客,也不知道都在商量什么,反正看上去来往其门的不是有事请托之人,便是三杨的至亲好友。人们戏称杨宅是"行中书省",因为它似乎比朝廷的中书省还要热闹,还要具有权威。

来往于"靖恭杨宅"的主要人物是张元夫和萧澣,官职分别是中书舍人、给事中,此二人是虞卿圈子中最得力者,时人把他们与虞卿合称"党魁",这个称呼甚至连天子都有所耳闻。

"三杨"兄弟感恩图报,在大和时期为宗闵上蹿下跳、大肆活动,朝野为之侧目,实在也闹得太大了。所以大和七年(公元833年)德裕入相,主要打击的就是杨虞卿及其党人,将他们全部贬出朝廷。但是,一年后宗闵再相,杨虞卿等人又官复原职。随着李训、郑注逐渐掌握大权,与枢密使一派宦官关系紧密的宗闵等人

第五章　李宗闵　牛僧孺　李德裕

利益便有所损伤，因此他们和大多数朝官一样，对这两人也不能接受。杨虞卿时任京兆尹，既对李、郑表示不满，则对方为"行大事"的需要，自也要拔去这个眼中钉。大和九年五月到六月，贬虞卿出明州，连带将李宗闵、李汉、萧澣、白居易等人一并驱逐出朝。可怜的是，宗闵的其他党人安然无恙，都熬过了这次贬谪，只有虞卿病死在贬所，没有看到他们一派在后来取得的完全胜利。

所有的这些人，都以宗闵为中心。没有李宗闵，几十年的派系波澜就决不会如此轰轰烈烈。

道不同不相为谋

道不同不相为谋。

在宗闵的同党中，最主要的当然是他的同学兼同年牛僧孺。宗闵与僧孺两人虽然一起成名，但由于长庆元年试场案的关系，僧孺却要比他早入相，因而资望在后来超过了宗闵。在帝国政治上的影响，僧孺也不亚于宗闵。但尽管如此，僧孺在前后几十年的派系斗争中，所起的作用却不能与宗闵相比。

僧孺与宗闵有些不同。最大的一点是性格沉稳而不外露，做事讲究技巧；而且很能够辨明利害，不强为出头之鸟，该避让时一定退让，一旦抓住机会也绝不松懈。

僧孺家境贫寒，年轻时为了出人头地，很是用了些功。为此，中了进士后颇为自矜。僧孺绝对没有德裕的那种正统的观念,这也许是他出身贫寒,又得中进士的缘故。进士科靠的是才学,古往今来,有才者如不能锻炼其志,就不免浮华不拘,放浪形骸,而且急于求进。僧孺也有这个特点,尽管比起他人来,尚不算是太过分。比如他好奇石、好声伎,在文宗开成时闲任洛阳期间,曾与好友白居易时相过从,他对朋友夸言道,自己曾先后服用过三千余两钟乳石,因此在"那个"方面是很可以的。白居易听了,也为此佩服不已。

当然此乃小节,无足厚非。僧孺这人最大的缺点是气魄狭小,懦弱而不思进取。辛勤数载,中进士、得高位,在他看来就是人生之极限了。为了既得的地位,僧孺不惜以退让自保来牺牲原则,所以当年李逢吉勾结宦官把持朝政,他便主动上表辞位出京;宋申锡事件中,更不能坚持正义。最明显的例子,是他对朝廷用兵——无论是对付外族入侵抑或是地方反叛——都强烈地表示反对。他在其他方面不敢坚持原则,但在这一点上却十分的顽固。

战争总是人情所厌恶的,因而古今中外,反对战争者都能讨巧,给自己留下一个爱护民生的美誉。但是在实际情况下,为了达到和平,有时却不得不诉诸武力,这种情况下的用兵,和穷兵黩武是大有不同的。僧孺和当年的李绛不同,李绛是从帝国战略上考虑,主张轻重缓急应有区分,而僧孺一味反对兴兵,往往是出于既不担风险,又不失清名,何乐而不为的考虑,这是典型的不负责任的表现。

第五章 李宗闵 牛僧孺 李德裕

为这事他与德裕发生了激烈的斗争,"维州事件"是前数年中最厉害的一次,在后来的武宗时期,面对着回鹘入侵以及昭义镇的反叛,他仍然主张妥协退让,和德裕主战的方针格格不入。这是后来两派争讦的焦点所在。

僧孺饱览诗书,有文学之才,在这个方面他与李宗闵也很不相同。所以,他对政敌采取的手段,相应也就温和些,这一点倒也不可不论。

除了在"用兵"这一点以外,僧孺和宗闵在政见上其实与德裕并没有什么严重的分歧。所以说,有时政治派系的产生,并非是一些正经的因素在起作用,而往往出于一些看起来不甚重要的小事。比如进士科考试,便是宗闵与僧孺走到一起的重要原因之一。

人情贵难贱易。中进士既然很难,则社会愈重进士,因而进士及第者的仕途相对于他人来说就比较顺利。进士出身者人数不能算多,也有的人终身未授官职,但是,这个阶层却是帝国政治的核心,而且发挥着越来越重要的作用。就以目前几十年而论,朝中文职大员,几乎清一色是进士及第者。

但是也有例外。

李德裕就不是进士出身,他是靠祖荫起家入仕,进入政坛的。而且,他对进士考试的种种弊端尤为不满。

早先,牛僧孺刚及第时,元和三年(公元808年)的那次尴尬的事件尚未发生,他与德裕的关系还很不错。那时僧孺二十九岁,是风华正茂的新进士,德裕二十一岁,随父入京,补授秘书省官校书郎,是意气风发的年轻朝官。大家都是年轻人,平时时常相聚,说话也不拘束。

一次宴集,两人都在座,僧孺正是得意的时候,不大看得起公卿子弟,于是对德裕开了个不大不小的玩笑。他瞧着德裕道:"绮纨之子,怎么也坐在这里!"其时,预席者大约以新进士为主,所以僧孺如此嘲笑了德裕一句。

奇怪的是,德裕却无动于衷。确实,他没有必要为这句话生气,德裕十分清楚自己的行为:他之所以没有功名,是由于他没参加过任何考试,而其中原因,就是他从来都不看重科举。这在他后来的一番自述中表示得一览无遗。他曾对武宗皇帝说:

"臣无名第,自不当指责进士。但臣之祖先在天宝末期因仕进无路,勉强应试,竟还一举中第。所以厌恶其技浮华不实,自后家不置《文选》。臣以为,朝廷显官,还是应以公卿子弟为之。"

当时武宗很不解,照他的想法,无论出身贵贱,取人但凭真才实学。宰相怎么如此说?

德裕并非是顽固的守旧之人,他有他的理由:

"公卿子弟自小便习举业"——所谓"举业",当是指"制举"之业,亦即与现实政治紧密相关的策问之类,和单以诗赋为业的"进士科"大有区别——"因而熟悉朝廷事务,诸如台阁仪范、班行准则之类,不教而自成。寒士纵有出入之才,登第之后,始得一班一级,固不能熟悉……"

德裕怎么拿"台阁仪范""班行准则"来衡量人才高下?话乍

听起来有些泥古不化,其实不然。这是因为进士浮荡,不以礼俗为事,已成积习,所谓"驱驰于才气,不务以德行",屡为有识之士所批评。所以,德裕要积极提倡天子重用讲究儒家礼法经义的公卿子弟,这才是他的本意。

基于这种认识,所以德裕早年不应举,而其后也主张对进士科考试进行改革。德裕第一次入相的大和七年(公元833年),就对进士科进行了几项改革,一是停试诗赋,亦即进士科考试中不以诗赋为题;二是罢宰相阅榜,这尤是德裕的独创性措施。

早先,进士试中有一条不成文的规矩,即主考官须将录取名单,在正式发榜前呈送宰相过目,称为"阅榜"。因此宰相便可以利用职权,上下其手,调换增删及第人员。德裕坚决主张废除这一陋习,并在翌年正月由朝廷正式通过。

但不久德裕就被李训、郑注借李宗闵的力量挤出执政地位,宗闵一上台,德裕的主张自得不到贯彻,大和九年(公元835年)便又恢复了试诗赋。德裕对武宗的关于任用公卿子弟的进言是后来的武宗会昌三年(公元843年)他第二次入相时,在一次廷议上提出来的,此后,他又雷厉风行地对进士试进行了几项改革,这次更触到了问题的关键。

第一是及第进士不得呼主司为"座主",及第后只能一次性谒见主试,此后不得聚集参谒,更不能于主司宅第置宴。这是从"座主""门生"过于亲密一点上来开刀,确实击到了要害。

第二是禁止"曲江大会"。

进士科之考试、放榜、宴集,早已形成定例。考试结束后,一般是在二月出榜,榜出之日,黎明五更,禁鼓敲过,举子可到礼部南院东墙下看榜。击鼓唱名,便见分晓。以后,新进士则先赴主司处拜谢座主,然后群谒宰相,接下去便是大大小小的宴会了。各种宴集名目繁多,但最热闹的就是"曲江宴",亦即德裕所禁止的"曲江大会"。

曲江位于京城长安的东南角,占地近十二顷,碧波荡漾,烟光明媚,尤其是春天,花卉茂盛,是其时著名的游赏之地。而新进士的曲江游宴,更是一年中曲江景色的主要内容,到了那一时,进士们泛舟听乐,纵酒颠呼,热闹非凡。公卿大家倾城纵观,甚至专门来挑选东床快婿。有时,天子还亲临曲江之畔的紫云楼,垂帘观赏。时人有诗道"柳絮李花留不得,随风处处逐歌声""倾国妖姬云鬓重,薄徒公子雪衫轻",真是得意者的无上欢聚。由此,京城薄游豪侈之风大长,而进士辈交结朋比的习气也得以盛而不衰。所以,德裕才要下令禁止。

不过,德裕的想法在当时是微乎其微的,有不少人甚至猜测他因为没有名第,所以不惜手段打击进士及第者。这种误会闹得很大,在一定程度上给他造成了不利。同时,积习难改,更何况这些都已成定俗,靠一两项禁令是无济于事的,一年后,德裕的这两项措施都未能坚持下去。也难怪,众人皆醉而一人独醒,在醉者看来,这个醒的人不是神经不正常,就是别有用心。

无论谁醉谁醒,有一点已是确凿无疑的:李宗闵、牛僧孺与李德裕之间,其家世背景、个人品行、信仰理念乃至为人处世,相差实在太大了。此前以及以后的那些种种是非冲突都不是偶然的,

第五章 李宗闵 牛僧孺 李德裕

不是冤家不聚头,冥冥之中,也许就注定了很多固有的矛盾必然在他们身上展开。

大约在文宗的最后几年,也就是开成时期,京城中流行着几篇很有意思的文章,说它"有意思",是因为这些文字并非是传统上的宏文大著,其内容似乎都是些离奇的故事,有的竟还有点荒诞不经的味道。这些东西时人或称为"传奇",与古代街谈巷议的"小说家言"很接近,在本朝颇为流行。特别是那些应进士试的举子,都很喜欢写这类东西,因为这种体裁很适合表现才气,投献给名公贵卿,更能够加深他们对自己才华的印象。

但这次流行的几篇"传奇",其内容却引起了许多议论。

一篇的题目为"霍小玉传",说的是一位轻薄无行的士人与一个歌伎始乱终弃的故事。本来这倒也平常,关键是文中的主角却是有名有姓的真人,唤作"李益",这就令人兴趣大增了。

李益字君虞,行十,是大历四年(公元769年)的进士,早先一直在各地军府任职,德宗时入朝,官至右散骑常侍,文宗大和元年(公元827年)致仕,并在当年去世。这个李君虞诗名早著,人虽已故,可他的诗篇仍为时人吟唱不绝,比如《夜上受降城闻笛》一首:"回乐烽前沙似雪,受降城外月如霜;不知何处吹芦管,一夜征人尽望乡。"甚至被谱入弦管,为天下人传唱。

李益此人才名很著,声誉却不大好,他从小就有个毛病:猜忌成性。尤其是对自己的妻妾,那简直是达到了苛刻的程度,当时有一种传闻,说他为防范妻妾而"散灰扃户",成为时人笑柄,甚至还闹到了朝廷公议的地步。不过,这篇传奇上说他"重色""负心",大家似乎还闻所未闻。

有人说这篇《霍小玉传》出自蒋防之手,说是他在长庆初年专门写给他的恩公李绅、元稹的,也有人说此文本就是蒋防在长庆四年(公元824)遭贬后的刻意詈毁之作。众说纷纭,莫衷一是,但有一个事实却是很明白的,那就是李益当年曾极端反对李吉甫,又是与李逢吉亲善的令狐楚之友,而元稹、李绅又与令狐楚关系恶劣,假如此文确乃蒋防所作,其用意就不难知道了。

当然这些念头在读这篇传奇的人的脑海里一闪就过去了,人们所津津乐道的是李益的无行,像有一个重大发现一样兴趣盎然。因为当事人早已去世,作者无所顾忌,读者就更无必要为死者讳了。

另外一篇更绝。

这篇东西题为《周秦行记》,是一个人自叙其传奇般经历的游记。说的是其人在贞元中进士落第,归途中,走到伊阙南道鸣皋山下,误入汉朝薄太后庙,邂逅千年前的古人、汉文帝之母薄太后,并与汉高祖戚夫人、南齐潘淑妃、本朝玄宗太真妃子杨氏相遇,最后由汉王嫱——也就是那位远嫁匈奴的王昭君——侍寝、春风一度的故事。整篇内容荒诞不经,文字也不精彩,但其中有一处描写却骇人听闻。

文中写道:在薄太后给作者引荐杨太真妃子后,太后问及当今天子是谁,对曰:"今皇帝,先帝长子。"太真笑道:"沈婆儿作天子,真是大奇!"

第五章　李宗闵　牛僧孺　李德裕

不论其他，单就这种语气就让人惊倒了。如何能把代宗沈皇后竟称作"沈婆"？把德宗皇帝呼作"沈婆儿"？这种污辱先帝及先朝皇后之举，简直就是大逆不道。另外，谁都知道当年的沈皇后在安史之乱中曾两次陷入胡贼之手，最后竟莫知存亡，德宗皇帝后来曾数度寻访，均无下落。而文中却以曾作胡人妇的王嫱"侍寝"，作者这种用意极其恶毒的影射，亦让人心惊不已。这篇文字是谁的手笔，竟有这么大的胆子？

卷端赫然题着撰者姓名：牛僧孺！

人们先是惊讶，然后是怀疑，最终一致认为，这东西绝不会是僧孺所作。原因太简单了，尽管人们都知道牛僧孺好写传奇故事，也曾作过一部《玄怪录》，但他绝不会如此愚蠢无知，弄出这么个东西，把自己置于死地。这肯定是有人假托，借以诋毁诬陷牛僧孺。这篇《周秦行记》还传到了文宗手里，连皇上看了都道："此撰者定是假名，僧孺哪里至于会称德宗为'沈婆儿'呢！"

但是，谁也不知道这是何人的杰作。

其实不光是现在这个时期有这些怪诞的传奇故事在流传，早些时候，这种文字也层出不穷，内容大体上都是借古事或子虚乌有之人把一些不经的行为写出来示众，可像这篇《周秦行记》公开伪托詈毁之作，大家却是第一次看到。

人们茶余饭后，读事猜旨，虽也不无乐趣，但是仔细想想朝中派系相互攻讦的现实，心里面还是有一种隐隐的忧虑的。

风起于青蘋之末。若是没有李宗闵、牛僧孺与李德裕的对立，也就不会在朝廷政治中产生派系之分，两种派别既然相互斗争，文学便就是一种最有力的工具。

孰为君子，孰为小人？

君子矜而不争，群而不党。但孰为君子，孰又为小人？

过了好多年，还有不少人争论着一个问题：李宗闵、牛僧孺与李德裕到底谁是谁非？换句话说，到底哪一方是朋党，还是两者皆为朋党？

古有定论：为私利而勾结意趣相投者，称为"朋党"。

从来人们就讨厌朋党。道理何在？一是结党就必然营私；二是党派之间的是非争斗，自然也就影响到国家的安稳和君主的地位。本朝实行的三省分权和宰相政事堂合议制度，无不是从政治技术的角度出发，力图解决这个问题。可"制度"既是人定的，也就是人所能改变修正的。一旦"制度"在人们心中至高无上的地位有所动摇，什么可怕的事情都可能发生。古人有云："亡史甚于亡国。""史"是什么？"史"就代表一种理念，一种是非标准，甚至一整套既定的制度。国亡仍可复，史亡则不可寻。

也许，本朝自九世纪以来的种种现实，就既是亡国，又是亡"史"的过程。所谓"朋党之祸"就是证明。

宪宗皇帝就对朝间"朋党太甚"的现象十分忧虑，曾两次提出这个问题，第一次是在元和中期朝廷上下为是战是和争论不休的时候,由李绛回答了天子。第二次是元和后期李逢吉与裴度、李绛彼此冲突的当口,是裴度提出了自己的见解。穆宗也遇到过这个难题。其时是韦处厚明确指出,李逢吉之流实为"朋党"。而文宗更为此苦恼万分,这一次是李德裕先后对朋党的现实进行了分析。在这些论述中,他们异口同声地指出了一点,即君子为同德,小人是朋党。也就是说,只要是君子,就断不会结党营私,"朋党"一词,是小人的专用品。

问题的实质是:到底怎么样才算是朋党?

李绛说朋党其实无迹可寻,乃是小人谮言君子的借口。若要强为之论,则君子固与君子合,小人固与小人合,这也就是所谓"朋党"。裴度认为,正邪自有区分,全靠人君鉴别。韦处厚则直指李逢吉树党结派。而李德裕更为文宗指出,朝廷当中三分之一的人是朋党。

被攻击者当然不愿退让,从李逢吉到李宗闵不仅都断然予以否认,而且反过来指责对方挟怨报复,造谣中伤。这个问题在当时就争论了几十年,始终不能得出一个清楚的结论,而在往往复复的争辩中,派系已经不知不觉地形成了。回到现实中来,我们还要弄清这样一个问题:为什么会造成如此的结果?

平心而论,李德裕、牛僧孺二人的道德品行都算不上有问题。但李宗闵偏执主观,好挟私嫌,而且两派之中的其他人,也免不了良莠不齐、泥沙俱下、鱼目混珠。宗闵、僧孺这一边自不必多说,而经常与德裕站在一起的,有不少人也是私心过重,比如元稹、贾𝗑,甚至李绅,都在某些事情上有失公正。假如把问题看得简单一些,我们就可以得出这样一个结论:朝廷如此严重的派系斗争,完全是由个人恩怨而来的派性心理的结果。

但是,事情毕竟没有那么简单。

无论是说宗闵、僧孺私结朋党、派性太深也好,抑或是断定李德裕也难逃个人恩怨嫌疑也罢,假如仅仅是这两派党同伐异、彼此排挤,造成的波澜绝不会如此深远广阔。其实,任何时候、任何场合,囿于私见而打击异己,在政治上都是屡见不鲜的,但从来也没有哪次像他们这样牵涉这么多人,延续了那么长的时间,起起复复那么多次。一句话,如果没有了第三者、第四者,任何一种对立就必然是无本之木、无源之水,只会相互转化、相互妥协,而断不会永远处在矛与盾的永恒是非中。

在宗闵、僧孺与德裕之外,尚有天子。

天子内心对这种事很头疼,但有时在客观上也能得到好处。早先,做得最好的就是宪宗。至高无上的天子有权选择什么是应该做的事,一旦决定以后,他就必须把重心全归结到这上面来。不管朝中有几派存在,谁符合他的想法,他就扶植哪一派。

举个例子来说,比如元和后期,对淮蔡能否取得胜利,是帝国对藩镇强硬政策成败的关键,而这时裴度、李逢吉两人的争评也达到了高潮。宪宗赞成平定藩镇、扫平淮蔡,不能不倚仗裴度,于是在把裴度派往前线的同时,顺从裴度的请求罢免了反战的李逢吉、令狐楚。但到了淮蔡平定,河北三镇也相继归顺后,宪宗起用皇甫镈却遭到了裴度的坚决反对,这时宪宗的心思已经从平藩转到了收集钱财方面了,显然,裴度的固执坚持已成了最大的阻碍,所以天子便斥责裴度"党见太深"而召回了令狐楚,还磨去了《平淮西碑》以安慰由于因裴度受重用而心生不满的一些人。宪宗此际所做的这一切,其实就是一种绝妙的牵制,尽管不是有意识的,但只要身处天子之位,也就决定了这是一种必然。

年轻的敬宗皇帝有一次做得更妙。

那是宝历元年(公元825年)李逢吉为相时,敬宗不满于他的无所作为,遂有心思召裴度为相。但皇上并没有马上就颠倒乾坤,而是悄悄地派人告诉远在山南东道的裴度:

"皇上已定下了召你回朝的时间,你可凭此行事。"

这个暗示再明确不过了,裴度自然心领神会,立即主动上表请求入朝。结果使李逢吉大为恐慌,情急之下,竟使出了下九流的手段,也就是编出了那段"绯衣小儿坦其腹"的东西来诽谤裴度,自己导致了失败。在这里,敬宗是胜利者,他的这种近乎左右逢源的做法,真是神来之笔!

文宗在这上面花费的心思更多。

文宗当政期间最大的问题是宦官,而且他孜孜以求的是彻底解决这个问题。他先是放弃相互之间有成见的朝廷派系而依靠宋申锡,宋申锡失败后,他又把希望寄予李宗闵和牛僧孺,但结果仍让他极为失望。所以便转而启用李德裕,并且赞成他大刀阔斧地清除李宗闵与牛僧孺的党徒。文宗在反复多次后虽然放弃了依靠朝臣的努力,但在客观上还是严重加深了朝间的派系分野,使他们的私隙得以再一次扩大。

所以,没有了天子,也许就没有了李宗闵、牛僧孺、李德裕的故事。

可是,事情还是不能就此打住。

天子之外,还有宦官。

在这几十年里,宦官的力量早已不能忽视,从文宗开始,他们的权威和势力甚至超过了天子。如果说天子对派系斗争只是下意识地起了一种牵制作用的话,那么,宦官则完全是在有意识地操纵两派的进退,以达到符合自身利益的目的。

这不仅是可能的,而且就是活生生的现实。似乎已经不必解释,人们只要回忆一下文宗皇帝那一个无奈时期的种种现象,便立即会恍然大悟,只是心里不敢说出来而已。即使李宗闵、牛僧孺,抑或是李德裕本人,他们心里又何尝没有一本账!

现在的问题完全是出于好奇:两派与宦官这个第四者之间,到底是什么关系?

李宗闵和某些宦官关系密切。

这些宦官就是文宗时的左右枢密使杨承和、王践言,左军中尉韦元素,以及王践言的前任崔潭峻。这四个人是王守澄的死对头。

宗闵是通过杨承和才和他们搭上关系的。当初他为了走杨承和这条路子,还颇花费了一些脑筋。皇天不负苦心人,宗闵托了驸马沈、女官宋若宪,终于联系上了杨承和,为他入相铺平了道路。另一位崔潭峻是当时的枢密使,也是很有影响的人物,此公尽管与元稹关系最好,但对宗闵也不薄。

当然,宗闵与郑注、王守澄的交情也不浅,不过没有与杨承和

第五章 李宗闵 牛僧孺 李德裕

那样亲密,所以当郑注不需要他的时候,便借口他与李德裕闹党争而将他一脚踢开。

牛僧孺虽与宦官在若即若离之间,但他早年是在李逢吉和王守澄的支持下做到宰相的,又在某种程度上依恃李宗闵,也就注定了他无法对宦官表露出不满。在这一点上,他与李宗闵没有质的不同。然而总的来说,僧孺与宦官的关系不算太好。

文宗大和五年(公元831年)起出任枢密使的王践言十分讨厌僧孺。原因无他,这位王践言做过西川监军,与德裕是同事,而且是"维州事件"的当事人,赞同德裕的主张。他于该年的十一月份回宫任职时,便直接在皇上面前表示过对宰相牛僧孺的不满。

僧孺自己也意识到这些问题,所以他曾经两次告退,自动要求解职出京,以逃避可能的祸患。他在大和六年(公元832年)罢相出朝,任淮南节度使后一直不愿入朝,在淮南待了六年,又在东都洛阳过了好几年,直到李宗闵入相后把他召回朝中为止。

李德裕与宦官是什么关系,说起来很复杂。作为坚持传统礼法的世家子弟,他当然对宦官有一种天生的反感,但是,他与其父李吉甫一样,和宦官却很少发生正面的冲突。他几次出外任节度使,在所有的外放大员中,就属他与由宦官担任的监军关系处理得最好。早年他在西川时,监军是王践言,前两年在淮南时,监军是杨钦义,这两人后来都还宫入知枢密。德裕回朝后,与之也没有发生矛盾,所以政事处理上便很少有来自枢密院的阻碍。

原因是德裕这个人绝无势利之心,做事讲究个"礼""信"二字,假如别人不失正派,即使是宦者之流,德裕从来也都是以诚相待的。

那一年在淮南时,监军杨钦义接到诏令回宫,看样子必是入知枢密。可德裕听说后,除了按礼节略示祝贺外,没有表示出什么特别之处。

到了临别之日,杨钦义突然接到德裕的请柬,邀致府第一饮。

钦义如期前往,来到府中,见德裕在中堂设宴,席无余宾,就他与自己两人,席旁有好几个床榻,上面堆满了珠宝古玩图书画册等物,都是很珍贵的东西。

德裕置若罔闻,只是频频催酒,与钦义依依话别,直到席终,德裕方才指着那些床榻道:

"与将军同僚一场,情甚相得。无以赠别,权以这些东西充数,不成敬意!"

钦义大喜之余,更觉得德裕全无趋炎附贵之态,是个可交之人。

不料杨钦义走到汴州,又接到诏令,命他仍回淮南任监军。钦义空欢喜一场,只得再回扬州。他想想自己既然不能入京,也不应该白拿德裕的礼物,便把德裕所赠,原样送还。

德裕一见,笑道:"将军把德裕看成什么人了!这些东西值不了什么,平常礼物而已,将军又何必相拒?"

钦义很受感动。

但德裕与王守澄、郑注乃至李训却是势同水火。他再怎么样,也不至于像宗闵、僧孺一样容忍他们的擅权专政。矛盾爆发过好几次,最厉害的就是他第一次入相后的那两年,因而郑注、李训

第五章 李宗闵 牛僧孺 李德裕

便通过王守澄调回李宗闵,借宗闵之力将他弄出京外。在那个时候,王守澄无疑是宦官中最得势的一方,操纵权全在他的手里。谁进谁退,全在他唾手之间,所以李训、郑注才有可能乘机借刀杀人。

说起来,宗闵、僧孺与德裕闹得最厉害的也就是这一次,最后两边一起被贬出朝外更是绝无仅有的。这完全与宫中宦官派系的势力消长互相对应。不过,他们却因祸得福,在"甘露之变"时正好都不在长安,由此而保住了性命。

开成时期,天子已完全成为傀儡,仇士良是唯一说了算的人。起初,朝中先后任宰相的是德裕一边的李石、郑覃、陈夷行、李固言,四人与仇士良进行了对抗,在他们的努力下,长安在巨变后总算恢复了正常。

开成三年(公元838年)正月初五,宰相李石在上朝的路上遇到不明身份盗贼的袭击,幸亏他跑得快,强盗只是砍断了马尾,没有伤到他的要害。出事后京城大恐,捕盗数日而不获。最后传出消息,这是仇士良派人干的事,整个朝廷霎时缄默。

李石晓得仇士良不会放过自己,没奈何,只得请求辞职。十九日,李石带衔出任荆南节度使,宗闵的同党杨嗣复、李珏入相。杨、李正月执政,二月,就秘密地托了几位宦官,请他们在宫里帮一些忙。于是皇上在初七这一天的紫宸殿召对宰相时,郑重地提起了一件事。

天子对宰相们道:"李宗闵在外面也有好几年了,可否考虑量移?"宗闵此时被贬为衡州司马。

郑覃不同意："陛下若是怜其身处荒远之地，移近三五百里就可以了。断不可再用此奸邪之人。陛下若用宗闵，臣请先退！"

陈夷行也道："宗闵结党图私，死罪尚轻。朋党奸险能倾覆朝廷，不是没有先例，比如当年的李逢吉和手下的什么'八关十六子'就是证明。"

李珏反驳："那是李逢吉之罪，与宗闵何干？"

陈夷行转向皇上："昔舜帝逐四凶而天下治，如今朝廷求理，何必可惜数十个小人？"

杨嗣复暗有所指："大和末宗闵、德裕皆得罪，两年之间德裕量移为淮南节度使，而宗闵尚在贬所。凡事不能只徇私情，总要端平一碗水吧？"

文宗想要折中，便道："这样吧，给他个州刺史。"

郑覃不让："刺史太优，顶多授个洪州司马。"

陈夷行加重语气，又提出一个理由道："李宗闵养成郑注，为患几覆朝廷，这个巨祸还不轻？"

杨嗣复不愧是老奸巨猾："早先，陛下想授郑注官职，宗闵曾反对过，陛下想是记得这事的。"他想借皇上来反击陈夷行的话。

郑覃立即道："陛下，嗣复这是党庇宗闵！臣看宗闵这个人，其奸邪甚于李林甫。"李林甫是玄宗时的宰相，在他手上直接造成了"安史之乱"的空前浩劫，是公认的奸人。郑覃拿他来和宗闵相提并论，话说得是很不客气的。

"郑覃这话说得太过分了！"杨嗣复不能容许郑覃说他和宗闵同党，马上找理由反驳："陛下惩恶扬善，进退之理在于一个'均'

字,非臣所能党护得了的。昨日殷侑与韩益二人奏事,臣因为韩益前年曾犯过贪赃之事,所以未允,他郑覃还对臣说什么'过去之事何必再提'之类,如此看来,是谁在党庇?"

双方各执一词,争得不可开交。但最终宗闵还是得到了量移,起为杭州刺史。这无疑是宦官的力量最后起了作用。过了一年,郑覃、陈夷行也被罢相,杨、李得以主持朝务,宗闵、僧孺遂一步步得到提升,大有东山再起的势头。可就在这时,杨嗣复、李珏却犯了错误。

他们站错了立场。文宗去世后,两人竟与枢密使一起要立太子陈王,而仇士良却要立武宗,最后仇士良获得了胜利。武宗成为天子,怎么还有他们的好果子吃?

不用多说,这下子东山再起的一定是李德裕了。不过,他这一次命运的转机仍然不是他自己决定的。

庆父不死,鲁难未已。

会昌之政:李德裕一个人的时代

武宗会昌年间,是属于李德裕一个人的时代。

开成五年(公元840年)正月,文宗驾崩,武宗即位。

五月,杨嗣复罢为吏部尚书,以刑部尚书崔珙同平章事兼盐铁转运使。

八月,葬故皇帝于章陵,庙号"文宗"。同时,宰相李珏罢为太常卿;京兆尹尹敬昕被贬为郴州司马。

杨嗣复、李珏相继罢去后,新帝征召淮南节度使李德裕入朝。八月底,德裕就来到了京师,九月初一,正式入相。

德裕入谢之日,就向新帝呈上了清明政治的几点建议。这一进言代表了德裕深思熟虑的结果,也奠定了他今后的主政方略。

德裕在"甘露之变"后虽然身处朝廷中枢之外,但他与居于洛阳优游林下,"无复进取之志"的牛僧孺不同,在淮南的几年并没有白过。他在大行善政的同时,也不忘对文宗大和、开成以来的种种现实进行反思,就朝廷相延数十年的派系分歧、朋党猖獗以及"令不出中央"的弊端苦思根除的良法,正因为如此,所以他甫入宰辅,便能立即向皇帝进言。

在德裕看来,这"为政之要"有三端,首先是必须"辨群臣之邪正",这显然是针对大和时期李宗闵之流结朋党纷争于朝而发的。德裕把自己独出于"朋党"之外,不论有无自我标榜的嫌疑,可话还是很有道理的。

朝廷派系,固有正邪之分,也必有君子、小人之别,之所以纷争不歇,人主不能正确区分而摇摆不定是主要原因。故德裕坚持要辨明群臣之邪与正,并非完全是从洗刷自己的角度出发,而是充分考虑到使国家"治理"的需要而言的。德裕比裴度更进一步的是,他在这一点上还强调指出,正人君子如松柏"独立而无所倚靠",而小人则如藤蔓"必附它木",从而给出了区分的标准。

这一标尺颇耐人寻味。君子独立没有疑义,而所谓小人"必附它木"之"它木"指的是什么？明眼人是毋庸解释的，只要想想李宗闵，特别是李训、郑注之流缘何而进高位，就一目了然。德裕在此没有明指宦官，但含义却很清楚。

第二端是"朝政应归中书"，就是说政治权威应该重新回到朝廷行政部门，而不是"政出它门"。德裕于此同样没有把"南衙""北司"的现实状况点透，可这一点承上面而来，一针见血地指出了帝国政治的要害，分量是够重的了。

德裕提出的第三端属于具体的运作范畴，他认为宰相在位时间绝不应过长，过长则必导致专权而生祸端。这一全无私利的政治方针，也是德裕纯从王政的考虑出发的真实写照。

新帝无不嘉纳。

从这时开始，德裕的政治生涯进入了一个全新时期。

第二年，新帝改元"会昌"，是为会昌元年（公元841年）。

新年的局势却很不好。在边境方面，河、湟数州仍在吐蕃的控制下。而北面的回鹘，又出了变故。

原来，在回鹘的西北，有一个叫"黠戛斯"的部落，本朝初期为回鹘所败，此后与中国不通。后来该部落势力逐渐强大，与回鹘交兵近二十年，回鹘慢慢不支，到了本年，终于被黠戛斯击溃，各部纷纷逃散，一支往吐蕃，一支往西北的安西镇（这是本朝全盛时所设的边镇），还有一支由回鹘可汗之弟嗢没斯率领，径往天德军所在地天德城而来，请求"内附"。外敌衰弱，正给了边将邀功的机会，有消息说，天德军节度使田牟等有攻击回鹘散兵的意图，正在积极准备，不日奏报也肯定会到。这种情况之下能不能用兵，朝廷又面临着抉择。

在中央方面，情形也不太妙，问题出在天子。

新帝登基以来十分气愤朝野竟有不少人对他入继大统颇有微词，即位的当天就把一位公开表示不满的朝官谏议大夫裴夷直贬出了朝廷。接着，又将不支持自己登位的两位宰相杨嗣复、李珏，两位枢密使刘弘逸、薛季稜请出京城。在仇士良的鼓动下，三月十九日，出诏赐刘、薛二人死，并派中使立赴潭、桂两州，要诛杀分任湖南、桂管观察使的杨嗣复和李珏。不管天子是否有理由这样做，杨、李二人毕竟做过宰相，事情弄到要杀他们的地步，这就过分了。

户部尚书杜悰听到消息非常着急。这位杜悰是当年杜佑的后代，也是宪宗的驸马，因为李珏的一力保荐做到现在的职位。此际，他没有忘记报答李珏的知遇之恩，立即快马去见德裕，请他出面劝说年少冲动的新帝。

德裕虽对杨、李二人不抱好感，但朝廷大臣不容轻杀，这是原则问题，与私人恩怨是牵不上的，德裕立即会同同相的陈夷行、崔珙以及崔郸上疏。陈夷行在这个问题上也和德裕一样，始终不以私嫌为意，一心一意地为援救杨、李出力，照理他与那二位的矛盾是最深的了。德裕诸人连上数章后，又怕耽误事情，于是把枢密使请到中书门下，请他向皇上美言，无论如何，至少也要让皇上在延英殿召见宰相。

到了傍晚，武宗终于同意召见宰相。德裕等人入内，涕泣而言：

"陛下宜慎重行事，勿致后悔！"

皇上道："朕绝不后悔。"言罢，赐诸人坐。

德裕答："臣等愿陛下免二人死，不奉圣旨，臣等不敢坐。"

皇上连命再三，叫他们坐下谈话，德裕等人就是不坐。如此良久，皇上见他们意思坚决，只得说道："罢了，朕就看在诸卿的面上，免他二人死罪。"

德裕及陈夷行、二崔听得此话，连忙下阶拜伏谢恩。皇上道："这下诸卿可以坐下了吧？"数人这才听命。武宗叹了口气：

"朕嗣位时，宰相何尝心服？李珏、薛季稜志在陈王，杨嗣复、刘弘逸志在安王。陈王尚是文宗遗意，安王则专附杨贤妃觊觎神器。且嗣复与杨妃同宗，还与杨妃云：'姑何不效则天皇后临朝？'卿等想想，这是什么话？若是安王得志，朕哪有今日？"

天子这一番表白发自内心，诚恳率直，似乎显得有理。其实，皇上不经意之间，泄露了天机。照他的话，陈王既是先帝遗志，如何你陛下却取而代之？若是以陈王冲幼不克大任，安王与你皇太弟之间也并无必然的是与非。不过，数代天子嗣位的不正常情况已屡见不鲜，德裕等人身为人臣，既无法说清楚，也不敢说出来。在这种情形下，只能委婉规劝而已。还好，皇上改变了主意，只是再贬杨嗣复为潮州刺史，李珏为昭州刺史，裴夷直为州司户。这件事情就这么过去了，德裕与陈夷行、崔珙、崔郸不失君子风范，是值得大大称许的。

接下来，德裕又很好地处理了边境上的回鹘散兵内附问题。

在这个事情上，不仅天德军的田牟有出兵的意向，朝中也有不少人力主进攻，陈夷行甚至也是这个主意。德裕力排众议，坚请武宗不能轻动武力，对溃败的回鹘应以安抚为上，即使进攻，也应待部署安排妥当后再说；目前仍当以约束边将、严兵保境为佳，既不失道义，也不至于酿成祸患。

皇上问了德裕一句话很有意思："嗢没斯请降，卿敢担保他是诚心的吗？"

德裕道："朝中之人，臣尚且不敢保，何况千里之外夷狄之心！臣是具体分析眼下双方形势，才如此断定彼辈尚不至于为乱。"

这是政治家应有的风范，既不为怕担风险而一味讨巧，也不能不负责任地轻率行事，德裕在对这件事的态度上，第一次真正体现了他过人的战略眼光和政治策略，表明他确实是个不可多得的人才，绝不亚于乃父。此后情形的发展证明他的策略完全正确：两年后，嗢没斯等人果真入朝，朝廷授任归义军军使；又一年后，回鹘乌介可汗倒是率军侵扰天德、振武两军，这一次我兵大破其部，取得了重大胜利。

在武宗的头一两年里，德裕和整个朝廷的精力都放在了对外处理上，其中既包括回鹘的滋扰，也包括河北几个镇的一些不安分举动，德裕对这些事的处理都表现出了很强的能力，得到天子高度的信任。

已升为观军容使的仇士良有些不能忍受，会昌二年（公元842年）四月，他找了个机会要给德裕难堪。

那是群臣要给天子上尊号的前夕，第二天，皇上就要在丹凤

第五章　李宗闵　牛僧孺　李德裕

楼接受尊号并大赦天下。这天,有人不怀好意地告诉士良,宰相和度支使正在草拟诏制,准备削减禁军的衣粮马草数量。士良一听,正中下怀,便当着不少朝臣的面扬言:"果真如此,明日禁军军士必会于楼前喧哗!"

德裕闻知,立即奏报皇上,请在延英召开宰相会议,当面澄清此事。皇上听德裕说知此事后大怒,马上派人到禁军宣示:"大赦令中本无此语。况诏书出自朕意,非由宰相,尔等安出此言!"这一棒打得士良措手不及,只得惶恐称罪。

这也是德裕反击得及时,使仇士良刀未出鞘就宣告失败。德裕的这次成功,也说明他对付宦官有一套办法,既让他们无懈可击,同时又严阵以待,不给他们有出击的机会。有了这种战略思想,德裕主政期间,宦官的势力大大削弱。

除了以上的因素外,造成这一局面的原因还有两个:

一是德裕与枢密使杨钦义有交情,观点也很接近,都主张抑制地方藩镇,强化中央集权。当然,以杨钦义为代表的一部分宦官之所以如此,自有他们的考虑,因为中央强大,他们的地位自然随着天子威望上升而稳固,假如天子为方镇所胁,宦官就什么都不是了。这个道理是显而易见的。

二是皇上信任李德裕,德裕的措施又富有成效,宦官的影响便随之降低。最能说明问题的是会昌三年(公元843年)武宗任命一位宰相时,竟然没有事先告知枢密使和宰相,而是自行决定后就直接颁布。这也就是说,皇上把枢密使参与政事决定的"老规矩"破除了,宫中的老人都骂杨钦义懦弱,不敢出面力争。其实,杨钦义在这种新形势之下,也是没有办法的事。

拥戴武宗即位的仇士良在武宗与德裕两方面的压制下,最后在这一年也不得不请求退休,正式退出了政治舞台。在其党徒们送他时,仇士良对这些宦官们语重心长地说:

"不能让天子闲而无事,要常常引他纵情享乐。而且娱乐要日新月异,如此,天子自无暇顾及他事,吾辈才可以得志。"士良想起文宗的事,又加重语气道:

"尤其要紧的是千万不能让天子读书,亲近儒生。他见到前代兴亡之事,心生忧惧,便会疏远吾辈。"

这是仇士良的肺腑之言,实际上也是几十年来宦官行事的原则。士良此时要给后来者谆谆传授这条秘诀,既出于临别伤感,也属于一种训诫,他是不希望眼下的这种情形长此以往的。

当然,仇士良是走了,不久也死在了家里,但宦官的根基却没有就此动摇,"北衙"与神策军也还牢牢地掌握在他们手中。不过,他们的势力毕竟还是削弱了,尽管程度很小,但也确实是了不得的事。

德裕在这以后使帝国取得了政治、军事上的一系列成功,关键原因就在这里。

会昌年间朝廷最大的收获是收复了昭义镇。

昭义镇在德宗时号昭义军,元和时在讨伐河北三镇的战事后变得强大起来,辖泽、潞等数州,地处河中、河东和魏博、成德四镇之间,也是个有影响的大镇。"甘露之变"时,昭义节度使刘从谏

第五章 李宗闵 牛僧孺 李德裕

是唯一上表斥责仇士良罪恶的藩镇首领,仇士良拥立武宗,刘从谏更为恼怒,反意遂生。

会昌三年(公元843年)四月,刘从谏病危,遗命其侄刘稹自为留后。从谏死后,刘稹果然不听朝廷号令,欲图继位。在德裕的强烈坚持下,武宗决意讨伐。

德裕对这场战事的基本方针是稳住刘稹的后方,依托成德、魏博两镇,并晓谕利害,使之夹攻昭义。为此,他亲自草拟了给二镇的诏书,明确表示朝廷对河北政策不变,允许它们子孙世袭,并重赏有功将士。

结果,战事完全按照德裕的筹划进行,成德、魏博奉命出兵,从刘稹的后方助攻邢、洺、磁三州,而朝廷组织各镇兵力从正面压迫泽、潞两州。昭义一镇哪里顶得住如此强大的压力,只坚持了一年,便告失败,昭义镇从此回到了朝廷的手中。

这是会昌四年(公元844年)八月的事,第二年会昌五年(公元845年)七月,德裕又干了一件大事,他在热衷于道教的武宗的支持下,对长期盛行而严重影响国家经济的佛教发动了一场革命。此事后来被恨恨不平的佛教徒们称之为"会昌法难"。这次"废佛"共毁佛寺四千六百多所,僧尼还俗者二十六万多人,收田数千万顷、奴婢十五万人。规模可谓是空前绝后。

到了这个时候,德裕进官衔太尉,封卫国公,威望达到了顶峰。

恩怨两泯：谁都不是最后的胜利者

数十年的争斗暂告终结，双方谁都不是最后的胜利者。

在会昌时期执政的五年中，德裕没有让宗闵、僧孺等人得到一点机会。

杨嗣复、李珏当政后，开成四年（公元839年），李宗闵已升迁为太子宾客，分司东都，在洛阳担任了一种闲职；而牛僧孺先是被召入朝中拜为左仆射，因为仇士良等宦官的关系，他内心仍不情愿卷入是非之中，于是托疾不出，到了这一年以"兼平章事"的身份出为襄州刺史并兼山南东道节度使。就在此后不久，文宗死，武宗即位，李德裕第二次入相，获得执政的地位。

德裕无法和他们言归于好。到了这个时候，他心里十分清楚：李宗闵与牛僧孺形成顽固的朋党派系已成为毋容置疑的事实，而且一切都是针对自己而来的，如果允许他们回到朝廷中枢，就等于放弃自己的政治方略。德裕当然不想这样做。

会昌二年（公元842年）二月，德裕的亲密好友李绅回到了长安，出任宰相。

李绅是当年因强烈反对李逢吉与王守澄而被贬斥的，由于韦处厚、李德裕的先后援救，慢慢得到量移，武宗即位后代替德裕出镇淮南。

第五章 李宗闵 牛僧孺 李德裕

李绅与德裕已有近二十年的交情。早在穆宗时期,他与德裕、元稹同在翰林,就结下了深厚的友谊。李绅这个人刚直不阿是有名的,李逢吉当初要用僧孺入相来排挤德裕,自然为李绅所反对,所以逢吉把他视为眼中钉肉中刺,一心要把他打倒。屡经谋划后,终于在敬宗初年抓住了一个机会,把他贬出了京外。此次李绅被征召入朝表明了德裕毫不退让的立场。

合理的人事安排是保障政策能够顺利贯彻的基本前提,德裕要施展自己的政治抱负,是不可能做好好先生而让宗闵、僧孺有隙可钻的,否则一切努力都将在瞬间化为乌有。两派相争到了这种程度,确实是哪一方都不能心慈手软。

国事方殷。回鹘、黠戛斯、吐蕃的边患,方镇的蠢蠢欲动,无不预示着帝国需要强有力的措施来加强治理,德裕有信心做到这一点,同样也就有决心把"朋党"问题彻底扫除,尽管他可能没有充分意识到这个问题是如何的艰难复杂。

这年的七月,陈夷行罢为左仆射。为郑覃所知重,而为李珏、杨嗣复所恶的谏议大夫李让夷拜相,这同样也是德裕经过审慎选择后的结果。到目前为止,德裕都是选用自己信得过的人出任要职,这为他在会昌后期取得的重大成果奠定了良好的基础。在这方面,德裕并没有顾忌别人的议论,行事也很谨慎,但就是这样,他还是犯了一个错误。这起因于本年九月份的一件事。

武宗忽然想启用时任太子少傅的白居易为相,但德裕不赞成。

白居易这人的道德文章无懈可击,元和时在帝国诗坛上与元積齐名,时人称为"元白",又和刘禹锡相伯仲,称"刘白",是其时文坛上执牛耳的人物。他少年家贫多故,漂泊各地,二十七岁始中进士,又登制举中的"才识兼茂明于体用科",开始迈入仕途:元和初期先后任翰林学士、左拾遗,以敢于直谏而闻名朝野。在武元衡被刺案中因得罪权贵被贬,直到穆宗即位,才渐得起复。

白居易是李宗闵的亲戚,与牛僧孺的关系也很好,但他与另外一个圈子中的不少人也有交往,特别是和元稹的友谊极深,同时,在政治见解上,他也有着自己一贯的主张。因此,在穆、敬、文三朝两种派系斗争日趋明显的情况下,居易便十分为难。

平生抱负既不能伸,居易便想到独善其身。于是他不愿继续留在京城,上表乞病,还居东都洛阳,于香山之麓疏沼凿滩,构楼种树,自号"醉吟先生",又号"香山居士",与弟行简、祖弟敏中游览登胜,流连诗酒,和牛僧孺亦时相唱和,倒也颇为自得。在这一年,居易已年臻七十。

不过,德裕和他却几乎没有来往,对其才名似乎也有点不以为然。德裕反对武宗起用居易为相,是否考虑了他与宗闵、僧孺有的这层关系,一时也难以断定。但德裕提出的"居易衰病,不任朝谒"理由是很充分的,因为其时居易不仅得了风疾一直未愈,而且年纪也实在太大了。

德裕为了妥善起见,郑重建议皇上启用居易的祖弟白敏中,为此还对敏中做了一番很高的评价,说他"辞学不让居易",可以胜任要职。不久,敏中便被授予翰林学士,进入帝国的高层。

德裕内心对这一切似乎没觉得有什么问题,他认为自己并没

第五章 李宗闵 牛僧孺 李德裕

有丧失公正的立场。但是，这只是他的一厢情愿，政治斗争不仅严酷，同时也非常微妙，有时，哪怕是毫不相干的一举一动都会引起反对派强烈的敌意。比如这次，德裕认为白居易年老，说不定居易自己也这样认为，但德裕的反对者却断不会抱同样的想法。白敏中不仅没有对德裕的推荐心生感激，反而把德裕的"恃权忌才"牢牢地恨在了心里，在他看来，德裕启用自己，完全是出于不让白居易担当大任的考虑。

任用非人，是政治家之大忌，德裕的这个失误给自己后来的彻底失败埋下了伏笔。

但是谁也无法保证自己不犯错误。德裕在对李宗闵、牛僧孺的态度上更是如此，他既然不能允许他们有机会回到朝廷中枢来干扰既定方针，那么无论怎么处置得当，都必然会像白居易事件一样引起争端。时势使然，德裕既不能退让，便注定无法取得预料的效果。对宗闵、僧孺来说，无论你李德裕如何想，都不能消弭彼此之间的过节和积怨。看来，事情到了这一步，也无所谓什么错误不错误了。

昭义战事之起，既是德裕取得重大成就的外在因素，也是德裕执政期间影响两派斗争的最大事件。

会昌三年（公元843年）的五月，刘从谏于上月初七死后，其侄刘稹自称留后，秘不发丧。四月二十三日，朝廷诏刘稹护从谏灵柩归东都，刘稹不从，五月初二，德裕在朝会上坚持讨伐刘稹，为天子首肯，战事已一触即发。

昭义一镇的核心是泽、潞二州,也是中央部队的主要攻击目标。东都洛阳处于敌阵的正面,是朝廷各军的攻守堡垒,在这场战事中的战略地位显然十分重要。在如此情形下,以前与昭义刘从谏关系不错的东都留守李宗闵,便似乎有点让人不放心了。是皇上首先想到,不能把他放在东都洛阳。武宗对宗闵在文宗时期的所作所为一向抱有成见,他有这个想法不足为怪。

德裕想了一想表示,此事可进一步商议。

皇上以为宰相考虑的是具体安排,忙补充道:"方镇不行。调他到远一点的州去!"

德裕倒有点难办了,宗闵与刘从谏的交往毕竟是十年前的旧事,单凭这点理由就贬斥他,确实说不过去。就是调他走,起码也要给个州刺史的职位,德裕不愿在这上面再授人以柄。

最后,宗闵被调到了江南的湖州,这是一个不错的地方,也算得上是个美缺。不过,宗闵当然还是不可能领德裕的情,满心委屈地离开了洛阳。

这几年的其他人事安排,与前面两事相同,在反对派来看,似乎处处都体现了德裕"以憎恶用人"的党派习性。但实际上的情况是否如此,却很难用简单的标准去判断。德裕在这一时期取得了很大的成功,证明他的政策是相对正确的,如果为了保证正确的政治方针能够得到贯彻,采取一些强硬手段并不能算错。

但对于有所牺牲的人来说,德裕的成功并不能证明他做的一切就有道理。不管怎么说,任人唯亲、排斥异己都是不符合传统伦理的。有意思的是,李宗闵等人先前当政时绝对不会有这种想法,当德裕主掌大权后,他们才感到这一点是多么重要。

这一年崔珙罢相,李让夷荐崔铉入相,这也就是武宗不通过宰相和枢密使自行任命的那个人。崔铉与崔珙在许多事上不协,结果崔珙遭到贬斥。会昌四年(公元844年),户部尚书杜悰入相,他与李珏关系匪浅,自算不上是德裕的同志。就在同时,李绅出任朝外,代替杜悰镇守淮南。

当昭义平定,德裕的权力达到顶峰后,更大的事情来了。

会昌四年(公元844年)七八月间,李德裕一手提拔的猛将、泽潞西南面招讨使石雄率先击破昭义军,又在泽潞初平后受旨领七千人进入昭义镇治所潞州受降,尽擒刘稹党羽。九月,朝廷任命的新节度使卢钧进驻潞州,昭义正式收复。十月,石雄向朝廷奏报了一件非同寻常的事。

石雄奏称:攻占潞州后,手下兵士在贼处搜获了一批档案,检点时发现其中竟有李宗闵、牛僧孺给刘从谏的亲笔信件。

在接到石雄奏报的同时,河南府尹吕述也给德裕写来了一封私人信函。吕述在信中说,平定泽潞的捷报传到洛阳时,正在东都述职的太子太保牛僧孺竟"出声叹恨"。

德裕接到这些报告后非常生气,早先毫无证据的"交通敌贼""同情叛党"嫌疑,原来竟是事实!德裕带着一些隐约的快意立即把这两件事呈报给了皇上,根本没有仔细考虑考虑:此事由石雄、吕述两人报来,其中有无虚拟的成分。

天子勃然大怒,立即诏贬僧孺为太子少保,宗闵为漳州刺史;

几天后，又贬牛僧孺为汀州刺史，宗闵为漳州长史。一个月后，天子似还不解气，再贬僧孺为循州长史，宗闵长流封州。"长史"与司马一样，都是州刺史的佐官；所谓"长流"封州，也就是流放到封州。这是牛李二人有生以来遭受到的最严重的处分了。制命一下，不要说他们本人，整个朝野也大为震动。

本来德裕就在执政期间继续实行抑退浅薄浮华之士的策略，而大力奖拔孤寒，打击朋党，早就引起为数不少人的不满。此次唯一能与德裕相抗衡的宗闵、僧孺又遭毁灭性重创，使得这些人的怒气和怨愤达到了高潮。这时，在淮南任节度使的李绅又做了一件火上浇油的事。

他到任不久，发现手下的江都县令吴湘盗用公粮钱，并且还强娶民女。李绅最容不得这种事，怒火万丈，给这个人定了个死罪。这件事情本来不大，李绅的处理也在地方官的权限之内，但其中却有个复杂的情况存在。

原来这位吴湘的哥哥叫吴武陵，与李德裕有点过节，德裕对这个人也公开表示过不满，已是人所共知的事。这一下，李绅的处理便在朝野引起轩然大波，判吴湘死罪，显然是禀承德裕之旨而与吴武陵过不去，这不是挟怨报复又是什么？他们不敢把矛头直接指向德裕，便纷纷指责李绅处理不公。德裕在此坚决维持老友的原判，并把持不同意见的两位监察御史崔元藻、李稠公贬了职，压住了波澜。如此，德裕树立的对立面便越来越多，对立的程度也越发尖锐，只是没有最终激化，因为德裕的声威正如日中天，在他的身后还有天子，宦官势力又采取默认的态度，这些人再有

第五章 李宗闵 牛僧孺 李德裕

怨气,在眼下却无可奈何,只能把仇恨深深地埋藏在心里而已。

此后,无所建树的杜悰、崔铉先后去职,李回入相。李回是德裕用兵昭义时,起用他奉使前往河北三镇执行说服工作的人,无疑是一位有功之臣。德裕用他为相,也不能算是囿于派性。在德裕主政期间,最后同相的是崔元式,他与德裕在很多方面有分歧,未多久便也去任。

德裕在相已经五年了。尽管他曾经在几年前数度上表辞职,但都未被武宗接受。眼下的情形正应了他刚刚回朝时的话:宰相在位不可过长,过长则必导致专权。德裕主观上有无这个问题姑且不论,但客观上这种事实的存在确实也是不可否认的。

到此,以李宗闵、牛僧孺为代表的一派与德裕为代表的一批人的种种过节,似乎以德裕的胜利而烟消云散了,确实,照这种情形发展下去,德裕笑到最后是完全可能的。然而,世事实在是太难预料了,德裕最终也未能善始善终。决定性的原因只有一个:德裕强有力的支持者武宗皇帝,居然也英年早逝。

坏就坏在皇上同前几代天子一样贪恋长生之术,迷食丹药,弄得不可收拾。

武宗即位之初,就十分赏识一位名叫赵归真的道士,命他于三殿建"九天道场",自己亲受法箓。一名谏官上疏切谏,还被贬为河南府士曹。几年过去后,皇上对赵归真的宠幸有增无减,连德裕的劝谏也不以为意。会昌五年(公元845年)十月,皇上因服用了赵归真等人炼制的金丹,性情开始变得暴躁焦急,喜怒无常,这个症状与当年的宪宗一模一样,已经不是个好兆头。

363

入冬以后,皇上自己也觉得身体不适,像是患了大病。赵归真上言:"这就是在换骨了,请陛下坚持。"皇上仍不以为非,嘱咐左右:"不可让外间知道!"于是宫外莫知详情,德裕也被蒙在了鼓里。

如此一来,一场悲剧又不可避免:会昌六年(公元846年)三月二十三日,武宗在坚持了近四个月后终告不测,年仅三十三岁。天子弥留之际,因皇子冲幼,宫中宦官决定:以皇太叔光王"权勾当军国事"。二十六日,光王即位,史称"宣宗"。

德裕固然没能想到武宗竟这样撒手而去,但更没想到即位的新帝将是一位置他于死地的天子。他简直无法相信的是,"一朝天子一朝臣"的古训,竟会在他的身上变成一个最好的范例。

新帝即位的当日,德裕正奉册在侧。典礼结束后,新帝带着一副无法猜测的表情,含义无穷地对左右道:

"刚才在朕身边的是不是李太尉?他每看朕一眼,便使朕毛发俱竖!"

四月初三,德裕被命为荆南节度使出朝。

初四,工部尚书兼盐铁转运使薛元赏被贬为忠州刺史,其弟元龟贬为崖州司户。

五月初五,白敏中入相。

八月,牛僧孺、李宗闵、崔珙、杨嗣复、李珏这五位前宰相各得量移不等。

第二年,新帝改元"大中",是为大中元年(公元847年)。新年中,事犹未已。

第五章 李宗闵 牛僧孺 李德裕

正月,恢复进士及第者"曲江游宴"。

二月,德裕贬为太子少保,分司东都。

闰三月,诏命凡会昌五年所废佛寺,听其修复,地方不得禁止;增复会昌时所减州县官。

六月,牛僧孺进位太子少师;令狐楚之子令狐绹被擢为考功郎中兼知制诰。

八月,德裕同僚李回罢相,出朝任西川节度使。

九月,御史台发李绅任淮南时的"吴湘旧案",再贬德裕潮州司马。

大中二年(公元848年)九月,德裕三贬为崖州司户,李回再贬为贺州刺史。

......

到此可以暂时打住了。事情一目了然,凡是旧帝所支持的,全为新帝所否定。这一次首当其冲的是德裕与他的同志们,被彻底地清除出朝外,并且一贬再贬,直到永远消失。

大中三年(公元849年)正月,德裕抵达贬所崖州,这时他已经六十三岁了。李宗闵最早去世,死在受量移后不久,牛僧孺也于去年十月病死在洛阳。德裕虽然活到了最后,但他心里清楚:最终失败的是自己而不是别人,因为一切光辉灿烂的功绩都已在新帝的手中被彻底摧毁。

十二月十日,李德裕在郁郁中去世。消息传到长安,有人写诗道:"八百孤寒齐下泪,一时回看望崖州!"

这一场延续了几十年的故事就这样以三位主角的去世而渐渐开始消歇了。是非自有公论,但无论是李宗闵、牛僧孺、李德裕,还是各自的派系,他们都不是胜利者,真正的胜利者说到底也许只有一个,这就是我们的新一代天子,帝国第十九位统治者:宣宗皇帝。

第六章 宣宗皇帝：最后的辉煌

从来系日乏长绳，水去云天恨不胜。
欲就麻姑买沧海，一杯春露冷如冰。
——李商隐

十六宅中的三朝皇叔笑到了最后

十六宅中的三朝皇叔,凭借着坚毅和忍耐,笑到了最后。

在帝京长安的最西北角,南临兴宁坊,西靠长乐坊,东北两面紧毗外城城墙的地方,有一大片华丽的宅宇,殿楼逶迤,飞檐相接,独自形成了一个完整的坊区。这就是本朝诸亲王居住的地方——十六宅。

除了册为太子的皇子入居东宫,其他的皇子几乎都住在这里,若非危难时期受命出镇或领衔外任,自本朝玄宗皇帝先天年间起,皇子例不出阁。他们的屋第虽不在一处,但却十分集中,大家可以不出坊里就相互往来。久而久之,"十六宅"便成为本朝诸王的代名词。

"十六宅"起于何时,倒也很难详考。但有一点可以肯定,它不是一天建成的,而且一年年也有所变化,最终成为长安城中一

第六章 宣宗皇帝:最后的辉煌

块极有分量的地方。其原因也是一目了然:近几十年来,"十六宅"出了好几位天子。

照理,东宫的太子是合法的继承人,原本是轮不到十六宅里的诸王的。可是本朝的储位问题在最近一个时期里变得越发严重,几代天子竟都不享天年,不是没留下嫡脉,便是皇子冲幼。在这种情况下,为了国家社稷的考虑,由宫闱做主,皇位便常常改由天子的兄弟继承。所以,"十六宅"便有戏了!

第一个是文宗皇帝,他在毫无准备的情况下就被神策军从十六宅中迎到了大明宫,首开"十六宅"诸王入居大宝的先例。接下来是他的弟弟武宗皇帝,在太子已立的情形下,犹被仇士良率数千禁军迎为天子。武宗同样也是英年早逝,去世之时,长子杞王只不过几岁,于是,"十六宅"再出一位皇帝又将是不可避免。

近三朝以来,十六宅中有一位光王李怡,和别的亲王大不一样。

德宗以后,顺、宪、穆、敬、文、武六帝先后御极,其中敬、文、武三帝是兄弟,分别是穆宗皇帝的长子、次子、第五子;宪宗子息颇多,共有二十子,长子穆宗,第十三子就是李怡。不过,这第十三子李怡却不是嫡出。

其母郑氏原是宫女,据传还是当年宪宗平定李锜时的战利品。因为生有美色,遂获宪宗爱幸纳入后宫,生下李怡。李怡长庆三年(公元823年)时被其兄穆宗封为光王,所以按辈分算起来,应是敬、文、武三帝的叔叔。这位三朝皇叔在十六宅中,是个很受人注意的角色。

说起来有点让人吃惊,光王有些名气既不是因为他是三朝天子的叔叔,也不是因为他有怎么样的功绩,更不是因为他有如何的德声——说得难听一点——而让人感到他有觊觎大宝之心。光王之所以让大家记得他,却是因为他似乎是个痴呆,至少是个智力不健全者。

宫中都这么说。这位光王生于元和五年(公元810年)六月二十三日,小的时候尚不觉得,长到几岁后就发现,他的心智有严重缺陷,与同龄的幼儿简直不能相比。随着年岁增长,也没有多大的改观,无论哪一方面,都较常人逊色。这已经渐成大家的共识。

文宗大和时期,光王已经成年,情况不仅没有好转,反而加了一条:变得更加沉默寡言起来。任你天大的事,他也是不发一言。平时游畋宴集,总是一副毫无表情的模样,让人无法捉摸。

有些人猜测,也许是光王有一次到掖庭宫谒见当朝国母——也就是其兄穆宗的生母、文宗的祖母——宪宗懿安太后的时候,竟然遇到宫人行刺,受了严重惊吓的缘故才如此雪上加霜。可是,那次事件不过是有惊无险,按理也不至于造成这样严重的后果。

不管怎么说,光王已成为十六宅中唯一让大家感到放心的人,诸王们有时虽也拿他开开玩笑,但与他相处得却还不错。确实,一个人只要让人觉得毫无威胁,与自己没有利害冲突,他就能博得信任、同情,甚至是诚心诚意的帮助。

第六章 宣宗皇帝：最后的辉煌

文宗是由十六宅出去的，即位后，便经常来到诸王居处，与大家叙旧。但他对光王的态度却不怎么样，有时故意作弄他，近乎恶作剧。

一日，天子在十六宅大摆宴席，款待诸王。席间大家欢笑戏谑，无复君臣之别，可光王却依旧是不说一句话。文宗笑道："谁能让光叔开口，朕有大赏赐！"

众王哄然叫好，立即就有几个年轻的亲王上去逗他。结果当然是徒劳，任你百般捉弄，光王始终是不露声色，缄默其口。文宗看着皇弟们无可奈何的样子，大笑不已。

时光如梭，一天天、一年年就这样不知不觉地过去了。外间的风起云涌，照例不能影响到十六宅的平静，诸王们在流连诗酒、游畋宴集中打发着声色犬马的日子。只有这位"光叔"似乎稍有不同，他照样也参加各种聚会，但曲终人散之后，他又默默地回到自己的宅第，谁也不知道他在干什么。

但是，一个人如此韬晦，总会引起一些多心人的猜疑，武宗就是一个。

这里面有件事情说不出口。当初敬宗皇帝晏驾后，文宗以皇太弟的身份即位本就有点名不正言不顺，而文宗之后，皇弟武宗踵继大宝，也是出于一种极不正常的程序。宫内外有人看不惯，因此十六宅里的光王，便自然为人所瞩目。只是人们都知道他有很多毛病，除了为他可惜之外，也想不起其他什么。

可武宗不这样看。即位之前，他在十六宅的日子也比较长，由于自己性情豪爽任气，经常拿光王开心，因此比其他人要多了解这位"光叔"的情况,同时也就比他人更加疑惑,更加莫名所以。

武宗虽然粗率而不拘小节,但他有一种预感:光王的沉默不言、与世无争是装出来的。尽管找不到充分的证据,但他觉得这种感觉绝对不会错。这种第六感一样的东西时时会涌现在他的心头,特别是当他与光王同行同处的时候,望着光王无动于衷的表情,总觉得在那张脸背后其实深不可测。武宗所不明白而感到大惑不解的是:他为什么要这样?

武宗即位以后,这种感觉越发强烈。

同其兄文宗一样,武宗也经常到十六宅与皇叔弟们欢笑戏谑,不过,他很讨厌光王,时常给他难堪,光王越是不经意,武宗就越是无礼。

于是,武宗在位期间,光王李怡便时常出现一些意外。不是与皇上击毬时偶然落马,便就是在入宫时莫名其妙地失足,凡此种种,都在不经意之间突然降临,让人猝不及防。但是,光王仍顽强地活着,并且永远不出一句怨言。有时甚至弄到疮痍遍体、满身腥秽,连前来侦视的宦官也为之惊讶的程度,他却还是那样的不以为意,就仿佛是一位不知世事的顽童,只要没有受到斥责,就已经感到无比幸福了。

然而更大的危险还是一天天临近。

那是有一年的冬天,在一个大雪纷飞的夜晚,长安的大道上发生了这样一件事。

时间早已到了宵禁时候,坊门四闭,积雪盈道,四周阒无人迹,只有一大队车驾的辙印依稀尚在。一名金吾卫的巡警正缓缓地挪着脚步,忽然,他发现雪地里似乎有个人影。

巡警大惊,急步走上去,只见一位华服微髯之人,正在雪地里呻吟,挣扎着要爬起来。巡警问道:"你是何人?"

"我光王也。不意至此……我又困又渴,你能不能找些水来?"

巡警半信半疑,但看此人,尽管泥浆满身,却也不掩英武之相。不敢怠慢,便到近处有水的地方给他装了一罐,一步三回头地走了。

光王李怡坐起身来,将手中的水一饮而尽。他抬起头,望着黝黑苍茫的天空,像是在思考他为什么会倒卧在雪地上。他想起来,晚上是同诸王兄侄随驾出游的,酒后策马而回,突然一个闪失,后面的事情就不知道了。但是,此刻他却很清楚自己为什么会马失前蹄,而差点就冻死在这无人的街道上。也许真是苍天有眼,保佑自己命不该绝,这才能从昏迷中及时苏醒过来,不至于横尸雪地。想到此,光王只觉得那一罐冰冷的水在腹中翻滚升腾,如同一团烈火在熊熊燃烧,直使他周身滚烫,散发出一种前所未有的力量,像是要把他托上九天云霄。他在心里道:这样的"失足"一定是最后一次了!

光王李怡慢慢地站起来,略略辨了辨方向,便毫不犹豫地踏雪而进,向十六宅的府第走去。黑暗中,朦胧的雪光映照着他的一身紫服,发出一片黯淡的光芒,远远看去,就像是一个幽灵在徘徊。

武宗还没来得及得出他的答案，或者说他甚至还没有完全决定他是不是还需要这个答案时，就突然撒手而去了。皇上走得如此匆忙，是着实让所有人都大吃一惊的。可万幸的是，危急存亡时刻，总是会有一些别有用心的人站出来扶持大局的。宫中的宦官们又一次挺身而出，从文宗开始，他们就有了这个资格，也有了这个能力。

宦官比朝士们更懂得这样一个道理，所谓种豆得豆、种瓜得瓜，有所耕耘，才有所收获。如果天子是在我手上产生的，而这位天子又是平庸懦弱之辈，这份好处还用说吗？当然天子必须由太子继承，这是百代不易的制度，不过，太子如果年幼无知，那就可以另当别论了。

早在武宗皇帝病重之际，曾有两个多月不视朝政，宰相请见，亦被枢密驳下，朝野内外忧惧万分。

拖下去于事无补！内侍仇公武首先提出：皇叔光王可当大任。

左军中尉马元贽一听，肚子里转了几转，立即就随声附和。他知道这里面的奥妙。

枢密使和右军中尉没有他们两人反应得快，可一会儿也恍然大悟。这个主意真是精妙！文、武两帝的干练冲动，他们虽无切身体会，却也深知一二，前辈仇士良的谆谆告诫言犹在耳，所以在这件事上不得不小心谨慎，斟酌再三。可在此刻，他们的意见却一下子得到了出乎意料的统一：以后的日子有了这位憨痴而无所决断的光王，至少是不用担惊受怕了。

会昌六年(公元846年)三月二十日,遗诏发布:"皇子冲幼,须选贤德,光王怡可立为皇太叔,更名忱,应军国政事令权勾当。"二十一日,皇太叔在宫中少阳院接见朝廷百官。

当文武百官步入宫殿时,谁也没有对这位即将入替大宝的新帝抱有任何幻想,因为谁都知道他是一个什么样的人。国运就将要系在这么一位天子身上,大家无可奈何之余,仍还有些微微的不甘心。可是,太子确实年幼,宫中遗诏已出,又有什么办法?首席大臣李德裕在这期间也不是没做过努力,可在这种建置天子之事上,他也无能为力,更何况他人!

百官班定,内侍齐集,枢密中尉们也已就列。皇太叔出现了。

他的脚步沉稳有力,他的目光炯炯有神,他的面容满含着一种真切的悲哀,一切都如常人——不,从他那坚毅同时又蕴含深邃的表情看,他的聪明睿智绝对要超过常人!

所有的人都被皇太叔的不凡气象笼慑住了,他们惊在当场,仿佛梦中。

皇太叔开始处理积留数月的政务,一件件一条条地剖决裁断,无不明白合理。他对国家政务和制度礼仪的熟悉就好像是一位垂拱已久的天子,他的敏锐果断和不凡见识又像是一位英明的长君。在这短短一个上午的时间,皇太叔举手投足、言谈话语之间,就让所有的人明白了这样的事实:他们以往的认识是大错特错了!

在场的每一个人先是惊诧,继是欣慰,最后,他们突然觉得一阵寒意袭上心头,丝丝入怀,无法自已。当一阵料峭的春风吹过时，他们才发现，自己背后的衣衫已被淋淋的汗水湿透。

但没人能想到的是，这样的冷汗，竟要流上十几年！

二十三日，武宗驾崩，皇太叔光王即皇帝位。这就是"宣宗"，时年三十六岁。

这是忍耐的胜利，这是毅力的胜利，更是处心积虑、坚韧不拔的最好报偿。一个人只有保存好自己，才有可能战胜强敌，实现自我的辉煌。先知先圣老子有云"知我者希，则我者贵。是以圣人被褐而怀玉"，宣宗皇帝以他的超凡精神验证了这一箴言。相比起来，无论是李德裕如何的建功立业，李宗闵如何的快意恩仇，牛僧孺如何的自保其身，白敏中如何的最终得计，在宣宗皇帝的胜利面前，统统都不值一提。

政治就是不断地否定与再否定

政治就是不断地否定与再否定。

备受艰难的人，是无法忘却自己那种疾痛惨怛的经历的。爱恨情仇的熊熊之火，足以倒置乾坤。

宣宗首先要做的便是彻底推翻武宗所有的一切。他等待这一天已经等了很久，他再也无法使自己像过去那样咬牙忍住了，即位的第一天，新一代天子就开始了行动，他的一腔怒火，终于像火山一样爆发。

最有代表性的便是他对李德裕的处理。

德裕是会昌时代的首席宰相，也是武宗最信赖的辅弼大臣，递代之际，禁中颁布的遗诏，都无可置疑地将他列为冢宰。但对新帝来说，他既代表着先帝，便就是清除的对象。

新帝刚刚即位八天，秉政近六年的李德裕就被罢相。功高位重的德裕就这么一下子从执政的地位被拉下来，连他的政敌都没有想到。两天后，德裕最有力的帮手和同志、工部尚书兼盐铁转运使薛元赏也被贬职出京，其弟薛元龟也被牵连罢官。

宣宗深明此际需要何种必需的手段，一开始就显得胸有成竹。从薛元赏之贬中可略见一斑。

薛元赏是什么人？此人于"甘露事变"后曾出任京兆尹，在李石、郑覃等人的直接领导下，为平靖巨变、恢复京城秩序做出了很大的努力，立有汗马功劳。"甘露事变"后，长安陷入极度的混乱，政府部门整体瘫痪，城中恶少纵横剽掠，盗贼侵夺坊间，寻隙报仇，草菅人命之事，不一而足。加之神策军士横行暴虐，公行不法，尤使情形雪上加霜。仇士良虽稍事收敛，但仍无济于事。当时任京兆尹的是张仲方，面对这个局面，束手无策。

郑覃入相后，立即起用了薛元赏替代张仲方主掌京兆府。元赏精明吏事，尤能行非常之举，任职后果然不负众望，不仅以强有力的手段遏制了京城的无政府状态，甚至还狠狠地教训了一下神策军。他的铁腕手法，连其时的主宰者仇士良都无可奈何。以致后来好长一段时间里，京中恶人包括禁军兵士一提到元赏，无不心有余悸。

元赏入朝之前在地方任职,"维州事件"时曾上疏赞同德裕的处理。政见与德裕很合拍,会昌中遂被德裕重用。元赏的精明果断和不畏强暴成为德裕的重要依靠。宣宗知道,这种实干家才是德裕周围最有威胁的人,这种人必然忠于旧主,忠于同志,而且拥有强大的力量,无论如何都必须清除。

这一切都来得迅雷不及掩耳。

五月初五,白敏中入相更是个关键。

白敏中的成名其实全赖于白居易的影响。他自小便父母双亡,由诸兄抚养训厉成人,长庆初年登进士第后,先在藩镇幕府任职,此后升为殿中侍御史、分司东都,与其堂兄白居易在洛阳相处了很长的一段时间。若不是武宗想启用白居易的话,以敏中的资历声望,断不会这么早就能进入朝廷担任要职。是李德裕不合擢用了敏中,从而给了他机会,使他才有可能在新帝即位后脱颖而出。

此际,敏中的入相说起来也是大势所趋。别看他资望不怎么样,可才名却不小,另外在当时的朝中大员中,也只有他是独立于德裕一派之外的人。再加上他与白居易、牛僧孺不同寻常的关系,由他来填补德裕出朝后留下的执政之位,完全符合新帝的既定策略。

新帝恨的是武宗,由此而及的是会昌时期的一切,李德裕之罢相其实是个表面契机而已,皇上其实倒并没有把德裕彻底消灭的意思。而敏中恨的是德裕,连带而及的是德裕的同志,他要的是将李德裕及其势力一举剪灭。妙的是,敏中不仅对新帝的用意心领神会,而且把天子的心意与自己的打算有机地结合在了一起,在两者之间,找到了一条对双方都有利的路子。

于是,李德裕带着无限悲戚离开了京城,三年三贬,直至在崖州——这个帝国疆域的尽头——郁郁而终。同相的李让夷、李回也被清除出朝。相反,李宗闵、牛僧孺、崔珙、杨嗣复、李珏等一再北迁,直到最后平反。只可惜宗闵、僧孺都先后谢世,没有看到这一场是非恩怨的最终胜利,否则他们一定会对新帝和敏中的"公正"感激涕零的。

做这一切当然需要充足的理由,因为德裕毕竟是一代名臣,功高位重,若无大过,是不可轻作处分的。当初宣宗遽罢德裕,也还只是采取一种明调暗降的手法,让他带衔出为荆南节度使。尽管这是天子罢免宰相的惯用做法,但德裕至少还是一位"使相",亦即所谓领"平章事"出镇,名义上的规格尚不能算低。可敏中当然不愿意就此罢休,他的策略是穷寇务追,一鼓作气灭此朝食。

他想尽了一切办法,先是找人进言皇上,暴露德裕当政时的种种不是。德裕既从高位一旦落下,以往的各种积怨便纷纷泛起,要找出这么些举报之人还不算太困难。于是德裕先被解除了"同平章事"之衔,改任东都留守,这已是一种地道的闲职。接下来,敏中仍是不改初衷,终于在一件旧案子(即"吴湘案")上找到了突破口,将德裕彻底摧毁。

敏中的聪明处在于他善于利用上下两方面对李德裕的不满,因而他的计划一直进行得很顺利。不过,他虽然获得了成功,可他忘记了政治斗争的一条基本原则:过于强硬而不作调和者,最终是没有好下场的。

宣宗全力支持敏中的做法,但他的着眼点尚不仅限于此。在他即位的初年及第二年即大中元年(公元847年),连续颁行了一系列有倾向性的措施。

首先是恢复佛教。一是会昌六年(公元846年)五月,命长安左右两街各增置八座佛寺,祠部继续度牒僧尼;二是大中元年闰三月,诏复会昌所毁天下佛寺。

宣宗对佛教的态度与武宗大相径庭,这也许与他悲苦的遭遇有关。十几年前,京中的佛寺中常可看到一位素服的儒士,在殿前厅后徘徊踟蹰,有时亦向佛师们讨教些禅理。只是北地的僧人都不大通晓这种新起的玄义,无法与他交流。此时,这位儒雅洒脱之士便常常会笑笑走开,转去与那些借寓佛寺的举子叙叙各地的见闻,听着他们对朝政的放肆评论。

这当然就是十六宅时的宣宗。他对由西方世界传来的佛理有着异乎寻常的兴趣,不过也只是兴趣而已,并未深入地涉猎过。可尽管如此,佛还是给予了他其他教门所未能赋予他的东西,他在此中知道了生之苦难、死之艰辛,也感受到了忍受尘世、忍受现实的终极意义。这对年轻而思深的宣宗来说,是有极大启发作用的。

于是武宗与德裕废佛,他便要反其道而行之,这既代表着他的政治方针,也显示出他对佛教的基本态度。他对翰林学士说:

"佛者虽异方之教,然可深助国家治理。可存而不论,不必过毁而伤令德。"

道理是不错的,但皇上如此迫不及待恢复佛教的行为,却明显还是一种情绪在作怪,这一点大家肚子里都很清楚。

本朝佛教的一大特点,就是佛寺发达,僧尼众多,武宗时一炬毁废这一基础,遂使佛教元气大伤而不得不转寻轻便易行之道。此际再行恢复,光是重建寺院一端,财力上就不胜负担。宣宗诏命之初,就有一位进士孙樵上疏反对,中书门下也委婉地表示了不同意见。到了大中六年(公元852年)十二月,宰相们又再次奏言度僧不精之弊,终于使皇上开始修正这一策略。

其他举措,也无不带有这种情绪化的特点。

另外一项是恢复进士及第者的曲江宴集。宣宗特别重视进士及第之人,仁者乐山,智者乐水,皇上有其个人好恶也自有道理,但一定要恢复这种以浮华为事的"曲江大会",就绝非俭德之君应有的态度。再比如刚即位的当年,宣布增复会昌时所减省的州县官员数目一事,更能显出宣宗的"不甘"心理。因为无论从哪个角度说,汰斥冗员总是一项善举,不能因为其出发点不正或效果不佳就遽为否定。宣宗的这项诏令虽然只增加了三百八十人,但其实质却仍不是基于改善吏治的一种修订,而完全属于鲜明的个人爱憎。

做完了这些,皇上到太庙祭奠列祖列宗。过穆、敬、文、武四宗牌位而无动于衷,唯独在其父宪宗的灵室里突然放声大哭,泪飞如雨,哀颤而不自胜,左右观者莫能仰视。

他的感恸是发自内心的。

皇上对武宗是仇恨,对文宗是厌恶,对敬、穆二帝也没有好感。唯一能让他怀念的就是他的父亲宪宗皇帝。自从他诞生到这个世界以后,也许只有元和时期的七八年是他最无忧无虑的日子,此后随着年岁的增加,生存的环境却越来越险恶,甚至生命也遭受到了威胁,若非自己明白果断、毅力顽强,哪里会有今天?如果父皇宪宗不被贼子弑杀,就不会那么早离他而去,自己也就不会有这二十几年惨痛的遭遇。想到这里,皇上如何不悲从中来!

幸好,二十年的悲苦辛酸终于有了报偿,以自己的庶出身份,竟能最后贵为天子,皇上的心中更是百感交集,他当然要将一腔衷情尽情地挥洒。

宣宗的悲哭声震屋瓦,也使已移居兴庆宫的懿安太皇太后颤抖不已。

懿安太皇太后是宪宗皇帝实际上的正宫,她的祖父是一代元勋郭子仪,母亲是代宗皇帝的长女升平公主,出身是地道的金枝玉叶。宪宗在藩邸时,即纳其为妃,并于贞元十一年(公元795年)生下穆宗皇帝。但因为宪宗后宫多宠,一直未能立为皇后,直到穆宗即位,才如愿以偿地成为国母。

宪宗皇帝死得不明不白,这情况后来人都或多或少有点知道。可对如此大事,懿安太后就是不闻不问,穆宗也讳莫如深。其中有什么不可告人的东西,外间的人不敢想,当然也就无法道出。不过,在深宫高墙之内,却是有无数种说法在悄悄流传着,一直到了穆宗晏驾后,才由文宗皇帝将数名直接元凶绳之以法。不过,文宗也没有这个胆子去彻底揭开这个盖子。

宣宗可不理这一套。他的生母是皇太妃郑氏,宣宗即位之后,立即奉为"孝明皇太后",其地位直逼数朝祖母之尊的懿安太后。皇上并且还放出风声说,一定要追究宪宗死因的真相,无论什么人,都要一查到底。这话就把懿安太后吓了个半死。

太后当然没有直接参与弑君的阴谋,不过她显然是知道内情的,事情的结果是穆宗即位,这是她梦寐以求的事,既有利于自身,又何必去惹这个麻烦。再说,太后对于自己的夫皇宪宗,也并无太深的感情,她无法把宪宗迟迟不立自己为皇后的事情一笔勾销。所以,宪穆之际,天子莫名亡故,朝野竟是寒蝉一片,王守澄能只手遮天,太后当然是起了重要作用的。

别看宣宗当时只有七八岁,但童年的印象是难以忘怀的,再加上数十年的明察暗访,潜心推究,要想猜透其中的过节,对于聪明睿智的宣宗来说,绝不是难事。太后的所作所为,包括那次掖庭宫中突如其来的暗杀事件,他早就一目了然,并且心中计议已定。眼下说的这些话,意思是再清楚不过的了。

懿安太后已是惴惴不安,数日来茶饭不思。

她没想到即位的光王竟原来是这么一位欺世之人,早知如此,当初就不该手软,在那次刺杀失败后应再接再厉,致他死命。眼看皇上的生母郑氏已居太后之尊,攻势仍是咄咄逼人,而自己孤零无靠,如何能够抵挡?太后感到无法忍受的是,身为四朝太后,三朝祖母,功臣之后,皇叶之身,竟被人强逼如此,心里一口气如何咽得下去！太后心道："你不就是想要我死吗？那好，我就死给你看！千秋万世，让你这个无德之君留下个逼死国母的恶名！"

大中二年（公元848年）五月二十一日中午，太皇太后在两名侍女的陪伴下登上兴庆宫里的勤政楼。其时风和日丽，草木葱茏，太皇太后倚栏而望，却不禁悲从中来，想想如此下去，终究难逃一死，不如就此了断了罢。主意一定，便颤颤巍巍地跨栏而上，要往下跳。

两侍儿吓得面色飞白，扑上去拼着全身力气拽住她。太后大叫："休得阻拦！我这是要遂皇上之志，快快放手！"两人哪里肯依，死活不松手。太后年高体衰，僵持一会，便已是气喘吁吁，不能坚持，只得听由二人将她扶下，送还寝殿。此事立即就有人报告了皇上。

宣宗拍案而起："让她去死！让她去死！"皇上的怒火按捺不住，面色通红，胸腔一起一伏，整个身子也微微颤抖起来，当着众多内侍的面，破口大骂："身为国母，听任光陵商臣之酷而不怀惭惧，犹藏异心，言死尚轻——"说到此，皇上突然停住了话头，慢慢地坐下，脸上露出了一丝难以察觉的冷笑，"好吧，朕就成全了你！"

左右肃然。

这天夜里，兴庆宫就传来消息：太皇太后忽染急症，不治身亡。第二天，朝廷正式讣闻。这事情太明显了，酒坊茶肆，立时就是议论纷纷。

几天后，太皇太后入殓。有关部门得到皇上的暗示，上奏说：

太后宜葬景陵外园。意思就是不配祔宪宗。

礼部检讨王暤是一位负责朝廷礼仪之事的太常寺官员,这个人有点愚忠,听得此讯,心想:这怎么可以!立即上疏道:郭后宜与宪宗合葬,在太庙的神位也应配祔宪宗。这份奏章送到宫里,宣宗一见,差点没有气死。他看着宰相白敏中,竟是连话也说不上来了。

敏中退朝后马上传王暤入见,问他是怎么回事。

王暤道:"太皇太后乃汾阳王郭子仪之孙,宪宗东宫时即为正妃,又曾以儿妇事顺宗。宪宗厌化之夕,事出暧昧;而太皇太后天下之母,身历五朝,岂得以暧昧之事遽废正嫡之礼!"

敏中有气,心想这个人真是蠢得厉害。"诛除凶恶,无使漏网,此乃圣上旨意。况今上已奉孝明皇太后——"

王暤打断他:"这是什么话?太皇太后国母之尊,事无证据,岂能与弑逆之徒相提并论!"竟是一点不让。

敏中气得不行,板起脸来教训他不要信口开河,可王暤横竖不买账。

到了中午时间,同相的周墀立在门口等白敏中一起会食,可这里敏中正与王暤相持不下,只得出来对周墀道:"正为一书生所苦,公请先行。"

周墀好奇,便走进来在一旁坐下,听着二人的辩论,心中大生感慨:朝中到底还是有孤直之臣!

可第二天,孤直的王暤就被贬为句容县令。这当然是敏中的安排,他与皇上是无时不保持一致的。

太皇太后既已除去,皇上接下来的手段就更是干脆。从宫中开始,一直到朝间京外,无论宦官、外戚甚至是东宫官员,只要与其事有牵连者,重则格杀,轻者贬斥,一概不留情面。这事持续了将近六年,直至大中八年(公元854年)的正月,该杀该罚的人都已处理得差不多的时候,考虑到人情安稳,方才下诏宣布:自今以后,余者不问。算是给这件案子画上了句号。

皇上的这些行为虽然手法颇重,却不能说明当今天子就是一位冷酷之君。宣宗其实是一个情感丰富之人,只是过去的岁月养成了他不把情感显露于色的性格而已。他的内心世界其实异常的丰富,不能想象,一个人若是没有强烈爱恨信念的支撑,如何能数十年如一日地忍受孤独痛苦的煎熬!文、武时期的遭遇,唤起了皇上对童年的怀念,也就引发了他对宪宗的无限追思。恨得深,也就爱得切,元和时代的一切甚至成了他全部的寄托,这种感情延续了宣宗的一生。

大中二年六月,那时他刚刚即位一年多。有一天他问宰相白敏中:

"朕昔年从宪宗之丧时,道遇大风雨,百官六宫皆四散避去,唯有任山陵使的一位大臣攀灵驾不去,这人是谁?朕记得此人年纪颇长,面有重髯。"

"令狐楚。"敏中很熟悉先朝故事。

"他有子否?"

"长子名令狐绪,今为随州刺史。"

"能否担当宰相之任？"皇上心情急切。

"令狐绪少病风痹……"敏中迟疑了一下，又道，"不过令狐楚次子令狐绹，前为湖州刺史，大有才气。"

皇上立即便制命提升此人。令狐绹入谢圣恩时，宣宗又亲切地和他谈起元和的往事，想不到他比白敏中更为明悉，君臣话语投机，兴而忘倦，而皇上更是欣慰不已。

宣宗从此开始奠定了自己用人的基调。此后的十一月份，杜黄裳的儿子杜胜、裴度的儿子裴谂，也先后被起用。令狐绹最后在大中四年（公元850年）入相。整个大中时代，宣宗无疑是唯一的主角，而白敏中、令狐绹是当然的配角，没有了他们，也就无法衬托出宣宗皇帝精彩绝伦的演出。

当武宗的一切被彻底否定后，宣宗的时代便正式开始了。

给宣宗当宰相的秘诀

蛟龙得云雨，终非池中之物。

此时的天子已不再是一位躁动无知的少君了。

宣宗已近不惑之年。更主要的是，当今天子的阅历是前几代皇帝所无法比拟的，他所承受过的寂寞痛苦，就是本朝的列祖列宗，恐怕也没人能望其项背。新一代君主宣宗皇帝，确是带着深深的思绪登上九五之位的。

对此，令狐绹是第一个深有感触的大臣。

那是大中二年（公元848年）二月，其时他刚刚由司勋郎中入居禁署，担任翰林学士。有一天傍晚正在翰林值班，忽有中使传谕，说是皇上召见。

令狐绹赶忙入宫，走到皇上寝殿门口，便见有小黄门在那里秉烛而候。显然，皇上正急切地等着他的到来。

令狐绹走进殿来，皇上正在榻上读书，"贤卿入座。"令狐绹行礼已毕，在一旁恭敬地坐下。

皇上放下手中的书，凝神望了他一会，道：

"贤卿从江表来，不知对彼处民情吏政有无考察否？"皇上略略顿了一下话头，接着又道，"朕常思四海之大，九州之广，虽明君也难能自理，故尤需贤臣良弼的辅佐。"

说到这，皇上正眼瞧着令狐绹，意味深长地道："然朕近来留意朝廷，却未见有忠赤之士。"

令狐绹心里一慌，急忙离座降阶而伏，口道：

"圣意如此，微臣便是有罪了！"

皇上一见效果达到，话锋立时一转："卿甫为翰林学士，方才之言，本不相及！贤卿不必如此，上来就座。"

令狐绹口里唯唯，心中却是忐忑不已。

天子命宫人以玉杯斟酒赐予令狐绹，令狐绹山呼万岁，一饮而尽。

皇上望了望放在榻上小案上的书，有意岔开话题："朕听政之暇，未尝不披寻史籍。"他拿起两册，又接着说，"这一册是先朝所述的《金镜》,此册为《尚书·大禹谟》。"皇上随意翻开其中的一卷:"贤卿读过《金镜》否?"《金镜》乃本朝英明之主太宗皇帝手撰的一部治国经验之谈,与后人记述的《贞观政要》一样,都是历来君臣取法贞观之治的必读经典。《尚书》则是先王先圣的言行纪录,也是垂范百代的不二宝鉴,《大禹谟》是其中的一篇。

令狐绹暗自庆幸:还好自己对这部书下过功夫。遂胸有成竹地回答道:

"文皇帝此书,讲的是治国治身的至理。微臣披阅诵讽,不离于口。"令狐绹话中的"文皇帝"就是指太宗,太宗皇帝庙号"太宗",谥号"文",所以有这样的称呼。

天子十分高兴,"卿试举其要。"

令狐绹朗声而读,果真是烂熟于心。当他读到"乱未尝不任不肖,理未尝不任忠贤。任忠贤,则享天下之福;任不肖,则受天下之祸"一段时,皇上摆手示意他停住。

"朕每至此,未尝不三复然后已。《尚书》上也说:'任贤勿贰,去邪勿疑。'欲致升平,当以此言为首!"

令狐绹当然称颂不已。

宣宗的好读书又非是当年的文宗所能比拟的。文宗血气方刚,追求的是一种完美的理念;而宣宗披览史籍,却完全是寻求一种技巧上的借鉴,两者性质不同,效果也就大相径庭。

谁都知道要"任贤去邪",可怎么个"任"、怎么个"去"? 再说,即使有了贤明的辅弼之臣、忠直的清明之士,国家就真能治理?前代的李德裕就是个例子,最后还不是功高盖主,而使天子退居其后！宣宗相信书中所总结的这个原则,但是他却自有他的方法。他对令狐绹说：

"朕想知道朝中百官所有人的姓名。"

这就是了,宣宗确实不笨,他在十六宅度过的日子没有白费,他早就深思熟虑过其中的手段和必须的原则了。任何事情都必须做到成竹在胸,也只有这样,他才是真正的天子。

令狐绹很为难："六品以下的官员太多了,皆由吏部造册登记；五品以上,方由中枢制授。这部分倒有一种名册,称作'具员'。"

皇上心里有数。送走了令狐的第二天,他立即命宰相撰就《具员御览》一册呈上,放在案头,时时翻检。

可见宣宗不是一般的人,他的极高心智已经开始逐渐显露,这件看起来很小的事情就是一个信号。

第一步是确立一种原则。宣宗选择的是"法"。

自古而来的传统皆反对法治,因为治以形名,则必伤乎道德,而帝国的基础正建立在一系列的伦理制度之上,法既不能绝民刁顽,也无助于人君教化。所谓"其政闷闷,其民淳淳；其政察察,其民缺缺",讲的就是这个道理。不过,宣宗却不以为然,他的想法是,若以铁腕治国,就少不了法。

早在即位不久的大中元年正月,京畿大旱。皇上为此减膳食,出宫女,祷告上天,仍不见好转,于是想到赦免囚犯。便命宰相卢商与御史中丞封敖梳理京城系囚。但其时任大理卿的马植却上疏称：有些重犯，罪有应得，似不可一概宽宥。

天子得奏，也觉得有理，又命两省五品以上官员合议。讨论的结果，赞同马植意见的占了大多数，皇上就采用了这一措施，诏命一切皆按法规办理。这是宣宗倾向于法治的开端。

不能不说马植的话给了皇上重大的影响，他在奏章中所说的"诛罪戮奸，式合天意；雪冤决滞，方副圣心""若平日大赦尚且不免之人，今因疏理而原之，使贪吏无所惩畏，死者衔冤无告，恐非所以消旱灾致和气之道"之类的话，和皇上内心的想法本就有很多的契合之处，而马植的这一理论，更符合他所构建的政治策略，因而立即就予以接受。马植为此在后来也成为宰相，为宣宗所重用。

宣宗当然还有所发展。他自己就公开说过："犯朕之法，虽我子弟亦不宥！"既把"法"有所限定，此"法"非他"法"，而是"朕之法"，又着重强调了"法"的铁板原则，操作起来，便就得心应手。

有一段时间主掌京兆府的是一位叫崔罕的人，此人治绩不怎么样，但做起事来却很浮躁。一次在路上遇到一位官员没有避让他的马头，崔罕心里大为生气，再一问，此人不过是一位小小的内园巡官，竟马上重责其人五十四杖，至于将人打死。皇上得讯震怒不已，立即宣谕，把崔罕贬去远州。

宰相们倒觉得处罚太过，齐诣皇上援救。宣宗心里有着细细的一本账，他对宰相们道：

"崔罕为京兆，抑强扶弱，是其职责。道不避马，杖之也不算为过，但问明为内园巡官再下手，就是明显的欺弱怕硬。另外，人臣之刑,止行二十杖,此乃朕之法;他打到五十四杖,这是谁家之法?真是骇人听闻!"

宰相们听着这番话,顿悟皇上执法之旨,又如何不心生畏惧!

当然,宣宗选择的原则是为自己服务的,刻于用法是为了政治的需要。皇上聪明就聪明在他从不幻想着以德行使天下治理,那是典型的远水救不了近火。皇上宁愿选择威严之后的宽仁,也不愿去做仁德之后狰狞尽露的蠢事。天下人确实也都有着一种莫名其妙的通病:十日被威,一日受德,无不感激流涕;而十日被德,一日受威,却不免交怨沸腾。天子懂得了这个道理,天下事就成功一大半了。

不过这第一步还只是小样。若要就此以为这位新一代天子也不过是如此而已,这种见识那就是比文、武二帝这两位乳臭小儿都不如了。宣宗十六宅中二十年的岁月,又岂是白白虚度的?

尽管皇上多才多艺不让先人,无论是射箭击毬或是制曲吹管,都能曲尽其妙,但皇上却不甚为意。甚至对于女色,天子也是淡然得很。皇上退朝之后,只做两件事,一是读书。为此天子下令,专门辟置了一间偏殿作为读书之处。有时皇上一进去就是一夜,到第二天早晨,内侍们看见的常常是烛灰遍地、书卷狼藉的情景。二是读书之余,便是召见翰林学士,与他们长谈不倦。

令宫侍感到迷惑的是,皇上召见学士时,全都屏退左右,不让任何人入侍。皇上还亲自整理读过的奏章,经常亲手焚毁其中的一些,然后再吩咐人拿去处理,这也是前朝所不曾有过的事。寝殿的楹柱上,御笔大书"乡贡进士"四字,此外还有许多人名,有时枢密使们偶尔看上一眼,发现其中有些是知名的朝官,有些则是无名小辈。

皇上的记忆力惊人。不谈别的,整个大明宫中,厕役、洒扫之仆少说也有百十来人,可皇上只要见过面,都能记住他们的名字。皇上若有指派之事,从来都不是吩咐一声了事,常常就是直接说:"叫某某人来",无一差误。宦官宫婢都暗自心道:简直就是神了!

宫侍们最感到心惊肉跳的时刻,是天子升殿听朝之前的那一会。

皇上这时会突然沉下脸孔,变得面无表情,默默地朝着某个方向肃容片刻,然后更衣、盥手,调匀气息,再慢慢地走向大殿。此时此刻,天子没有发出任何的声响,但这静得让人无法呼吸的气氛,却犹如泰山压顶一般。

在走向金銮宝座的那一刻,皇上能感受到他的背后凝聚着不少疑惧的目光,但这不是他主要追求的。皇上心里清楚,他真正所需要的,是在马上要面对的朝廷百官的眼神里,也要看到这种如履薄冰、如临深渊般的恐惧。

宣宗有办法做到。

临朝之际,皇上的脸上已是一片熙容,接对群臣,往往犹如宾客。朝臣们当然很平静,因此,开始之时,都能奏事甚明,有些劝谏,也敢于上言。皇上在这个时候总是非常专注地倾听着,有时还在默默地念叨,好像生怕自己会忘记似的。

有一次延英殿合议,事情处理得差不多的时候,皇上忽然笑道:"现在可以说些闲话了!"说着,自己先带头大谈宫中游宴的趣

事,引得大家也情不自禁地说些坊里闲话。过了一会,宰相及翰林学士、枢密使们刚刚感到情绪轻松下来时,皇上又突然正色而道:

"卿辈好自为之。朕常恐卿等负朕,以使日后不复得见,再无今日之乐。"

这话说得让诸人猝不及防,人人都是陡然一颤。

皇上的态度变化率皆如此,让人无法揣度。没有暴怒,没有焦躁,甚至没有一丝一毫的严酷处罚,但朝中的中枢要员,却无时无刻不感到战战兢兢。特别是当朝宰相,这种感受尤其强烈。他们有时甚至自己都觉得莫名其妙:天子虽有些刻于用法,但也不失宽仁爱人之风,勤于政事,从善如流,怎么说也能算上英明俭德之君,己辈的忧惧又所从何来呢?

在大中时代初期前后为相的有白敏中、崔元式、崔琮,在大中二年(公元848年)二崔先后罢去,接着便是周墀和马植。其中敏中担任的时间较长,居相接近六年之久,而周、马二人,在位分别只是一年与两年。

敏中的秘诀就是无所建置,一切都唯天子是从,至多也是略做修饰而已。他在相时最大的举动就是清除了李德裕之辈,帮助皇上不遗余力地否定会昌政治,其他的实在无可足道。不过这种人,宣宗却很赞赏。

这倒不是皇上昏庸,宣宗要的就是这种事不关己的宰相。以宣宗的明察秋毫和事必躬亲,有敏中做摆设,那是再好不过了。所以敏中才有可能做了那么多年的宰辅,而其后来的罢相出镇,也就是因为他在开始的时候,对德裕之党处理过重,擅权独行,引起朝野不服的缘故。

周墀就是那位文宗曾经相与痛哭"受制家臣"的人,文宗时颇受重用,先后任翰林学士、中书舍人,武宗时出外任职,宣宗即位后,大中二年入朝为兵部侍郎兼判度支,五月份拜相。

本来周墀应该是能像白敏中一样多做几年宰相的,这是因为在入相之时,有一位极富韬略的人给了他一个忠告。

此人名韦澳,是元和时宰相韦贯之的儿子,是周墀的老部下。当周墀向他请教为相之道时,韦澳说了这样一句话:"但愿相公不要有权!"

这话当时让周墀着实吃了一惊,不过在韦澳的解释下立即就明白了,并还深为叹服。

韦澳的解释表面上是大道理,但实质就是要周墀尸位素餐,无功无过而已。这可算是摸到了宣宗的心里去了,韦澳有这样的见识,真是一个有心计之人,无怪乎在后来成为皇上的心腹。可惜的是周墀尽管接受了这一劝告,也循规蹈矩地坚持了一年,可在最后还是忍不住犯了冲动的毛病,既得罪了一些宦官,又忤逆了皇上,无奈被罢。

此后最主要的宰相就是令狐绹和魏谟。这两人在相时间都很长,正如前期的白敏中,他们与后期的宣宗之政也是密不可分的。

令狐绹是大中时代居位最久的宰相,自大中四年(公元850年)到大中十三年(公元859年),辅政几达十年。在圣明睿德的天子眼下,令狐绹能如此长久地安居其位,其中当然自有奥妙。

御下有术

无幽不察,收放自如,天子做到了极致。

令狐绹能从湖州刺史的任上入朝,并在不久之后就入值禁署成为翰林学士,完全是沾了他的亡父令狐楚的光。宣宗追怀往事,特别重用元和公卿子弟,尤对令狐楚之子令狐绹眷顾深厚,这也是可以理解的。不过,令狐绹得以稳坐相位,却不仅仅是这个缘故。

他与皇上在很多事情上颇谈得来,这也是他十几年来潜心攻史、苦读经典的报偿。学问的力量是无穷的,它能让一个人彻底地改变自己,在心里产生一种真正的自信。学问来自读书,善读书者,更能在字里行间找到处世的妙方,这一点,令狐绹与宣宗不谋而合。皇上得到的是如何御下,而令狐绹则学会了怎样曲线生存,怎样任凭风浪起,稳坐钓鱼台。

其实这里也没有什么天机,说白了就是一句话,即永远不要对人说"不",尤其是在天子面前。

令狐绹这个人本身性格就极为庸懦,他甚至没有刻意为之,就做得游刃有余。

皇上在大中三四年间,经常在夜里召见翰林学士秉烛长谈,其中就以令狐绹次数最多。皇上对他是十分满意的,原因就在于不费心思,便能使他为自己任意驱役。

大中四年(公元850年)的整个一年中,除了党项、吐蕃依旧在边境为患外,帝国上下出奇的平静。十月二十六日这天的夜半时分,皇上又突然在大明宫的含春亭召见当值的翰林学士令狐绹。君臣在清风微露的秋夜里畅谈不已,直到烛炬燃尽,方才罢休。宣宗亲自送令狐绹下亭,并命内侍以"金莲炬"送之归院。金莲烛炬是天子才配使用的东西,颁赐臣下,是至高至极的恩泽。

一行人走到翰林学士院,院吏远远望见光焰闪烁的金莲蜡烛,相与而叫:"天子驾到了!"慌不迭地准备迎接。可一会儿却见是令狐绹在烛火簇拥中来到,都惊得面面相觑。

第二天,令狐绹就正式拜相,一直做到大中十三年(公元859年)的十二月宣宗驾崩以后。

为相的这十年中,令狐绹很少犯错误,他的小心谨慎、不置臧否的处事作风使他的圣眷始终没有消减。不过,百密难免一疏,有一次令狐绹不经意之间,竟然也行使了一下宰相的权力,做了一回主。

皇上在即位不久后就规定:凡是诸州刺史,秩满后不得即赴他州,须得归阙朝对后,才可以赴任。这是宣宗独特的政治改革之一,目的是为了防止外官久在朝外而不受驾驭的情况出现。有一位刺史从随州调任邻郡房州,令狐绹认为两地毗邻,实在没必要再劳繁缛,便命他可以从便,即去房州赴任。朝命一下,新授之人照例上了一封谢表。

皇上览表奇怪，他不记得有这么个人入朝觐见过。便问令狐绹："此人为何从便赴任？"

"地近授受，也好方便迎送。"令狐绹答道。

皇上正色道："朕是考虑到近来州刺史们为官因循，不念治民，这才命他们到京，也好亲问其为政施设、理道优劣，为国家今后升黜立式。"天子说到这里，带着一种冷意又说了一句意味深长的话："天命既行，岂又逾越？宰相太有权了吧！"

令狐绹省悟过来了，吓出了一身冷汗。时虽严冬，却竟然重裘皆透。

后来，令狐绹对人说了一句心里话：

"吾十年秉政，最承恩遇，但每次延英奏事，未尝不汗流沾衣！"

其实，每一个朝中大员又何尝不是如此。谁没有这样的心态，也就注定他不会在中枢之位待得过长。比如魏谟，他在令狐绹稍后入相，也许是乃祖魏征——这位本朝第一名相——赋性遗传的缘故，颇能谠言切直，对皇上的一些做法提出意见。宣宗为平衡人心，也需要这位声名卓著的大臣在某些情形下做点补充，但毕竟不能容许以臣子的孤直来取代天子的清明，所以最终还是要将他请出朝外。当魏谟做了六年宰相出任外镇时，有人以为这是令狐绹的排挤，实际上却根本不是这么一回事。

大中期间的宰相还有好多位，如崔铉、崔龟从、郑朗、崔慎由、萧邺、夏侯孜、蒋伸等人，各人情形虽有差别，但不是些平庸之辈，便是投机取巧之人。这些人所以被任用，可绝不是因为天子也同他们一样无能。宣宗最后一次任用宰相最能说明这个问题。

那是大中十二年(公元858年)的十一月,蒋伸其时任兵部侍郎,他在一次入阁奏事时,不小心对皇上说了一句大实话:"近来好像官位很容易得,不少人都有侥幸之心。"

宣宗大惊,他自忖在用人方面极有把握,怎么会有这样的事?"如此不是要乱了吗?"皇上顿时担心起来。

蒋伸回答得妙:"乱倒尚未至于乱。不过侥幸之人多了,即使真乱了也没有什么大不了的。"

这话说得皇上叹服不已,他在心里道:"有如此高见,朝中能有几人?"宣宗朝着蒋伸意味深长地说:"今后怕不能单独和卿见面了!"

蒋伸当时不懂这是什么意思,满头雾水。直到几天后拜相的制命下来,他才恍然大悟。原来,蒋伸的职位兵部侍郎品级上属于"次对官",也就是能在常朝的入阁奏对时单独被召见;而本朝制度规定:宰相必须是在延英议事时集体面见天子,不可独自觐见。皇上那话的意思,竟是要命他入相,蒋伸又怎么能想到。

蒋伸无疑也是一位"侥幸之人",不过,皇上是不怕"侥幸之人"多的。这是大智若愚,还是聪明过头?答案也许不辨自明。

看得出来,宣宗有意要撇开宰相。他与早年的德宗有些相似,相信别人不如相信自己。皇上是有些猜忌和自信,但他与德宗不同的是,他经过多年的处心积虑,业已打下了深厚的基础,他有这个能力,也有这个水平。

确实,没有皇上不知道的事,也没有他无法解决的事。

天子常常微服出游，这是他自十六宅时就养成的习惯，只不过那时只是为了排解忧虑而已，与此际的目的大不相同。

皇上每次出去都是一人单驴，厚帽遮颜，一路之上不停地看，不住地在心里默记，有时甚至与贩夫走卒、乞儿穷汉搭上两句闲话，往往要到日暮天昏，方才归宫。即使是大队人马出城畋猎，皇上也不忘顺带作点巡访。

一次是在皇苑之北遇到樵者数人，宣宗命留下他们，有话要问。

"尔等家在何处？"皇上对跪在面前的樵夫们问道。

"小人们乃泾阳县百姓。"泾阳是长安附近的一个县。

"邑宰是谁？"这是正题。皇上可不像史书上记载的那些君主，装模作样地问些年成丰歉之类的东西。

"李行言。"

"为政如何？"

樵夫们也无顾忌："为人有点呆板。上次抓到五六个劫贼，不容他们以钱赎罪，全部杖死。"

宣宗还宫，立即就把这位李行言的名字写到了寝殿楹柱上。过了两年之久，朝廷有令擢李行言为海州刺史。行言入宫谢恩时，皇上问他：

"你是不是曾做过泾阳令？"

行言答道："臣是在泾阳待过二年。"

皇上听到，便命赐赏金紫服。不同的服色代表着朝臣地位的高下，也象征着天子的不同恩遇，紫色是品极较高的一种。行言再谢。

"卿是否知道朕赐你着紫之由?"皇上又问。

行言奏答:"臣不知。"

皇上微微一笑,命左右去把柱上贴有他名字的纸条拿给他看。行言怎么也没想到,天子的寝宫里,居然大书着自己这么一位低级官员的姓名。他又一次拜伏下去,除了激动,也情不自禁地倒抽一口凉气。

还有一次是大中九年(公元855年)二月出外校猎时,在城西快到渭水的地方,皇上看到有一二十个醴泉县的百姓,在村头佛祠中设斋,祷求本县官秩已满的县令李君奭留任。皇上回到殿中,马上就命内侍将此人姓名重重写上。后来,中书门下两次拟换醴泉县令,都被皇上驳回。过了一年,宰相奏怀州刺史一职空缺,请命人填补。天子遂亲笔写了一张条子:"醴泉县令李君奭可授。"传到政事堂会议上,宰相们顾视茫然,连他们都不知道还有这么个人为皇上所垂意。

可皇上却不能满足京畿周围这一小块地方,他还要知道天下所有的父母官们是不是恪尽其守。皇上对此虽已无法亲自前往,可他照有办法。

这时,极有谋略的韦澳已被皇上用为翰林学士。宣宗秘密地命令他:撰写一份诸州风物利害情况的报告。韦澳领旨,归宅闭门,虽子弟亦不许入内,夜以继日地赶了出来,题为《处分语》,独自呈上。

过了几天,正好有一位邓州刺史薛弘朝回京述职。出宫后,禁不住内心的惊叹，逢人便道："圣上处分本州事务，惊人的准确！"

韦澳问他怎么回事，薛弘朝一五一十娓娓道来，韦澳一听，果真全是《处分语》上提到的。

宣宗已把他的心智用到了极致，事无巨细，全部包揽，十几年中可以说是始终如一。像他这样殚精竭虑的天子不能说没有，但能做到如此这般算尽机关的，那真是凤毛麟角。当今天子的御下之术已有相当的火候，此乃历朝历代人君梦寐以求的东西，而宣宗庶几得之，这就更为难得了。

皇上的孜孜追求，甚至到了让人感到不可思议的地步。

时任司勋员外郎的李远，很有文才，诗名亦颇著称。令狐绹想把他升为杭州刺史，延英召对时便向皇上提了出来。

宣宗当然知道这个人，但他不同意令狐绹的建议。

皇上道："朕以前曾读过此人的一句诗，说什么'长日唯消一局棋'，这种人如何可以出任一郡长官！"

令狐绹都有些哭笑不得，忍不住道："这是诗人写诗时才说的话，不一定实有其事。"

皇上愣住，像是在清理自己的思绪。过了良久，才缓过神来，明白自己这是存念过深了，方才不语。

宫中的内侍们在后来还常常看到皇上用小纸条写上好几个人的姓名，用碗盖住。一旦需要任命宰辅时，天子便净手焚香，虔诚默祝，最后在碗下拈着谁人，就命谁人入相。宫人们都天真地以为天子必有神助，其实皇上根本就是无奈。他再怎么资禀过人,像这样的苦心孤诣,总有一天要江郎才尽,到了这个分上,人算真就不如天算了。

天子确实是用心太多了,除了朝中臣子,皇上还要考虑到另外一些人,他在这上面更没有少费心思。

宣宗知道,没有宦官,自己就不可能走到今天这个御极天下的地位;但他也没有忘记前几代天子的苦难悲剧,作为人君,是不能受制于家奴的,否则即使贵为天子,也就形同草芥。

他对宦官的基本策略是,对重要人物委以虚恩,对位轻之辈则严施约束;大的方面装糊涂,小的事情上绝不留情。

看起来似乎是本末倒置,其实这叫作敲山震虎,在目前这种不可能大动干戈的情形下,还真是上上之策。

大中期间主要的宦官先后有马元贽、王公长、马公儒、王宗实、王茂玄几位。特别是左军中尉马元贽,为宣宗即位立下大功,在宣宗初期可是炙手可热的人物。皇上对他的安抚做得很好,元贽表面上荣耀无比,但除了手中的禁军之外,却没能形成什么实际力量。

皇上表面上装着毫无疑心,其实暗地里对他的一举一动都了如指掌,一有风吹草动,马上就想法解决。宣宗有一点很明确,绝对不容许宦官交结朝臣,这是有前事可鉴的,当年的王守澄就是最好的范例。在这种事上,皇上肚子里很有一本账,他也知道该怎样对付。

马植入相后,有点想交结马元贽,竟跑去和元贽叙同宗之谊。元贽恩冠诸宦,有些大大咧咧,一高兴,便把皇上赏赐的一条金宝带转手送给了马植。天子赐物,这是莫大的优渥,即使做不到压之箱底、世代传家,起码也不能送人。元赞此举做得是有点过分。

皇上还就发现了元赞身上的御赐之物不见了,怪而问之。元赞自觉理亏,不敢隐瞒,便道出实情。宣宗当时忍而未发,他晓得,对神策中尉之流的宦官是千万不能草率处理的。

但是皇上可以杀鸡儆猴。他没有动马元赞一丝一毫,却转而立即罢免了马植的宰相,又下令严查此事。最后马植的从官交代了马植与元赞来往的事,皇上这才发现宰相当中竟真的存在交通宦官的情况,龙颜大怒,又再贬马植为常州刺史,并公开宣布:他的罪名就是与宦官有所来往。天子的这一招把马元赞一下子就震住了,心生恐惧,便再也不敢有越轨之举。

对那些小人物就不用说了,皇上在内宫中设有专门的棍杖,有时就在延英殿,当着宰相的面杖罚他们。宰相们倒觉得天子未免有失儒雅,还常常劝解。可皇上说得理直气壮:

"此辈是朕之家奴,杖之何妨!如卿等奴仆有过,亦不可不罚。"

此举一半是向朝官显示自己的不私近臣,一半也是做给其他的大宦官们看的。皇上的其他举动,亦往往如是,哪怕是再小的事情,也无不含有深意。

前几代天子为了防止左右神策军横生事端,定下了这么个规矩:凡是左中尉卸职,须由右军而出;右中尉卸职,则务须从左军出宫。宣宗心想:这真是笨得可以了!若是中尉心生不轨有意作乱,这种小聪明又如何能阻止他们?于是下令改革,命中尉离任,皆从本军径直出营。

这下,朝廷及宫中宦官有时都不知道中尉已经易人,即使卸职中尉本人,也不清楚对方情况。两军既莫知情由,又如何敢轻举妄动!皇上的谋略,真不知要高于那些自以为得计的先代天子多少。

不过,宣宗还是没来得及消除掉这个祸患。他不是没有考虑过彻底解决这个问题,为此皇上曾反反复复地找翰林学士们商量对策。他是有心要花大力气改变现状的,只是因为文宗时期因轻躁而酿致惨败的教训实在太深刻了,皇上心存顾虑,才一直没有动手。

韦澳认为有甘露之变的前车之鉴,绝不能再用外间朝士,不如就在宫中选择忠直有识的宦官,以子之矛,攻其之盾。

"这是最下之策!"宣宗对宦官太了解了,"那些人若是身处下位,尚都能感恩戴德;一旦成为三品的禁军将军,就变得沆瀣一气。"皇上没有充分的把握,不做冒险之事。为保证一击成功,他宁愿慢慢来。

是令狐绹的懦弱断送了皇上的大计,他自己没有勇气挺身而出,反而以种种借口打消皇上的这个念头。令狐绹对皇上说:"只有陛下坚持以往的方针,有罪勿舍,有缺不补,彼辈则自会渐耗而至于瓦解。"

皇上听了不语。这是他一贯的策略,但不是永远的方针。可他也知道,最后的一步将是无比的艰险,弄不好就是全盘皆输,连眼下的苟全也不可得。没有臣下有力的支持,他是下不了这个决心的。

朝中"侥幸之人"太多,终于在这件事上暴露出了恶果。皇上与朝官既丢失了由武宗和李德裕争取过来的先机,则必然使宦官们得以苟延残喘,有机会开始积蓄反击的力量,并终于在宣宗死后再次发挥出他们强大的威力,主宰了帝国的政治。这真是令人悲哀的事。

可话又说回来,神策军、枢密使造就的反奴为主的现实,单靠宣宗的智术是无法改变的。皇上能做到十几年的时间里没让宦官兴风作浪,就已经很不错了。

被"长生药"结束的时代

> 是英雄造出时势,还是时势成就英雄?无论如何,宣宗皇帝既承受了时代的垂青,也付出了沉重的代价。夕阳无限好,只是近黄昏。

现在可以把目光从天子身上移开,投向帝国的现实了。

宣宗皇帝从会昌六年(公元846年)三月即位,到大中十三年(公元859年)八月去世,在位十三年五个月。

在这十三年里,朝廷再没有出现过前几朝"朋党"倾轧的现象,宦官的势力也有所消减,几乎没有发生过干预朝政的事情。地方上,在朝廷安抚为主的方针下,除些短暂的风波外,众多强镇也都没有大的动乱。边境上的吐蕃、党项虽然一直骚扰不止,但力量也在逐年萎缩,早在大中三年(公元849年),西南的维州、抚州即相继收复,西北的秦、原、安乐三州及境内七关也成功地摆脱了吐蕃的统治,归顺故国;两年后,沙州人张义潮乘吐蕃内乱,发兵收复河湟一带瓜、伊、西、甘等十州,连同沙州,共举十一州之地归复朝廷。从此,帝国重新把边境推到了河湟以西,多少洗刷了一些"安史之乱"以后放弃西北的耻辱。

不知不觉,让人大吃一惊。

宣宗的这十三年,竟是出奇的平静。算起来,地方上断断续续的藩镇叛乱,朝内外纷纷不止的派系斗争已经持续了近一百年,至少,每一代天子都无法避免一场严重的动乱。最思治理的德宗,甚至酿成了九鼎播迁的灾难,差一点就断送了帝国的命运。而其后的几代天子,外乱未除,内患又生,顺宗、文宗受制于家奴,宪、穆、敬、武四帝忧于"朋党",即使如宪宗皇帝英明睿武、斗志昂扬,也只不过是以沉重的代价换来一个"中兴"的名声而已。谁又能像宣宗临御的这十三年,四方数镇虽失统驭,可是终无异心;朝野上下数有波动,却也大致安宁。即使比不上本朝开元时期的全盛,但却也是一个地道的太平之世。文治武功是书生们喜欢夸耀的事,对天下百姓来说,只要平平安安,就是无上的幸福。

看起来,皇上的艰苦努力并没有像德宗那样付之东流。

他为此付出了沉重的代价,十几年来忧勤之道,始终如一,甚至每日每时都未敢稍宁心思。臣子、家奴、方镇、州郡,无不常系心头,哪怕是在偏殿读书,皇上也不忘冥思苦想,力求为日间的疑难找到一条妙之又妙的计策。

宣宗不是一个求道者,也不是一位禀赋超群的人,严格算来,他只是个不懈于锻炼本心的智者。他用自己辛勤三十载的沉思,弥补了所有的不足。或许正因为如此,他才能在与众不同的道路上取得了独特的成功。宣宗又是一个现实主义者,他的好学不倦不是为了追求道义,更不是为建立德声,他只是注目当前,就事论事,宁愿以实际上的效果代替理论上的完美。奇怪的是,现实往往就垂青这样一种人,这是让所有的"仁者"都愤愤不平而又无可奈何的事。

这样的统治者往往还要有所牺牲。

南方越州的地方官曾经进奉过一部女乐,也就是由女子组成的歌舞乐队,其中有位绝色美人。皇上一见倾心,十分宠爱,数月之间,赐物盈积。可是有一天早晨,皇上刚刚起来,忽然面有忧色,闷闷不乐。

"玄宗只一杨妃,天下至今未平。我岂能忘?"皇上在心里说。

他召来美人:"朕留你不得!"

美人盈盈泪下,长跪不起。

左右内侍不忍,有一位奏道:"陛下既不留之,可以放还。"

"放还朕必思之。"皇上望着窗外的远方,怅然而又坚毅地说,"不要多说了,就赐酒一杯吧!"

可怜绝代佳人,只落得个全尸。但皇上要忍受如此这般的痛苦,也并不比她接受死亡来得容易。

所有的臣子家奴在天子的超绝睿智面前都要冷汗淋淋,而皇上面对着眼前的这些文武百官,心里又何尝轻松。他不能容许自己有丝毫的疏忽,更不愿被人所欺骗,因此只能收拾精神,全力应战。皇上的自信其实是自己极端孤独的表现,他不要宰相,不要近臣,便只有相信自己的智谋,否则就会彻底崩溃。这也就是他为什么在半夜三更还要找来翰林学士长谈的原因。虽然天子在某种程度上选择了法治,但这种"法"的实质却是"天子之法",说到底还是一种"人治"。人治的悲哀就在于,它只能满足一时,而不能满足永远;只能抓住机会,却无法创造机会。

为人臣者是都变得循规蹈矩了,可"智慧出,有大伪",在宣宗的聪睿面前,白敏中、令狐绹、蒋伸之流就学会了巧言令色之道。假如今后的天子不再是如此有心的天子,这些变得聪明起来的臣子们,还会这样俯首帖耳吗?宦官也不得不收敛了许多,这是因为他们选错了天子,竟让这位大智若愚的人登上了帝位。他们也确实斗不过宣宗,但却能再与朝官们决一高低。为了生存,他们仍还要重新祭起百战百胜的法宝:再造就一位皇帝,难道还怕你皇上真的长命百岁不成?

宣宗恐怕最终还只能算是一个平凡的君王,因为他只看到眼前,而忘记了为子孙后代负起一点责任。不过,放眼龙宸,自从盘古开天地,三皇五帝到于今,能做到这一点的,又有几人?!

回首往事,就可发现宣宗还真是幸运。

藩镇已经无力再大动兵戈。虽然元和以后不少强镇特别是河北诸镇依旧脱离了中央,自成了一个个独立王国,但长期的战争消耗已使其元气大伤,他们无法,也无力再与中央作直接的对抗。朝廷也是如此，为了追求名义上的满足而消灭割据，早已被天子和大臣们所抛弃。于是双方只有妥协，中央政府以安抚政策使他们不妄生事，而藩镇也以承认天子而得到子孙相代的实利。所以，武宗时期敢于跳出来兴风作浪的昭义镇得不到一点的同情，因为它破坏了这样一种对双方都有好处的平衡，以致不到二年，就宣布垮台。这种愚蠢之举，又有谁去效仿？

大中时期，有几个藩镇也闹出了点事情，但都只不过是内部纷乱，或兵逐主帅，或强者自立而已。朝廷换个节度使或者干脆一纸诏书默认事实，事情也就自行消歇。只有在大中末年，南方的几个军镇哗乱较大，如大中十二年（公元858年）五月的湖南军乱、六月的江西军乱，才使中央调动了邻道的兵力进行讨伐。这几镇兵力极弱，根本不能成事，很快就告平息。

财政情况在平和的局面下出现了良性循环。继刘晏、杨炎、李巽、程异之后，又有一位干练的大臣裴休成为帝国最后一位杰出的理财能手。他自大中五年（公元851年）担任盐铁转运使以后，也是从整顿漕运入手，全面梳理了国家财赋的运转。他借鉴当年刘晏的经验，又立新法十余条，彻底清除了元和以后的种种弊端，三年后，运到长安渭河码头的漕米便达到了一百二十万斛，最多的一年是大中十四年（公元860年），达到了一百四十三万斛，接近于天宝盛世时数量的一半，这也很不简单了。

所有这些，显然都不是皇上的高深智术所能办到的。说得直接一点，宣宗应该感谢武宗，没有会昌时期打下的良好基础，情况也就绝不会有这些好转。但这话也是说说而已，因为这种机会的出现，恐怕也很难说是武宗时期的功劳。

是时势造就了宣宗的成功。若是没有这种机会，无论宣宗再怎么聪明过人，恐怕也难逃德宗那样的厄运。阴阳互动，否极泰来，帝国已经动荡了近一百年，各式各样冲突双方都势衰力竭，不免相互转化、相互依托，以酝酿下一次更加激烈的冲突。宣宗的十三年就正是这样，它宛如大浪跌下后溅起的波峰，溅得越高，也就将落得越深。它的平静是不会一直持续下去的，后来的事情马上就可以看到。

可这一刻是平静的，幸运的宣宗出现在这个平稳的时刻，有了机会展现自己的聪明才智，于是凭借东风，浩荡入云。

宣宗的最后一年，有一位叫李商隐的人死在了离东都洛阳不远的郑州。此人比宣宗小一岁，但与宣宗同年去世。他的前半生与李宗闵、牛僧孺、李德裕之间的恩恩怨怨牵扯在一起，而后半生则与大中时代相始终。李商隐一直都郁郁潦倒，可正因为如此，反而造就了他辉煌的文学成就。

可在当时，李商隐却是个无足轻重的小人物。寂寞地死在京外异地，并不是什么大事，也没有多少人知道。可是上天垂憐，往往就出现在一些不为人所注意的事情上。商隐死了，宣宗皇帝和他们的时代也接近了末日。这一切，在两年前李商隐的一首诗中，早就消息毕露了。可惜天机不可泄漏，就是作者本人，登高临风，悲世伤身，尽管思绪交综、惆怅万千，却也没想到冥冥之中自有定数，二十字中竟成诗谶。

那是大中十年（公元856年），李商隐罢梓州幕入京，在朝中担任了一个小官。商隐最后的几年,是他一生中最痛苦的时期,先遭丧妻之痛,复又辗转漂泊。随着年岁之长,怀抱身世之慨,遂多见于诗什。这年夏秋之交的一个傍晚,商隐忽又幽绪袭来,怅惘莫名。踌躇片刻,决意独自出游,以排遣这无端感伤。遂命驾驱车,前往乐游原而去。

这"乐游原"本是一处庙苑,创建于汉宣帝时,后因破败废毁,成为一片势高地敞的坡原。它位于帝京长安的东南方,登高回首,全城尽览。本朝流传的一首著名的曲词"……乐游原上清秋节,咸阳古道音尘绝。音尘绝,西风残照,汉家陵阙"就是此地风情的写照。

又是一个夕阳西下的时刻,李商隐的轻车驰上了乐游原。"向晚意不适,驱车登古原。"他凝神西望,但见满目青霭的京城,镶嵌在一轮橙红的斜阳里,像是要融化在无边无际的辉煌灿烂中。

"夕阳无限好,只是近黄昏!"商隐吟出这下面两句时,已是满腹怆然。

黄昏是美丽的,但却是最后的辉煌。

宣宗犹豫再三,还是未能抵御"长生"的诱惑,从大中后期起开始服用医官李玄伯、道士卢紫芝、山人王乐等人所炼的"长生药"。不过,皇上是瞒着所有人偷偷进行的,这也许是他自己都有些不甚坚信的缘故,所以便不想因为这事招来过多的麻烦。可酷好"仙道"而服饵食丹,已被历朝历代天子们的经历证明不仅是麻烦,而且将是带来致命祸害的事,皇上如此聪明,怎么还照入彀中!

皇上吃的这种药乃是以伏火丹砂合诸金石而成,药性特别猛烈,起初是觉得身上燥热,冬天连棉衣也穿不上去,宣宗还以为这是好事,根本未曾在意。大中十三年(公元859年)五六月开始产生恶果,背上生了一个很大的疽。到了八月,病情开始恶化,宣宗终于知道自己为时不久了。

但同前几朝的情形相同,在此关头,年纪颇长的宣宗竟然也是未立太子。其实在大中十年(公元856年),也就是李商隐写下那首"夕阳无限好"名篇的同时,裴休就曾劝说皇上早立太子,可不料皇上却连太子也不愿信任。"若立太子,朕不就成了闲人了?"一句话中,就暴露了他极强的权力意志和胆怯的本性,他人又怎能再说什么!到了事情迫在眉睫的程度,再临时举措,便注定大乱不免。

宣宗有十多个儿子,年纪稍长的两位才识都很一般,皇上很不喜欢。从选择储嗣的角度讲,他属意的是三子夔王,但以次越长,不合继嗣之顺,又是很讨嫌的事,这也是皇上迟迟未立储宫的原因之一。但此时已容不得考虑,皇上在病榻之上,秘密召来了一向宠幸有加的枢密使王归长、马公儒和宣徽南院使王居方。

皇上指着侍疾的夔王对他们道:"朕百年之后,夔王可继大统。辅弼之任,就托付众卿了!"说完,已是气喘不已,再也无力发话。

三人跪倒榻边,泣而受命。当他们再次抬起头来时,一代枭主宣宗已经停止了呼吸。这一天是大中十三年的八月七日。

他们来不及悲哀,立即退到一旁商议这件大事。不用说,奉立夔王的最大障碍,就是神策中尉,特别是左军中尉王宗实。他们知道,王宗实和右中尉王茂玄素有不合,与己辈就更是有隙。弄得不好,王宗实要出乱子。王归长、马公儒、王居方三人想到此,都是忧心忡忡。

到了深夜,三人终于有了主意。

第二天,宫中有诏制传出,命王宗实为淮南监军。尽管淮南是国家第一重镇,但从中尉的任上出京,多少有些明升暗调的意味,宗实虽不大高兴,可在天子的制命之下,也不敢公然违抗。上午,宗实在宣化门外领旨后,回到营中收拾已毕,便准备从左银台门出官。这时,手下副使亓元实忽然道:

"大人请慢!这事有蹊跷。"

宗实大惊:"此话怎讲?"

"圣上染疾逾月,即左右中尉亦只隔门问候,今日除改之命,难辨真假!大人何不亲眼见过圣上后再走?"

宗实猛省:"快与我来!"两人翻转身急奔内宫。

一路走过崇明门、紫宸门时,两人就发现门口已比平常增加了守卫人数,心里更明白了几分。亓元实带着宗实直奔天子寝殿,几乎是破门而入。

真相大白。天子业已驾崩了,宫人内侍环绕左右,都在默默地流泪。王宗实大叫:"好啊你个王归长!竟敢矫诏谋逆!"

归长三人见到王宗实闯进时,就已经是魂飞魄散。事情一败露,他们哪里能斗得过神策中尉,更何况右中尉王茂玄又不在当场。三人吓得"扑通"跪倒,爬过来抱住宗实的双腿,连呼"中尉饶命"。宗实一脚一个,踢翻三人,胸中犹是怒火万丈。

宣徽北院使齐元简立刻就被宗实秘密地派到十六宅,去干什么事,却没人知道。九日,禁署突然宣布:宣宗长子郓王立为皇太子,改名"漼",权勾当军国事;处斩王归长、马公儒、王居方三人。当日,发布遗诏,以令狐绹为冢宰。十日,郓王即位,是为懿宗。王宗实同日升衔骠骑上将军。这几天的变化太突然了,尤其是所谓的郓王,更让人迷惑不已。朝官都知道先帝是有不少皇子,但大多数都住在宫里,由师傅教习读书,似乎从来都没有听说过十六宅有这么一位居然还是嫡长的郓王存在。疑惑之下,有不少人竟然忘了在拥戴表上签署上自己的姓名,其中就包括几位当朝宰相。

毋庸多说,过去的一切又都重新开始。圣人不死,大盗不止;圣人既死,大盗亦不止。

这一轮红日,已经摇摇欲坠,无可挽回了。

第七章

崩溃

我愿君王心,化作光明烛。
不照绮罗宴,只照逃亡屋。

——聂夷中

新帝的秘密

> 天子昏庸无道，朝士各有算计，而宦官势力一天天坐大，所有矛盾重新开始了斗争，这一次将足以致命。

帝国的第二十位天子懿宗在一场突如其来的急变中就被推上了帝位，这一次新旧交替有一点与前几朝大不相同，那就是在新帝已经登基后，还始终有一团阴云笼罩在人们心头。

先帝宣宗未立皇后，所以实际上诸子并无嫡庶之分，只有长幼之别。夔王是宣宗的第三子，这是大家都已知道的事实，而且包括夔王在内有五位王子一直住在内宫，也是先帝在位时有过明示的，不过，其长幼就不太清楚。郓王既是先帝的长子，为何单在宗族诸王杂居的"十六宅"居住？先帝又为什么从未提起？册命郓王为皇太子的那天，禁中宦官特地出示了一篇由翰林学士萧置撰写的铭辞，根据这篇据说是由先帝嘱撰的铭文，郓王乃已故昭

第七章 崩溃

容晁氏所生,与先帝宠爱的万寿公主同为一母。但是,这种铭辞照例是不详载出生年月的,因此并不能解决问题。

从相貌上看,这位郓王的年纪是要大一点。可是,十六宅年长的诸王多得很,凭此就能入继大宝吗?大家不敢再往下想了。

帝国的现实发展到了这个地步,确实已是无话可说。这个天大的秘密也许只有王宗实和新帝自己肚子里清楚。但不管事实的真相如何,新帝是从十六宅而不是由东宫产生的。想当年,没有仇士良就没有文宗,今天也一样,宣宗死时若没有王宗实,懿宗也就不可能登上帝位。这就意味着,又有人反奴为主,成为天子的主宰者。

宣宗死后的第二年,公元860年,新帝改元"咸通",是为咸通元年。从去年十二月份开始,发生了一件奇怪的事:百多年来相对安稳的南方浙东一带,竟然爆发了一起贼人的造反,而且声势甚为浩大。因为这个缘故,朝廷不得不将全部精力都转向平乱,所以新帝登基伊始的十几个月里,朝政倒显得十分的平静。可是叛乱一旦被平息后,事情就不可避免。

这时,令狐绹已经退出了政治中枢的舞台。他为相的时间太长了,或多或少地要得罪些人,宣宗在位时大家还不敢说,新君一即位,便有不少人竟攻其短。先帝驾崩几个月后,令狐绹就被罢相出镇河中。本来,白敏中是有望重新执政的,在同一时期从荆南节度使任上被召回入相,但有一件意外的事打消了他的念头。

那是咸通元年的二月二十五日,敏中在上朝时不小心跌了一跤,从台阶上重重摔下,腰受了重伤,四五个月都卧床不起,无奈只得上表辞职。新帝起初不许,但经不住因首席宰相空缺而造成的尴尬,下诏同意。于是毕诚、杜悰二人先后入相,连同去年任命的杜审权及留任的蒋伸,共同主持政务。

咸通二年(公元861年)二月的一天,两位新任枢密使突然来到政事堂所在地中书门下省。

四相与其叙礼已毕,分列而坐。因不知来者何意,一时也不好说话。

还是左枢密先打破了沉默:"禁中或有拟议,将同宰相会商。"

四相相顾茫然。

果然,过了一会儿,门吏便报:宣徽院使杨公卿到。

宣徽院是宫中内诸司使的总管部门,分为南、北二院,下设二十四内司,负责行使天子的各种具体差遣。由于掌握授受大权,其地位有时也与枢密院不相上下。不过,此时的杨公卿与左右枢密使一前一后来到,显然是商量好的。

诸人起身迎接,不料杨公卿看了看四位宰相,却单单向杜悰作了一揖,道:"请杜公受宣。"这话的意思,就是要其他人回避了。

两枢密似乎早有准备,从容退下。杜审权、蒋伸、毕诚却是一片惶恐,手忙脚乱地避入西面的一个小厢房中。三人都不知道发生了什么事,心里不住地打鼓。

杨公卿见众人已走,便从怀里掏出一函密封的文书,打开来递给杜悰。杜悰一看,原来是先帝宣宗大渐时,朝官请求郓王——现在的皇上——监国的奏疏。杨公卿道:"当时没有在上面署名的宰相,皆当以谋反之罪论处!"谋反,是帝国刑法的第一

第七章 崩溃

大罪，按律是要处以极刑的。

原来如此！杜悰这才明白为什么单独与自己商议的原因，那时他犹非宰相，正巧身处事外。不过，饶是杜悰事不关己，但听了宣徽使这话，也禁不住打了一个寒噤。作为朝官，易代之时立场犹豫，这确实是件糟糕的事情，新帝即位后惩处异心之人，照理也不能算错。可事情毕竟过去一年多了，单因未署名拥立就要以"反罪"处理国家宰辅，这确实太严重了。

杜悰看着这封当时的奏疏，说不出话来。也是，虽然他并不是涉嫌者，但此刻人家却要借他的刀去杀人，杜悰再不怎么样，这种事又哪里肯做？

杨公卿的眼神始终逼视着他。杜悰没有抬头都能感受到这股威严的目光，心想：是不是又到了一个无法讲道理的时候了？

杜悰就是那个杨嗣复一手提拔，并在会昌时期临事不慌救了他恩人一命的人，到底不愧见过大世面，将手中的东西反复读了四五遍，又沉思良久，终于开口说话：

"圣主登基，万方欣戴。"这开宗明义的一句，已有意要把杨公卿堵回去，"值此欢欣新朝伊始之时，如此文书，就不是我等臣子所应看的了。"说着，杜悰郑重其事地把文书又重新封好，递还给杨公卿，又道："主上即使欲罪宰相，亦当在延英殿面示圣旨，明行诛谴。"这话的意思是，你宣徽、枢密两院与我本人似乎都没有权力决定此事。杜悰轻描淡写地就把自己的干系推卸得一干二净。

默许就意味着赞成。杨公卿本也就没指望杜悰能主动参与，遂不再说话，收回文书就告辞而去。

既把自身脱离事外,杜悰就显得从容多了,马上找来候在偏房的两枢密使,显得十分推心置腹地道:

"内外之臣,事犹一体,宰相、枢密共参国政,本不分彼此。"杜悰先要大套感情,所以话说得很漂亮,两枢密一听,也不禁连连点头。杜悰一见得计,立即趁热打铁祭起攻心之术:"今圣上新践祚,固当以仁爱为先,岂可立即就杀宰相?若圣上养成滥刑之性,则中尉、枢密等权重禁闱,能无自忧?"

两个枢密使默然相顾,心道:此话不无道理!右枢密想了一想,慢腾腾地说:"仆等将把相公之言转禀……圣上。……若非相公提醒,我等倒真没想到这一点。"这后半句还真是一句大实话。说完,两人起身致礼,告退而去。

西厢的三宰相见人离去,赶紧出来问杜悰是怎么回事。杜悰正吁出一口长气,哪里说得出话。这下把三人吓得不轻,蒋伸眼看着眼泪都要下来了。杜悰赶紧道:"诸堂老不用担心,料无大事。"果然正如杜悰所说,接下来的几天很平静,什么动静也没有。皇上在延英殿召见宰相时,神情怡然,好像根本不知道有什么事发生过。

杜悰谈笑之间就为朝官们消弭了一场大难,或许并非是一件好事。他把这个盖子捂得了一时,却捂不了永远。这个矛盾总是要再次爆发的,不谈其他宿怨,就以先帝宣宗时期而言,这两方面就已经是干柴烈火,只待一丝引信了。

当时宣宗太犹豫,以至于酝酿过久,使得消息有所泄露。由此"南司""北司"之间,就有点剑拔弩张的味道,只是有圣明天子

第七章 崩溃

在上,北司的宦官们一时找不到借口而已。懿宗即位后,双方依旧继续着这种对峙局面,但宦官方面的势力已在一天天增强,看来目前的平衡不可能保持多久,这次事件就是一个严重的信号。

宣宗以超绝的智谋掩盖了一切,但这只是现实的成功,而非历史的胜利。他对后事草率的处理甚至成为一个契机,使得压抑已久的宦官有了机会解决自身的分裂,重新获得了高度的统一,恢复了以往强大的力量。矛与盾再一次开始斗争,它的激烈程度便一定是过去所有的冲突所不能比拟的,这一次将彻底致命。

所有的崩溃,都是从内部开始的。

懿宗一下子就捞着了一个无与伦比的东西,这恐怕是他做梦也没想到的。王宗实选择这样的嗣君,当然有他的理由。至少,王宗实不会希望龙椅之上,再坐上一位让他们时时都要出冷汗的天子。新一代天子确实没有让他失望。

皇上好音乐、好宴游,殿前时时供奉的乐工,接近五百多人;每月之中,有十天要举行宴会。也许是皇上年轻而精力旺盛的缘故,听乐、观戏、饮酒作乐,从无厌倦之态。出驾巡游,随意所之,几乎是踏遍了长安的四郊。让人叹为观止的是,每次巡幸,随驾的内外诸司扈从,竟达十余万人!耗费的财物,实在无法计算。

上有所好,下必甚焉。当朝大臣的道德信念江河日下。

这也是冰冻三尺,非一日之寒。宦官的坚固势力是个强有力的威慑力量,而天子的荒淫又助纣为虐,若非胆略过人,绝无可能做到信仰坚定,更毋庸说挺身而出,以天下为己任了。时势造人,斯言不虚——激昂的时代造就英雄和枭杰,而一个醉生梦死的末世所产生的,则必然是庸懦、胆怯、自私自利的小人。

无论是身出于名门或是拔起于寒微之士,他们所关心的只是进士的声名和浮浪的生活,本朝原先所固有的那种自由而不拘执碍的风气,成了他们追逐声色犬马的最好理由。就是时下流行的乐曲诗歌,也大多是些凄婉轻艳的内容,再也无复那种清丽俊逸、慷慨悲凉的风格了。

更为可怕的是,朝官与宦官的对立越来越成为一种纯粹的权力斗争,双方都以个人利益取代了公理的是非。早年宫廷内外争斗虽然也十分激烈,但大多数传统的官僚仍是把国家利益和道德伦理放在第一位,从维护皇权和政事权这个角度来攻击宦官把持朝政而形成的种种弊端。所以从陆贽、王叔文到裴度、李绅、李德裕等人,都只是就事论事,而从未把自身与宦官完全处理成两种利益集团。他们也许早就有这样一个清醒的认识:宦官作为天子的家奴,是一种既成的事实,似乎不应该把家奴的存在与反奴为主的现实完全等同起来。因此,早先朝士与宦官的斗争一直都是围绕着天子进行的,只要天子能够成功地限制住家奴的权力,一切都将迎刃而解。

当然,这是一种理想的情况。宦官既是一个存在的阶层,他们就没有理由不为自己争取"公平"的权利。他们出身卑贱,没有受过严格的传统教育,更没有理念的束缚,因此除了攫取权势之外,不可能去做其他事。天子左右操纵和维持平衡的做法给了他们机会,同时也就使正统朝官采取的道德手段无法取得效果。

在这种情况下,是文宗把这事情扩大化了,他开始想要连锅端起。不过,文宗还是从皇权和社稷的角度去做这件事的,并不是单凭自己的爱憎。但他所用的两个人李训与郑注则并非如此,他们的手段就已经开始显露出很大的私心成分。所以,从甘露事变起,朝士与宦官逐渐形成互相对立的集团,天子和士大夫们本身也有很大的责任。

李德裕把局面稍稍地缓和了一下,却未能抵消后来宣宗所采取高压政策而引起的尖锐情绪。到了懿宗朝,朝官们已经完全忘记了这场斗争的初衷,他们开始有了这样一种信念:宦官是他们天生的敌人,更是自己求取高位权势以及个人利益的最大障碍。于是,道德上的惩恶扬善变成了政治上的快意恩仇。

这种局面出现得相当早,而且是由朝士们首先挑起的。

大约就在咸通二年(公元861年)二月,杜悰刚刚纾解了一场严重冲突的预谋之后不久,有人就把这个情况透露了出去,结果便引起了几乎是全体士大夫的强烈不满。从此,一种一致对外的凝聚力和复仇心理油然而生。

正好在这个月,建州有一位来京会试的举子叶京一举登第。中了进士,自然都很兴高采烈,所谓"春风得意马蹄疾,一日看尽长安花",叶京也未能免俗。一个月里,日日与同年们游宴集聚,日子过得很快活。有一天在路上,遇到了一位他以前在宣武军节度使宴会上认识的宦官。叶京一看是认识之人,又是曾做过宣武军监军的高品宦官,按礼数当是应该致意的,于是想也未想,便在马上恭敬地作揖施礼。这一切正好被同游者看到,一下子就传遍了朝野。

朝士大哗。叶京从受人尊敬的新进士一下子便成为千夫所指的无行之徒,百口难辩,狼狈不堪,最终都没得到一点的同情,以至于终生沉沦。

真是人心叵测。如果是为了天子和帝国的利益,这些士大夫们似乎从来也没有像今天这样齐心协力过,可一旦从个人得失出发,却不知为何,突然就变得如此坚定不移。可见自诩为恪守信仰的精英分子,其行为处事往往并不像他们自己说得那样好听。

这些人由愤懑而生仇恨也是情理所致,到了懿宗中后期时,宦官的势力业已到了无可复加的地步,南北司之间,南司只有无奈不平的分,而北司却断没有需要抱怨的事。宦官们只是在等待着机会,一举而成为至高的主宰,只是眼下变乱太多,实在是难以质变而已。另外,朝官们即使心念如一,但也不是铁石一块,至少几位宰相就很会在夹缝中生存,为自己捞好处。百官之首的宰相既然都有这样的心理,其他人的压抑情绪就更无处宣泄了。

杜悰实际上还不失忠厚,最有代表性的其实是后来的杨收、路岩、韦保衡三人。

杨收的入相是左军中尉杨玄价左右的结果,因为两人是较为亲近的同宗。在王宗实之后,最有权威的便是杨玄价,他把杨收这位原本就受到不少当朝宰辅所器重的人擢升要职,并非是什么难事。杨收有这种渊源关系,也就决定了他只有在夹缝中走他自己的路。但他的两面三刀做得很不高明,只顾自己靡华享乐,既引起一些前辈朝臣的不满,又因无法完全站到宦官一边,最终被杨玄价拉下了马。

第七章 崩溃

路岩是懿宗朝最年轻的宰相,在位的时间也最长,一共有六年。路岩于咸通五年(公元864年)入相时年方三十六岁,年少得志,又借着天子昏聩,不免得意忘形。同杨收一样,他也是一个好权好财之辈,在某些方面甚至还不如杨收,根本谈不上有所作为。最后因与韦保衡争权夺利,而被排挤出朝。

路岩很擅长拉帮结派、树植党羽,手下很有一班子人。咸通十二年(公元871年)正月罢相出任西川时,刚在朝会上领受诏制,便就在殿前寻找代理京兆尹的薛能。路岩知道自己积怨不少,生怕出城时人人喊打,薛能这人是他以前提拔过的,路岩想请他帮帮忙。

薛能听罢来意,抱着象笏朝着路岩一揖,慢条斯理地说:"抱歉。宰相出朝,府司一向都没有派人保护的先例。"

路岩想不到碰了这么个钉子,脸上红一阵白一阵,怏怏而退。果然在长安大道上,路岩被四面而来的瓦砾砸了个不亦乐乎。这时他倒反而泰然自若起来,花开蝶满枝,树倒猢狲散,自己早先没能想到这个结果,又怨谁呢!

韦保衡是当朝驸马,咸通十年(公元869年)懿宗爱女同昌公主下嫁他时,场面极为豪华,皇上倾宫中宝物以为资送,不仅赐了一座金碧辉煌的宅第,还特赏钱五百万缗。不到一年,韦保衡就做到了宰相。皇亲国戚如此快地就成为国家宰辅,也是近几十年来所没有的。

这种人自然被人看不起。杨收、路岩就很鄙薄这位驸马的为人,在中书门下共事时,都对他没有好脸色。但韦保衡更不能容忍他们。保衡自恃恩顾,对素不相悦者一向毫不留情,甚至连自己的业师和同门都不放过,对杨、路二人,韦保衡当然也要报复。结果两人先后罢职出朝,杨收后来还在他的穷追不舍中丢掉了性命。

咸通十一年(公元870年)八月,同昌公主突然得病故亡,皇上悲痛不已,一气之下杀掉了二十多位御医,并还逮捕了三百多位御医们的家属,欲连坐治罪。宰相之一的刘瞻实在看不下去,连忙召集谏官,请他们上奏谏劝。可是,众谏官无一敢去,刘瞻一咬牙,亲自上疏,请求懿宗宽恕家属,天子览表不悦。可刘瞻不省事,又联同京兆尹温璋再次在朝会上力谏,结果天子勃然大怒,当场叫人把他们轰出殿去。

第二天,刘瞻被罢相出朝,温璋被贬为振州司马。诏旨下后,温璋长叹:

"生不逢时,死何足惜!"当夜服毒自尽。

这一句话,或许就是崩溃时代的最好注脚了。

经济彻底被摧毁

宣宗以后,帝国的经济基础就已经丧失。民不聊生,则揭竿而起。

懿宗在位的时间不算短,单以朝间而言,大的冲突倒也没有发生。这也许是因为外患过多的缘故,而使得内部的矛盾无暇充分暴露。皇上在他垂拱的十四年里,糊里糊涂地行事,糊里糊涂地用人,奢侈豪靡,荒淫无道,竟然还就比他名义上的父亲、智深谋广的宣宗皇帝多做了一年的天子。咸通十四年(公元873年)七月十六日,皇上病重不省人事,这一次轮到的是左右中尉刘行深、韩文约。在如此方便的情形下,两人当然也就做得更绝,神不知鬼不觉中,懿宗的四个年纪稍长的皇子就丢掉了脑袋。他们所立的天子,也就是后来庙号为"僖宗"的本朝第二十一任皇帝,即位之时,年仅十二岁!在本朝历史上,那可就是破天荒的了。

十二岁的皇上懂得什么?他只知道与自己曾同卧同起的奴仆田令孜是个可信可靠的人。在皇上年幼的心里,已故的父皇似乎并不像自己的父亲,哪有这位和蔼的长者来得亲切!皇上甚至已经早把他当作是自己的父亲,即位之后,也直称"阿父"。宦官小马坊使田令孜从此改变了自己的命运,一跃而成皇帝之"父"、天子的天子。

刘行深、韩文约这两个出头之鸟结果弄得个灰头土脸,在田令孜的挤压下,被先后勒令退休,很不情愿地把中尉之职让了出去。田令孜和另外一位宦官西门匡范顺理成章地成为左右中尉。从这时开始,人们便直呼左右神策为"东军""西军",因为决定性的禁军力量就只有这两支,再称呼本名不仅麻烦,而且实在也是多余。

顽童天子僖宗喜欢斗鸡、跑马,也许只有在这一点还能体现出其祖辈尚武豪迈的秉性,其他实在是不足道,也不可能有所道了。田令孜既为其"父",又何须把这小小的劣童放在眼里,从公元874年——这一年新帝改元后的年号为"乾符"——开始,真正的天子便不姓李了。

乾符二年(公元875年),积患已久的事情终于不免。在咸通时期的无数纷乱后,两位盐贩王仙芝、黄巢在关东道领导了一次武装变乱,官军数剿不绝,数年之间,竟成燎原之势。公元880年——这年僖宗又改元"广明"——十二月,自称"冲天大将军""天补大将军"的黄巢率几十万大军打进了长安,僖宗在田令孜的护卫下仓皇出逃,一直跑到了剑南的成都。这是本朝历史上第三次皇驾播迁了,也是最长的一次,皇帝在外共颠沛流离了数年之久,才回到长安。

在成都的流亡朝廷,依旧是田令孜的天下。田氏时任都指挥处置使,大权在握,并未因艰难的动乱而减轻恣意妄为的程度。本来,天子有难,就应该推恩及人,广施恩泽,以唤起各方勤王靖难的忠心而挽回败局,可田令孜没有这样的抱负,他只知道维持自己的生存,其他的一概不论。

当时的物质已极度匮乏,但四方所贡来的有限的金帛,却全部被令孜用来颁赐随驾军队,四川的地方部队除了开始每人赏赐三缗以外,再无所得。一位地方军将郭琪出于愤怒,起兵哗变。仓促之中,皇上只与宦官们闭门自保,根本就不考虑外臣的死活。不少朝官们幸脱沦陷,含辛茹苦地来到了这里,眼见这一情形,那一腔委屈实在是难以按捺。

郭琪事变平息后,谏官左拾遗孟昭图忍不住上疏宣吐情绪:

"多难之时,中外之臣尤须一体对待。去岁车驾西幸,不告南司,遂使宰相、仆射以下尽遭杀戮,独独北司无损。此次变乱,陛下只与令孜等内臣闭城登楼,不召宰相朝臣入城;翌日,又不见宰相、不慰朝臣……"孟昭图最后难以控制,又在疏中写道:

"天下是高祖、太宗打下的天下,不是北司的天下;天子是四海九州的天子,不是北司的天子。北司未必尽可信,南司未必尽无用,难道天子与宰相已无关系?而朝臣竟成路人?"

孟昭图尽管完全是出于委屈,不过他的话却是毋容置疑的事实,他的祖辈们要是听到他的这番言语,怕真是再也不敢相信的。

如今的情形似乎越来越成为一笔说不清道不明的糊涂账。不过,尽管世事如麻,总还是能找到一丝入手的线头的。

经济总是社会稳定的基础。政治的腐败必然导致经济的衰落,经济一旦被摧毁,天下百姓也就失去了甘愿成为"百姓"的理由,于是草泽之雄揭竿而起,就不仅是符合道义的,也是无人所能抗拒的。

非止本朝而已,堂堂华夏自古以来就是一个大家,最高的家长便是皇帝,所谓"普天之下,莫非王土",从政治上说,百官是天子家臣,百姓则是天子子孙,皇帝也就等于国家,因而从经济上说,"国计"便永远位于"民生"之前,亦即所谓"富国"才能"安民","富国"总是第一位的,经济的好坏,全看朝廷的财政收入如何。当然,敛之必须有道,最高的理想就是"朝廷获美利而天下无甚贵甚贱之忧"。本来这实在是难以做到的事,但本朝起初的一百五十年，竟然真就达到过这个理想。不过这是过去的事了，与纷乱的政治现实相始终，帝国的经济衰败也将近有百年之久。在这期间，历代朝廷所能做的努力，也仅仅就是完善搜括的方法，为天子的存在竭泽而渔而已。天下无甚贵甚贱的局面早就已经成为甜蜜的追忆。

实际上，九世纪中以刘晏为代表的理财能手之所以能获得一些成功，完全是因为有南方可以依靠。安史之乱后，帝国的北方一再受到严重的摧残，而南方经过逐渐地开发，迅速显示出比北方高出不少的经济水平，加之战乱较少，便得以长期维持。从德宗时开始，南方的财赋通过漕运，源源不断地供给北方的中央政府，才使帝国的大家庭不至于毁灭。可假如南方经济也不能幸免于难的话，即使家庭的合心力再大，也阻挡不了彻底的分崩瓦解。

事情出在懿宗时期。

从天子到宰相，无不唯货是崇，假刑杀以立威，而索财货于诸道，诸道又索之州县，于是州县只有大索天下之穷民。天子的淫靡和朝政的腐败，最终导致横征暴敛，这就是"敛之无道"了。没有人能够被无休无止地索取，就是富庶的南方，也不是一个取之不尽的宝藏。一句话，天下虽然是皇帝的天下，但国家的基础仍是四海的百姓，天子既然不把他的子孙当作子孙，那么子孙们也就没有必要再奉养这个一家之主了。大中十三年（公元859年）到咸通元年（公元860年）的那次浙东"贼匪"造反，明显就是一个不祥的征兆，但却没有引起足够的重视。懿宗时还有一个最大的错误是对南诏进行了数年的战争，这场耗资无算的战事把宣宗刚

第七章 崩溃

刚建立的一些良性循环丧失殆尽,特别是给了南方以沉重的压力,造成了严重的恶果。懿宗咸通九年(公元 868 年),八百名戍守岭南的徐州守卒不满超期服役,拥立粮料判官庞勋为都将,擅自北还。这些人回到徐州后,为免朝廷追究,干脆又推戴庞勋为节度使,想逼迫朝廷承认既成事实。

南方戍军的暴动已经不止一次了,宣宗晚期的几次事件就使得朝廷很狼狈,因为帝国在这一带一直不设重兵,一旦发生骚乱就必须从北方征调部队。这事是很微妙的,想当初,北方的割据似乎也就是因为类似的原因形成了尾大不掉的局面。所以几朝以来,从天子到朝廷,对南方总是持着一种小心谨慎的态度。就这次庞勋事件而言,朝廷也不想一下子把事态闹大,准备先行安抚,再徐行镇压。可偏偏就有一些欺软怕硬的人不省事,徐泗观察使崔彦曾原是这批叛卒的主帅,这个人为人严苛,不能容忍在自己手中出这种事,首先主动发兵出击,于这年的十月与庞勋接战,于是又酿成了一场持续近一年的战事。

这次兵变最后发展成为不单单是由戍卒参与的大规模的动乱,因为有不少被逼得毫无活路的农民、四方的流匪甚至一些地方士绅也加入了这支队伍。帝国历史上,从来都是由割据一方的骄兵悍将发动战乱,从来也没有像这样的事情发生过。这再次说明百姓的生计已经到了什么样的程度,以至于出现为历来传统儒士所深恶痛绝的"盗贼"蜂起的现象。这是典型的乱世象征。

战事延及十余州,覆盖了江、淮之间的大部分地区。尽管一年以后战乱结束,但各地继起的小规模纷乱依然不免,这一切又反过来再一次摧毁了帝国本就已经相当脆弱的社会经济。从关东一直到江淮,甚至江淮之南的地区,民众的生计也开始接近了崩溃的边缘。僖宗乾符元年(公元874年)正月,翰林学士卢携在一封奏疏中特别指出了关东地区的严重情形。根据这份报告,去年自虢州到海州的广大范围内遭受了一次旱灾,给本就连年不稔的情况雪上加霜;可是州县催逼徭税,却未曾少息,百姓虽拆屋伐木,卖妻鬻子,亦难能供奉府库。卢携最后在疏中委婉地对天子说:

"朝廷倘不抚存,百姓就实无生计了。"

这话实在是用不着他来说,说了也没用。这年的十二月,大战之后的徐州又传来消息:"群盗寇掠?州县不能禁。"这自然也是百姓无以为生,入山为盗的结果。在黄河尤其是长江以南的地方,因为没有强大的割据势力,所以没有可能以"地方—中央"的对抗来表示不满,众多的百姓便往往采用这种方式发动革命。他们之中开始还多是一些亡命之徒,所做的一切也就是啸聚山林,打家劫舍。但他们不久后就发现,这也许就是一种解决生存问题的最好方式,于是,越来越多的人走上了这条道路,团伙规模也就越来越大。当这种事情在整个帝国普遍开花时,这些人就不单单是"流寇"而已了。

祸不单行。关东在大旱之后,又逢水患,随之又带来了严重的蝗灾,黄河下游的农民首先被推到了绝境。就在此时,两位不平凡的人物王仙芝、黄巢先后在长垣、冤句两地聚众揭竿而起,奏响了帝国崩溃的序曲。

黄巢起事

时日曷丧？予及汝皆亡。

最后是黄巢成为这一场空前暴动的领袖。这个人出身盐商之家，居然也曾经到长安去考过进士，但却是屡举不第。作为商人的后代，他如果不能博取功名，就注定不能有所作为，黄巢的科场失意决定了他今后的道路。黄巢是曹州冤句人，那一带是私盐贩卖的重要集散地，他年轻的时候，就曾与王仙芝以贩私盐为事。两位盐贩出身的人发动了这次不平则鸣的反抗，说起来倒也并非偶然。

本朝同以往一样，一向也采取"重农轻商"的策略，这是因为产业不发达，自然就不会产生政治以外的势力，只要粮食问题得到了解决，统一和稳定也就不会受到破坏。可这种人为的压制代替不了物质发展的必然，无论历代政府坚持怎样的信条，都不能避免对有利可图产业的日益依赖。只要存在着国家对产业的干预，对贸易和城市税的征收，也就使帝国的政治和经济与商业开始发生紧密的联系。所以，农民以外，城市市民也成为一个独立的阶层而对国家产生了一定的影响，王仙芝和黄巢或许就是一个有代表性的例子。

黄巢在朝廷和各种势力的夹击下采取了一条飘忽不定的运动战略,如行云流水一般,席卷了整个帝国的半壁江山。黄巢本人其实并不是因为意识到东南地区对中央的重要而向南方进攻的,像大多数农民革命一样,他们一开始的目标仍是打进长安,杀向龙庭,这是其辈斗争热情的根本源泉。是朝廷阻止他们北进的顽强抵抗造成了黄巢向南方的发展,他在乾符五年(公元878年)渡过长江进入浙西,又翻越崇山峻岭跨入福建,最后横扫岭南,打下了广州。黄巢成功地占据了富庶的南方,使得他与帝国中央形成了南北对抗的态势,转战四方又使这支农民革命的武装空前壮大,尽管朝廷在长江一带设立了最后防线,但已经无法抗拒这一业已燎原的全国性动乱。终于,僖宗广明二年(公元881年)十二月初五,黄巢打进了长安。

黄巢农民军无意识地在经济和政治上走了一条农村包围城市的道路。

广明元年(公元880年)十一月二十二日,黄巢占领了东都附近的汝州,号称"天补大将军",同时传檄诸路官军:不日进攻洛阳,并将杀向京都。二十四日,消息传到京城,僖宗在延英殿对着宰相们泪如雨下。

田令孜奏:"请发左右神策军弓弩手守潼关。"潼关是护卫京城的最后一道屏障。

皇上感叹:"侍卫将士不习征战,哪里有用!"

难怪天子悲哀。当年安禄山五万之兵进犯长安,大将哥舒翰领兵十五万都未能守得住潼关,此番黄巢号称有六十万之众,区区一个潼关之险,又如何能当得起事!无论僖宗再怎么顽劣不化,这点道理还是懂的。

在军事上,朝廷和各路地方武装并没有犯什么重大错误,他们的封堵战略十分成功。乾符五年(公元878年),镇海节度使高骈首先把黄巢的锋芒逼住,迫使其转向浙江并南下福建、岭南。当黄巢从桂州沿湘江北上时,在荆门又为襄阳节度使刘巨容和江西招讨使曹全重创,不得不取消直取中原的计划,改道东进。朝廷也不是不想保住淮南和南方的几个重要的财赋重镇,一直采取各种方法不让黄巢进占扬州和广州。可是,中央政权的安危和天子的地位始终是第一位的,在两难的情况下,只有先保住哪怕是观念上的政权再说,所以要坚守江淮防线,就只能让黄巢横扫南方,这是无可奈何的事。其实,任何一种政权都不得不如此作为,尽管这是再愚蠢不过的短期行为。朝廷在军事策略上既没有严重的失误,那么,局面弄到这一步,完全是原则上的问题。

广明元年(公元880年)七月,黄巢终于在采石渡过长江,进围扬州。沿江防线的最主要干将淮南节度使高骈在这个节骨眼上放弃了抵抗,坚城不出。九月,黄巢乘胜渡淮,直指东都,帝国的军事行动彻底失败。高骈出身禁军世家,早年在西南一带任职,曾大破南诏的入侵。乾符四年(公元877年)调到江南后,最初在征讨王仙芝部众时成绩显著,他也是后来执行朝廷围堵方针,迫使黄巢南窜岭南的最主要功臣。这样一个朝廷寄予了莫大厚望的人,关键时刻竟然不敢应战,说起来是大有原因的。

表面看来好像是高骈心有怨气。原来,在广明元年(公元880

年)三月,由宰相卢携的保举,高骈出任诸道行营都统,负责堵截黄巢。上任之后,高骈传檄四方,募得淮南与诸道兵马近七万人,声威大振,一时屡挫农民军。就在此时,黄巢使了一个缓兵之计,上表请降。高骈以为黄巢坚持不了多久,此时此刻岂能让外人分功,于是便遣散了各地军马。这样一来,让黄巢得计,五月,大破高骈之众,阵前斩杀高骈大将张磷,乘胜渡江攻占天长、六合等县。高骈上表告急,朝廷下诏,严责其遣散诸道兵之不当,惹得高骈一气之下,称病不战。但这只是其然而不是其所以然。

经济的崩溃和吏治的败坏,使得帝国中央的实力再也不像从前了。由于官军的寡弱,所以平乱剿贼不仅必须征募兵士,尚须大力依赖地方自卫武装。而天子和帝国的威望大跌,先前的那种勤王扶政的正统观念在人们心中越来越淡薄,天子登高一呼,四方之师云集的局面尽管存在,可性质已发生了变化。崛起的藩镇大多出身于盗寇和地方军将,其地方割据的本性是与生俱来的,因而在国家危难时期对皇室的忠实程度上便有很大的折扣,即使如高骈这些官宦出身之辈,在这种分崩离析的关头,也免不了心怀异志,更遑论那些地方军将和割据藩镇了。要靠此辈完成匡复国家的重任,那实在是要打上一个问号。

高骈手下的一位谋士说得好:

"相公勋业已高,妖贼未殄,朝廷已有闲言。贼若荡平,相公威望盖主,则又如何处之?为相公良计,莫如临岸观火,自求多福。"

这根本就是为不忠不孝开脱的一句漂亮话。高骈何尝不知道作为拥据一方的藩镇首领,即使"功高盖主",天子又何以处置?更何况现在的情形,又绝非是"兔死狗烹"的时代,他又哪里来的这个担心!所以高骈放弃抵抗,实实在在是出于私心。一年后两京沦陷,高骈尚欲兼并两浙,以成当年孙策三分天下之计,就是最好的证明。

高骈放弃抵抗,使引颈南望的天子和满朝文武一片哀叹。中央政权本身已经多少年没有起过扭转乾坤的作用了,眼下更是无所措手。别看田令孜信誓旦旦地要守潼关,其实他早就准备西逃蜀中。作为实握大权的宦官,他从来也不会选择玉石俱焚的道路,只要保住了天子,也就保住了自己的权益,这一点,连皇上本人都不无感觉。所以,皇上知其不可为而为之,下令在潼关做最后一战,不然,天子的颜面又置于何地?但是,靠京中的那些由富家子弟组成的神策禁军,潼关哪里守得住?

十二月初二,黄巢攻克潼关,初五,进占长安。十万大军入城之时,长安居民夹道观看。人心的离失,是为政者最大的失败,当僖宗仅在田令孜五百神策兵护卫下从金光门狼狈出逃时,恐怕是很难想到这一点的。

官吏的无能就是政治的无能。

僖宗自咸通十五年(公元 874 年)七月即位到现在,前后有刘瞻、崔彦昭、郑畋、卢携、王铎、豆卢瑑、崔沆、郑从谠等人入相。其中,刘瞻早死,崔彦昭不日离任,在朝中主掌政务,并还能做点事情的主要就是郑畋、卢携、王铎和豆卢瑑四人。然而这四位宰相,在对待黄巢的态度上，分歧相当严重。

郑畋主抚，卢携主剿。王铎虽也是主战派，并已于前一年兼任荆南节度使及诸道行营兵马都统，负责长江中游防御，但卢携与他有矛盾，力主以高骈取而代之。豆卢瑑在后来则主张避让，是附和田令孜西逃蜀中的大臣之一。郑、卢二人曾发生过激烈的争执，时间是在乾符六年（公元779年）五月黄巢占据安南都护府后。

郑畋对僖宗说："巢贼之乱，本因岁饥。而国家久不用兵，士皆忘战。所在节将，又都闭门自守，不能抵御。"郑畋既是大族出身，又进士及第，也是经过磨难才入居高位的。从这句话上可以看出他还不失传统的理念，尚能够保持正确分析的能力。他的建议是："不如释咎包容，权降恩泽。其辈本因饥年利合，一遇岁丰，自然分崩离析。此所谓不战而屈人之兵也！"郑畋真是个明白人。

卢携不同意。他这时自恃手上有在浙西屡败黄巢，并成功地将其赶往岭南的高骈，他当然要立一个奇功。卢携道："高骈将略无双，淮土兵甲甚锐。"要知道，吹捧自己提拔的人，也就是在宣扬自己本身，"蕞尔纤寇，不足为虑。岂可对敌示怯而使四方诸军解体！"卢携话说得如此大，皇上当然听了舒服。

郑畋对地方大镇向不抱幻想，尤其对高骈这个处处考虑自身利益的人很有看法，他当然不能同意卢携的方针。郑畋在政事堂宰相会商草拟诏制时，忍不住讽刺卢携道："高千里这个人迁延玩寇，其实无意灭贼。堂老靠他而用兵，吾辈当死无归宿了！"高骈字千里。

第七章 崩溃

卢携听得大怒，忍不住拂衣而起。"咣当"，衣袖碰到砚台，墨汁沾了一身。他本碍着面子无法发作，见如此，便恨恨地抓起砚台摔在地上。

事情给僖宗知道了，皇上十分生气，"国家重臣相互诟骂，何以表仪天下！"下令罢二人宰相。两人以丧失仪范而罢相，这也是本朝前所未有的事情。

但是时局的发展不久便证明谁是谁非了。高骈果然不当大用，黄巢终于打进长安，使帝国处于存亡的边缘。卢携罢相后不久又被召用，黄巢打进潼关后，田令孜把失败的责任全推到了他的身上，卢携在一片指责声中饮药自尽，王铎后来又取代了高骈出任诸道行营都统，在大势面前也是浑无作为。只有郑畋不失英雄本色，广明二年（公元881年）初，以凤翔节度使兼任京城四面诸军行营都统，留守京畿抵抗黄巢。三月初三，郑畋即在凤翔大破黄巢大将林言、尚让、王璠所部。官军这一仗的胜利完全是因黄巢军的轻敌所致，黄巢手下的三将欺负郑畋是文人出身，以为他不会用兵，在进军过程中竟毫无戒备，既无行伍，复又鼓行而进，犯了兵家大忌，结果被郑畋打了个漂亮的伏击战，伤亡万计。可尽管如此，郑畋在危急关头能独立不屈，并有如此作为，实在也是很不简单。所以说，儒者之勇，往往不啻百万雄师。

本来，直接覆灭这个奄奄一息帝国的机会，完全是属于黄巢的。可主要由农民组成的黄巢队伍，像历史上所有的朴素革命者一样，在取得暂时的胜利后，便暴露出它的致命弱点。与帝国失败的命运相同，黄巢根本的错误也是原则上的。

是自身的利益取代了一切。黄巢大将,也是主要军师的尚让在入城时曾对百姓说:"黄王为生灵,不似李家朝廷不恤汝辈。"然而进占长安后的所作所为,却没让这句话得到充分的兑现。从黄巢到普通士卒,各忙于称帝、封官、杀人、抢劫,被物质利诱冲昏了头脑。他们没有想到,自己现在还仍然是"盗寇"而已,眼下第一件要做的,就是"必也正名",在政治和策略上倒转乾坤,让帝国昏庸的天子和流亡朝廷成为被谴责的对象,而一旦旧的统治者被抛弃,新的政权才能得到真正的成立。所谓不破不立,即此之谓。

即使退一万步说,也应该立即乘胜西进,在肉体上彻底消灭苟延残喘的旧政权,不给他们有丝毫振作的机会。这样,一切便都从容多了,至少可以争取时间来意识到上面所说的那个原则问题。说实话,每一位革命者也并不是事先都有一套完整方略的,他们只是能在实践中慢慢认识到而已。可黄巢和他的同志们都没能做到这一点,他们不是彻底的理想主义者,没有一种可以战胜欲望的崇高志向,所以,"入城"之日,便是其失败之始。

黄巢在具体的行动策略上也犯了许多错误,比如每到一地,都是旋得旋弃,这在革命初期敌我力量悬殊的情况下是可取的,大规模的游击战略可以避敌锋芒,在各个击破中壮大自身力量。然而当势力强盛后再不考虑建立根据地,却是重大的失策。当年的安禄山和朱泚也都占领了长安,可他们都拥有自己的后方,进可以攻退可以守,显得十分从容,因而即使名不正言不顺,也坚持了很多时间。黄巢转战半个中国,结果连这一点都未做到,最后以几十万大军困守长安,内无粮草之给,外无兵马之援,时间一长,众心分离,士气衰落,遂不免一败涂地。

在进占长安三年后,中和三年(公元883年)四月,黄巢兵败东走。第二年六月十七日,黄巢退至泰山虎狼谷时,追兵已在身后。眼见不济,黄巢万念俱灰,嘱其甥林言动手,林言不忍,黄巢遂拔剑自刎。自乾符二年(公元875年)起事至今,前后正好十年。

这一场农民暴动是帝国深沉危机爆发的结果。黄巢虽然兵败自刎,其余部力量也随之分崩离析,但事物的内部矛盾是无法由此而得到缓解的,显然,这一次已到了非彻底解决不可的地步。一个政权的灭亡不外乎肇于三端:一是内忧,二是外患,三是自身政治的腐败。政治的败坏导致内忧,内忧则引发外患,而外患又通过二者激化矛盾,最终一同爆发,一起灭亡。此三端互为关联,缺一不可。不幸的是,这一切条件已经全部具备。黄巢的革命虽没能直接完成天降大任,却证明了无情的事实:帝国最后的崩溃,只是时间问题了。

乱世出贼子

王道无存天下大乱之际,便是强盗流氓得志猖狂之时。

广明二年(公元881年)七月,流亡蜀中的僖宗改元"中和"。中和三年(公元883年)黄巢退出长安,一年后败死,又一年后僖宗再改元"光启",这年正月,皇驾方从蜀中还京。这时,天子制命所及,只有河西、山南、剑南、岭南西道的数十州而已。十几个大镇,包括一个黄巢起事时借入援之机占据了河东的少数民族沙陀的武装,自擅兵赋,迭相吞噬,朝廷不能制。可以说,"王道"已荡然无存。

这时有两个人物必须提及,一位叫朱温,一位叫李克用。

朱温,宋州砀山人,幼时曾随其母在人家当佣工,是地道的劳苦出身。黄巢率军渡淮后,朱温参加了起事队伍,当时年仅二十多岁。这个人天资聪明,也颇为英勇善战,不久便成为黄巢军中的一位干将。往往越是出身于下层社会的人,其物质欲望和权力欲望就越为强烈,朱温的身上集中了流氓无产者所有的秉性,既有不畏强暴、敢于抗争的优点,也有阴险凶虐、首鼠两端的劣性,这种人参与革命没有一丝一毫的理想成分,完全是出于个人利益的考虑。因而,在自身目的不能达到的情况下,他就必然会改弦易辙,成为一个变节者。中和二年(公元882年)正月,困守长安的农民军已经陷入了十分尴尬的处境,黄巢任命朱温为同州刺史,却又叫他自取其地。还好,同州守将不战而走,朱温占据了同州。在黄巢军已开始军心涣散时,朱温多少算是尽了一点责。但从这时开始,朱温已经发觉黄巢并不是能使自己达到目标的人。

这年的二月以后,朱温受到河中节度使王重荣的节节压迫,力不能支,屡向黄巢求援。黄巢此际已经是顾首难顾尾,根本无暇理会。这一来,就把朱温推给了对方。九月,朱温理所当然地以同州"归国",投降了王重荣,并以舅礼视之。僖宗任命其为金吾大将军,充河中行营副招讨使,赐名"全忠"。从此,朱全忠便成为九世纪最后二十年的风云人物之一,谁也没能想到的是,正是在这位朱全忠手上,帝国结束了绵延三百多年的历史。

当然,这一切尚没有发生,朱全忠目前还算是一个小人物。可他却是由叛臣贼子而来的地方军镇的最好代表,其不可能"全忠"于朝廷的事实是不言自明的。

另外的一位李克用是沙陀人,说起他来,倒要多费一些工夫。

沙陀是突厥族的别部,本朝初年,其部散居于现在的天山一带。隋朝文帝时期,中国强大,突厥分裂为东、西二部,势力变弱。可到了隋炀帝后,中原纷乱,突厥则乘机而起,成为最严重的外患。本朝太宗皇帝凭借渐趋强盛的国力,与其展开抗争,一举灭掉了东突厥。后来的高宗皇帝又消灭了西突厥,使突厥部落分化瓦解成若干个小部落,并慢慢地成为帝国的内附国。沙陀也是其中的一个。

古代的先知先圣们都毫不怀疑地认为,中国是四海的中心,它有责任、有义务,也有力量成为天下大家的庇护者,就如同一位严厉而慈祥的家长对待自己所有的孩子一样,不求报答地施予爱护,予以教导,赏善罚恶,让神圣的泽惠遍及四海。多少年来,发达而强大的中国都是这样做的,而本朝尤其突出,这实际上已经成为一种不可动摇的原则和信念。

可是,如此博大的胸怀和气度需要非凡的正义感、责任心、坚韧不拔的忍耐力和强大的力量,更要具备无怨无悔的牺牲精神,本朝和古代的汉朝一样,都为此付出了沉重的代价,最主要的就是耗费过度而疲弊百姓。而那些内附诸国,一时不能为先进的文化所感化,囿于自身的利益,往往横生事端。比如沙陀,在八世纪的公元789年,又倒附吐蕃,共同攻占了帝国的西北重镇——北庭都护府。后来吐蕃攻扰帝国边境,常常就是以沙陀军为前锋。

对这种情形,太宗皇帝早就有所感慨。本朝立国之初的贞观五年(公元631年)的十二月,葱岭以西的一个小国"康国"遣使长安请求内附,太宗即不肯接受。太宗皇帝对臣下道:

"接受康国内附,一旦彼有急难,中国即有不得不救之责任。师行万里,岂不疲劳!"

太宗在对外政策上,既有保持原则的一面,也有极为实际的一面。他的两位继承者高宗和玄宗就没有这种眼光,一味博取国家名义上的荣誉而忘掉了为民众谋取实利,结果使帝国的负担变得极为沉重。先有突厥后有吐蕃,相继在边境上为患,并乘着帝国的内乱和实力的衰弱,渐渐强大起来。就连九世纪上半叶被吐蕃压迫而不得不内附到盐州的沙陀残部,也慢慢地恢复了力量。到了宪宗和武宗时期,朝廷对几大藩镇开战时,沙陀军都出了大力。懿宗时,沙陀首领朱邪赤心率骑兵助剿庞勋有功,被赐名李国昌,又因防御回鹘而做到振武节度使。李国昌的儿子就是李克用,父子二人自咸通十三年(公元872年)起开始不受朝命,屡在河东生事。朝廷派军与战,甚至借来吐谷浑、萨葛两部落兵合围,在遭受一系列败仗后,于广明元年(公元880年)七月击败了李国昌。沙陀部众离溃,国昌父子二人率残部逃奔鞑靼部。也就在这一年,黄巢攻占了长安,这个契机改变了李克用的一生。

第七章 崩溃

中和元年(公元881年)三月,在代北监军陈景思的建议下,朝廷下诏赦免李国昌父子,结果克用乘机率兵万人再犯河东太原,河东节度使郑从谠奋力抵抗,才使得克用南下的目标没能得逞。当朱温降唐,被授为右金吾将军、河中行营招讨副使,赐名朱全忠时,李克用已占据了忻、代二州,并屡屡侵扰相邻的并、汾数州。尽管克用一直累表请降,但并无归附的诚心,他在寻找着与朝廷讨价还价的砝码。负责防御沙陀的河东节度使郑从谠是当年的名相郑余庆之后,其时以宰相衔出镇河东。领命之后,从谠知人善任,明于治军,一时军威大振,太原一府被朝中称为"小朝廷",享有极高的声望。从谠与强劲的克用所部在代州一线形成拉锯局面,相持不下。

克用别号"鸦儿",当时年纪也只有二十多岁,冲锋陷阵,骁勇无比,沙陀军中称之为"飞虎子"。克用一目微眇,时人又谓之"独眼龙",这只"龙"确实有着过人之处。他有着胡人尚武的天性,善于领兵征战,手下的沙陀兵善于骑射,战斗力极强。

十二月,身为首席宰相的王铎以高骈无心平叛,诣阙发愤请行。流亡的僖宗命其代高骈出任诸道行营都统,统率诸道兵马合攻黄巢。在朝廷诸军中,最主要的两支力量是河中留后王重荣率领的河中军和忠武监军并兼行营都监杨复光率领的陈、蔡军,这两人是使李克用最终成为乱世枭雄的始作俑者。

直接的原因是黄巢虽然被迫困守长安,但军势尚强,处在一线的王、杨二人都感到力不能支。这时,杨复光出了一个主意。

复光对愁眉苦脸的王重荣道:"代州的李克用勇猛无比,又拥有强兵,可为朝廷所用!"

这个提议很大胆,因为此时李克用的沙陀兵正给帝国的北方以很大的压力,屡招不降,并且牵制了一部分朝廷兵力,多少算是一个大患。

复光知道王重荣的疑虑,他补充道:"其实李克用也早有殉国之志,所以不听朝命,是因为与河东郑从谠有过节而已。若诚以朝旨晓谕郑公召之,克用必来,来则贼不足平矣!"

复光也是一个资格颇老的宦官,为人慷慨任气,颇善筹略,在黄巢起兵之初,就出为外镇监军,领兵作战中立有功劳。他和那些只知颐指气使的宦官监军不同,既善指挥,又善抚士卒,因此很有点名望。但是他此番提出的建议却多少有点出于私心,因为他的养父内常侍杨玄价早先曾经当过盐州监军,在招抚沙陀的过程中与李国昌有很大的交情,复光本人对此也并不讳言。既然对公对私都有利可图,复光有这样的想法就是很正常的了。

王重荣称善,报与朝廷宣慰使王徽。王徽亦以为然。两人再报王铎,王铎同意了这个提议,遂以天子名义颁谕郑从谠召李克用领兵入援。王铎时为挂帅出征的首相、诸军都统,有这种便宜从事的权力。一个月不到,李克用即率一万七千沙陀、鞑靼兵入战。取道河东时,克用尚不敢从太原过境,只与数百骑在晋阳城下与郑从谠告别。从谠尽管无奈,但也顾全了大局,很客气地送走了这个老对手,还赠了他不少马匹器具。

李克用的参战大大改变了力量对比,对战局起了一个关键性的作用。十二月,克用兵渡过黄河,进据同州。第二年的中和三年(公元883年)正月,败黄巢弟黄揆部于沙苑;二月,与河中、易定、忠武三军会合,在成店至梁田陂苦战一日,大败尚让十五万部众,俘斩数万,伏尸三十里,进围华州,逼近长安;三月,又与王重荣在零口再破黄巢军,拔华州;四月初四,再与诸军合趋长安,于渭桥击败反击的黄巢军;初八,李克用率先从光泰门打入长安。在围攻诸军中,克用功劳最大,五月,朝廷加赐"同平章事"之衔。

帝国灭亡的格局形成了:李克用是外族武装,朱全忠是归附叛将,河中节度使王重荣、义武节度使王处存、邠宁节度使朱玫等则是拥有重兵的大镇,徐州的时溥、许州的周岌等人又是平乱过程中羽翼渐趋丰满的地方军将,再加上东走的黄巢,在蔡州、洛阳一带闹事的秦宗权、诸葛爽皆非良善之辈,孱弱的朝廷何以处之!

更为麻烦的是,天下势既不再有九九归一回到中央政权领导下的必要,那么人人都可以取而代之。由此而来,这些势力之间便存在着不可调和的矛盾。就在此时,朱全忠与李克用二人首先结下了怨仇。

挑起事端者是朱全忠。全忠此际虽被升为宣武节度使,但在击退黄巢收复长安的过程中并没有太大的功劳,因而自身的势力也很一般。这对于一个野心十足的人来说,无疑是最痛苦的事情,他当然不可能甘于现状。

中和三年(公元883年)黄巢退出长安后,仍然不失强劲,东部战场上的朱全忠、时溥、周岌等本非强旅,对抗中都感到有点窘迫,不得不再次求援于李克用。中和四年(公元884年)二月,克用率五万人进援。五月,到达全忠部所在的汴州。李克用是当时实力最强的一支,对朱全忠而言,自然是日后最强劲的对手,全忠要实现自己的宏图大业,于情于理,都必须痛下毒手。所谓今日不除,必为大患。但克用拥有强兵五万,全忠根本不是对手,要除掉这个心腹之患,只能智取。

这天,李克用到达汴州后,大军在城外扎下营寨,本人并不进城。全忠遣人固请,克用碍不过面子,便同意入城。

全忠在克用下榻的上源驿中置酒布乐,盛陈美食,款待克用。席间,全忠殷勤劝酒,礼貌极恭,打消了克用的疑虑。克用在当时诸镇首领中年纪最少,只有二十八岁,少年气盛,倒也并不把全忠放在眼里,他与亲将们见全忠不足为意,便纵酒豪饮起来,克用乘酒使气,说话间对全忠不无讥讽侮辱之语。全忠气在心里,表面却不动声色。

这顿酒一直吃到日暮时分,克用来人皆喝得酩酊大醉,不省人事。全忠派将领杨彦洪先用捆绑在一起的旧战车作为路障堵住去路,然后发兵包围了上源驿。先将哨兵斩杀,接着亮出兵刃,高声呐喊,冲向驿中。

克用的十几个亲兵首先被呼声惊起,奋身而上,与冲到门口的偷袭者格斗。房中,克用尚在梦中,对发生的事浑然不知。其侍从郭景铢发觉有变,急忙把克用推到床下,用凉水浇到他的脸上,克用这才睁开眼睛,苏醒过来。克用不愧为久经沙场的勇士,马上就反应过来,来不及抹净脸上的水,站起来就张弓搭箭,与亲兵薛志勤对门外射击,一下就射死数十人。

也是克用命不该绝。恰在此时,突然天色有变,雷电大作,大雨倾盆而下，浇灭了来犯者手中的火把，四周晦暝一片。薛志勤扶着克用带着身边的几个亲兵翻墙而出，乘着电光突围。数人且战且退，杀开一条血路，最后登上汴州南门，缒城而下，奔回营中。在这次事变中，只有克用等数人幸存，有三百多人不及逃出，皆被全忠兵所杀。

克用逃回营中，本拟起兵报复，被其妻刘氏劝止，只是移书责难全忠。克用虽然暂未报复，但从此与全忠结下不共戴天之仇，二人在大唐帝国的最后二十年里，相与争斗不息，共同书写了一段兵戈纷纭、天下大乱的历史。

成就霸业的四个步骤

乱臣贼子最后成其霸业，大致有四个步骤。第一步是借多事之秋壮大实力；第二步是挟天子以令诸侯；第三步则是铲除异己；第四步是僭号称帝。

王重荣据蒲、陕，李昌符据凤翔，诸葛爽据河阳、洛阳，李克用据太原、上党，朱全忠据汴、滑，秦宗权据许、蔡，时溥据徐、泗，高骈据淮南八州，其余如邢、洺、郓、齐、曹、濮、淄、青、宣、歙以及浙东诸州，无不由方镇擅据。各地均不听朝令，更无论贡赋，而两河及江淮的赋税早已断绝，国家已处在生死的边缘。以上的人中，肯定有一位其事竟成，只是现在仍不知是哪一个而已。

在朝廷方面，田令孜已成为南北司实际上的首领，自然也是天子的代表。可僖宗回到长安时,中央政府已经几乎手无寸铁,只有田令孜在蜀中招募的五六万禁军,还在支撑着名存实亡的天子。可是这些人也要吃饭领饷,单是京畿的赋税,养活朝廷南北司官属尚且不充,又怎么能再有余额分一杯羹?田令孜要恢复朝廷和天子权威,重新建立强大的禁军,已是不大可能。

田令孜苦寻良策,想到了安邑、解县两个盐池的盐利,这是目前朝廷唯一能够伸手的经济来源。可两地是河中节度使王重荣的专有,令孜要想收回两池,就得拿王重荣开刀。光启元年(公元885年)四月,令孜宣布受命兼任两池盐利使,下令收其利以赡禁军。王重荣上章论述,表示不能同意。五月,令孜调重荣为泰宁节度使,重荣拒不赴任,上表朝廷大骂令孜。令孜于是交结邠宁节度使朱玫、凤翔节度使李昌符与之对抗。其时,许、蔡的秦宗权已公开反叛,僭称皇帝,田令孜在此关头又开事端,麻烦是一天比一天大。

十月,王重荣求救于李克用,克用正气愤朝廷不肯将朱全忠治罪,见有机会发泄怨气,求之不得,立即招兵买马,聚结诸胡,准备参战。但克用的目标仍是朱全忠,他对王重荣说:"待我先灭全忠,再回扫鼠辈。"重荣慌忙回书道:"待公得胜班师,我早成俘虏。不如先清君侧之恶田令孜,再擒全忠。"克用想想有理,决定先攻朱玫、李昌符。因为他知道这两人与朱全忠关系匪浅,都是仇恨自己的人,先扫除外围,也很有利。

这一场争斗是李克用取得胜利。十二月,克用与重荣两军逼近长安,田令孜只得挟天子落荒而逃,奔往凤翔。僖宗在不到十

第七章 崩溃

年的工夫里两次出逃,在帝国的历史上是头一回。事变后朱玫、李昌符都倒向克用,而克用意在全忠,无心再战,自率兵回镇。王重荣、朱玫、李昌符则上表皇帝,以诛田令孜作为回驾长安的条件。在强大压力下,田令孜终于失势,让位给另一位宦官杨复恭。而朱玫竟和不少痛恨田令孜的朝官在长安改立皇帝,给自己招来反对力量,结果丢掉了性命。朱玫的失败证明,不按一定的步骤就想成事,确是不大可能的。

僖宗流亡又接近两年。在此期间,朱玫被其部将王行瑜所杀,王重荣亦被部将常行儒所杀,常行儒又被重荣之弟王重盈杀掉。神策军将李茂贞在光启三年(公元887年)八月也成功地消灭了李昌符,三位杀人者都取而代之,分别成为新的藩镇之首。除了克用以外,靠近中央的几个藩镇由于和权力离得太近,处在一个你方唱罢我登场的局面中,谁也无法独领风骚。而朱全忠却凭据汴州扼制四方的地利,正慢慢地积聚着力量。看来还是他眼光远大,是真正懂得"霸业"诀窍的人。

公元888年初,僖宗还京,改元"文德"。不久,皇上旧病发作,不治身亡。帝国历史上最年轻的皇帝在享尽了富贵,也饱尝了颠沛流离之苦后,年仅二十七岁,就告别了人世。僖宗在位的这十四年,是帝国灾难深重的十四年,也是李家天下开始崩溃的时代。天不假寿,也许是件幸事,因为地下的僖宗应该知道,祖宗基业没有在他手上结束,还算是他的造化。接下来的继任者,就不会再有这样的好运气了。

当年的懿宗有七位皇子,僖宗皇帝排行第五,但他的四位兄长早在他登基之初就被宦官刘行深、韩文约弑杀,所以现在只剩下皇弟吉王李保和寿王李杰。按照礼制,自应是年长者继嗣,所以朝廷上下都欲立吉王。文德元年(公元888年)三月僖宗病危,群臣便欲请吉王监国,但当权的宦官,十军观察使杨复恭却另有打算:他要立寿王李杰。

无论再怎么说不过去,这也是没有办法的事,因为眼下只有杨复恭说了算。宦官们对地方藩镇也许并无计策,但对天子废立是有绝对的权威的,前几朝的事实对此早就下了结论了,用不着谁来表示不同意见。于是寿王李杰被立为皇太弟监军国事。僖宗亡故后,寿王即位,改名"晔",时年二十二岁。这就是历史上的昭宗。

想不到的是,杨复恭却歪打正着,给垂死的帝国立了一位英明贤达的天子。新帝虽然只有二十二岁,但据说他体貌明粹,好文学,重儒术,尊礼大臣,追想前贤,尤其具有恢复祖辈旧业的豪迈志气。即位之后,果然让大家感觉到此言不虚,一时朝廷内外,称颂不已。

这是懿、僖两帝给人的感觉太坏了,所以一旦有品行稍佳的天子出世,有了一个对比,人们便很容易为内中的情绪所感动。他们也不想一想,在如今的现状下,即使尧舜再世,又当如何?

昭宗胜于两位先帝之处在于他还知道要尽一些天子的责任。事到如今,摆在他面前的任务很明显:一是清明朝政,剪除宦官;二是振作威令,消灭割据。昭宗是明白这一点的。他的英明在

第七章 崩溃

此,可他的失败也在于此。

为什么？在特定的危急时势下,假如一个人简简单单地随意做来,哪怕是浑浑噩噩无所措施,相反倒能够平和局面,因为事情既按照它本身的趋势而发展,则必然会耗尽内力,分化消弭,归于结束。若是自认聪明,知其不可为而为之,倒是会激化冲突并带来新的问题。就像一个弥留之人,尽管病入膏肓,可自身仍有抵抗力存在,若以不病视之,未必就不能让其生命力自行焕发而恢复生机。强作解人,以为阵痛之后必有大愈,反而有可能让阵痛危及生命。先圣老子所说的"无为而无不为",正是这个道理。目前的危局,已成一触即发之态,昭宗不思进取还好,一思动作,便将葬送帝国。

可是,昭宗是个有志向的天子,和历史上那些建功立业的帝王一样,一生所求,就是青史留名,他不可能不思振作。大顺——这是昭宗的第二个年号——元年(公元890年)五月,皇上在藩镇朱全忠(时为宣武节度使)、赫连铎(时为云州防御使)、李匡范(时为卢龙节度使)的倡议下和宰相张濬、孔纬的附和中,下诏讨伐李克用,走出了第一步。

李克用是该讨伐,因为他势力最强也最不安分,不断侵犯邻镇,扩张领地。正好时下也有个机会：几个月前他刚刚损失了一支强有力的部队。但关键在于,讨伐克用会不会带来严重的后果？换句话说,会不会给别有用心的人利用？前一个疑虑是很正常的,克用是最强的藩镇,以现在朝廷的力量首先去碰最硬的石头,必然是得不偿失；而后一种担心就更容易产生了,朱全忠等人是最有可能从讨伐克用的行动中大捞一票的,凡是真正的明白人,都一眼可以看出背后的隐患,难道皇上就看不出吗?

昭宗确实有点困惑。在朝议上天子就说:"克用有复兴大功,今乘其危而攻之,天下人将怎么说我?"

大多数朝官更是以为不可,杨复恭也表示反对。虽然他的动机倒也并非在此,而是出于和克用的私交,但他的一句话却颇能代表大家的观点,就是:"宗庙甫安,不宜更造兵端。"

可当朝宰相张濬、孔纬却坚决赞成。张濬说:"机会千载难逢!今日失之,后悔莫及!"孔纬说:"讨平克用,万世之利!"张濬又拍胸脯:"陛下付臣兵权,克用旬月可平!"孔纬便跟着说大话:"馈运、犒赏之费,支持两年绝无问题!"当今的天子是个信赖朝臣的人,在这番话下,不下诏讨伐倒是不合情理的了。

张濬何人?此公当年曾在克用手下做事,好空谈、不务实,克用一贯就看不起他。光启三年(公元887年)张濬入相,克用对人道:"他日交乱天下,必是此人。"话传到张濬耳里,他便将克用恨之入骨。此番借机生事,目的就是公报私仇。张濬的另外一个动机是要排挤杨复恭,因为他最初是依靠复恭爬上高位的,可当复恭被田令孜挤压失势后,他又转投令孜。复恭再度得势,张濬就难以自处了。想要得宠就务得立功,所以他才要一味主战。这后一层原因,恐怕也最合天子心意,因为昭宗一即位就感到了,宦官尤其是杨复恭,是自己恢复天子权威的最大障碍。

这个事端的后果自不待言,一年不到,张濬领导的兵马被克用打得大败,而杨复恭不愿坐以待毙,又在后方叛乱,结果导致畿辅三镇的李茂贞、王行瑜、韩建乘机胁迫朝廷，帝国的威信再次扫地殆尽。

畿辅三镇是凤翔、邠宁和华州。三大强藩地处京畿，临近长安，弄得不好，就会造成当年玄宗、德宗乃至僖宗銮驾播迁的后果。果不其然，景福——昭宗的第三个年号——元年（公元892年），李茂贞以求官不遂，进逼长安，迫使昭宗杀掉了力主对他开战的宰相杜让能，又逼皇上杀掉了身边的三个大宦官，使天子成了地道的孤家寡人。乾宁元年（公元894年），李茂贞纠结王行瑜、韩建再入京城，又杀宰相李谿、韦昭度，进而谋废天子，猖狂到了极点。可怜英明过于乃兄僖宗的昭宗皇帝，还是不免狼狈出逃。

这时朱全忠仍在忙于河南、淮南的作战，无暇北图。又是李克用出头，遣兵三千急赴皇驾所在地石门关，同时发兵击败了王行瑜，又给凤翔李茂贞以强大压力，逼使他暂表归顺，终于又为王室立了一大功。但好景不长，乾宁三年（公元896年）李茂贞、韩建又叛，再入长安。这一次更为厉害，茂贞烧宫室，毁市肆，韩建则解散禁军，遍杀诸王，甚至还派兵包围了昭宗在华州的行宫，胁迫昭宗达两年之久。此时就连李克用也无可奈何了，因为朱全忠已经不甘寂寞，参与到这场大纷乱里。乾宁三年（公元896年）六月至十月，全忠在魏州一带数次攻击李克用，声势日见其盛；一年后又举兵东进，最后郓、齐、曹、棣、兖、沂、密、徐、宿、陈、许、滑、郑、濮等州五镇之地尽归全忠。只是他的老对手，时为宣歙观察使的杨行密，力保江、淮之地，没被全忠收归。尽管如此，全忠已逐步兼并了中原的广大地区,此时的全忠再也不比当年,他手上有强兵数万、土地千里,业已有了坚实的基础,可以和强大的李克用相颉颃。接下来就该轮到他也开始走第二步:挟天子以令诸侯了。乾宁三年(公元896年)七月,全忠与河南尹张全义及关东诸侯表请迁都洛阳,给关中的悖逆之辈以极大的震慑。

在此情形下,李茂贞、韩建为自己的所作所为担心起来,太原李克用既不能一日除之,而汴梁的朱全忠又虎视眈眈,他们不愿两面树敌,于是便寻求妥协。这年十月,茂贞上表请罪,请献钱十五万缗,助修宫室,而韩建亦致书克用愿意修好。乾宁五年(公元898年)正月,李、韩二人在洛阳朱全忠一连串的压力下,不得不急修宫殿,奉昭宗还驾长安。八月,昭宗回京,改元"光化"。这时,朱全忠会同魏博镇罗绍威,与太原李克用、幽州刘仁恭联盟展开了一场空前对抗,光化二年(公元899年)正月,先败仁恭,乘势进攻河中、河东;光化三年(公元900年)九月,再败仁恭,又取镇、景、莫、祁、定等州,成德、义武两镇均向全忠请和,至此,河北诸镇全部归到他的手中。光化四年(公元901年)四月,全忠发六路兵攻李克用,连下数州,直逼晋阳。克用大为窘迫,亲自登城指挥,数十天里,衣不解带,未遑饮食。五月,全忠因粮食补给发生问题,又以久雨不止,士卒多病,这才解围而还。朱、李力量之比终于颠倒,形势又变。

灭唐祚者朱全忠,可以说是确切无疑的了。

看来昭宗的一切作为,实质上就是让真正的颠覆者出现在历史的舞台上而已,此外一无是处。尽管他看起来要比他的前任高明许多，但也无法避免充当一个悲剧角色的命运。昭宗把帝国的国祚延续了几年，最终拖进了十世纪，可实际上当他在华州陷入韩建手中时，就已经宣告了帝国的灭亡。

日落长安

当一切道德准则、礼法规范都被埋葬的时候，帝国本身便再没有继续存在的理由了。

昭宗最后的错误是十世纪初酿成的。

悲哀至极的天子开始走向极端。从华州回京后，昭宗开始酗酒，变得性情暴躁，喜怒无常。他此际已是既无权威又无倚靠的空头天子，所能做的一切，便就是把他所剩下的勇气化为对家奴的凶残暴戾，他要对宦官开刀。光化三年（公元900年）上半年，昭宗与宰相崔胤谋议，于六月份先将两位专权的枢密使宋道弼、景务修贬出京外并不日赐死，揭开了大清除的序幕。

这又是昭宗太过于"英明"了。宦官固是天子的敌人，但昭宗在如此纷乱的时代尚能坚持时日，宦官倒也功不可没，是他们努力在维系着皇帝的存在。与朝士不同，没有了天子也就没有了宦官，朝士可以抛弃理念，可以弃暗投明，但宦官则不行，不论在什么情况下，他们都别无选择，只有和天子——或者说是和他们的天子——站在一起。历次兵变而使皇驾播迁，都是宦官们临危不惧，护驾出逃。天子其时并不是不想带走文官，一是事起仓促，二是文官大都是书生，在那种场合下，实在也没什么用。而宦官典掌禁军多年，毕竟还是有随机应变能力的，至少他们很会保护皇上，更不能容忍帝位的空虚，在这一点上甚至比恪守传统的士大夫们还要坚决。所以他们即使擅权专政，骄横跋扈，但在实质上与天子是同一个联盟。在其他任何时候，恢复王权都必须清除宦官，但在中央政权已行将就木的时刻，却万万不可走这一条路。

此时此刻，宦官、朝士、藩镇三者对于天子是十分微妙的，若无法控制其中某一方坐大，最低限度也绝不能让其中的某一方消失。昭宗对宦官动手，只有倚靠朝官，可朝廷无兵，所以朝官还得倚仗地方强藩；藩镇之间本有矛盾，又会各为其援。三者中各有两方合纵连横，势必兵戈再兴，后果岂堪设想！

这一年十一月的一天，皇上出外畋猎，夜半回宫，不知何故突然暴怒，亲手杀死了数名近侍宦官和宫女，一下子使宫内震动，大小宦官人人自危。其时，四大宦官首领是左、右军中尉刘季述、王仲先，左、右枢密使王彦范、薛齐偓，四人此次已势无可忍，立即发难。第二天，率禁军千人破宫门而入。

他们的理由很充分："主上所为如是，岂可治理天下！废昏立明，自古有之，此乃为社稷安危，非不忠之举。"

崔胤虽不甘心，但他的外援朱全忠离长安太远，救不了急。而宦官一方的韩建却是随时可以来京。不得已，他和朝中百官都在逼宫表状上签了字。

十一月初六，季述、仲先再伏甲兵于门外，自己与进奏官程岩

第七章 崩溃

等十几人入对。才登思政殿,宫外禁军便大呼着往宫里冲来,逢着昭宗宠幸的宫女、方士、僧道之辈,见人即杀,昭宗吓得滚到床下,被刘、王二人拎起,与后嫔、侍从一行人统统被关到了少阳院。刘季述在少阳院中对着昭宗历数罪状,直说得天子垂首无语。此后,刘季述亲手将少阳院锁闭,嘱咐手下熔铁浇铸,把门固死,只在墙上开了个小洞以送饮食。昭宗求衣帛不得,求纸笔亦不得,其时天气甚寒,妃嫔们无衣无衾,号哭之声不绝。

初七,刘、王矫诏令太子嗣位。事情闹大了。

朱全忠开始还没意识到这是个绝妙的机会,直到天平节度副使李振对他说了一句:"王室有难,霸者之资。"全忠这才恍然大悟。

两个月后,崔胤在全忠的声援下,在长安反正,杀掉了刘季述、王仲先、王彦范、薛齐偓等,救出了昭宗,迎之复位。崔胤一得志,就要报仇雪恨,他准备彻底摧毁宦官,并要在肉体上斩尽杀绝。这时,轮到宦官们悲哀了,惊惧之下,他们开始自救。新任左右军中尉的韩全海、张彦弘一方面暗中交结李茂贞,一方面计划除掉崔胤。崔胤当然不能让其阴谋得逞,立即修书全忠称:天子有密诏,令你率兵迎驾。崔胤此举正中全忠的下怀,原来他就想赶在李茂贞的前面把天子抢到手,这下子机会来了。七月,全忠急急从太原前线返回大梁,准备发兵。同时,韩全海亦罗致了一些尚未出京任职的将领,也准备动手。

昭宗这时有点数了,八月初五,急诏翰林学士韩偓。皇上道:"有人建议朕招崔胤、全海入内殿,置酒和解二人恩怨,卿以为如何？"

韩偓与崔胤自有不同，他开始就不赞成这种意气之举，曾对昭宗说过"宦官亦不可全无"的话。韩偓还算是一个非常明智的人，只是像他这样的在眼下已是凤毛麟角。

他对昭宗道："全海之辈跋扈，确是非解决不可。如此示弱，则更增其凶悖。不如尽快调走首恶之徒，余者许其自新，庶几能避免麻烦。"

韩偓的话原则上是不错的，但实行不起来。昭宗发布的调令，没有一个遵守。已到了你死我活的关头，谁又敢主动撤退？

九月初五，皇上听到了全忠即将发兵的消息，一下子省悟了。他终于知道，自己谋除宦官的努力，结果是前门拒狼，后门引虎，而且还是两只虎：一是东面的朱全忠，一是西面的李茂贞，两虎相斗于君侧，岂是闹着玩的！昭宗无奈，又问计于韩偓，韩偓这时也是无可奈何："臣早知如此，早知如此！"皇上看着他，无语而泣。

十月，全忠从大梁发兵。韩全海得讯，先动一步，领神策军将昭宗挟至凤翔，依附李茂贞。全忠到长安后，随即西征，围住凤翔。茂贞又向李克用求援，但克用军虽牵制了部分宣武军力量，可作战屡屡不利，甚至还被全忠追到晋阳。若非天公作美，克用还要吃更大的败仗。茂贞一人独撑，也是屡战屡败，终于在天复二年（公元903年）冬天向全忠妥协。天复三年（公元902年）正月，茂贞杀掉了韩全海、张彦弘等七十二人，送昭宗还长安。全忠则解凤翔之围，拥天子回京。

回京之前，全忠就将已在京师退休、未随昭宗西赴凤翔的九

第七章 崩溃

十二位老宦官秘密处死。天子还宫后,崔胤力请全诛宦官,于是全忠尽杀宦官数百人,外任监军者分令各地藩镇诛杀。至此,本朝的"宦官时代"宣告结束。二月,天子进全忠爵为"梁王",赐号"回天再造竭忠守正功臣"。全忠留步骑兵万人宿卫长安,令其心腹分任要职,自己班师汴州。

朱全忠成功地完成了第二步后,紧接着开始远交近攻,消灭异己。七月,大破平卢节度使王师范;天复四年(公元904年)正月,又密令部下在长安尽诛崔胤之党,迫使昭宗迁都洛阳;八月十一日,弑杀昭宗,立昭宗十三岁的太子李柷为帝。第二年(公元905年)二月,全忠又在洛阳宫苑的九曲池缢杀昭宗诸子共九人,投尸池中。

天祐二年(公元905年)五月初七——一个值得记住的日子——这一天,有一颗彗星出现在天空,由轩辕、大角二星宿一直拖曳到天市垣。天有星变,是灾非祥,占者有曰:"此君臣俱焚之象,宜诛杀以应之。"于是乎全忠大肆流放朝臣,贬逐无虚日。六月,将裴枢等朝士贬官者三十余人招到滑州白马县的白马驿中,一夜尽杀之。全忠部下的天平节度副使李振——就是当年在宦官幽闭昭宗时劝全忠抓住机会的那个人——早年屡举进士而不第,心里恨透了这些读书之人。三十余位缙绅人士被杀后,他还不解意,对全忠道:

"此辈不是自称'清流'吗,那就把他们投入黄河,叫他们变成'浊流'!"

全忠大笑。

当朝士们的尸体在浑浊的黄河水中随波浮沉的时候,帝国的一切道德准则、礼法规范也随之而被埋葬,帝国本身便再没有继续存在的理由了。

尽管李克用等势力还在顽强抵抗着朱全忠吞并天下的行动,但对帝国政权来说却已经是毫无意义了。天祐四年(公元907年)三月,在全忠手中的帝国最后一位皇帝宣布"禅让",全忠更名为"晃",即皇帝位,建号"梁",历史上称之为"后梁"。唐朝正式灭亡,中国随之进入了第二个大分裂时期。

世事东流水,乾坤一局棋。

古代中国的全盛是公元七世纪初到八世纪末一百五十余年间的唐朝,它的辉煌曾经如日中天,照亮了整个世界。可惜,这一轮灿烂的太阳并没有闪耀出持久的光辉,在九世纪一百年中,就慢慢地熄灭了。宛如一柱激昂的喷泉引回到死水般的池塘,再也不兴波澜。只剩下点缀其间的一片静谧的莲花,稍稍掩盖了一些沉沉暮气。

何时轮到它再度升起?

初版后记

历史就是昨天,就是正在过去的每一分、每一秒,所以历史也就等于今天,等于现在。我们本来永远都不能也无法从历史的巨网中挣脱的,可不知怎么,我们似乎还是渐渐地忘记了历史的存在。今天的人们成了超越自己皮肤的人,看起来挥挥洒洒、轻松自如,其实总有一天要感到惘然若失。

也许罪魁祸首就是我们自己。我们把历史看作是"历史学家"独有的东西了,在他们精辟的考证和缜密的教科书中,忘记了历史本应该就是所有人的事。悲哀的是,我们有时竟把这个事实当作是必然的,心悦诚服地把自己最好的东西拱手让给了别人。于是,历史终于被扼杀了,真不知道这样的事情何时是个尽头。

怀古多从幽寂来。如果没有奔波红尘的肉体煎熬,没有独坐长夜的心灵跋涉,本人断没有这个胆量和意识去唤回我心中的历史,更毋庸说写本书了。这或许完全是一个偶然,因为有一个寂寞的夜晚我突然想起,历史老人既永远是我们身边活生生的存在,任何一个人便都有资格去和他举杯对饮。

历史老人从不吝啬,也从不做"谁有钱给谁拜年"的事,然而,若非绝顶聪明之人,却也无法从他那里得到箴言与训诫。聊以自慰的是,我从来没有这样的幻想。微蚤如益,才智不过中人,所能做的一切,当然也只不过是向他略抒胸臆罢了,原本就是不敢妄求天下人心领神会的。如是而已。

本书吸收了众多前辈大师和海内外当代学人的研究成果,如岑仲勉、吕思勉、陈寅恪、范文澜、王仲荦、韩国磐、瞿兑园、唐长孺、黄永年、傅璇琮、朱金城、杨志玖、胡如雷、乌廷玉、张国刚、王梦鸥、章群、傅锡壬以及业师卞孝萱、周勋初两先生,限于体例,不能在文中一一注明,在此谨特为标出并表示深深的敬意。学长武秀成、姚松兄,在典章故实、资料取材、篇章结构等方面教诲良多,使我受益匪浅,亦当衷心铭感。另外,还要特别感谢挚友钱进兄,数年以来,时相过从,讲史论道,坐而忘机。他的精辟分析和独到见解,还常常使我如醍醐灌顶,茅塞顿开。没有他的鼎力相助,"九世纪的落日"也许只是停留在我心中的一个模糊思绪而已。

最后,谨以此书,献给伊人。

癸酉仲秋,作者识于国立南京大学之北园